John Seymour / Herbert Girardet

FERN VOM GARTEN EDEN

John Seymour · Herbert Girardet

FERN VOM GARTEN EDEN

Die Geschichte des Bodens
Kultivierung · Zerstörung · Rettung

Wolfgang Krüger Verlag

Dieses Buch ist den Begründern des
biologischen Landbaus, insbesondere
Lady Eve Balfour, gewidmet – sowie all
denen, die ihre Arbeit weiterführen.

Aus dem Englischen von Karl Berisch und Peter Göbel

© 1985 John Seymour, Herbert Girardet
Deutsche Ausgabe:
© 1985 S. Fischer Verlag GmbH, Frankfurt am Main
Umschlaggestaltung: Manfred Walch, Frankfurt am Main,
unter Verwendung eines Fotos von Peter Göbel, Wolfenbüttel
Lektorat: Ulrich Ernst Huse und Wolf Kugler
Typographie und Herstellung: Hans-Heinrich Ruta
Lithographie: Scan 80 Gehring & Hill, Wiesbaden
Satz: Fotosatz Otto Gutfreund, Darmstadt
Druck und Einband: Carl Ueberreuter Druckerei Ges. m. b. H.,
2100 Korneuburg
Printed in Austria, 1985
ISBN 3-8105-1810-7

INHALT

Im Süden der Halbinsel Sinai erreicht ein kristallines, stark zerklüftetes Gebirge (Gneise, Schiefer, Granite) im Gabal Katrina eine Höhe von 2637 m. Den Norden bildet ein verkarstetes Wüstenplateau aus tertiären Kalken und Sandsteinen, das im Gabal Al Igma 1626 m erreicht. Eine genaue Lokalisierung des Sinai, im Alten Testament Berg der Gesetzgebung und des Bundesschlusses zwischen Jahwe und dem Volk Israel – und daher auch als Mosesberg bezeichnet (vgl. 2. Buch Mose), ist nicht möglich.

DIE WURZELN DES PROBLEMS

Und Gott der Herr pflanzte einen Garten in Eden gegen Morgen und setzte den Menschen drein, den er gemacht hatte.

Und Gott der Herr ließ aufwachsen aus der Erde allerlei Bäume, lustig anzusehen und gut zu essen, und den Baum des Lebens mitten im Garten und den Baum der Erkenntnis des Guten und des Bösen.

Und es ging aus von Eden ein Strom, zu wässern den Garten...

Und Gott der Herr nahm den Menschen und setzte ihn in den Garten Eden, daß er ihn baute und bewahrte.

Genesis (1. Buch Mose)

Als Mann und Frau erschaffen waren, fühlten sie sich als ein Teil dieser Erde und schickten sich in aller Demut an, ihren Platz unter den anderen Geschöpfen einzunehmen. Sie sammelten Früchte und Kräuter, jagten Tiere und wurden selber gejagt; und allmählich, im Verlauf von Tausenden von Jahren, entwickelten sie die Fertigkeiten, Werkzeuge und Maschinen, die ihnen die Herrschaft gaben »über die Fische im Meer und über die Vögel unter dem Himmel und über das Vieh und über die ganze Erde und über alles Gewürm, das auf Erden kreucht«, wie es – so die Überlieferung des Alten Testaments (1. Buch Mose) – einst Adam versprochen worden war.

Nun mag man entweder glauben, daß der Mensch ein Teil der Natur ist oder nicht. Wenn er es ist – und in einem Zeitalter, in dem man mit Erfolg menschliche Samen mit denen von Mäusen gekreuzt hat, fällt es schwer zu glauben, daß er es nicht sein soll – dann muß der Mensch sehr darauf bedacht sein, nicht die Biosphäre zu beschädigen oder gar zu zerstören, an der er ebenfalls teilhat. Sollte er jedoch kein Teil der Natur sein, sondern von Gott auserwählt, über sie zu herrschen, dann müßte er ebenso Menschlichkeit üben und sich Zurückhaltung auferlegen im Umgang mit dem, was er als mindere Geschöpfe oder niedere Formen des Lebens betrachten mag.

Es wird heute oft behauptet, wir Menschen hätten die Macht, alles Lebende auf unserem Planeten zu vernichten. Vielleicht können dies einige Viren, Algen oder Bakterien widerlegen; ich habe in einer afrikanischen Kupfermine 300 Meter unter der Erde Kakerlaken gesehen, wo man annehmen könnte, sie seien einigermaßen sicher vor radioaktiven Strahlen; wir haben aber zweifellos die Fähigkeit, alle höheren mehrzelligen Formen des Lebens, uns selber eingeschlossen, nicht nur zu kontrollieren, sondern auch zu vernichten. Bis jetzt haben sich die Menschen in ihrer Geschichte noch niemals Zurückhaltung auferlegt, wenn es ihnen angebracht erschien, andere Formen des Lebens zu zerstören. Sooft Leben unserem Vorteil, unserem Vergnügen oder unserer Bequemlichkeit im Wege stand, haben wir es ohne Bedenken ausgelöscht.

Der Zweck der Forschungen, auf denen das vorliegende Buch und die damit verbundene Fernsehserie basieren, war nun nicht der zu entscheiden, was an der Art und Weise, wie die Menschheit andere Lebensformen behandelt, moralisch oder nicht moralisch ist, sondern vor allem auch die Frage, ob, wie immer mehr Leute zu glauben beginnen, die gegenwärtige Ausbeutung der Erde durch den Menschen unaufhaltsam ist. Können wir am Ende des 20. Jahrhunderts weiter so leben und handeln, wie die Menschheit es seit unzähligen Generationen tat?

Es ist unbestreitbar, daß wir jedes Jahr mehr Pflanzen- und Tierarten ausrotten; man hat deshalb bereits vorgeschlagen, den Menschen nicht mehr »Homo sapiens«, sondern »Homo extinctor« zu nennen. Mit der weltweiten Vernichtung besonderer Gebiete, wie derzeit vor allem der tropischen Regenwälder, rotten wir Arten aus, die der Wissenschaft noch gar nicht bekannt sind. Man wird sie nie zu Gesicht bekommen – zumindest auf diesem Planeten nicht.

Man könnte geltend machen – und es ist auch geschehen – daß dies uns gar nichts anginge. Wir haben alle Pflanzen und Tiere, die wir zu unserer Bequemlichkeit und für unser Überleben brauchen, domestiziert und in eine kontrollierte Umwelt gebracht; wir können sicher auch solche Wildarten erhalten, die wir zum »Sport« zu benötigen glauben (um sie zum Vergnügen zu töten); wenn dann die anderen Arten verschwunden sein werden, bleibt desto mehr Raum für uns. Einige mögen dies sogar bedauern, halten es jedoch für unvermeidlich im Verlauf dessen, was wir Fortschritt nennen.

Heute haben sich die Menschen fast den gesamten Erdball zu eigen gemacht, und ihre Aktivitäten beschränken sich nicht darauf, einige wenige Arten auszurotten. Soweit es möglich ist, wird jeder Morgen Land entweder bebaut, landwirtschaftlich genutzt oder dient als Weideland – und Ackerbauern und Viehzüchter werden nicht ruhen, bis sie jedes ertragsmindernde Lebewesen und jede störende Pflanze auf ihrem Besitztum ausgerottet haben. Diese Einstellung ist so alt wie die Landwirtschaft selber. Was sich geändert hat, ist dies: In alter Zeit hatten Ackerbauern und Viehzüchter noch nicht die Mittel dazu – heute können sie es tun. Erst in den letzten 50 Jahren haben wir die chemischen und technischen Möglichkeiten entwickelt, um gründlich, planvoll und bedenkenlos andere Lebensformen auf unserem Planeten zu zerstören und auszurotten. Mein Mitautor, Herbert Girardet, wird seine Vorstellung vom »verstärkten« Menschen entwickeln – dem Geschöpf, dessen winzige eigene Kräfte sich durch die Erschließung der riesigen Vorräte fossiler Energie gewaltig vermehrt haben.

Es ist eine alte Erfahrungstatsache, daß die Macht ihren Träger korrumpiert; und der »Homo sapiens«, wie sich der Mensch wenig bescheiden selber nennt, hat nahezu unbeschränkte Macht – und er bedient sich ihrer ohne Zurückhaltung. Die herkömmlichen und religiösen Beschränkungen gehören der Vergangenheit an. »Und Gott der Herr nahm den Menschen und setzte ihn in den Garten Eden, daß er ihn bebaute und bewahrte«, heißt es im 1. Buch Mose. Zu bebauen und zu bewahren – nicht um ihn zu vergiften, zu verbrennen und zu zerstören . . .

Wir beschäftigen uns in diesem Buch allerdings weniger mit Ethik und Moral, sondern vor allem mit praktischen Fragen.

Handelt die Menschheit, wenn sie ihren gegenwärtigen Kurs weiter verfolgt, zu ihrem eigenen Besten? Ist unser derzeitiger Lebensstil beizubehalten – oder wird er zur Katastrophe führen, nicht nur für die anderen Formen des Lebens, sondern auch für uns selbst? Um diese Fragen zu beantworten, haben wir Zehntausende von Meilen zurückgelegt und zahlreiche Länder in vier Kontinenten besucht. Dieses Buch ist das Ergebnis unserer Reisen.

Eine Karakul-Herde wird nach einer guten Regenzeit weitergetrieben (Namibia, 1955). Das aus Vorderasien stammende Karakulschaf (Fett-schwanzschaf) wird vor allem wegen der lockigen Lammfelle hoch geschätzt. Heute hält man die Tiere, nachdem die Schakale ausgerottet sind, in Pferchen.

DER BODEN – BASIS ALLEN LEBENS

Der Boden ist unsere unverzichtbare Grundlage. Er ist so fundamental, daß wir ohne ihn nicht überleben können. Wenn jemand glaubt, den Boden »besitzen« zu können, wenn jemand sagt, dieser Boden »gehört« mir, so könnte er ebenso behaupten, die Sonne gehöre ihm... Der Boden ist ein Geschenk der Natur, wie die Luft, die wir atmen, oder das Wasser, das unseren Durst stillt.

Satish Kumar

Jeder, der – so wie ich – um die Wende dieses Jahrhunderts geboren wurde und heute noch lebt und auch nur ein wenig Interesse für die natürliche Umwelt hat, kann die unmittelbare Zukunft nicht anders als mit Besorgnis betrachten (damit meine ich nicht seine persönlichen Überlebenschancen). Warum dies so ist, kann ich wohl am besten erklären, wenn ich einige der wichtigsten Erfahrungen meines eigenen Lebens berichte.

Ich kam als Junge aufs Land und arbeitete auf einer Farm mit guter, schwerer Erde in Mittel-Essex, England. Die 100 Morgen waren samt und sonders bestellt, mit Ausnahme einer fünf Morgen großen Koppel, auf der sich die Pferde in ihren kurzen Ruhepausen tummelten. Es waren fünf knochenstarke, kurzbeinige Zugkraftpferde, sog. Suffolk Punches, von denen jeweils zwei dem Pflug oder dem Grubber vorangingen oder die großen Erntewagen zogen, während die anderen für die sonstigen schweren Arbeiten benutzt wurden, die auf dem Gutshof anfielen. Einen Traktor kannte man nicht.

Auf einem Viertel der Farm wurde immer das eine um das andere Jahr Gras und Klee gesät; die Grassamen waren billig in jenen Tagen. Nach der Heuernte wurde die Wiese umgepflügt, und Gras und Wurzelwerk machten den Boden wieder fruchtbar. Ein weiteres Viertel der Farm diente dem Anbau von Runkelrüben, mit denen man die Rinder fütterte, das dritte Viertel wurde mit Frühgerste oder Hafer bestellt oder mit verschiedenen Gemüsearten. Das letzte Viertel trug Weizen, der beim Dreschen niemals weniger als zwei Tonnen ergab.

Außer mir waren noch fünf erwachsene Männer ständig auf der Farm beschäftigt, und wir alle haben äußerst schwer und bis zum späten Abend gearbeitet. Der Farmbesitzer überwachte unsere Arbeit und gab die Anweisungen; ich habe ihn nie selber Hand anlegen sehen. Im Herbst kaufte er hundert kräftige, doch nicht fette Ochsen; sie wurden in überdachten Einfriedungen gemästet und im Frühjahr wieder verkauft. Es gehörte zu meinen Arbeiten, die Tiere mit Rübenschnitzeln, gehäckseltem Hafer und Heu zu füttern – dazu erhielten sie ein wenig Ölkuchen, das einzige Futter, was hinzugekauft wurde. Ich hatte auch für frische Streu zu sorgen, damit sie immer sauber und trocken lagen. Es waren gesunde und zufriedene Tiere. Wenn sie uns im Frühjahr verließen, blieb ein riesiger Berg von Mist zurück, der von den geduldigen Pferden als Dünger auf die Felder geschafft wurde. Der Boß sagte, daß ihm die gemästeten Ochsen nicht viel einbrächten – es war der Dung, auf den es ihm ankam. Dieser Dung – zusammen mit dem von sechs Schweinen und ihren Ferkeln, von den Pferden und etwa 100 Hühnern – war es, der den Boden der Farm so fruchtbar machte. Nie wurde Kunstdünger verwandt, und Schädlingsbekämpfungsmittel gab es damals noch nicht. Infolge des ständigen Fruchtwechsels und der natürlichen Fruchtbarkeit des Bodens kannte man praktisch keine Krankheiten für Pflanzen und Tiere. Dieser altmodische Farmer sprach immer vom »Herzen«, vom »Kern« seines Bodens, den er vor allem »kerngesund« erhalten wollte.

Natürlich wäre ein solcher Landbau heute wegen der hohen Arbeitskosten völlig unrentabel. Das Farmland ist mittlerweile in einer größeren »Einheit« aufgegangen, wo die »weiße« Getreide-Monokultur (Weizen und Gerste) vorherrscht, kein Vieh mehr gehalten wird, und die ganze Fruchtbarkeit vom Kunstdünger stammt. Was aber den »Kern« betrifft – das Land würde, wenn es aus irgendeinem Grunde keinen Kunstdünger gäbe – kaum noch Erträge

bringen, sogar schon bei der ersten Ernte.

Es gibt zwei Gründe, weshalb ich von meinen Erfahrungen auf dieser Farm berichte. Einmal scheint es mir bemerkenswert, daß die Farm qualitativ und quantitativ so viel erwirtschaftete, ohne daß ihr von außen Nennenswertes zugeführt wurde; es war ausschließlich das Land, das den Ertrag bewirkte. Die wenigen Mengen Ölkuchen pro Jahr, die an das Vieh verfüttert wurden, waren praktisch die einzige »Einfuhr« – und natürlich im Herbst die 100 mageren Ochsen, die uns nach sechs Mona-

ten gemästet wieder verließen. Der zweite Grund ist folgender: Ich bin nach dem, was ich auf der Farm beobachtet habe, davon überzeugt, daß bei Beibehaltung dieser Methoden die natürliche Fruchtbarkeit des Bodens bis ans Ende der Welt bewahrt und ständig verbessert worden wäre – oder zumindest so lange, bis ein größerer geologischer Umbruch oder ein drastischer Klimawechsel die Lage verändert hätte. Bestimmt kann man so etwas jetzt von dem nach den heutigen Methoden bewirtschafteten Land nicht mehr sagen.

Landschaft in der südostenglischen Grafschaft Essex, ein weitgehend agrarisch genutztes Gebiet, das vor allem dem Anbau von Weizen, Gerste, Zuckerrüben und Kartoffeln dient, allerdings auch durch Rinderhaltung die Frischmilchversorgung der angrenzenden Millionenstadt London sichert.

Erosion (Donga) im Silt-Boden eines Hochtals als Folge von Überweidung (Windhuk-Distrikt, Namibia).

Nach drei Jahren auf der landwirtschaftlichen Hochschule kam ich nach Südafrika. Die ersten sechs Monate verbrachte ich auf einer großen Schaf-Farm in der Großen Karru – einer weiten Trockensteppe, auf der kein Baum und so gut wie kein Gras wächst, nur kleines Buschwerk, das über das Veld verstreut ist, mit kahlem Boden dazwischen. Mein Dienstherr, ein Mr. Southey, war ein aufgeklärter Mann und stets sehr besorgt, etwas zu verhindern, was mir bis dahin unbekannt war: Erosion. Um es mir an einem Beispiel zu zeigen, nahm er mich einmal auf eine benachbarte Farm mit; wir ritten in eine sogenannte Donga hinab, einen ausgewaschenen Graben, so tief, daß unsere Köpfe noch unter dem Rand waren. Zum ersten Mal konnte ich ermessen, wie der Boden sich verbrauchen kann – er ist empfindlich und keineswegs uner-

schöpflich. Ich erinnere mich noch des Schocks, den ich empfand, als ich diese Dongas sah: Die scheinbar stabile Welt, auf der wir lebten, der feste Grund unter unseren Füßen, konnte also durch Unwissenheit und Gewinndenken zerstört werden.

Damals war mir allerdings noch nicht bewußt, daß wir Geschöpfe des Bodens sind. Der Mensch ist nicht weniger ein dem Boden verhafteter Organismus als der Regenwurm. Wenn wir das Plankton der Meere ausklammern, können wir mit Recht sagen, daß alles Leben aus dem Boden erwächst. Auch wenn es der Wissenschaft tatsächlich gelingen sollte, eßbare Substanzen aus Erdöl oder Erdgas herzustellen, bleiben wir dennoch Geschöpfe des Bodens, denn sowohl Erdöl als auch Erdgas entstammen der Erdrinde. Der Mensch hat noch nicht die »Kunst« der Photosynthese ge-

lernt, und es besteht auch nicht die geringste Aussicht, daß er es je den Pflanzen gleichtun könnte. Und nun zu sehen, wie einem der Boden unter den Füßen dahinschwindet, ist mehr als erschreckend.

Mein Arbeitgeber »im Karru« war, wie gesagt, ein aufgeklärter Mann, und er verstand es, auf seiner Farm Erosion zu vermeiden. Er hielt seine Schafe in umzäunten Gehegen, die manchmal mehrere Quadratmeilen umfaßten, und ließ sie an Trögen ihren Durst stillen, die ihr Wasser mittels Windpumpen aus tiefen Bohrlöchern erhielten. Eine gewisse Bodenzerstörung war nicht zu vermeiden, wenn die Tiere zu den Tränken gingen; wir versuchten, den Schaden zu mindern, indem wir die Wasserstellen vermehrten, um die Hin- und Rückwege zu und von den Tränken zu verkürzen. Sobald es so aussah,

als könne sich eine Donga bilden, ließ Mr. Southey die Senkung einzäunen und zuschütten.

Meine nächsten Erfahrungen mit dem Land machte ich im damaligen Südwest-Afrika, dem heutigen Namibia. Dort leitete ich eine Schaf-Farm am Rande der Wüste; ich bemerkte unter anderem, daß in dem Gebiet, das meine Farm umgab, die Landschaft (das Veld) ganz heil war. Der Busch war völlig intakt, es wuchs gutes Gras zwischen den kleinen Bäumen, und auch diese waren unversehrt. Junge Bäume und Sämlinge konnten sich entwickeln, weil es nicht zu viele Weidetiere gab, die sie vertilgten, und aus dem gleichen Grund entstanden an den Wasserstellen auch keine Erdzerstörungen. Die Zahl der wildlebenden Weidetiere – Zebras, Kudus, Springböcke und andere Antilopenarten – wurde von Raubtieren in Grenzen gehalten. Es herrschte das natürliche Gleichgewicht.

In vielen tausend Jahren hatten alle Geschöpfe des Bodens, Tier und Pflanze, den vollkommenen

Grasflächen- und Inselberglandschaft im Rehoboth-Distrikt (Namibia) nach guter Regenzeit. Von südlich von Rehoboth bis nach Gobabis (am Rande der Kalahari) erstrecken sich die dickbankigen, unter wüstenhaften Bedingungen abgelagerten quarzitischen Sandsteine und Konglomerate der Waterbergschichten, die gute Wasserspeicher bilden.

Köcherbäume (Drachenbaumaloe) sind 6–10 m hohe, vielfach verzweigte Liliengewächse im südwestlichen Afrika; ihr Name leitet sich von dem Brauch der Hottentotten ab, die ausgehöhlten Äste als Köcher für ihre Pfeile zu verwenden.

Ausgleich gefunden. Es gab von allem genug, und nichts war zuviel. Zu den Tieren gesellten sich Menschen, auch sie »Raubtiere«, obwohl sie sich nicht nur von Tieren, sondern auch von Wildpflanzen ernährten. In Namibia waren es die Buschmänner, die noch wie in der Altsteinzeit lebten. Ihre kleinen Stämme verteilten sich über weite Strecken, und ich glaube nicht, daß sie irgendwelche Veränderungen bewirkten, weder an dem Boden unter ihren nackten Füßen noch an ihren Mitgeschöpfen, die darauf lebten. Ich sah viele dieser Urbewohner,

denn einer meiner Hirten gehörte zu ihnen: ein »zahmer« Buschmann, der Afrikaans sprach, die Verkehrssprache dieses Landes. Ich ging viel mit ihm auf die Jagd und war bei seinen Freunden und Verwandten unter den »freien« Buschmännern zu Besuch. Zu Buschmann-Familien war ohne Mittelsmann kaum ein Kontakt herzustellen – sie verschwanden im Dickicht, sobald ein Weißer sich näherte.

Mir kam es so vor, als lebten die Buschmänner in ihrer Umwelt, so wie die Fische im Wasser schwimmen. Wenn mein Freund, den ich Joseph nannte, obwohl dies nicht sein Name war (die Buschmänner sprechen größtenteils in Schnalz- und Klicklauten, so daß es einem Europäer fast unmöglich ist, ihre Sprache zu erlernen) –, wenn sich also Joseph durch den Busch bewegte, brach er nie einen Zweig oder Halm ab. Er konnte die Spur eines Tieres auf dem härtesten Boden verfolgen, wo ich überhaupt keinen Fußabdruck mehr zu erkennen vermochte, und das gleichsam im Vorübergehen. »Wo ist die Spur?« fragte ich manchmal, und Joseph zeigte auf ein Blättchen, das ein wenig in den Boden gedrückt war, oder auf einen kleinen Stein, der seine Lage verändert hatte – ungläubig, weil es ihm unvorstellbar schien, daß jemand so blind sein konnte, dergleichen nicht zu sehen. Ein Weißer, selbst ein Angehöriger der ackerbauenden Stämme oder Hirtenvölker Afrikas, wäre in einer solchen Umwelt sehr bald verhungert. Wenn Joseph Hunger hatte, grub er mit der Spitze eines Gazellenhorns eine Knolle oder eine Wurzel aus der Erde; wenn er durstig war, erspähte er einen winzigen Käfer auf dem Boden, grub darunter nach und holte etwas Schwammiges, Feuchtes hervor und saugte das Wasser heraus, obwohl es, wie ich fand, ziemlich garstig schmeckte. Aber es wäre schlimmer gewesen, wenn es so etwas nicht gegeben hätte, denn der Durst überkommt einen schnell und äußerst heftig in

dieser trockenen Luft. Wenn wir einen Bock erlegt hatten, was oft der Fall war, stillten wir unseren Durst mit den ein bis zwei Litern Bitterwasser, den der Pansen des Tieres enthielt.

Was ich noch von Joseph und meinen anderen »paläolithischen« Freunden lernte, war die Achtung vor der Natur. Sie alle schienen die anderen Mitglieder der Naturgemeinschaft als ihresgleichen zu betrachten. Einmal überfielen einige Löwen die Farm und rissen mehrere Esel. Joseph und ich hielten nachts neben einem der getöteten Tiere Wache, denn wir wußten, daß die Löwen zu ihrer Beute zurückkehren würden. So geschah es, und ich schoß einen nieder und wollte die anderen zwei verfolgen, um auch sie zur Strecke zu bringen. Doch als die Raubkatzen das Gebiet der Farm verlassen hatten, weigerte sich Joseph weiterzugehen. »Warum nicht?« fragte ich, und er sagte: »Wir haben die Löwen bestraft, und sie haben sich davongemacht. Es wäre nicht recht, sie noch weiter zu bestrafen.« Hier erkannte ich den Gegensatz zwischen der Einstellung der »Steinzeitmenschen« und meiner eigenen. Ich dachte: Wenn es gut ist, einen Löwen zu erlegen, dann ist es noch besser, drei zu schießen. Für Joseph jedoch war es notwendig, einen *modus vivendi* zu finden

Jagdszene einer Buschmann-Felsbildmalerei in den Erongobergen im westlichen Namibia. Die Felsbildmalerei ist ein wichtiger Beleg für die Kunst der Sammler- und Jägerkulturen. In die Binnenflächen der linearen Darstellungen wurden zunächst naturalistische, später ornamental stilisierte Körperteile der Organe eingezeichnet.

– eine Form des erträglichen Zusammenlebens. Die Löwen waren ebenso ein Teil unserer Lebensgemeinschaft wie wir selbst und hatten das gleiche Lebensrecht; wir besaßen nur das Recht, ihnen Einhalt zu gebieten, wenn sie unsere Esel reißen wollten, nicht mehr und nicht weniger; so wie wir das Recht in Anspruch nahmen, einen Springbock zu schießen – aber nur, wenn wir Hunger hatten. Töten, um zu vernichten, war für Joseph unvorstellbar; er achtete das Tier, das er erlegte. Seine Verwandten pflegten nachts beim Feuerschein zu tanzen und die Tiere nachzuahmen, die sie am Tage jagten; seine Ahnen malten einst die gleichen Tiere in Jagdszenen an die Wände ihrer Höhlen. Heute können es die Buschmänner nicht mehr, weil sie in eine Gegend vertrieben wurden, wo es keine Felsen und keine Höhlen gibt.

Ganz anders als die Territorien der Buschmänner war das Land, das man den weißen Siedlern hatte überlassen müssen. Die Farm, über die ich gebot, am Rande der weißen Siedlungsgebiete gelegen und nirgends eingezäunt, hatte keine richtigen Grenzen, und der Umfang des Weidelandes, das mir zur Verfügung stand, wurde allein durch die Entfernung bestimmt, die ein Schaf an einem Tage hin und zurück gehen konnte. Die Tiere schliefen in Kralen, umzäunten

Gehegen, die sie vor den Raubtieren schützten. Sie wurden tagsüber von den afrikanischen Schäfern gehütet, die ständig um sie waren, und kehrten jeden Abend wieder zurück, um zu trinken. Dadurch wurde das Veld oder die Weide in unmittelbarer Nähe des Farmhauses stark beansprucht; die scharfen kleinen Hufe von 2000 Schafen zertrampelten das Gras, und die vielen stets hungrigen Mäuler fraßen jeden Baumschößling, der sich aus der Erde wagte. Und wenn die alten Bäume starben, waren keine da, um sie zu ersetzen.

An den alten Farmen, die von den Deutschen zum Teil schon im 19. Jahrhundert angelegt worden waren, konnte man drohende Veränderungen wahrnehmen. Hier war das Veld meilenweit um das Farmhaus herum zertrampelt. Die Schafe mußten weiter und weiter wandern, um Weideland zu finden, und je weiter sie zogen, desto mehr zerstörten sie von der Weide, die für sie lebensnotwendig war. Hier war es ganz offensichtlich, daß der Weidegrund, von dem Schafe lebten und durch den die Farmer reich wurden, einen Schwundposten darstellte, so wie die Kohlehalden oder die Ölfelder. Man konnte sie ausbeuten, bis sie erschöpft waren – sie ersetzten sich nicht von selbst. Ich habe diese Region nach dem Kriege noch einmal gesehen und war über die Veränderung zum Schlimmen entsetzt.

Ich verglich diesen Zustand mit zwei anderen Lebens- und Wirt-

Herero-Brunnen im Otjiwarongo-Distrikt, einem wichtigen Agrargebiet Namibias (Viehzucht mit Milchwirtschaft, Anbau von Mais, Kartoffeln und Weizen).

Links oben: Auf Baumlosigkeit beruhende Erosionsschäden in der nördlichen Transkei (Südafrika). Die dortige Landwirtschaft ist im wesentlichen eine Selbstversorgungswirtschaft, die jedoch die Bevölkerung (2,5 Millionen) nicht ernähren kann. Auf 719000 ha meist fruchtbaren Landes werden u. a. Mais, Weizen, Hirse, Gemüse, Baumwolle, Flachs, Tee und Kaffee angebaut.

Links: Viehherde der Ova-Himba im Kaokoveld (Nord-Namibia). In dieser steppenhaften Hochfläche mit zahlreichen Trockentälern fördern künstliche Wasserstellen die Überweidung.

Domestizierte Säugetiere (nach F. E. Zeuner)

Art	Zeit	Region	Verwendung
Ren	10 000 v. Chr.	nördl. Eurasien	Zugtier, Fleisch
Ziege	7 000 v. Chr.	Anatolien, Persien	Fleisch, Milch, Fell
Schaf	6 500 v. Chr.	Steppe am Kaspischen Meer	Fleisch, Milch, Wolle
Rind	6 000 v. Chr.	Anatolien	Fleisch, Milch, Zugtier
	2 500 v. Chr.	Indus-Tal	
Schwein	6 000 v. Chr.	Anatolien	Fleisch, Haut
Esel	4 000 v. Chr.	Ägypten	Zugtier, Reittier, Milch
Halbesel	3 000 v. Chr.	Sumer	Zugtier

schaftsgebieten. Das eine war die unbesiedelte Wildnis, in der die Buschmänner umherstreiften. Das konnte ohne Beeinträchtigung des Urwaldes bis zum Jüngsten Tag so weitergehen. Die reiche Vielfalt der Pflanzen und Tiere bot wahrscheinlich den höchsten biologischen Ertrag, dessen das Land in diesem Klima fähig war. Was hingegen auf den Farmen der Weißen getrieben wurde, war eine Vergeudungswirtschaft, war purer Raubbau. Sie beuteten den Boden aus und zerstörten ihn dabei.

Ich verglich unsere Farm auch mit der, auf der ich in Essex gearbeitet hatte. Diese, wie ich bereits erklärt habe, hätte ohne jede Zerstörung und Ertragsminderung bis ans Ende der Welt so fortbestehen können, denn wie in den Buschländern der Namib und der Kalahari blieb der ursprüngliche Zustand des Landes bei seiner Nutzung aufrechterhalten. Später bin ich noch durch viele

andere Länder gekommen, in Afrika und Asien, und war – meinen Militärdienst im Zweiten Weltkrieg ausgenommen – stets auf die eine oder andere Weise mit dem Land verbunden. Selbst während des Krieges war ich immer mehr daran interessiert, das Landleben um mich herum zu beobachten, als den Feind zu jagen oder von ihm gejagt zu werden.

Ich lernte viele Methoden der Landwirtschaft kennen, bei denen der Boden unversehrt bleibt. In Zentralafrika und in den nördlichen Dschungeln von Ceylon (seit 1972 Sri Lanka) sah ich, was die Ceylonesen Chena-Ackerbau nannten: Der Bauer fällt und verbrennt die Bäume des Waldes, sät die Getreidesamen in die Asche und hat vier bis fünf Jahre lang gute Ernten. Dann ist der Boden erschöpft und ein weiterer Anbau unproduktiv, so daß der

Bauer weiterzieht und andernorts Wald rodet.

Diese Methode scheint destruktiv, doch wenn sie in Grenzen bleibt, ist sie es nicht. Denn der Wald erneuert sich schnell, und in wenigen Jahrzehnten kann der Bauer zu derselben Stelle zurückkehren und wiederum Bäume fällen und verbrennen und vier bis fünf Jahre säen und ernten.

Wenn jedoch die Menschen zu zahlreich werden, bricht dieses System zusammen. Dann bleiben die Bauern entweder zu lange auf einer Waldlichtung und nutzen den Boden bis zur völligen Erschöpfung aus, so daß er sich nie mehr erholen kann; oder sie kehren zu bald auf ein abgeerntetes Areal zurück. Der Wald hat dann nicht genug Zeit gehabt, sich zu erholen. Dies führt unweigerlich zur Verarmung des Bodens, zur Erosion und schließlich zur Versteppung, eine Entwicklung, die sich heute in allzu vielen Regionen vollzieht.

Ich sah auch gut geführte und ertragreiche Reisanbauten – ebenfalls eine Methode, so schien mir, die unerschöpflich ist. Der Boden kann nicht fortgeschwemmt werden, denn er steht unter Wasser, und zwar ständig; aus dem gleichen Grund kann er auch nicht durch Wind abgetragen werden. Wenn den Reisfeldern tierischer und menschlicher Dünger zugeführt wird, bleibt ihre Fruchtbarkeit erhalten. Auch in den Ebenen des Pandschab in Vorderindien

Naßreisanbau auf Schwemmlandböden im zentralen Hochland Madagaskars.

Reisanbau in Japan. Für die Struktur der japanischen Landwirtschaft sind Kleinstbetriebe charakteristisch (im Durchschnitt 1,08 ha Nutzfläche). Die Gesamtanbaufläche für Reis sank von 3,2 Millionen ha (1955) auf 2,9 Millionen ha (1970); hochgezüchtete Reissorten und verstärkter Düngemitteleinsatz ließen die Produktion jedoch ansteigen (1955: 12,3 Millionen t; 1980: 16,8 Millionen t).

Reisterrassen auf Bali (Indonesien). Mehr als drei Viertel aller bäuerlichen Betriebe verfügen über weniger als 1,5 Hektar Land, in Regionen, in denen der äußerst arbeitsintensive Naßreisbau betrieben wird, ist die Anbaufläche meist noch erheblich kleiner.

Umpflügen eines Reisfeldes auf Java (Indonesien). Obwohl Indonesien mit 33,5 Millionen Tonnen Reis im Jahr hinter der VR China und Indien drittgrößter Reisproduzent der Welt ist, kann das Land den Eigenbedarf an Reis, dem wichtigsten Nahrungsmittel der Indonesier, nicht decken und ist auf Importe angewiesen.

Oasendorf in den algerischen Sahara-
gebieten (Sebka-Oasengruppe).
Der üppige Pflanzenwuchs wird entweder durch Quell- oder Grundwasser oder
durch einen Fremdlingsfluß ermöglicht.

lernte ich eine ertragreiche Landwirtschaft kennen; dort schienen
mir die angewandten Methoden
ebenso auf Erhaltung bedacht wie
jene auf der Farm in Essex.
Wiederum war das »Gesetz der
Rückerstattung« befolgt. Was man
der Erde nahm, gab man ihr in
veränderter Form zurück. Der
Humusgehalt des Bodens wurde
erhalten und erneuert.
Ich habe wohlbestellte Felder
christlicher Bauern in 2500 Meter
Höhe in Äthiopien gesehen; sie
bebauten dasselbe Land seit über
1000 Jahren, und noch immer
schien weder die Ergiebigkeit des
Bodens nachzulassen, noch eine
Bodenerosion zu drohen. Und ich
sah auch in der tiefer gelegenen

Trockenzone, die das äthiopische
Hochland umgibt, ein Wanderhir-
tenleben, das Jahrtausende über-
dauert hatte. Und wiederum hätte
dieser Zustand bis in alle Ewigkeit
andauern können, wenn die Zahl
der Menschen und Weidetiere unverändert geblieben wäre; aber sie
blieb es nicht, und die Folgen
sehen wir nun in den Hungerge-
bieten Äthiopiens und in anderen
Teilen der Sahel-Zone. Die Bevölkerungszahl wird nun, wie so oft,
drastisch durch eine Begrenzung
der Nahrungsmenge pro Kopf geregelt. Doch noch erschreckender
ist, daß durch die Überweidung
der fruchtbare Boden für immer
zerstört wurde. Die Sahara hat
sich erhoben und erweitert – durch

die Einwirkung des Menschen.
Der Mensch ist somit zum großen
Schöpfer von Wüsten geworden
auch in Europa auf dem besten
Wege, unaufhaltsam die Gemein-
schaft zu zerstören, die ihn mit
einschließt: die Gemeinschaft des
Bodens.

Terrassenlandschaft nördlich von
Manacha an der Straße von Sana nach
Al Hudaida am Roten Meer (Nord-
Jemen). Der zur Küste hin steil abfallende

Gebirgshang des jemenitischen Hochlandes ist selbst in großen Höhen noch
terrassiert und wird zum Anbau vor allem
von Hirse genutzt.

DER AUFTRITT DES MENSCHEN

Ein wohlgeordneter Humanismus beginnt nicht bei sich
selbst, sondern setzt die Dinge dorthin, wo sie hin-
gehören. Er setzt die Welt vor das Leben, das Leben vor
den Menschen und den Respekt vor anderen vor die
Liebe zu sich selbst.
Diese Lektion lehren uns die Menschen, die wir »Wilde«
nennen: eine Lektion in Bescheidenheit, Zurückhaltung und Diskretion im Angesicht einer Welt, die
unserer Art vorausging und sie auch überleben
wird.

Claude Lévi-Strauss

Wer kann die Tatsache leugnen, daß die Menschen letzten Endes Geschöpfe des Erdbodens sind? Mit jeder Mahlzeit, die wir zu uns nehmen, werden wir daran erinnert, jeden Tag, zwei-, drei- oder sogar viermal. Und dennoch haben sich die meisten von uns in dieser modernen Welt von einer bodenverbundenen Lebensweise weit entfernt. Die Industriegesellschaften der nördlichen Erdhalbkugel sind darauf stolz, eine Entwicklungsstufe erreicht zu haben, bei der nur noch ein kleiner Teil der Bevölkerung mit der Produktion von Nahrungsmitteln beschäftigt ist. Für uns gilt die Formel: Je weniger Menschen den Boden bearbeiten, desto größer ist der Fortschritt. Wer möchte denn schon den Launen des Wetters und der Natur wie ein Sklave unterworfen sein? Seit Jahrtausenden – mindestens seit den allerersten Tagen der Landwirtschaft – haben die Menschen darum gekämpft, die Natur zu beherrschen, und bei dem verzweifelten Versuch, natürliche Grenzen zu überwinden, ihr Leben geopfert. Heute scheinen die meisten von uns vergessen zu wollen, daß ein Leben als Bauer, Jäger oder Sammler bis in die jüngste Vergangenheit hinein für die Mehrzahl der Menschen die »normale« Lebensweise war.

Unsere »lebenden Vorfahren«, die letzten noch existierenden Jäger- und Sammlervölker wie die Buschmänner, mögen uns in der Physis fast vollkommen entsprechen – doch da hört die Ähnlichkeit auch schon auf. Aus ökologischer Sicht ist ein Buschmann, ein Pygmäe, sogar ein Bauer, der als Selbstversorger lebt und arbeitet, verglichen mit den Menschen in den hochtechnisierten Gesellschaften des späten 20. Jahrhunderts, ein völlig anderes Lebewesen. Ein Pygmäe ist ein Geschöpf des tropischen Urwalds – wir sind Geschöpfe des Beton-Dschungels. Ein Pygmäe beweist seine Dankbarkeit gegenüber dem Wald, der ihm Heimat und Gottheit zugleich ist, durch seine tägliche Lebensweise. Der Mensch in der hochtechnisierten Gesellschaft, der »verstärkte Mensch«, hat ganz vergessen, daß er sein Leben der Beständigkeit und Fruchtbarkeit der Natur verdankt, er verehrt mittlerweile nur noch sich selber und seine Produkte.

Ein Pygmäe oder ein Buschmann ist genau das, was er zu sein scheint: ein natürliches und naturverbundenes Wesen. Er nimmt von den Gaben der Natur nur das, was er für sein tägliches Leben braucht, nicht mehr und nicht weniger. Er ist – wie alle natürlichen Geschöpfe – ein Glied in dem großen Kreislauf von Werden und Zerfall. Sein Stoffwechsel und seine Eingriffe in die natürliche Umwelt entsprechen in etwa denen von Tieren ähnlicher Körpergröße, mit welchen er seinen Lebensraum teilt. Sein Besitz beschränkt sich auf das, was er von einem Lagerplatz zum anderen tragen kann. Die Werkzeuge und Waffen, die er verwendet, erlauben es ihm, Pflanzen zu ernten und Tiere zu erlegen, um damit seine und die Existenz seines Stammes zu sichern, ohne dabei seinen natürlichen Lebensraum zu zerstören.

Der Mensch in der modernen hochtechnisierten Gesellschaft, der »verstärkte Mensch«, ist dagegen eine neue Art von Lebewesen. Er ist zur einen Hälfte ein Mensch, zur anderen eine Maschine. Er hat Arme und Hände, um Knöpfe zu drücken und mit Messer und Gabel umzugehen, um Schalthebel zu bedienen und Lenkräder zu drehen. Seine Füße wurden durch Räder ersetzt, seine Muskeln durch Benzin- und Elektromotoren. Sein Körper besteht aus Fleisch und Metall, das Blut in seinen Adern ist mit Schmieröl vermischt. Sein Atem

Dreschplatz vor dem Atlas-Berberdorf Tamtatouchte (Marokko). Pferde treten das Getreide, bevor der Wind die Spreu vom Korn trennt.

Fluß-Oasendorf im Aurès-Gebirge, einem Teil des östlichen Sahara-Atlas (Algerien). Eine Fluß-Oase stützt sich auf eine am Wüstenrand gelegene Wasserstelle, die von einem Fremdlingsfluß gespeist wird.

setzt sich aus Schwefeldioxid, Stickoxiden und den vielen anderen Gasen zusammen, die aus Schornsteinen und Auspuffrohren quellen. Seine Fühler aus Strom- und Telefonleitungen reichen rund um den Erdball und sogar hinaus in den Weltraum. An sein Nervensystem wurden Computer angeschlossen. Und trotzdem sind sein Gehirn, sein Herz und seine Ge-

schlechtsorgane noch mit Überresten »primitiver« menschlicher Gefühle durchsetzt. Sein Stoffwechsel beinhaltet sämtliche biologischen, technischen und chemischen Prozesse, durch die seine auf der Industrie gegründete Lebensweise aufrechterhalten wird. Diese Verwandlung des Menschen ist das Ergebnis einer historischen Entwicklung, die frühestens vor

etwa 12000 Jahren einsetzte, als der Mensch begann, Landwirtschaft und später auch Bergbau und Metallbearbeitung zu betreiben. Das ist nur ein verschwindend kurzer Abschnitt im Leben der Menschheit. Anthropologen haben in Ostafrika Überreste unserer ältesten Urahnen ausgegraben, deren Alter auf 2,5 Millionen Jahre datiert wird. Offensichtlich

Zu den frühen Hilfsmitteln der Menschen bei der Bewässerung des Landes gehört die archimedische (auch: ägyptische) Schraube, im 3. Jahrhundert v. Chr. von dem griechischen Mathematiker und Physiker Archimedes entwickelt und noch heute im Gebrauch. Sie besteht aus einer in einen Hohlzylinder eingepaßten Schraube, die durch Drehen zur Be- oder Entwässerung verwendet werden kann.

war die Lebensweise dieser ältesten Menschen der der heute noch lebenden Jäger- und Sammlervölker sehr ähnlich. Einige lebten wie die Buschmänner in lichten Wäldern, wie es sie immer noch gibt: Savannenwälder, in denen Akazienbäume zusammen mit Sträuchern und Gräsern wachsen, eine reiche Nahrungsquelle für zahllose weidende und beutesuchende Tiere. Andere lebten in dichten tropischen Regenwäldern, einer Welt, deren kühler Schatten nur durch einzelne Sonnenstrahlen erhellt wird – so z. B. die Pygmäen, die heute noch durch den Ituri-Wald

im zentralafrikanischen Zaire streifen. Paläoanthropologen wie Louis und Mary Leakey, die 1967 die Hominidenform des Kenyapithecus erstmals beschrieben, und in der Olduwaischlucht (Tansania) wichtige Überreste von Urmenschen (Homo erectus leakeyi) sowie viele Steinwerkzeuge fanden, konnten nachweisen, daß einige unserer ältesten Jäger- und Sammlervorfahren in körperlicher Hinsicht schon sehr weit entwickelt waren und wie wir einen aufrechten Gang besaßen. Mit ihren Händen konnten sie ebensoviel greifen, und ihre Gehirne

Bergnomaden-Zelt im südlichen Hohen Atlas (Marokko). Die nomadisierenden Viehzüchter sind mit ihren Herden und dem gesamten Hausrat auf ständiger Wanderschaft, ihr Weg wird von den klimatischen Bedingungen bestimmt.

Ziegelbrennofen im mittleren Niltal (Ägypten), Zeichen für den vollzogenen Übergang vom Nomadendasein zur Seßhaftwerdung: Die Menschen beschränken sich nicht mehr nur auf die Viehzucht, sondern beschreiten »moderne« Wege zur Sicherung ihres Lebensunterhalts.

waren kaum kleiner als die unsrigen.

In den letzten Jahren haben sich unsere Erkenntnisse über die Jäger- und Sammlergesellschaften, die vorzeitlichen und die gegenwärtigen, grundlegend gewandelt. Anthropologen, die in Afrika, Asien, Amerika und Australien Untersuchungen durchführten, konnten beweisen, daß die Jäger und Sammler, die es heute noch gibt, keinesfalls ein »kurzes, erbärmliches und animalisches« Leben führen, wie es bis vor nicht allzu langer Zeit noch allgemein angenommen wurde. Ganz im Gegenteil: Die Jäger- und Sammlergesellschaft gilt nach sorgfältigen Untersuchungen als die »ursprüngliche Wohlstandsgesellschaft«. Man fand zum Beispiel heraus, daß Jäger und Sammler nur selten Hunger zu leiden haben; selbst in so kargen Gegenden wie der Kalahari-Steppe in Südwestafrika bringen sie es fertig, sich ohne große Mühe ausreichend zu ernähren. Sie leben gewöhnlich in Gruppen von 30 bis 40 Personen in Lagern, wo sie nur so lange bleiben, bis der Nahrungsvorrat in der umgebenden Landschaft aufgebraucht ist. Die Hauptaufgabe der Männer ist die Jagd, sie sammeln aber auch gemeinsam mit den Frauen und Kindern pflanzliche Nahrung und kleine Tiere wie Muscheln und Schnecken. Im allgemeinen bauen die Frauen aus Zweigen und Blättern, die sie in der Nähe finden, Hütten und einfache

Windschirme, die ihnen Schutz bieten.

Jäger und Sammler sind nicht reich, wenn man damit gehortetes Besitztum meint. Sie begnügen sich mit dem, was sie von einem Lager zum nächsten tragen können. Aber ihr Nomadenleben ist zweifellos sehr abwechslungsreich, weit mehr als das Leben seßhafter Erdbewohner. Immer wieder gibt es Gefahrvoll-Abenteuerliches zu bestehen, aber auch viel »Freizeit«, weil täglich meist nicht mehr als zwei bis vier Stunden damit zugebracht werden müssen, Nahrung zu beschaffen. Ihre Nahrung ist außerdem in der Regel abwechslungsreicher als die »primitiver« Bauernvölker.

Jäger und Sammler sind weder dumm noch geistig unterentwickelt, wie häufig angenommen wurde. Ihre Gehirne sind ebenso weit entwickelt wie die unsrigen; wir sollten uns hüten zu glauben, sie würden davon keinen Gebrauch machen, nur weil sie nicht die Raumfähre oder die Atombombe erfunden haben. Sie müssen ihren Lebensraum genau kennen und verstehen, seine Gesteinsschichten und Wasserläufe, seine Höhlen und Quellen, Pflanzen und Tiere, wenn sie darin überleben wollen. Ihr Überleben über unvorstellbar lange Zeiträume hinweg ist schließlich der beste Beweis für ihr umfangreiches Wissen.

Die Pygmäen in den tropischen Wäldern Afrikas haben für die meisten Pflanzenarten, die in ihrem Lebensraum wachsen, einen eigenen Namen. Das gleiche gilt für die »primitiven« Indianerstämme in den Urwäldern Südamerikas – Wälder, die zu den artenreichsten Pflanzengesellschaften unseres Planeten gehören. Bei den südamerikanischen Waldindianern, die von der Jagd, dem Sammeln und dem Gartenbau leben, kennen die Kinder bis zu 1000 verschiedene Pflanzennamen, wenn sie sich von ihren Eltern trennen und selbständig werden. Der französische Ethnologe Claude Lévi-Strauss zitiert in seinem Buch »Das wilde Denken« (1962) einen Biologen, der unter den kleinwüchsigen, dunkelhäutigen Negritos in den Bergwäldern der Philippinen gelebt hat: »Ein anderes Merkmal der Negritos, ein Merkmal, das sie deutlich von den benachbarten christlichen Stämmen im Tiefland unterscheidet, ist ihr schier unerschöpfliches Wissen über die Tier- und Pflanzenwelt. Sie kennen nicht nur eine beeindruckende Zahl verschiedener Tier- und Pflanzenarten, sondern wissen auch viel über die Lebensräume und Verhaltensweisen jeder einzelnen Art . . . Die Negritos sind zugehörige Bestandteile ihrer natürlichen Umwelt, und, was noch wichtiger ist, sie sind ständig dabei, ihre Umgebung zu erforschen. Wenn ein Negrito bei der Ansprache einer bestimmten

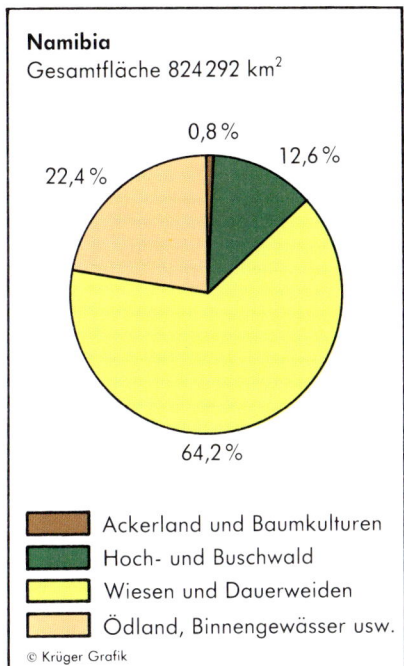

Namibia
Gesamtfläche 824 292 km²

0,8 %
12,6 %
22,4 %
64,2 %

Ackerland und Baumkulturen
Hoch- und Buschwald
Wiesen und Dauerweiden
Ödland, Binnengewässer usw.

© Krüger Grafik

Pflanze unsicher ist, wird er – wie ich es oft gesehen habe – die Früchte kosten, an den Blättern riechen, den Stengel durchbrechen und ihn untersuchen, den Standort begutachten und sich erst danach entscheiden, ob er die Pflanzenart kennt oder nicht.«
Lévi-Strauss, der selber Untersuchungen über die Indianer in den Regenwäldern des Amazonastieflandes durchgeführt hat, betont, daß sich die Waldindianer nicht nur für die Pflanzen interessieren, die für sie von Nutzen sind; sie halten es überhaupt für wichtig, die Pflanzen nach einem System zu ordnen. Er weist darauf hin, daß der Wissensstand der gewöhnlichen Stammesangehörigen von dem der Medizinmänner und Frauen weit übertroffen wird, die

Pflanzenheilmittel in ihrer täglichen Praxis verwenden. Wissen gewinnt man durch die Erkundung einer gegebenen Umwelt, durch theoretische Unterweisung und praktische Tätigkeit. Warum soll dies nur für die sogenannten fortschrittlichen Zivilisationen gelten? Warum schicken sonst die größten und reichsten Chemie-Konzerne der Welt ihre Wissenschaftler in die tropischen Wälder, um sich von halbnackten »Wilden« über Heilmittel aus Kletterpflanzen und Pilzen, Blüten und Blättern von Sträuchern und Bäumen aufklären zu lassen? Die ungeheure Vielfalt botanischer Schätze, die in den tropischen Wäldern »verborgen« sind, werden von den Waldbewohnern systematisch geordnet und benannt; man hat sie deswegen auch die »Bibliothekare des Waldes« genannt. Diese tropischen Wälder werden gegenwärtig mit einer Geschwindigkeit von rund 25 Hektar pro Minute gerodet und ausgebeutet, und die Waldbewohner sind selbst von der Ausrottung bedroht, weil der Zivilisationsdruck durch den »verstärkten Menschen« ins Unerträgliche gesteigert wird.

Bevor die tropischen Wälder und ihre Bewohner endgültig von der Erdoberfläche verschwunden sind, sollten wir uns daran erinnern, daß wir ihnen viele Erkenntnisse über Nahrungspflan-

zen verdanken, Pflanzen, auf die unsere Landwirtschaft heute angewiesen ist. In einer Abhandlung über die Regenwaldbewohner betonte der Ethno-Biologe Conrad Gorinski fest, daß viele der wichtigsten Nahrungs- und Arzneimittelpflanzen aus den tropischen Wäldern stammen, vor allem aus den Urwäldern Südamerikas, und schon seit Jahrtausenden von den Waldbewohnern genutzt werden: »Die Indianer schenkten uns die Kartoffeln und halfen damit, die Industrielle Revolution in Europa zu ernähren, ebenso den Maniok, heute ein Hauptnahrungsmittel in Afrika und im tropischen Asien. Erdnüsse und Kakao stammen ebenfalls aus Amerika. Kokainverbindungen werden zur lokalen Betäubung verwendet, und das von den Indianern als Pfeilgift benutzte Curare hat der Chirurgie als Muskelrelaxans geholfen, ihren heutigen Stand zu erreichen. Chinin stand am Anfang der Chemotherapie, und Kautschuk, ebenfalls ein Produkt des Amazonasurwaldes, machte einen großen Teil der heutigen Technik überhaupt erst möglich. Anspruchsvolle Gaumen versorgten die Indianer mit Tomaten, Kaschu- und Paranüssen und Avocados – um nur ein paar tropische Leckerbissen zu nennen.«
Viele andere Pflanzen der tropischen Wälder, die den Waldbewohnern schon seit undenklichen Zeiten als Nahrungs- und Arzneipflanzen bekannt sind und genutzt

werden, werden zur Zeit von Wissenschaftlern verschiedener Länder und Disziplinen auf einen weiteren Anwendungsbereich hin untersucht.

Wenn wir uns mit den Waldbewohnern und ihrem erstaunlichen Wissen befassen, dann sollten wir dabei nicht allein ihren Nutzen für uns im Auge haben. Eine andere Erkenntnis ist bestimmt genauso wichtig und lehrreich: Die Tatsache nämlich, daß Waldbewohner wie die Pygmäen und einige nordamerikanische Indianerstämme besondere Zeremonien haben, um die »Barmherzigkeit« ihrer Waldheimat und ihre Dankbarkeit, dort leben zu dürfen, zum Ausdruck zu bringen. Der Anthropologe Colin Turnbull verbrachte einige Jahre bei den Bambuti-Pygmäen im Ituri-Wald in Zaire. In seinem Buch »The Forest People« beschreibt er in allen Einzelheiten den Glauben der kleinen Menschen an die wunderbare Güte ihres Waldes. Einer von ihnen sagte einmal zu ihm: »Der Wald ist wie Vater und Mutter zu uns, und wie ein Vater oder eine Mutter gibt er uns alles, was wir brauchen – Essen, Kleidung, Schutz, Wärme . . . und Liebe. Meist geht alles gut, weil der Wald gut zu seinen Kindern ist, aber wenn die Dinge schlecht gehen, muß es dafür einen Grund geben.«

Ein anderer fügte hinzu: »Nachts, wenn wir schlafen, passiert manchmal etwas Schlimmes, weil wir nicht wach sind und es nicht

---

Bodennutzung in Afrika

In allen Ländern Afrikas ist die Landwirtschaft die wichtigste Grundlage der Volkswirtschaft. Im Durchschnitt sind fast drei Viertel der Bewohner noch direkt von der Landwirtschaft abhängig. Im Vergleich mit anderen Kontinenten liegt Gesamtafrika in dieser Hinsicht vor Asien, Südamerika, Ozeanien, Europa und Mittel- und Nordamerika. Menschengruppen, die ihren Lebensunterhalt allein durch Sammeln und Jagen bestreiten, sind die Buschmänner der Kalahari und einige kleine schweifende Pygmäeneinheiten.

Die südlich des Wüstengürtels folgenden Savannen des Sudans stehen im Zeichen einer extensiven Viehhaltung und eines Bewässerungs- bzw. Überschwemmungsfeldbaues, der erst südlich der agronomischen Trockenzone (etwa 4 humide Monate bei durchschnittlich 400 mm Jahres-Niederschlag) in den eigentlichen Regenfeldbau übergeht. Im Lebensraum der Savannen ist die Hacke weiterhin das Universalinstrument des Afrikaners. Der Pflug wurde bisher nur auf wenigen Versuchsstationen und im Zusammenhang mit Bemühungen um eine Mechanisierung der Landwirtschaft eingesetzt. Verschiedene Hirsearten, Mais und entlang der Flüsse auch Reis sind die Hauptnährmittel der Bevölkerung. Für den Export haben Erdnüsse und Baumwolle besondere Bedeutung gewonnen. Im Siedlungsbild der Dörfer dieser Region fallen die zahlreichen Speicheranlagen auf: die lange Trockenzeit zwingt den Menschen zur Vorratswirtschaft.

In den Feuchtsavannen und den Übergangsräumen zum Feuchtwald schränkt die durch Tsetsefliegen übertragene ›Nagana‹ bereits die Viehzucht ein, so daß nur noch Hackbau betrieben werden kann. Knollenfrüchte (wie Yams, Maniok und Taro oder Mehlbananen) sind Grundlagen der einheimischen Ernährung.   (1)

---

verhindern können. Ameisenheere überfallen das Lager, Leoparden können sich hereinschleichen und uns einen Hund oder sogar ein Kind rauben. Wenn wir wach wären, würde das nicht passieren. Falls uns irgend etwas Ernstes zustößt, wie eine Krankheit oder ein Todesfall, oder wenn wir Pech bei der Jagd haben, dann liegt das daran, daß der Wald schläft und sich nicht um seine Kinder kümmert. Was tun wir dann? Wir wecken ihn auf! Wir wecken ihn mit unserem Gesang auf, weil wir möchten, daß er gutgelaunt aufwacht. Dann ist wieder alles in Ordnung. Und wenn wieder alles

in Ordnung ist – nun, dann singen wir für den Wald, weil wir mit ihm unser Glück teilen wollen.«

Colin Turnbull hat die Lieder, die die Pygmäen für den Wald singen, mit seinem Tonbandgerät aufgenommen. Sie sind von der Melodik her äußerst vielschichtig und zudem von einer Schönheit, die einen nicht mehr losläßt. Niemand weiß, wie alt diese Lieder sind und über wieviele Generationen hinweg die Eltern sie an ihre Kinder und die Großeltern an ihre Enkel weitergegeben haben. Wahrscheinlich wurden solche Lieder schon gesungen, als die Ägypter unter der Herrschaft des Pha-

Fellachensiedlung an einem Nil-Seitenarm in Mittelägypten. Der Nil, mit 6671 km der längste Fluß Afrikas, durchbricht als Fremdlingsfluß die Tafel des Nubischen Sandsteins (Sudan) und bildet im Wüstengebiet Ägyptens eine 5–20 km breite Flußoase.

rao Nefrikare zum ersten Mal mit den Pygmäen Bekanntschaft machten. Dies geschah bei einer Expedition zum Oberlauf des Nils, die in den Gebirgen und Wäldern Zentralafrikas die Quellen des großen Stromes entdecken sollte. Im Grab des Pharao Nefrikare, etwa 2500 v. Chr., ist der Bericht seines Feldherrn Herkuf erhalten geblieben, der in den großen Wald westlich der Mondberge vorgestoßen war und dort Waldmenschen entdeckt hatte: ». . . winzige Menschen, die ihren Gott mit Liedern und Tänzen verehrten, mit Tänzen, die man noch nie zuvor gesehen hatte.«

Dieser Gott der Pygmäen ist, wie schon erwähnt, der Wald, der ihnen alles gibt, was sie zum Leben brauchen; folglich haben sie an seinem Fortbestand ein vitales Interesse. Die alten Ägypter stellten die Pygmäen in einigen ihrer Wandmalereien mit großer Hochachtung als die »weisen Waldmenschen« dar, weil ihre Lebensweise die Zukunft der Regenwälder Zentralafrikas garantierte, die den Nil beständig mit Wasser versorgten und damit auch die Existenz der ägyptischen Zivilisation sicherten. Heute, da diese Wälder – wie alle tropischen Regenwälder – unter dem Druck des

»Fortschritts« mit beängstigender Geschwindigkeit schrumpfen, droht nicht nur den Pygmäen und anderen Bewohnern des Waldes Gefahr; der Wasserstrom des Nils und anderer großer Flüsse, von denen das Überleben vieler Millionen Bauern und Viehzüchter abhängt, droht ebenfalls schwächer zu werden.

Ein tieferes Verständnis der Jäger- und Sammlergesellschaften ist für uns nicht nur deshalb wichtig, weil sie entwicklungsgeschichtlich wie kulturell gewissermaßen die Wurzeln der

Menschheit sind, sondern weil sie auch in der wissenschaftlichen Literatur über lange Zeit hinweg falsch charakterisiert wurden: Sie galten nämlich als Beispiele schlimmster Barbarei und Primitivität. Nach unseren Wertmaßstäben ist Fortschritt gleichbedeutend mit Zivilisation, und das heißt, seßhaft zu sein und nicht dem »Ruf der Natur« zu folgen. Die Natur zu verstehen, ist jedoch das A und O im Leben der Jäger und Sammler; und sie kennen sie so genau, daß der natürliche Lebensraum im Kopf des einzelnen wie in einer dreidimensionalen Weltkarte festgehalten ist – die eigene kleine Welt seines Stammes. Gerade dieser Punkt wurde von Gary Snider sehr klar herausgestellt, als er 1982 in einer Vorlesung an der Universität Bristol über seine Reisen in Gesellschaft einiger Ureinwohner Australien u. a. folgendes berichtete:

»Ich fuhr zusammen mit einem Ältesten der Pintubis namens Jimmy Tjungurrayi auf einem Lastwagen über eine Piste westlich von Alice Springs. Als wir auf der Ladefläche des Lastwagens sitzend über die staubige Piste dahinrollten, begann Jimmy auf einmal hastig zu sprechen. Er sprach über den Berg, an dem wir gerade vorbeifuhren, und erzählte mir die Geschichte von den Wallabies (kleineren Känguruhs), die nachts zu dem Berg gekommen und dort mit einigen Waranen in Streit geraten waren. Kaum hatte er diese Geschichte zu Ende erzählt, als er mit einer anderen Geschichte über einen anderen Berg begann und danach eine weitere Geschichte über einen weiteren Berg anschloß. Ich konnte gar nicht so schnell mitbekommen, was Jimmy alles erzählte. Nach etwa einer halben Stunde begriff ich, daß diese Geschichten bei den Wanderungen erzählt wurden und daß ich nun die gewissermaßen stark beschleunigte Version der Geschichten kennenlernte, die sonst in aller Ruhe bei einem mehrere Tage langen Fußmarsch erzählt wurden . . . Erinnern Sie sich also bitte an eine Zeit, als man noch mehrere Hundert Kilometer lange Fußmärsche unternahm, schnellen Schrittes und häufig bei Nacht, als man nachts marschierte und tagsüber im Schatten eines Akazienbaums schlummerte. Diese Geschichten wurden dann auf dem Marsch erzählt. Wenn man mit älteren Leuten zusammen reiste, erhielt man auf diese Weise eine Landkarte, angefüllt mit Sagen, Liedern und praktischen Hinweisen, an die man sich später wieder erinnern konnte. Auf sich allein gestellt, konnte man diese Lieder singen und somit wieder zurückfinden. Man konnte auf diese Weise aber auch an einen Ort gelangen, an dem man noch niemals zuvor gewesen war, nur mit Hilfe der Lieder, die man gelernt hatte . . . Das ist zweifellos eine sehr wirkungsvolle Methode, ohne das geschriebene Wort Informationen über weite Landstriche zu vermitteln.«

In wüstenhaften Gebieten, wie in einigen Teilen Australiens oder in der südwestafrikanischen Kalahari, müssen die Jäger und Sammler sehr viel umherziehen. Dabei sind Gruppen von 30 bis 40 Leuten gemeinsam unterwegs. Meist sind es Familien oder Sippen, die drei Generationen umfassen. Sie können sich selbst mit Nahrung, Wasser und Brennholz versorgen. Jäger und Sammler besitzen kein Land, weder der einzelne noch die Gruppe. Die Nutzungsrechte über eine bestimmte Landfläche und die darin enthaltenen pflanzlichen und tierischen Nahrungsvorräte werden im allgemeinen einem Stamm zugestanden. Aber selbst in sehr kargen Wüsten wird das Leben der Jäger und Sammler nicht allein von ihren Grundbedürfnissen bestimmt. Für die Ureinwohner Australiens zum Beispiel sind manche Plätze heilig, z. B. besondere Felsklippen oder Baumhaine; sie werden mit größter Hochachtung betrachtet und nur bei wichtigen Zeremonien betreten. Heute versuchen die Ureinwohner mit allen Mitteln zu verhindern, daß die Bergbaukonzerne mit ihren Maschinen die Landschaft umwühlen und die heiligen Plätze entweihen und zerstören. Aber der Drang nach Uran-, Kupfer- und Eisenerzen ist oft so groß, daß die Förderfirmen jeglichen Widerstand beiseiteräumen.

Verschiedene Anthropologen haben darauf hingewiesen, daß der Begriff »Jäger- und Sammlergesellschaft« eigentlich irreführend ist, weil die meisten Stämme hauptsächlich von pflanzlicher Nahrung leben (die Stämme im hohen Norden, wie die Eskimos, sind in dieser Beziehung Ausnahmen, da ihnen keine Nahrungspflanzen zur Verfügung stehen, von den Beeren, die in dem sehr kurzen Sommer zur Reife kommen, einmal abgesehen). »Sammler- und Jägergesellschaft« wurde als korrekte Bezeichnung vorgeschlagen, weil die pflanzliche Nah-

rung (Nüsse, Früchte, genießbare Blätter, Honig, Grassamen, Kürbisse, Pilze, Wildgemüse usw.) in den meisten Fällen zwischen 60 und 80% der Nahrung ausmacht. Immer wieder wurde in der wissenschaftlichen Literatur hervorgehoben, daß »Sammler und Jäger« gewöhnlich sehr gesunde Leute sind, da sie eine sehr abwechslungsreiche Kost zu sich nehmen. Ein zu schnelles Bevölkerungswachstum wird bei ihnen dadurch verhindert, daß die Frauen ihre Kinder im allgemeinen mehrere Jahre lang stillen; dies hat nachgewiesenermaßen eine

Feldbau auf Nil-Schwemmboden in Südägypten. Schwemmboden ist ein in geologisch jüngerer Zeit entstandener Boden mit nur wenig oder gar nicht verfestigten Sedimenten, die während der bis zum Bau des Assuan-Hochdamms regelmäßig auftretenden Überschwemmungen abgelagert wurden.

empfängnisverhütende Wirkung. Kräuterpräparate zur Empfängnisverhütung werden bei einigen Stämmen ebenfalls verwendet (auch über Fälle von Kindestötung wurde gelegentlich berichtet; sie sind indessen bei seßhaften Gesellschaften stärker verbreitet).

Die Bevölkerungsdichte in den Lebensräumen der heutigen Jäger- und Sammlergruppen ist gering: in der Regel nicht mehr als zwei bis fünf Einwohner pro Quadratkilometer. Ein Grund für diese geringe Bevölkerungsdichte ist die Tatsache, daß Jäger und Sammler auf Grenzertragsflächen leben (Land, das von der Landwirtschaft nicht rentabel genutzt werden kann). Die meisten Jäger und Sammler würden gewiß unter wesentlich günstigeren Umweltbedingungen leben wollen, in Gegenden also, in denen das Leben leichter ist. In den mündlichen Überlieferungen der nordamerikanischen Indianer wird immer wieder die außergewöhnlich große Fruchtbarkeit der Prärien, Wälder und Flüsse hervorgehoben, die ihnen Nahrung bot. An der Westküste des heutigen Kanada und in anderen Regionen konnten die Indianer ein

Holzmangel ist ein wachsendes Problem in der Dritten Welt, vor allem in den Dürreregionen Afrikas (wie hier im Süd-Sudan), wo die Menschen immer größere Wege gehen müssen, um den lebensnotwendigen Bedarf an Holz zu decken.

seßhaftes Leben führen, obwohl sie ursprünglich Jäger und Sammler waren.

Nicht alle hätten in einem Paradies auf Erden gelebt, aber einige Stämme hätten gewiß ein sehr angenehmes Leben in einer fruchtbaren Umgebung führen können.

Der Garten Eden oder Dilmun, wie er in den Schriften der Sumerer genannt wird, war vielleicht ein realer Ort, für viele, viele Jahrtausende die Heimat »wirklicher« Menschen. Die im Alten Testament überlieferte Geschichte der Vertreibung Adams und Evas aus dem Paradies könnte als Einleitung zur Geschichte eines Stammes begriffen werden, der erst vor kurzem von einem Sammlerleben zum Ackerbau und zur Viehzucht übergegangen war. Adams Volk lebte vermutlich in lichten Eichenwäldern am Fuß der Gebirgsketten des Nahen Ostens. Nach der Genesis hatte Gott dem Menschen zu seiner Nahrung »samentragende Pflanzen und Fruchtbäume, die Früchte bringen nach ihrer Art, in denen Samen ist« gegeben. Die unteren Bergwälder im Nahen Osten bestanden damals aus Eichen, Pistazien- und Mandelbäumen sowie einer Vielzahl wilder Obstbäume, unter die sich Wildformen von Weizen und Gerste mischten. Linsen, Erbsen, Raps und verschiedene andere Nahrungspflanzen stammen ebenfalls aus dieser Gegend. Zweifellos wurden die wildlebenden Pflanzenarten schon lange genutzt, bevor man damit begann, sie zu Kulturpflanzen zu machen. Auch wilde Schafe und Ziegen gab es damals in den Gebirgen und Hügelländern der heutigen Staaten Irak, Iran, Türkei, Syrien, Libanon und Israel. Die Züchtung von Nahrungspflanzen und Haustieren scheint ein ganz allmählicher Übergang von den Wildformen zu den domestizierten Formen gewesen zu sein, ein Übergang, der vor einigen Zehntausend Jahren begonnen hat. Rund 10000 Jahre reichen die ältesten Siedlungen zurück, die bisher ausgegraben worden sind. In einigen von ihnen hat man nur geringe Reste pflanzlicher Nahrungsmittel gefunden, dagegen wurden in den meisten Knochenreste von Schafen und Ziegen entdeckt. (Die allerersten Häuser waren Rundbauten, die einfacher zu errichten sind als viereckige Häuser, die sich erst später allmählich durchsetzten.)

Das jungsteinzeitliche Dorf Dscharmo, an den Fußhügeln des Sagrosgebirges unweit der Stadt Kirkuk im nördlichen Irak gelegen, gehört zu den bekanntesten Beispielen früher menschlicher Siedlungen. Es wurde 1950 von Robert Braidwood und anderen Mitarbeitern des »Prähistorischen Projekts« der Universität von Chicago ausgegraben. Die Siedlung liegt oberhalb eines Steilhanges in 800 Meter Meereshöhe. Die Höhenlage ist ganz typisch für die ältesten Bauerndörfer im Nahen Osten. Die Reste der vorgeschichtlichen Siedlung bedecken eine Fläche von etwa 1,5 Hektar und reichen etwa sieben Meter unter die heutige Bodenfläche. Nicht weniger als zwölf Siedlungsschichten sind bei den Grabungsarbeiten entdeckt worden; sie weisen auf eine Gemeinde von 150 bis 200 Einwohnern hin. An diesem Ort gab es eine Reihe von Siedlungen, die im Laufe von mehreren Hundert Jahren aufeinanderfolgten. Die ziemlich solide aus gestampftem Lehm gebauten Häuser hatten einen rechteckigen Grundriß und umfaßten mehrere Räume. Viele von ihnen besaßen kleine Innenhöfe. Als Entstehungszeit der Dorfanlage wurde das Jahr 6750 v. Chr. ermittelt. Die Einwohner bauten Gerste, Einkorn und Emmer an, die in dieser Gegend heimisch sind. Sie bestellten ihre Felder außerdem mit Hülsenfrüchten wie Erbsen, Linsen und Kichererbsen. Als Haustiere hielten sie Ziegen und Schafe. Bei den Ausgrabungen fand man viele Werkzeuge, die zur Ernte und zur Verarbeitung der wilden und »gezähmten« Nahrungspflanzen verwendet wurden. Dazu gehörten Sicheln aus Feuerstein, Mörser, Reibesteine und Öfen, die vermutlich zum Rösten von Körnern dienten. Aus Stein gehauene Schalen, die man im Boden fand, wurden höchstwahrscheinlich zur Aufbewahrung von Lebensmitteln benutzt. Die Gefäße aus Ton, die man ebenfalls fand, hatten anscheinend einen mehr dekorativen Zweck. Darüber hinaus waren auch Steinäxte und -beile im Gebrauch.

Nach den archäologischen Befunden entwickelte sich die Landwirtschaft einige Zeit nach dem Ende der letzten Eiszeit um 9000 v. Chr. in verschiedenen Gegenden der Erde mehr oder weniger gleichzeitig. Spuren dieser frühesten Epoche der Landwirtschaft hat man im Nahen Osten, in Ägypten, in Griechenland, in China, Thailand und Südamerika, also rund um den Erdball, entdeckt. Bislang konnte noch niemand dieses Phänomen der weltweiten gleichzeitigen Entwicklung der Landwirtschaft überzeugend erklären.

Einige Wissenschaftler kommen zu dem Schluß, der Ackerbau habe sich zuerst in den Flußtälern entwickelt, wo dauerhafte Siedlungen auf der Grundlage des Ackerbaus und der Fischerei entstanden seien. Andere sind davon überzeugt, daß dagegen die regelmäßig beregneten Berghänge die günstigsten Bedingungen für die

Ksar, eine alte befestigte Lehm-Stadtan-
lage im Ziz-Tal des Hohen Atlas
(Marokko). Beim Lehmbau wird unge-
brannter Lehm mit Stroh vermischt;
diese Bauweise ist besonders in Trockengebieten weit verbreitet.

Kaschkai-Nomaden auf der Wanderung
im südlichen Iran. Während es 1965
noch etwa drei Millionen Nomaden gab,
beträgt ihre Zahl heute nur noch
knapp die Hälfte.

Entwicklung der Landwirtschaft boten. Wer auch immer recht haben mag, auf jeden Fall gingen mit dieser Entwicklung ein Wachstum der Bevölkerung und eine beträchtliche Veränderung der natürlichen Umwelt einher.

Frühe Siedlungen (nach L. Mumford)

Zeit	Ort	Region	Bevölkerung	Ausdehnung
7 000 v. Chr.	Dscharmo	Kurdistan	ca. 150	1,5 ha
6 000 v. Chr.	Jericho	Palästina	ca. 2000	3,2 ha
	Chatal Hüyük	Anatolien	ca. 2000	13,0 ha
5 500 v. Chr.	Khirokitia	Zypern	ca. 1500	6,0 ha
2 800 v. Chr.	Alt-Ur	Sumer	34 000	89,0 ha

Am nachhaltigsten wurden die Bergwälder durch die frühe Landwirtschaft verändert. Die lichten Eichenwälder des »Fruchtbaren Halbmondes« waren die Quellgebiete zweier großer Ströme: Euphrat und Tigris. Überall im bewaldeten Hügelland entstanden nun Dörfer; Bäume wurden gefällt, um Raum für den Anbau von Getreide und Hülsenfrüchten zu schaffen; es gab einen großen Bedarf an Brennholz; Ziegen und Schafe wurden in die Wälder getrieben, um dort zu weiden; die sich entwickelnde Töpferei und die Erzverhüttung benötigten Brennholz und Holzkohle; die Zahl der Menschen und der Haustiere nahm auf Kosten der Bäume und wilden Tiere zu. Zwischen 7000 und 4000 v. Chr. wurden in den Bergländern oberhalb der mesopotamischen Tiefebene viele Dörfer gegründet. Es steht außer Zweifel, daß die rasche Entwicklung dieser auf dem Ackerbau basierenden Zivilisation für die Gebirgshöhen und Bergwälder im Nahen Osten verheerende Folgen hatte. Ackerbau bedeutet, daß der Mensch sich eine

bestimmte Landfläche aneignet und sie ausschließlich zu seinem eigenen Vorteil nutzt. Dazu gehört auch, daß alle Bäume und Sträucher gerodet werden, die bei den Feldarbeiten im Wege sind. Wenn der Wald in geneigtem Gelände gerodet wird, nimmt aber die Gefahr der Bodenerosion unweigerlich zu, sofern an den Hängen keine Ackerterrassen angelegt werden (in der Umgebung der ältesten Siedlungen sind keine Überreste von Ackerterrassen entdeckt worden). Der Angriff auf die Bergwälder und Gebirgsböden wurde darüber hinaus durch die wachsenden Schaf- und Ziegenherden verstärkt, die auf den Hängen weideten und so die natürliche Wiederbewaldung verhinderten. Höchstwahrscheinlich hat die Verkarstung der Landschaft, die wir heute überall in den Bergländern im Nahen Osten sehen können, unmittelbar mit der Rodung der Wälder in der Frühzeit der Landwirtschaft begonnen. Die Zerstörung der Gebirgsböden und Bergwälder durch eine wachsende Bauernbevölkerung kann heute zum Beispiel in Nepal beob-

achtet werden. Dort holzen die Bauern die Hänge des Himalaja mit geradezu atemberaubender Geschwindigkeit ab, weil der Bedarf an Ackerland, Brenn- und Bauholz immer größer wird. In der Folge wird etwa eine Viertelmillion Tonnen Mutterboden von den abgeholzten Berghängen geschwemmt. Die restlichen Wälder altern sehr schnell, da die vielen Weidetiere die natürliche Verjüngung des Baumbestandes verhindern. Es ist auch bemerkenswert, daß die nepalesischen Bauern keine Ahnung davon haben, wie Baumschulen angelegt und Bäume gepflanzt werden, um so die Existenz der Wälder zu sichern. Dabei erkennen sie, daß die Wälder von größtem Wert für sie sind. Vermutlich waren die ersten Bauern im Nahen Osten ebensowenig mit dem Gedanken vertraut, Bäume, die gefällt worden waren, durch neue zu ersetzen. Anscheinend konnten Dörfer wie Dscharmo nur einige Hundert Jahre lang bestehen, um dann der Bodenerosion und Bodenauslaugung zum Opfer zu fallen. Heute ist das Gebiet um Dscharmo Ödland – wie ein großer Teil des Hügellandes oberhalb der mesopotamischen Tiefebene. Allerdings geht die Landverwüstung nicht allein auf die Anfangszeit der Landwirtschaft zurück, die Überweidung des Landes durch Schafe und Ziegen dauert bis zum heutigen Tag an.

Es kann nicht oft genug gesagt werden, wie wichtig es ist, den Wald auf den Hängen zu erhalten, denn in dieser Hinsicht trifft man auch heute noch auf viel Unverständnis. Die Baumwurzeln reichen auf Hängen bis tief in die Klüfte des Gesteins hinab und »verankern« somit die Ackerkrume. Von den feinen Haarwurzeln unmittelbar unter der Bodenoberfläche werden die Bodenpartikel zu größeren Erdkrümeln verbunden, die bei Regengüssen nicht so leicht den Hang hinabgespült werden können. Untersuchungen in vielen Ländern haben immer wieder bewiesen, daß entwaldete Hänge für die Bodenerosion um ein Vielfaches anfälliger sind als Hänge mit einer dichten Walddecke. Es ist außerdem seit langem bekannt, daß der Waldboden das Regenwasser wie ein Schwamm aufsaugt und damit die Grundwasservorräte im Untergrund ergänzt. Auf diese Weise werden die Quellen und Flüsse ständig mit Wasser versorgt. In Wäldern ist darüber hinaus die Luftfeuchtigkeit meist höher als über unbewachsenen Böden, und Bergwälder können die winzigen Wassertröpfchen re-

gelrecht aus den Wolken »auskämmen«.

Die Entwaldung der Berghänge im Nahen Osten, die von den ersten Agrargesellschaften eingeleitet worden war, beschleunigte sich dann noch, als im Tiefland zwischen Euphrat und Tigris Städte entstanden. Mesopotamien (das »Zwischenstromland«) war praktisch unbewaldet, und die Städte, die dort errichtet wurden, mußten das gesamte Bauholz aus dem Sagrosgebirge, dem Armenischen Hochland und aus anderen Gegenden einführen, wo es Bäume gab. Sicherlich war es am bequemsten, die Wälder am Oberlauf der beiden Flüsse abzuholzen, weil man die Stämme von dort ganz einfach flußabwärts zu den neuen Städten flößen konnte. Eridu, Uruk, Ur und all die anderen alten Siedlungen dieser Region wurden an den Ufern eines der beiden großen Flüsse errichtet.

Winderosion als Folge von Überweidung nimmt der Vegetation ihre Basis: den Boden, wie das Beispiel dieses Mopani-Busches mit seinen durch Erosion entblößten Wurzeln zeigt (Kaokoveld, Namibia).

Die Ausgrabungen der sumerischen Stadt Ur durch Sir Leonard Woolley von 1922 bis 1934 war eines der bedeutendsten Ereignisse in der Geschichte der Archäologie; er beschreibt seine Untersuchungen und Entdeckungen in dem Buch »Ur in Chaldäa« (1950). Es gibt natürlich schon in der Bibel Hinweise auf frühe Städte wie Ur, Eridu, Jericho, Babylon oder Ninive. Vor dem Beginn der Ausgrabungen hatte

Der Ruinenhügel von Ur, dem einstigen politischen Zentrum des Sumer-Reiches im 3. Jahrtausend v. Chr., etwa 15 km südlich des Euphrats gelegen.

jedoch niemand damit gerechnet, daß Reste dieser Städte jemals gefunden werden konnten. Die Ausgrabungen in Ur und anderen sumerischen Städten förderten eine Vielzahl von Artefakten ans Tageslicht, nach denen man die Lebensweise ihrer Einwohner rekonstruieren kann. Ruth Whitehouse schreibt dazu: »Wir wissen, daß der größte Teil der Einwohner einer sumerischen Stadt wie Ur von der Nahrungsmittelproduktion lebte. Die meisten Leute, die wir in den Straßen angetroffen hätten, wären Bauern, Gärtner, Viehzüchter oder Fischer gewesen, und dementsprechend wären auch die meisten Waren, die sie in ihren Karren transportierten, Nahrungsmittel gewesen. Einige Bauern hätten jedoch daneben noch einen anderen Beruf gehabt: Zimmerleute, Schmiede, Töpfer, Steinmetze, Korbmacher, Schuhmacher, Weber, Bäcker und

Bierbrauer sind nachgewiesen, ebenso Kaufleute und andere, die wir die ›Beamten der Tempelgemeinde‹ nennen könnten – die Priester und Schreiber. Wahrscheinlich war aber jeder zuerst und in erster Linie ein Bauer, und zur Zeit der Aussaat und der Ernte arbeitete sicherlich jeder gesunde Mann auf den Feldern.« Die Landwirtschaft bildete die Grundlage des städtischen Lebens, und der Boden und das Wasser, die den intensiven Anbau in Mesopotamien ermöglichten, waren »Geschenke« der benachbarten Gebirge und Hügelländer. Seit ewigen Zeiten hatten die jährlichen Hochwasser von Euphrat und Tigris nährstoffreichen Schlamm aus den Gebirgen mitgebracht. Sie lieferten den ersten Bauern im Tiefland Dünger für die Felder und sorgten zugleich für die Bewässerung. Die Rodung der Wälder in den Bergländern durch

Bauern und Holzfäller beschleunigte dann die Verlagerung des Bodenmaterials von den Hängen in die Täler hinab, was für die sumerischen Bauern in verschiedener Hinsicht vorteilhaft war. Es gibt einige Hinweise darauf, daß diese Bodenverlagerung von den Einwohnern der ersten Städte im Tiefland begrüßt und sogar absichtlich gefördert wurde – ohne sich dabei der langfristigen ökologischen Folgen bewußt zu sein. Ein beliebtes, immer wiederkehrendes Motiv der sumerischen Kunst zeigt Ziegen, die mit ihren Vorderbeinen Bäume hinaufklettern, um Blätter und frische Triebe zu fressen (was Ziegen in der Tat können). Erfahrungsgemäß verhindern Ziegen auf diese Weise die natürliche Regeneration von Wäldern und anderen Pflanzendecken. Die kahlen, erodierten Berghänge, die man heute überall im Nahen Osten sehen kann, sind

Ziegen klettern sogar auf Bäume, um ihren Hunger mit Blättern und jungen Trieben zu stillen. Diese auf den ersten Blick amüsante »Kletterei« zeigt jedoch ernste Folgen, da die Tiere auf diese Weise ganze Wälder zerstören können.

das direkte Ergebnis der über Jahrtausende anhaltenden Überweidung durch Ziegen und Schafe.

Berichte über die absichtliche Zerstörung von Wäldern, um die Bodenerosion auf den Hängen zu verstärken, gibt es aus Nochixtlan in Mexiko. Die dort lebenden mixtekischen Bauern praktizieren dies seit ungefähr 1000 Jahren in der Absicht, die Bodenkrume auf ihren Feldern im Tal tiefgründiger zu machen und die Anbaufläche in den Tälern zu vergrößern. Durch die geschickte Ausnutzung von Grabenerosion haben sie es verstanden, die unfruchtbaren Felder an den Talhängen in fruchtbares Ackerland auf dem darunterliegenden Talgrund zu verwandeln. Auf diese Weise ist die Bodendekke an den Hängen um durchschnittlich fünf Meter abgetragen

worden. Höchstwahrscheinlich hat sich im mesopotamischen Tiefland etwas Ähnliches abgespielt. Die Sumerer scheinen es aber übertrieben zu haben. Als Sir Leonard Woolley die Reste von Ur ausgrub, entdeckte er zu seiner Überraschung unter einer einen Meter dicken Bodenschicht, die Keramikscherben und andere Artefakte enthielt, eine drei Meter dicke Lehmschicht ohne Spuren menschlicher Tätigkeit; erst als seine Arbeiter tiefer gruben, wurden aus den darunterliegenden Schichten wieder viele Artefakte zutage gefördert. Was konnte der Grund für diese merkwürdige Schichtung gewesen sein? Vielleicht die Sintflut? Über diese Theorie wurde damals ausführlich diskutiert, und sie hat auch heute noch ihre Anhänger. (Noah war nach der Genesis ein Vorfahre Abrahams, der in »Ur in Chaldäa« geboren wurde.) Nach der Über-

flutung der Stadt, die sich etwa 2500 v. Chr. ereignet haben soll, wurde Ur wieder aufgebaut und blieb dann für viele Hundert Jahre ein wichtiges kulturelles Zentrum. Lehmschichten ähnlich denjenigen, die Woolley in Ur gefunden hatte, wurden bei Ausgrabungen auch in anderen alten Städten wie Kisch und Fara freigelegt, obwohl es unwahrscheinlich ist, daß sie alle aus derselben Periode stammen. In der sumerischen Königsliste, einem wichtigen Dokument, das die Herrscher der Stadtstaaten in Mesopotamien von den ältesten Zeiten bis ungefähr 1800 v. Chr. verzeichnet, wird die Flut als historisches Ereignis erwähnt: »Die Flut kam. Nachdem die Flut gekommen war, wurde das Königtum wieder vom Himmel herabgesandt.«
Mit großer Wahrscheinlichkeit sind die drei Meter dicke Lehmschicht in Ur und die entsprechen-

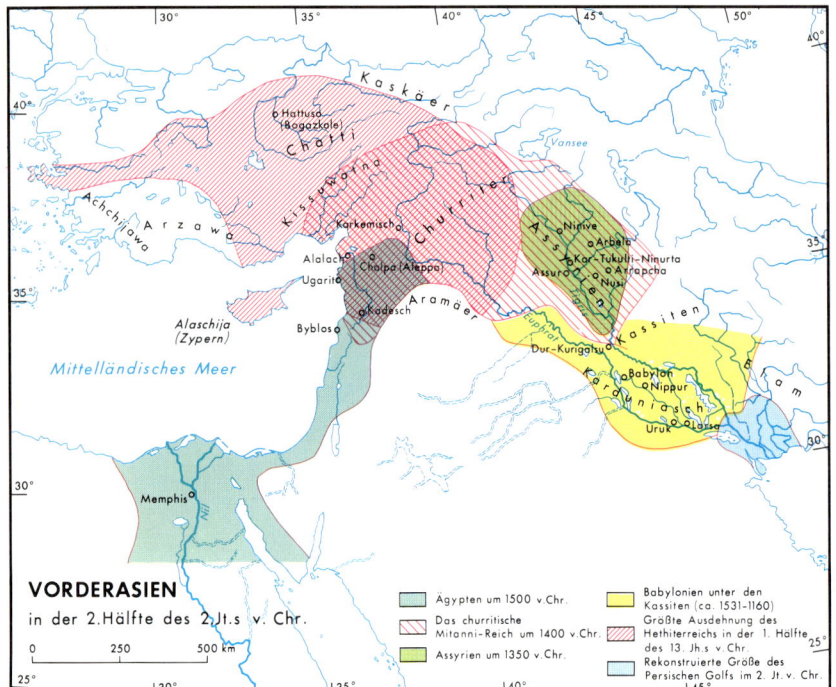

VORDERASIEN

in der 2. Hälfte des 2. Jt.s v. Chr.

0   250   500 km

Ägypten um 1500 v.Chr.

Das churritische Mitanni-Reich um 1400 v.Chr.

Assyrien um 1350 v.Chr.

Babylonien unter den Kassiten (ca. 1531-1160)

Größte Ausdehnung des Hethiterreichs in der 1. Hälfte des 13. Jh.s v.Chr.

Rekonstruierte Größe des Persischen Golfs im 2. Jt. v. Chr.

den Schichten in anderen sumerischen Städten Zeugen der ersten vom Menschen verursachten Umweltkatastrophe. Wissenschaftler konnten nachweisen, daß die Ablagerungen in Ur »aus Material bestehen, das vom Mittellauf des Euphrat flußabwärts geschwemmt wurde« (Woolley). Der nährstoffreiche Schlamm aus den Gebirgen, wegen der Fruchtbarkeit, die er den bewässerten Feldern Mesopotamiens verlieh, hoch geschätzt, hatte Ur in einer Schlammflut versinken lassen. Die Stadt wurde zwar auf dem drei Meter höheren Untergrund wieder aufgebaut, und das Leben der Menschen ging weiter, aber der einstige »Segen der Berge« war zu einer Gefahr für das Leben und den Fortbe-

stand der Zivilisation geworden. Der Hunger der Sumerer nach Holz, nährstoffreichem Schlamm und Bewässerungswasser hatte zu einer unvorhergesehenen Katastrophe geführt.

In der vielbeachteten Lehmschicht in Ur spiegelt sich die bis dahin unbekannte Kraft des Menschen wider, seine natürliche Umwelt zu prägen und zu zerstören. Hier werfen wir zum allerersten Mal einen kurzen Blick auf den »verstärkten Menschen«. Die Eingriffe der Sumerer in ihre Umwelt sind sowohl das Ergebnis der Entwicklung der Landwirtschaft als auch des Wachstums ihrer

Städte. Dieses Wachstum wäre ohne ein ausgeklügeltes System der Nahrungsmittelproduktion unmöglich gewesen. Dazu mußten eine Reihe von Grundbedingungen erfüllt sein.

1. *Eine gesicherte Versorgung mit Düngemitteln:*
Die Sumerer entschieden sich (wie die Ägypter) nicht für die Düngung mit Fäkalien und Abfällen, um die Fruchtbarkeit des Bodens zu erhalten, sondern zogen die Düngung durch den im Flußwasser von Euphrat und Tigris mitgeführten Schlamm vor.

2. *Ein berechenbarer Zufluß von Wasser zur Feldbewässerung:*
Die Verteilung des Bewässerungswassers auf die einzelnen Felder erforderte komplizierte technische Anlagen und eine gut entwickelte Verwaltung.

3. *Ausreichende Vorratslager für die Ernten:*
In jeder sumerischen Stadt gab es Vorratslager für Getreide (Gerste und Weizen), die eine regelmäßige Versorgung der Einwohner mit Grundnahrungsmitteln garantierten und gleichzeitig Notzeiten überbrücken sollten.

4. *Eine planvolle Agrarpolitik:*
Die Sumerer hatten einen exakten Kalender, der zur Planung der Aussaat, der Ernte und anderer wichtiger Feldarbeiten benutzt wurde. Sie kannten außerdem einen »Bauernalmanach«, der die notwendigen Feldarbeiten in allen Einzelheiten erläuterte. Darin heißt es unter anderem: »Wenn du

daran gehst, dein Feld zu bestellen, schau' dir die Öffnung der Dämme, Gräben und Beete genau an, damit das Wasser nicht zu hoch steigt, wenn du das Feld überflutest. Wenn du das Wasser abgelassen hast, achte darauf, daß der Boden des Feldes feucht und fruchtbar bleibt. Laß Ochsen den Boden mit ihren Hufen stampfen, nachdem sie das Unkraut ausgerupft und das Feld eingeebnet haben, forme es gleichmäßig mit schmalen Hacken... Nimm die Spitzhacke und gleiche damit die Hufspuren aus... Wenn du darangehst, dein Feld zu ackern, laß den Pflug die Stoppeln umbrechen... Gib auf den Mann acht, der die Gerste sät. Laß ihn die Körner gleichmäßig zwei Finger tief in den Boden bringen... Wenn die Sprossen die Bodenoberfläche durchbrochen haben, sprich ein Gebet zur Göttin Ninkilim und verscheuche die Vögel. Sobald die Gerste den schmalen Grund der Furchen ausfüllt, bewässere die Saat darüber...«

Diese »Bauernregeln« sind auf einer der vielen Tausend Tontafeln verzeichnet, die in Mesopotamien gefunden wurden. Anschließend werden die Erntearbeiten erläutert und Anweisungen gegeben, wie die Gerste zu dreschen und die Körner von der Spreu zu trennen sind.

Die frühen Städte im Nahen Osten waren in der Geschichte des Menschen die ersten Zentren des Wohlstands. Dieser beruhte auf

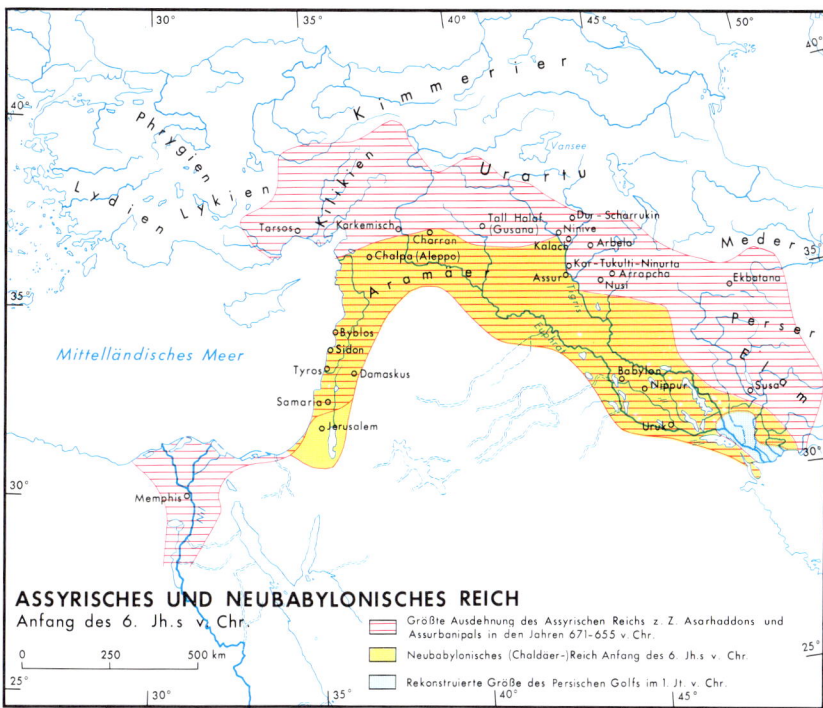

ASSYRISCHES UND NEUBABYLONISCHES REICH
Anfang des 6. Jh.s v. Chr.

0   250   500 km

Größte Ausdehnung des Assyrischen Reichs z. Z. Asarhaddons und Assurbanipals in den Jahren 671–655 v. Chr.

Neubabylonisches (Chaldäer-)Reich Anfang des 6. Jh.s v. Chr.

Rekonstruierte Größe des Persischen Golfs im 1. Jt. v. Chr.

einer sorgfältigen Planung und Organisation des Wirtschaftssystems. Neben den Bauern gab es dort Ziegelmacher, Töpfer, Zimmerleute, Metallarbeiter und eine Vielzahl anderer Handwerker. Während der ersten Phase der Stadtentwicklung war die städtische Gesellschaft noch durch annähernde Gleichberechtigung der Bürger geprägt. Anscheinend erregte jedoch der wachsende Wohlstand den Neid der Nachbarn und führte zu Kriegen zwischen den Städten. Alle frühen Städte wurden durch Ringmauern geschützt und von Bogenschützen und schwer bewaffneten Soldaten verteidigt. Kriege waren regelmäßige Erscheinungen im Leben der Einwohner Sumers und der anderen

Stadtstaaten im Nahen Osten. Der wachsende Wohlstand und die häufigen Kriege ließen ein hierarchisch gegliedertes Militärwesen entstehen; allmählich begann das Militär, die Entwicklung der sumerischen Städte zu bestimmen. Die Stadtstaaten im Nahen Osten mußten sich nicht nur vor den Angriffen anderer Städte schützen, sie hatten sich auch gegen Nomadenstämme zur Wehr zu setzen, die aus den benachbarten Gebirgen oder aus weit entfernten Gegenden kamen, um die städtischen Vorratslager zu plündern. Es gibt zahlreiche Aufzeichnungen über derartige Raubzüge. Die Nomadenstämme waren besonders gefürchtet, weil sie bei Überraschungsangriffen ihre Beweglich-

Keilinschrift in den Ziegeln der Zikkurat von Tchoga Zambil (Iran). Es handelt sich bei der Inschrift um eine Art »Erntebuchführung«.

Die Zikkurat von Tchoga Zambil (Iran). Eine Zikkurat ist ein altorientalisches Stufenheiligtum, das aus einer einstufigen Terrasse mit Hochtempel (Ende des 4. Jahrtausends v. Chr.) entstand; ab der Mitte des 3. Jahrtausends v. Chr. wurden die Zikkurats meist 20 m hoch ausgebaut und mit Stufen und Freitreppen versehen.

keit mit verheerenden Auswirkungen ausspielen konnten. Sie waren Hirten, die von Rinder-, Schaf- und Ziegenherden lebten und ihre riesigen Herden, die Tausende von Tieren umfaßten, auf der Suche nach Weideland über große Entfernungen trieben. In den sumerischen Chroniken werden immer wieder die Gutäer erwähnt, ein Hirtenvolk, das Überfälle auf Städte zu einem festen Bestandteil seiner Lebensweise machte.

Ein anderes Hirtenvolk, das sich manchmal an den Überfällen auf Städte beteiligte, waren die Israeliten. Das Alte Testament beschreibt ihre Wanderungen in allen Einzelheiten und weist auf den Interessenkonflikt zwischen den Nomaden und den seßhaften Bauern hin. In dem tödlichen Streit zwischen Abel, dem Hirten, und Kain, dem Bauern, wird dieser uralte Konflikt beispielhaft dargestellt.

Die Genesis gibt einen faszinierenden Bericht über das wechselnde Geschick der Israeliten bei ihren Wanderungen zwischen den Zentren der Zivilisation im Nahen Osten. Ihre Herden waren äußerst anfällig gegenüber Dürren, wenn Weide und Futter knapp wurden. In Dürrezeiten und bei Hungersnöten pflegten sie daher in wasserreichen Gegenden wie den Tälern des Euphrat oder Nil Zuflucht zu suchen.

Die Geschichte von den sieben fetten und den sieben mageren Jahren ist ein sehr früher, hochinteressanter Beleg dafür, wie Umweltbedingungen zu einer grundlegenden Wende in der Politik führen können.

Joseph, der Sohn Jakobs, war von seinen Brüdern nach Ägypten verkauft worden, wo es ihm gelang, »Premierminister« und Ratgeber des Pharao zu werden. Er prophezeite dem Land sieben Hunger-

Zuckerrohranbau auf Nil-Schwemmboden in Mittelägypten. Seit dem Bau des Assuan-Hochdamms ermöglicht eine geregelte Dauerbewässerung des Bodens bis zu fünf Ernten in zwei Jahren.

Fellachensiedlung in Mittelägypten. Die Fellachen sind die ackerbautreibende Landbevölkerung der arabischen Länder, die den Boden von Grundbesitzern gepachtet hat und von diesen abhängig ist.

jahre, indem er die Träume des Pharao deutete. Der Pharao entschied daraufhin, daß in den sieben fetten Jahren jeweils ein Fünftel der Ernte abgegeben und als Vorrat für die dann folgenden sieben mageren Jahre eingelagert werden sollte. »So speicherte denn Joseph das Getreide auf in überaus großer Menge wie den Meeressand, so daß er schließlich aufhörte, zu messen; denn es gab kein Maß dafür« (Genesis 41,49). Als die Dürre schlimmer wurde, konnte der Pharao den Ägyptern (und ebenso den Israeliten und anderen Nomadenvölkern) gegen Gold und Silber Getreide verkaufen. Dann, als sie keine Edelmetalle mehr hatten, mußten sie ihre Rinder- und Schafherden gegen Weizen und Gerste tauschen. Schließlich, gegen Ende der Dürrezeit, waren die ägyptischen Bauern gezwungen, dem Pharao für das Getreide ihr Land zu geben.

Von dieser Zeit an konnten der Pharao und seine Nachfolger von ihren Untertanen Pachtzinsen eintreiben und dadurch die politische und wirtschaftliche Macht der herrschenden Dynastien entscheidend vergrößern.

Diese wohlbekannte Geschichte zeigt ganz deutlich, wie die Menschen im Laufe der sich entwikkelnden Zivilisation immer mehr von künstlichen Systemen der Nahrungsmittelproduktion und -verteilung abhängig wurden. Die Nahrung war nicht mehr eine großzügige Gabe der Natur wie zu Zeiten der Jäger und Sammler, sondern mußte einer manipulierten Umwelt abgerungen werden. Durch die genaue Vorhersage von Dürrezeiten und Hungersnöten konnten die Herrscher ihre Macht über die Untertanen noch vergrößern. Der gottähnliche Status, den die Herrscher der frühen Städte in Ägypten und Mesopotamien für sich beanspruchten, erweckte in ihnen einen bizarren Größenwahn, der sich noch heute in Form der Pyramiden und Zikkurats dokumentiert.

Der Drang nach Unsterblichkeit wurde überall im Nahen Osten eine charakteristische Eigenschaft der Herrschenden. Ihr Machthunger ging Hand in Hand mit dem festen Glauben, sie könnten die Natur beherrschen und für ihre eigenen Zwecke ausbeuten.

Es ist noch nicht ganz geklärt, warum die Landwirtschaft im Niltal, die auf der jährlichen Düngung der Felder mit fruchtbarem Nilschlamm beruht, bis zum heutigen Tag (oder wenigstens bis zum Bau des Assuan-Hochdamms) überleben konnte, während die Landwirtschaft in Mesopotamien, in der von Euphrat und Tigris bewässerten Tiefebene, vor mehr als 2000 Jahren untergegangen ist. Sicher ist jedoch, daß die Schlammfracht der beiden Flüsse stets viel größer war als die des Nils – eine Folge der verheerenden Bodenerosion in den Quellgebieten des Euphrat und Tigris. Durch die ungeheuren Mengen von Schwebstoffen, die diese Flüsse mit sich führten und an ihrer Mündung ablagerten, hat sich die Küstenlinie des Persischen Golfes innerhalb weniger Tausend Jahre um über 200 Kilometer nach Süden verschoben.

Die Sumerer betrachteten den von den Flüssen abgelagerten nährstoffreichen Schlamm nicht nur als Segen, sondern auch als Fluch, weil er ständig die Bewässerungskanäle verstopfte. Wegen der großen Schlammfracht verlagerte der Euphrat außerdem wiederholt seinen Lauf, durchbrach die natürlichen Uferdämme und grub sich ein neues Bett. Dies machte das Leben in den Städten an seinen Ufern sehr schwierig. In den alten Städten Mesopotamiens sind zahlreiche Tontafeln ausgegraben worden, die von den Anstrengungen berichten, die Bewässerungskanäle vom Schlamm zu säubern. Die Sumerer selbst scheuten diese Arbeit und ließen sie von Sklaven verrichten.

Die Schlammfracht des Nil war dagegen geringer. Der größte Teil davon kommt aus dem äthiopischen Hochland, dem einst dicht bewaldeten Einzugsgebiet des Blauen Nil. Noch vor 40 Jahren war nahezu die Hälfte des Hochlandes mit Wald bedeckt. Seither ist die Entwaldung Äthiopiens außergewöhnlich schnell vorangeschritten. Sehr starke Bodenerosion und häufige Dürre sind die Folgen. Heute nimmt der Wald nur noch ungefähr vier Prozent des Hochlandes ein, und ein großer Teil des Bodens im Hochland wird schließlich im Assuan-Stausee abgelagert werden.

Der Niedergang der Landwirtschaft in Mesopotamien war erwiesenermaßen nicht allein die Folge der vielen Kriege und der zu großen Schlammfracht der Flüsse.

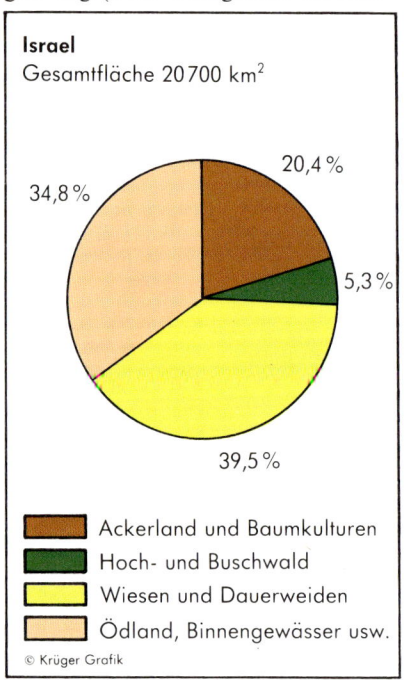

Israel
Gesamtfläche 20 700 km²

20,4 %
34,8 %
5,3 %
39,5 %

- ■ Ackerland und Baumkulturen
- ■ Hoch- und Buschwald
- ■ Wiesen und Dauerweiden
- ■ Ödland, Binnengewässer usw.

© Krüger Grafik

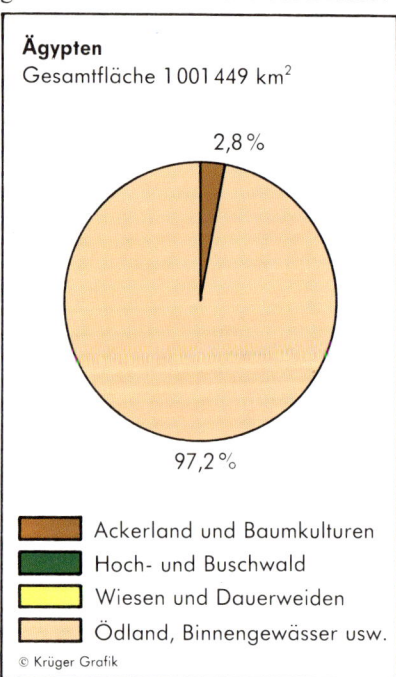

Ägypten
Gesamtfläche 1 001 449 km²

2,8 %
97,2 %

- ■ Ackerland und Baumkulturen
- ■ Hoch- und Buschwald
- ■ Wiesen und Dauerweiden
- ■ Ödland, Binnengewässer usw.

© Krüger Grafik

Überreste des 15 m hohen Staudamms von Marib, der einstigen Hauptstadt des Reiches Saba im Nord-Jemen. Der Anfang des 1. Jahrtausends v. Chr. erbaute und im 6. Jahrhundert v. Chr. zerstörte Damm erinnert an die einst fruchtbare Region um Marib.

Ein weiterer Faktor, der zur Zeit eingehend untersucht wird, ist die Versalzung der Böden. Im geologischen Untergrund des Armenischen Hochlandes kommt in verschiedenen Schichten Steinsalz vor, das vom Wasser gelöst und in gelöster Form von den Flüssen ins Tiefland transportiert wird. Durch das leicht salzhaltige Bewässerungswasser, das die Bauern in Mesopotamien verwendeten, reicherte sich in den trockenen Sommern durch die Verdunstung Salz im Boden an. Deswegen nahm die Bodenfruchtbarkeit offenbar allmählich ab.

»Die Sumerer erkannten die verheerenden Folgen der Bodenversalzung«, schrieb Samuel N. Kramer 1963 in seinem Buch über dieses Volk, »und begegneten ihr zum einen dadurch, daß sie den Anbau auf eine Ernte pro Jahr beschränkten (statt auf zwei wie in früheren Zeiten), zum anderen durch den Anbau von Pflanzen mit einer größeren Widerstandsfähigkeit gegenüber Salz. Von den Nutzpflanzen ist die Dattelpalme besonders widerstandsfähig gegenüber Salz, sie kann auch in zweiprozentiger Kochsalzlösung noch überleben, während die Gerste fast ein Prozent und der Weizen weniger als ein halbes Prozent Salz vertragen . . .

Die Versalzung des Bodens in Sumer gehört neben der bereits erwähnten Überschwemmung Mesopotamiens zu den ersten größeren Umweltkatastrophen – in diesem Fall war es eine Katastrophe, bei der weite Landstriche durch eine Chemikalie vergiftet wurden. Salz ist zwar eine »natürliche Chemikalie«, aber ohne die intensive Bewässerung wäre der Boden im alten Mesopotamien vermutlich niemals versalzen. Heute treten die beiden eng miteinander verknüpften Probleme der Entwaldung und Bodenerosion in den Bergländern und der Bodenversalzung beim Bewässerungsfeldbau überall in den Tropen und Subtropen auf.

Als im 19. Jahrhundert zum ersten Mal Europäer in größerer Zahl durch Mesopotamien reisten, waren dort nur wenige Spuren der alten Städte zu finden, meist nur Hügel aus Sand und Geröll in einer wüstenhaften Landschaft. Die großartigen Reste der alten Zivilisation wurden erst bei den archäologischen Ausgrabungen zutage gefördert. Die Verblendung und Überheblichkeit der Herrscher der sumerischen Städte führte schließlich zu ihrem Untergang. Ihre prächtigen Städte und kunstvollen Bewässerungsanlagen wurden unter Schlamm und Wüstenstaub begraben.

Ein Haussa-Dorf in der Trockensavanne
(Niger). Das Wüstenklima von Sahara
und Sahel-Zone bestimmt heute den Le-
bensrhythmus der Menschen dieser Region, die vor 12000 Jahren (während der
europäischen Eiszeit) noch weitgehend
grün war: Eine Pflanzendecke ermöglichte Viehzucht, und die inzwischen ausge-
trockneten Flußläufe führten regelmäßig
Wasser.

DIE NATÜRLICHE GEMEINSCHAFT

Die Erde aber ist gütig, mild, nachsichtig, den Bedürfnissen der Menschen stets dienstbar ... Was spendet sie freiwillig, welche Genüsse für Geruch und Gaumen, Geschmack, Gefühl und Farbempfindung! Mit welcher Treue erstattet sie Anvertrautes mit Zins zurück!

Plinius d. Ä. (Historia naturalis)

Man kann wohl sagen, daß heute auf unserem Planeten Menschen in jedem Stadium landwirtschaftlicher Entwicklung leben. In einer Welt, die über elektronisch gesteuerte, Insektizide versprühende Maschinen verfügt, findet man immer noch Menschen, die den Boden mit dem Grabstock bearbeiten. Ich habe oft Frauen vom Volk der Buschmänner gesehen, wie sie mit Gemsbockhörnern in der Erde nach Eßbarem gruben; und ich hörte, daß es auf Borneo noch immer Menschen geben soll, die mit Steinhacken den Boden bearbeiten und Bäume mit Steinbeilen fällen. Noch vor nicht allzu langer Zeit haben die Bantu-Stämme von Ost-, Süd- und Zentralafrika »mit sich und der Welt zufrieden« in der Eisenzeit gelebt.

Die Balovale, ein an den Quellflüssen des Sambesi lebender Bantustamm, haben, als ich sie besuchte, noch immer Eisen geschmolzen, wie es einst ihre Vorfahren taten. Die Barotse – ein Bantu-Volk im Westen des heutigen Sambia – gebrauchten Eisenbeile, um Bäume zu fällen und kultivierbare Waldlichtungen anzulegen, und bearbeiteten den Boden mit eisernen Hacken. Als ich vor dem Zweiten Weltkrieg die Barotse besuchte (ich arbeitete als Veterinär-Offizier bei der Kolonialverwaltung), sah ich, daß das symbolische Emblem des Mannes ein kleines Schmuckbeil und das der Frau eine kleine Hacke war, zum Zeichen, daß der Mann das Beil und die Frau die Hacke benutzte. Die älteren Beil- und Hackenköpfe wurden aus Lovale-Eisen gefertigt, die neueren sind aus europäischem Stahl, der jedoch genau in den gleichen überlieferten Formen geschmiedet wird. Auf Grund seines Kontaktes mit den Europäern ging dieses Volk allmählich vom Eisenzeitalter zum Stahlzeitalter über. Für diesen Wandel war vor allem ein Mr. Harrington, ein geschäftstüchtiger Mann aus Yorkshire, verantwortlich, der in Senanga am Sambesi einen Laden betrieb und eine kleine Flotte flacher Paddelboote besaß. Er bezog Stahlwaren und Stoffe aus Europa, die er gegen Elfenbein, Büffelhäute und Häute von Flußpferden (aus denen Treibriemen geschnitten wurden) sowie Felle von Ottern und Leoparden tauschte. Mr. Harrington hatte auch Ochsenpflüge am Lager, was damals etwas völlig

Neues war. Es sollte mich nicht wundern, wenn seine Nachfolger heute Traktoren verkaufen.

Ich lernte die Barotse-Kultur kennen, als sie von der westlichen Zivilisation noch fast völlig unberührt war. Hier und da sah man schon in den Dörfern einen jungen Mann mit dem blechernen Schutzhelm, wie er damals in den Kupferminen üblich war, und mit Schuhen an den Füßen (auch wenn er sonst nichts am Leib trug). Er hatte in den Minen, einige hundert Meilen entfernt, geschuftet und ein Jahr lang ein bißchen vom Geld des weißen Mannes abbekommen. Ihn sah man nicht mehr mit dem Beil oder der Hacke arbeiten – das lag weit hinter ihm. Es gab auch einige Frauen, in farbenprächtige Tücher aus Lancashire oder Indien gekleidet, die Mr. Harrington »besorgt hatte«, und einige Männer in englischen Khaki-Hemden und Shorts.

Jedes Jahr tritt der Oberlauf des Sambesi nach der Regenzeit über die Ufer und überschwemmt weite Flächen. Ich verbrachte einmal drei Wochen in einem von Mr. Harringtons Booten und wurde von Sescheke nach Kalabo von 16 fröhlichen und ausdauernd singenden jungen Männern flußaufwärts »geschippert«. Nachts kampierten wir in der Nähe eines Dorfes und tranken gewaltige Mengen heimisches Bier, das aus Mais und Hirse gebraut wird. Jeden Tag ging ich an Land und

Sandstaudamm bei der Farm Rietfontein im Windhuk-Distrikt (Namibia). In den Poren der Sandfüllung ist das Wasser weitgehend vor Verdunstung geschützt.

schoß einen Bock, um die Ruderer zu beköstigen und das Bier bezahlen zu können. Das Land wimmelte geradezu von wilden Tieren. Manchmal, wenn wir nicht ans trockene Ufer gelangen konnten, nächtigten wir entweder auf einer kleinen Insel oder auf einem der Ameisenhügel, die dort manchmal so groß wie ein Haus waren.

Die Männer paddelten kaum, sondern stakten meist, denn der Fluß war in Ufernähe nur wenige Zoll tief. Ringsum sah man nichts als Gras, das über dem Wasserspiegel hinaus wuchs, und achteraus eine Gasse, die das Boot gebildet hatte. Die Dörfer waren nur von wenigen alten Männern und Frauen bewohnt; die anderen hatten sie mit dem Vieh verlassen, bevor die drei Monate dauernde Flut einsetzte.

Natürlich machte diese jährliche Überschwemmung die Flußebene sehr fruchtbar, und wenn die Rinder zurückkehrten, fanden sie reichlich Gras zum Weiden vor. Nicht weniger wichtig als das Vieh waren für die Barotse die Felder. Während sich die Männer um die Rinder kümmerten, bearbeiteten die Frauen den Boden, säten und ernteten. In den höher gelegenen Regionen lebten die Leute während der Überflutung vorübergehend in Dörfern und weideten ihr Vieh dort oben, bis sie wieder zu dem üppigen Gras der Flußauen hinunter konnten. Andere Stämme rodeten und verbrannten auf althergebrachte Weise die Bäume des Waldes, bauten auf den Lichtungen Korn an und hielten auch Vieh. Ich habe diese ganze Gegend bereist – es gehörte zu meinen Aufgaben, die Rinder zu impfen – und keinen einzigen hungrigen Menschen gesehen und kein einziges Dorf ohne ausreichende Getreidevorräte. Ich habe auch weder von früheren Hungers-

nöten gehört, noch bemerkte ich irgendein Zeichen von Bodenmißbrauch oder -degradisierung. Ich war ganz sicher, daß diese besondere Form der Agrokultur immer weiter würde fortgesetzt werden können, solange der Sambesi durch das Land fließt. Alles, was im Barotse-Land wuchs und lebte (und in den meisten anderen Teilen der afrikanischen Savannen auch), bildete eine ausgewogene und ausgeglichene Gemeinschaft des Bodens.

Ein Grund für diesen glücklichen Zustand war sicherlich, daß es nicht allzu viele Menschen gab. Das mag zum Teil auf die fehlenden medizinischen Einrichtungen und mangelnde ärztliche Betreuung zurückzuführen sein; doch ich hatte den Eindruck, daß der Hauptgrund so etwas wie eine natürliche Form der Geburtenkontrolle war, die von allen ausgeübt wurde. Die Mütter nährten ihre Kinder bis zum vierten Jahr; und während dieser Zeit waren die Frauen durch ein unerschütterliches Tabu für ihre Männer unberührbar. Ich brauchte mir nur die mir bekannten Familien anzusehen, um die Wirksamkeit dieser Konvention zu erkennen – in allen wiesen die Kinder deutliche Altersunterschiede auf. (Es ist schon interessant, in der »Historica ecclesiastica gentis Anglorum« des angelsächsischen Kirchenlehrers Beda zu entdecken, daß es eine solche Sitte auch im 8. christlichen Jahrhundert in England gab.)

Ein weiterer Grund ist der, daß die Menschen mit ihren eisenzeitlichen Werkzeugen und Geräten nicht imstande waren, andere Formen des Lebens ernstlich zu gefährden oder das Gleichgewicht der Natur allzu drastisch zu verändern. Es dauert lange, einen Baum mit einer Eisenaxt zu fällen – mit einer Motorsäge braucht man nicht einmal eine Minute –, und ein wildes Tier mit einem Speer oder mit Pfeil und Bogen zu töten, ist im allgemeinen schwierig und zeitraubend, während es mit einem Gewehr nur einer Fingerkrümmung bedarf. Man zerstört nicht den Boden, wenn man Bäume verbrennt und die Lichtung kultiviert, es sei denn, man hat Zugang zu chemischen Mitteln; denn lange bevor der Boden er-

---

Die Bebauung des Bodens

Der europäische Bauer, der seinen Acker mit seinem Schweiß getränkt hat, wird dadurch nicht nur zum Inhaber seines Bodens, darüber hinaus empfindet er den von ihm bearbeiteten und meliorierten Boden als sein Eigentum im vollen Sinn des Wortes. In Afrika aber wurde die Erde nur selten im europäischen Sinn kultiviert. Dieser Unterschied zu Europa beruht auf den klimatischen und technischen Verhältnissen. Die afrikanische Sonne, die Dürre und (in den Niederschlagsgebieten) die Heftigkeit der tropischen Regen, welche den Boden auslaugen, sind den humusbildenden bakteriologischen Vorgängen nicht günstig. Der bebaubare Boden Westeuropas ist viel weniger als gemeinhin angenommen ein Geschenk der Natur, sondern viel eher das Ergebnis steter Anstrengung der Bauern und der Düngung durch ihr Vieh. Die Humusbildung bindet den Bauern an seinen Boden; sie ist es, die letztlich seinen Besitz begründet. Seine Scholle gehört ihm schon deshalb, weil er sie geschaffen hat. In Afrika aber findet sich kaum irgendwo Humusbildung, ausgenommen an einigen begünstigten Orten…

Die Düngung, die in Europa durch eine enge Verbindung von Ackerbau und Viehzucht erfolgt, ist in Afrika unbekannt. Diese Tatsache sowie die Unkenntnis der Mehrfelderwirtschaft bewirkt eine schnelle Nährstoffverarmung der Erde, die selten mehr als zwei oder drei Ernten hintereinander hervorbringen kann. Die rasch erschöpfte Erde beunruhigt indessen niemanden; lassen sich doch überall im weiten Raum neue Felder urbar machen. So entwickelt sich ein nomadischer Wander-Ackerbau. Dabei wandert das ganze Dorf, denn unter einem Dorf versteht man nicht so sehr eine Niederlassung als eine mobile Gemeinschaft von Männern, Frauen und Kindern. Wenn die bebaubare Fläche in der Umgebung des Dorfes beinahe steril geworden ist, dringt die Gemeinschaft etwas weiter in den Busch vor, da wo das Vorkommen bestimmter wilder Pflanzen den Eingeweihten eine gewisse Fruchtbarkeit des Bodens ankündigt. Vor der Regenzeit und nach Erfüllung der rituellen Sühneopfer werden alle Kräfte auf die Entfernung des Buschwerkes konzentriert. Die nützlichen Bäume werden verschont, während die anderen in Kniehöhe gefällt werden. Schließlich wird das geschlagene und getrocknete Gebüsch angezündet, worauf der Boden mit der Hacke oberflächlich bearbeitet wird und ihm unter Anrufung des Regens Asche und Körner beigegeben werden. Die neugewonnene Erde ist wiederum nach einigen Jahren des Anbaus erschöpft. Man überläßt sie der Brache, die ihr im Laufe der Jahrzehnte eine gewisse Fruchtbarkeit zurückgeben wird.   (2)

---

schöpft ist, hört man auf zu ernten, weil es nicht mehr lohnt. Mit Chemikalien hingegen kann man das Land bis zur völligen Auszehrung entkräften.

Mit dem Zusammenbruch der Stammestraditionen, die eine oftmals unvorbereitete Entlassung der afrikanischen Völker in die

Unabhängigkeit mit sich gebracht hat, sind auch die alten Tabus gegen zu viele Kinder in Vergessenheit geraten. Und damit hat meines Erachtens die Übervölkerung begonnen. Ein Bewohner von Lealui, den ich kürzlich traf, erzählte mir von der Bevölkerungsexplosion, von der rapiden

Blühendes Aristida-(Borsten-)Gras nach außergewöhnlich ergiebiger Regenzeit auf der Farm Samara (Namibia).

Links oben: Zahlreiche Flutrinnen durchziehen das Amboland (Namibia). Die periodisch auftretenden Trockenjahre führten früher zu großen Menschen- und Tierverlusten; die Anlage eines ausgedehnten Kanalnetzes und die Errichtung von Pump-Speicher-Reservoiren hat zumindest vorübergehend die Wasserversorgung verbessert.

Links: Verlassener Kraal (Rundplatzsiedlung) der Tjimba im westlichen Kaokoveld (Namibia).

Zerstörung der großen Wälder, die ich für ewig gehalten hatte, von der Erosion der höher gelegenen Sandflächen und vom Aussterben des Wildes. Die Bodengemeinschaft jenes Teils von Afrika ist aus dem Gleichgewicht geraten und wird schließlich ganz dahin sein; je mehr Traktoren, Motorsägen und Chemikalien zum Einsatz kommen, desto schneller wird der Boden sterben. Je früher die Menschen erkennen, daß auch sie ein Teil der Bodengemeinschaft sind, desto größere Chancen wird die Menschheit haben, noch das 22. Jahrhundert zu erleben.

Die Wirkung des Bodensterbens – nicht nur in weiten Teilen Afrikas, sondern auch auf jedem anderen Kontinent – wird im Augenblick durch Nahrungshilfen verschleiert – durch Nahrungsmittelspenden, die andere Länder mit Überproduktion aus moralischer Verpflichtung gewähren. Hauptlieferanten sind zur Zeit Westeuropa und

Felsenlandschaft mit Wohnhöhlen auf dem Plateau Göreme in Anatolien (Türkei). In den durch regelmäßige Niederschläge ausgebildeten Erdpyramiden wurden im 7.–14. Jahrhundert Wohnungen, Kirchen und Klöster ausgebaut.

Nordamerika. Wenn jedoch ihre Bodengemeinschaften durch mißbräuchliche Nutzung oder Ausbeutung ebenfalls beeinträchtigt werden – wird eine globale Katastrophe unvorstellbaren Ausmaßes die Folge sein.

Es ist jedoch ein Irrtum zu glauben, der Tod des Bodens sei ein neues Phänomen auf unserem Planeten; denn ich fand frühe Beispiele dafür, als ich mit einem Aufnahmeteam der BBC in das Dorf Magsalial im Nordirak kam. Im Oktober 1983 fuhren wir von Bagdad nach Mosul, das in der Nähe der Ruinen von Ninive liegt, einst eine der größten Städte der

Erde. Wir wollten aber die Zeichen des menschlichen Lebens sehen, das weit früher als Ninive dort geblüht hatte; so fuhren wir nordwestlich in die Wüste Ausgrabungen entgegen, von denen die Archäologen annehmen, daß sie die ältesten Spuren landwirtschaftlicher Tätigkeit, die man bisher auf der Erde entdeckt hat, dokumentieren. Nach einiger Zeit verließen wir die schändliche Straße und fuhren einen Sandweg entlang. Das Land war flach und manchmal leicht gewellt; stellenweise sahen wir »Tells« – Ruinenhügel, die von Städten oder Dörfern der Vergangenheit zeugten.

Jede neue Siedlung wurde auf den Ruinen ihrer Vorgängerin errichtet, so daß die Trümmer der Lehmziegel im Laufe der Zeit einen Hügel bildeten.

Die Luft war schwer und heiß; im rasch einsetzenden Sandsturm sahen wir Bauern, die sich in Erwartung des kommenden Regens an-

Getreidespeicher eines Dorfes in der Orontes-Ebene (Syrien). Die Landwirtschaft ist auch heute noch die wirtschaftliche Grundlage dieses vorderasiatischen Staates; Hauptanbauprodukte sind Baumwolle und Weizen.

schickten, Weizen- und Gerstensamen auszustreuen. Denn das Land, in dem wir uns befanden, lag weitaus höher als die alluviale Ebene von Mesopotamien und hatte einen verhältnismäßig günstigen, wenn auch nicht verläßlichen Niederschlag, der in der Regel in drei von vier Jahren sehr karge Weizenernte ohne zusätzliche Bewässerung ermöglichte. Die Bauern besaßen Traktoren, Pflüge und Erntemaschinen, die von dem Geld, das Iraks Öl einbrachte, bezahlt worden waren. Aus dem, was ich von der Landschaft sah und was mir mein irakischer Führer erzählte, ging klar hervor, daß diese Trockenland-Agrikultur nicht von Dauer sein konnte: Der Boden, von Traktoren und Pflügen bloßgelegt, würde in kurzer Zeit verwehen. Mit eigenen Augen konnte ich sehen, wie bei immer stärkerem Wind die oberste Schicht abgehoben und davongetragen wurde. Hinter dem Ackerland breitete sich die Wüstensteppe mit spärlichem Buschwerk aus. Dort wurden große Schaf- und Ziegenherden von Jungen gehütet; einige trugen Maschinenpistolen. Es stand außer Zweifel, daß dieser karge Boden hoffnungslos ausgebeutet war und den Anforderungen als Weideland nur in sehr geringem Maße entsprechen konnte. Ich erinnerte mich an die Weiden in Südwestafrika, die von den Karakulschafherden zugrunde gerichtet worden waren. Es ist das Paradox bei Weidetieren, daß, wenn ihre Zahl zu groß wird, das Land immer weniger hervorbringt, denn ein Übermaß an grasenden Mäulern schädigt die Pflanzen und kann sie schließlich völlig vernichten und die Weide in eine Wüste verwandeln.

Der Sandsturm wurde nun so stark, daß unsere Fahrer den Weg kaum noch sehen konnten. Ich mußte an die Pollenanalyse denken, die erwiesen hat, daß dieses Land ringsum einst ein Laubwald gewesen war! Einfach unvorstellbar, daß heute auch nur ein Baum hier wachsen könnte: Jeder Sprößling würde sofort von einem Schaf oder einer Ziege abgefressen, sobald er sich aus dem Boden wagte. Schließlich gelangten wir nach Magsalial, einem Dorf aus Lehmziegelhütten, armselig und verlassen am Fuße eines steilwandigen Hügels gelegen; es war höchste Zeit, denn der beißende Sandsturm machte jedes Weiterfahren zur Qual. Unterhalb des Hügels, auf der anderen Seite, lag die tief ausgewaschene Schlucht eines Flusses und – überraschenderweise – ein offener Wassertümpel. Die Bewohner von Magsalial (einige Dutzend) warnten uns, auf den Gipfel des Hügels zu gehen, da es ihr Friedhof war. Wir ließen

Die Ruinen von Nimrud, der altorientalischen Stadt Kalach am Ostufer des Tigris (Irak). Der im 13. Jahrhundert v. Chr. gegründete Ort wurde 879 v. Chr. als neue Hauptstadt des assyrischen Reiches ausgebaut.

uns aber nicht beirren und fanden die ausgegrabenen Reste des antiken Dorfes – möglicherweise eines der ältesten Dörfer der Welt.

Dort also, am Rande des ziemlich steilen Hügels, hatten die Archäologen Lehmziegelfundamente freigelegt. Wir trafen keinen der Wissenschaftler an, denn in dieser heißen Jahreszeit ist es nicht ratsam, in der prallen Sonne schwer zu arbeiten. Russ, unser Kameramann, und seine Mitarbeiter stemmten die Kamera gegen den heulenden Wind und begannen zu filmen. Ich dachte, wenn die Bilder überhaupt etwas werden, würden sie wenigstens Atmosphäre haben. Und sie könnten, wenn auch unbeabsichtigt, zeigen, was aus einer Gemeinschaft des Bodens wird, die nicht mehr Wurzeln schlagen kann.

Als ich dort stand, im Schatten einer Erdbank, und mich gegen den Wind stemmte, die Augen voller Staub, blickte ich über die heulende Wildnis und erinnerte mich, was ich über die Geschichte dieser Stätte gelesen und von Archäologen gehört hatte.

Wie man heute annimmt, sind die frühesten Dörfer im Hochland des Nordirak gebaut worden, noch bevor Menschen zum ersten Mal Ackerbau betrieben. Das Land war fruchtbar genug, um ständig bewohnbare Siedlungen zu gestatten. Ich dachte an die heutigen Jäger und Sammler, die Buschmänner in Afrika; sie können nirgends siedeln, weil die Wüstensteppe ihrer Heimat ihnen nicht soviel Ertrag bringt, auf daß sie sich an einem Ort niederlassen könnten. Ständig müssen sie an einem Ort sich neue Nahrung suchen. Doch hier im Hochland des Irak bot erstmals der Wald

ausreichende Nahrung für die Menschen, so daß sie in Dörfern leben konnten, noch ehe sie zu graben oder zu pflügen gelernt hatten. Hier, wenn überhaupt irgendwo auf Erden, muß der Garten Eden gewesen sein . . .

In Magsalial jedoch, das haben die Ausgrabungen ergeben, wurde vor sehr langer Zeit regelrechte Landwirtschaft betrieben. Rund 7000 Jahre v. Chr. – fast 9000 Jahre vor der Zeit, in dies geschrieben wird – gab es seßhafte Bauern im Norden von Mesopotamien, lange bevor die alten Städte im Zwischenstromland und in Ägypten oder irgendeinem anderen Teil der Erde errichtet wurden.

Neben Getreidekörnern und Hülsenfrüchten hat man Baumnüsse und andere Früchte gesammelt, heute ist es hingegen unvorstellbar, daß in diesem Land auch nur ein einziger Baum wachsen könnte. Man hat auch zahlreiche Kno-

Der Tigris bei Bagdad. Gemeinsam mit dem Euphrat, mit dem er sich im Irak zum Schatt Al Arab vereinigt, der in den Persischen Golf mündet, bildet der Tigris das Zwischen-(oder Zwei-)stromland, den Raum der altorientalischen Reiche von Babyloniern und Assyrern.

chen vieler Wildarten in ähnlichen Dörfern entdeckt – undenkbar, daß hier heute *ein* wildes Tier existieren könnte. Ich versuchte, mir diese Landschaft vorzustellen, wie sie vor 9000 Jahren ausgesehen haben muß – kurz nach dem Ende der letzten Eiszeit. Sie wird mit Eichen, Pistazien- und Mandelbäumen und wahrscheinlich vielen anderen Baumarten bewaldet gewesen sein; dazwischen breiteten sich Gras und Unterholz aus, von mildem Klima begünstigt. Es wird verhältnismäßig kühl und feucht gewesen sein, denn der Niederschlag in diesem Land war reichlich; und das Wasser verlief sich nicht ins Meer, sondern sickerte in den bewachsenen Boden, wurde von Busch und Baum aufgenommen und der Luft zurückgegeben. Der Fluß zu unseren Füßen führte ständig Wasser mit sich und war nicht ausgetrocknet; denn nichts reguliert und mäßigt die Bewegung des Wassers besser als waldiges Land, und das Wasser wäre klar gewesen, weil es keine Bodenerosion gab. (Trübbraun gefärbte Flüsse sind immer ein Zeichen von stromaufwärts stattfindender Erosion.) Die Bewohner des Ortes hätten Pistazien und Mandeln und andere Baumfrüchte ernten können, die Männer wären auf Jagd- und Fischfang gegangen; und vielleicht hätten die Frauen auf einigen Waldlichtungen die neuen, aus Wildgräsern gewonnenen Getreidearten Weizen und Gerste gesät; und kleine Herden

domestizierter Tiere wären von Kindern gehütet worden. Diese Menschen hätten sich nie und nimmer diese von Trockenheit und Sandstürmen heimgesuchte Öde vorstellen können, in der ihre Nachfahren heute ein armseliges Dasein fristen. Fortschritt kann also sehr Verschiedenes bedeuten.

Der Archäologe R. J. Braidwood, der in den 50er Jahren das Magsalial sehr ähnliche jungsteinzeitliche Dorf Dscharmo ausgegraben hatte, schrieb: »Während der Zeit, die vergangen ist, nachdem Dscharmo ein Dorf war, ist der *Mensch* der wichtigste umweltgestaltende Faktor gewesen; die Wirkungen seiner Tätigkeit sind im ganzen Nahen Osten zu sehen. Im allgemeinen war die Rolle des Menschen als Ackerbauer und Viehzüchter eine zerstörerische, und dies, ohne daß er es gewollt hätte. ... Im größten Teil des einst bewaldeten Tales von Chemchemal ist kaum ein Strauch geblieben. Die Straucheiche erreicht selten eine Höhe von zwei Metern, denn sie wird schon vorher von den Köhlern gefällt. Wenn Bäume und Sträucher einmal dahin sind und das Gras im Frühling bis zu den Wurzeln abgefressen ist, wird der Boden in der Regenzeit in die Flüsse geschwemmt, ... die sich in schokoladebraunen Strömen über das Land ergießen.«

Wir fuhren dann südwärts, die lange, lange Straße von Bagdad nach Al Kut, wo der Schatt Al Gharraf, ein Nebenarm des Tigris, zum Euphrat abzweigt. Dort wandten wir uns nach Süden und kamen am Abend zu der kleinen Stadt An Nasiriija. Auf der Straße begegneten wir einem großen Konvoi von schweren Panzern, die auf Transporter geladen waren, mit Kurs nach Norden, um gegen eine iranische Offensive anzugehen, denn es herrschte ja immer noch Krieg zwischen Iran und Irak.

Um uns von der anstrengenden Fahrt zu erholen, machten wir einen Spaziergang am Ufer des Euphrat, wo es am Abend vergleichsweise kühl war. Nahe bei An Nasiriija, südwestlich, liegt Ur. Heute ein gewaltiger Ruinenhügel – in seiner Blütezeit um 2500 v. Chr. sowie 2070–1950 v. Chr. politisches Zentrum von Sumer – blieb die einstmalige Stadt der Chaldäer für uns »off limits«, da man das Gelände zu einer Raketenbasis ausgebaut hat. So fuhren wir am nächsten Tag in nordwestlicher Richtung weiter.

Einige Zeit ging es an den Ufern und Lagunen des Euphrat vorbei, und wir konnten einen kurzen Blick auf den seltsamen amphibischen Lebensraum der Araber des Zwischenstromlandes werfen.

Dann führte uns ein sandiger Weg in die Wüste hinaus, die zum großen Teil schneeweiß war und grell in der brütenden Sonne leuchtete. Weite Flächen des Landes waren mit Salz bedeckt, ein Zustand, der seit dem Zusammenbruch der sumerischen Kultur andauert – ja, man nimmt an, daß die Versalzung des Bodens die Hauptursache des Untergangs jener Kultur war.

Ich habe Versalzungen in großem Umfang im Tal des Indus in Pakistan gesehen und auch die Anfänge davon in Kalifornien beobachtet. Es scheint unvermeidlich, daß es in einem trockenheißen Klima bei falscher Bewässerung zu einer Versalzung kommt. Eine vernünftige Entwässerung kann sie mildern und sogar versalztes Land wieder »süß« machen. Wenn man das Land überflutet, sickert das Wasser in den Boden und gelangt durch unterirdische Gänge wieder in den Fluß. Ich habe gelesen, daß die Sumerer das alles wußten und auch, wie die Versalzung zu verhüten und sogar rückgängig zu machen war, daß aber die Gewinnsucht und Kurzsichtigkeit ihrer Bauern sie daran hinderte, die erforderlichen Maßnahmen zu ergreifen. Es war damals wie heute: Wenn ein Bauer die Möglichkeit hat, durch einen bestimmten Kurs in den nächsten zehn Jahren einen großen Gewinn zu erzielen, dann wird er diesen Weg einschlagen, einerlei, welche Wirkung seine Tätigkeit auf lange Sicht haben wird. Es ist von einem mittellosen Bauern zu viel verlangt, große Mengen Geld und Kraft darauf zu verwenden, sein

Bodenversalzung, wie hier im Süden Tunesiens, ist eine große Gefahr vor allem für die Böden in Trockengebieten. Die natürliche oder durch Menschen verursachte Anreicherung vorwiegend von Natriumsalzen übt eine schädliche Wirkung auf die Pflanzen aus, die verkümmern oder gar absterben.

Land zum Nutzen der Nachwelt zu entsalzen, wenn er mit einer kräftigen Bewässerung sofort eine gute Ernte erzielen kann. Die sumerischen Bauern waren sicher nicht weniger verschuldet, als die Bauern der Europäischen Gemeinschaft es heute sind. Die Nachwelt wird nicht bereit sein, die Zinsen zu bezahlen.

Wir sahen auch hier und da modern betriebene Landwirtschaft, zum Beispiel ein großes Dorf mit bewässerten Feldern ringsum – zweifellos war das Land großzügig mit Geldmitteln aus dem Ölgeschäft entsalzt worden. Der Irak hatte, bevor er sich mit dem Iran in einen Krieg einließ, durchaus einen Teil seiner Öleinkünfte vernünftig investiert, um der Landwirtschaft zu helfen.

Schließlich, bei brennender Sonne und die Augen blendendem Sand – weiter durch die heulende Wüste und über versalzte Erde, kamen wir nach Uruk, der heutigen Ruinenstätte Warka. Vor uns war die Erde jetzt etwas welliger, dazwischen lagen einige Lehmziegelhäuser mit flachen Dächern. Ein kleines Pferd war an den einzigen winzigen Baum gebunden, den es weit und breit gab. Es trug einen schön gearbeiteten arabischen Sattel. Zahlreiche Kinder lugten scheu aus einem großen, niedrigen Gebäude nebenan; ein Mann kam heraus, in den traditionellen arabischen »Cheffijeh« gekleidet, das schmale Gesicht von der Sonne geschwärzt. Es war der Wächter des Grabungsfeldes, an dem deutsche Archäologen zur Zeit arbeiteten. Jetzt waren sie nicht da, weil nur im Winter, wenn es kühler ist, Grabungen möglich sind. Außer diesem Manne, seiner Frau und seinen Kindern wohnen nur noch Geister in Warka.

Die Kameras wurden abgeladen, und wir trotteten über den heißen staubigen Boden. Er war mit Tonscherben übersät, und alles – Scherben, Ziegel, Erde – hatte die gleiche Farbe, ein staubiges helles Braun. Wir prüften im Vorbeigehen einige Bruchstücke, viele trugen eingeritzte Ornamente. Das Ausmaß der zerstörten und zu einem Hügel angewachsenen Ruinenstätte war enorm, und man konnte keinen Schritt tun, ohne

auf Scherben zu treten. Plötzlich wurde mir bewußt, daß dies nur die Oberfläche war – unter unseren Füßen lagen Schicht für Schicht gebrannte Ziegel und Tonscherben – eine Stadt über der anderen. 2000 Jahre, so lang wie die Zeitspanne von Christi Geburt bis heute, hatte die um 3000 v. Chr. mächtigste Stadt Sumers – groß auch nach unseren Maßstäben – existiert. Von der Gründung, wahrscheinlich um 4000 v. Chr., bis zum Untergang um 2000 v. Chr. haben in Uruk viele Generationen gelebt und sind gestorben, haben das Land gestaltet, in den Uferregionen gejagt und in den Flüssen gefischt. Wenn es auch nicht die allererste Stadt auf unserem Planeten gewesen sein mag, so doch gewiß eine der

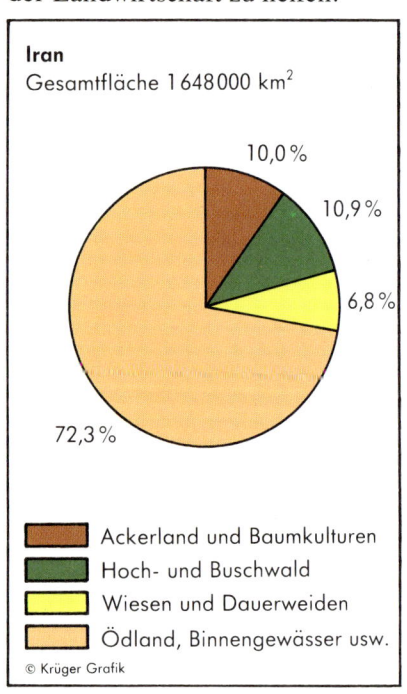

Iran
Gesamtfläche 1 648 000 km²

10,0 %
10,9 %
6,8 %
72,3 %

■ Ackerland und Baumkulturen
■ Hoch- und Buschwald
■ Wiesen und Dauerweiden
■ Ödland, Binnengewässer usw.
© Krüger Grafik

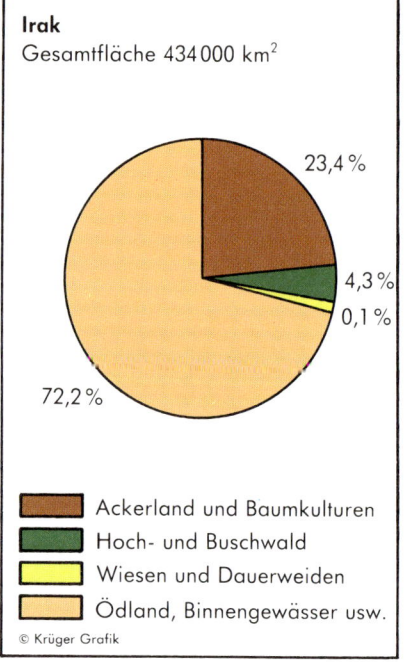

Irak
Gesamtfläche 434 000 km²

23,4 %
4,3 %
0,1 %
72,2 %

■ Ackerland und Baumkulturen
■ Hoch- und Buschwald
■ Wiesen und Dauerweiden
■ Ödland, Binnengewässer usw.
© Krüger Grafik

ersten, da die frühesten Schriftzeichen hier bei Warka entdeckt worden sind.

Während wir umhergingen – es wurde heißer und heißer und der Durst immer unerträglicher –, kamen wir an den Ruinen zahlreicher Häuser und Tempel vorbei. Die Tempel waren mit Mosaiken versehen, die aus Tausenden von kleinen Tonkegeln mit geschmückten Köpfen bestanden, die man an die Tonwände gedrückt hatte. Dann näherten wir uns der Zikkurat, dem gewaltigen Hochtempel, der einst den Mittelpunkt der Stadt bildete. Man hatte einfach einen Tempel auf den anderen gebaut; wenn einer alt wurde oder »aus der Mode kam«, wurde er abgerissen und ein neuer auf seinen Trümmern errichtet. Diese Tempeltürme waren oftmals 20 Meter hoch oder noch höher, um die Kluft zwischen der Welt der Menschen und der Welt der Götter zu verringern. (Der Babylonische Turm war eine Zikkurat, deren Höhe 90 Meter betrug.)

Wir begannen, den Hochtempel von Uruk zu besteigen, und unser Führer bat uns (wie alle anderen Besucher), nur die schmalen steilen Stufen zu benutzen, um den Bau nicht zu gefährden.

Von oben konnten wir jenen Teil der Stadt überblicken, der von einer Mauer umschlossen war.

Jenseits dieser Mauer hatte es noch weitere Stadtteile oder Vorstädte gegeben, denn in einiger Entfernung war eine weitere Zikkurat zu erkennen. Der irakische Archäologe, der uns begleitete, erklärte, sie habe zu derselben Stadt gehört, und ich schätzte, man würde eine gute Stunde gehen müssen, um zu ihr zu gelangen. Niemand weiß, wie viele Einwohner Uruk damals gehabt hat; man weiß nur – und sieht es an den Fundamenten der Häuser –, daß sie 2000 Jahre lang dicht bevölkert gewesen sein muß. Ich stellte fest, daß der Hochtempel, auf dem wir standen – wie auch die meisten Häuser –, aus gebrannten Ziegeln gebaut worden war; ebenfalls aus gebranntem Ton waren die Wände der Töpfereien gewesen, von denen der Scherbenteppich stammte, der sich kilometerweit ringsum erstreckte. Woher aber kamen die Bäume, die das Holz für die vielen Brennöfen lieferten? Wurden sie aus den Gebieten um die Quellflüsse des Euphrat den Strom hinunter geflößt? Vielleicht war diese große Stadt – und waren die anderen Städte wie Ur, Eridu, Al Abaid und Babylon – eine zu große Belastung für die Wälder Armeniens und Aserbeidschans; und vielleicht ist dies der Grund, weshalb diese Länder, einst reich bewaldet, heute so verödet und unfruchtbar sind.

Ich stellte mir vor, ein sumerischer Bauer aus dem Jahr 2500 v. Chr.

Ziehbrunnen bei Amran (Nord-Jemen). Seit alters bauen Menschen zur Förderung von Trink- oder Brauchwasser Brunnen, meist Schachtbrunnen, bei denen ein gemauerter Schacht von etwa 1–4 m Durchmesser in die Tiefe getrieben und das einströmende Grundwasser abgeschöpft oder abgepumpt wird.

Spätmittelalterliche Wohn- und Getreide-
speicherburgen von Halbnomaden in
Mitteltunesien. Halbnomaden sind Viehzüchter, die ständig Ackerbau betreiben,
während ein Teil der Familie mit dem
Vieh wandert.

stünde neben mir und ich könnte
seinen Gesichtsausdruck sehen,
wenn er diese Ruinen und die
scheinbar unendliche Wüste ringsum erblickt hätte. Gern hätte ich
ihn gefragt: »Hast du so etwas
erwartet?« Und wenn ein heute
lebender Bauer aus Cambridge-
shire oder Kansas in die Zukunft
reisen könnte und stünde in –
sagen wir – 1000 Jahren mitten auf
seiner Farm – was würde er sehen?
Kann es nicht sein, daß der sume-
rische Bauer vor Tausenden von
Jahren von der Richtigkeit seiner
Methoden ebenso überzeugt gewesen war wie die Farmer von
Cambridge und Kansas heutzutage? Man muß auf den Ruinen der
fernen Vergangenheit stehen, um
ermessen zu können, was Zukunft
bedeuten kann.
Meine Frau Angela und ich gingen
beiseite und setzten uns in den
dürftigen Schatten einer Bank.
Einige Mosaikstücke zeigten sich

auf dem Boden, und wir kratzten
sie heraus und stellten uns vor, wir
legten einen Tempel oder ein
großes Haus frei. Der freundliche
arabische Wächter hatte uns zuge-
sehen; jetzt trat er auf uns zu, hob
vorwurfsvoll den Finger und sagte:
»Ali Baba – nein!« Betroffen
legten wir unsere Beutestücke zurück.

Irgendwann zwischen 1700 und
1400 v. Chr. trat ein bedeutsa-
mer Wandel in den Bestattungs-
bräuchen des Volkes von Kreta
ein. Bis dahin waren die Toten in
hölzernen Särgen beigesetzt worden; danach legte man sie in
irdene Särge. Töpfer werden sagen, man könne daraus nicht den
Schluß ziehen, ein zunehmender
Mangel an Bäumen auf der Insel
sei der Grund für die Veränderung
gewesen, denn auch die Töpferei

benötigt Holz zum Beschicken der
Brennöfen. Die Antwort darauf
ist, daß man beim Brennen mit
sehr wenig Holz auskommt – wie
es die kretischen Töpfer heute
noch beweisen. Für Holzsärge hingegen braucht man breite Bretter,
die aus großen Bäumen geschnitten werden müssen. Darüber hinaus verarbeitete man viel Zedernholz für die hohen Pfeiler, auf
denen die Dächer vieler minoi-
scher Paläste lasteten. Es dürfte
schwer sein, heute auf Kreta eine
Zeder oder einen ähnlichen Baum
zu finden, der groß genug für
einen solchen Pfeiler wäre.
Die archäologischen Nachweise –
wie auch die Pollenanalyse – deu-
ten darauf hin, daß alle Länder
rings um das Mittelmeer früher
dicht bewaldet und fruchtbar waren, was man leider nicht mehr
behaupten kann.
Es war Spätherbst, als wir in
Knossos filmten, einer an der

Die rekonstruierte Säulenhalle am Nordeingang des Palastes von Knossos (Kreta). Der spätminoische Palast ist der Mittelpunkt der an der Nordküste Kretas gelegenen Ausgrabungsstätte.

Magazinräume mit Vorratsgefäßen in Knossos (Kreta), das in seiner Blütezeit (16. Jh. v. Chr.) mehr als 50 000 Einwohner hatte.

Nordküste Kretas gelegenen Ausgrabungsstätte, deren Zentrum der spätminoische Palast des sagenhaften Königs Minos ist. Die Luft war trotz strahlender Sonne kühl. Die Ruinen des Palastes, der mir mehr als eine Stadt erschien, sind schön und eindrucksvoll, doch man muß in das großartige Museum in Heraklion gehen, um den vollen Glanz und Ruhm der minoischen Kultur zu erleben. Vor 8000 Jahren wurde Kretas Boden für den Weizenanbau mit Steinwerkzeugen bearbeitet; vor 7000 Jahren lernten die Kreter die Töpferei und die Ziegelbrennerei. Die Bronzezeit kam vor rund 4600 Jahren mit einer neuen Einwanderungswelle auf die Insel. Das Volk der Minoer begründeten eine Kultur, die, wie einige sagen (und ich rechne mich dazu), niemals übertroffen wurde.

Sie besaßen kein Heer und keine Waffen für den Landkrieg; ihr Schutz war die unumschränkte

Beherrschung des Meeres, und ihre Städte brauchten keine Mauern zu ihrer Verteidigung. Sie hingen einer Naturreligion an und verehrten eine Mutter- und Fruchtbarkeitsgöttin; jeder Kunstgegenstand, den sie schufen (Statuetten und Reliefs von Mensch und Tier in Ton, Fayence, Bronze, Stein, Elfenbein und Holz, Gefäße aus Obsidian, Steatit und Bergkristall mit feinsten figürlichen Reliefs, goldene Siegelringe mit Kult- und Jagdszenen sowie Becher und Gerät), zeugt von einer engen und liebevollen Beziehung zur Natur auf ihrer Insel und in dem sie umgebenden Meer. Offenbar begannen in der Mitte des 15. Jahrhunderts v. Chr. Angriffe auf Kreta, denn zum ersten Mal wurden Waffen in die Gräber ruhmreicher Toten gelegt, und erstmalig gehören Waffen zu den Funden aus jener Zeit. Im selben Jahrhundert müssen die Kreter von einer schrecklichen Katastrophe heimgesucht worden sein, die manche Forscher einem verheerenden Vulkanausbruch auf Thera (heute Santorin) zuschreiben. Schon früher hatte es Erdbeben und Vulkanausbrüche auf Kreta gegeben, doch sind danach die Städte und Paläste stets wieder aufgebaut worden. Von jenem Unheil jedoch, was immer es auch gewesen sein mag, hat sich die minoische Kultur nie wieder erholt, und die Insel wurde von den weit weniger zivilisierten Achäern erobert, die vom Festland kamen.

Die Bevölkerung Kretas war in der minoischen Zeit sehr groß: Sir Arthur Evans, der Knossos ab 1899 freilegte, schätzte dessen Einwohnerzahl auf mehr als 50 000; und es gab über die Insel verstreut viele andere Städte, Paläste und Landhäuser. Damals führte Kreta Nahrungsmittel aus – Gold und Kupfer, Edelsteine, Siegelringe und andere Schmuckstücke, die man so reichlich in den Ruinen fand, wurden alle aus diesen Exportgeschäften bezahlt. Wie auch immer: ich halte dafür, daß die Minoer ihren Boden eingebüßt haben und daß dies es war, was ihre Kultur schwächte und schließlich zerstörte – der Vulkanausbruch war nur der Gnadenstoß.

Herbert Girardets Frau Barbara wählte das Dorf Vistagi für unsere Aufnahmen, mit denen wir das bäuerliche Leben des heutigen Kreta dokumentieren wollten. Vistagi ist hoch oben an den Südhängen der Berge gelegen, die das tektonische Rückgrat Kretas bilden. Die Schafe des Dorfes weiden am Berg Ida, wo der Sage nach Zeus in einer Höhle geboren wurde.
Die Fahrt von Heraklion südwärts über die Insel gibt eine Vorstellung davon, was sich seit der minoischen Zeit ereignet hat. An tiefer gelegenen Stellen haben sich Erdtaschen gebildet, denn ein Teil des durch Regen vom Hochland herabgeschwemmten Bodens wird in Tälern abgelagert und bildet dort die Grundlage für ertragreichen Garten- oder Ackerbau. Diese isolierten Flecken lassen die außerordentliche Ergiebigkeit der Insel in längst vergangenen Tagen ahnen, als fruchtbarer Boden, von Bäumen gehalten, sich bis zu den Bergen hinauf erstreckte.
Wir verließen die gutausgebaute Küstenstraße und wandten uns landeinwärts, bergan auf einer steinigen, schlaglochübersäten Straße. Nach einer langen und beschwerlichen Fahrt erreichen wir Vistagi.
Es wäre nun falsch, anzunehmen, daß diese Berghänge gar keinen Baumwuchs besitzen. Es gibt dort einen lockeren Bestand von Arten, die in armen Böden gedeihen: Olivenbäume, Karoben (Johannisbrotbäume), Mandeln-, Feigen- und an fruchtbareren Stellen Walnuß- und Zitrusbäume. Zwischen diesen Bäumen wächst aromatisches Kraut in reicher Fülle; zähe, genügsame Sträucher, die einer ständigen Beweidung widerstehen können. Schafe und Ziegen sind in allen Mittelmeerländern die »Geißel des Bodens« und sorgen dafür, daß der Boden endgültig dahinschwindet.
Der Boden entsteht aus Gestein. Das Tempo der Bodenbildung differiert in der ganzen Welt je nach der Beschaffenheit des Gesteins, dem Klima und 100 anderen Faktoren; amerikanische Schätzungen nehmen für 2,5 Zentimeter »Bo-

Die typische Landschaft Kretas: Weiße
Windräder auf der ausgedehnten
Macchia oder Garigue (eine offene
mediterrane Gebüschformation).

Vorratsmagazine für landwirtschaftliche
Produkte in Phaistos (Kreta), einem Zentrum der mittelminoischen Kultur (ca.
2000–1400 v. Chr.), die durch fürstliche
Stadtpaläste gekennzeichnet ist.

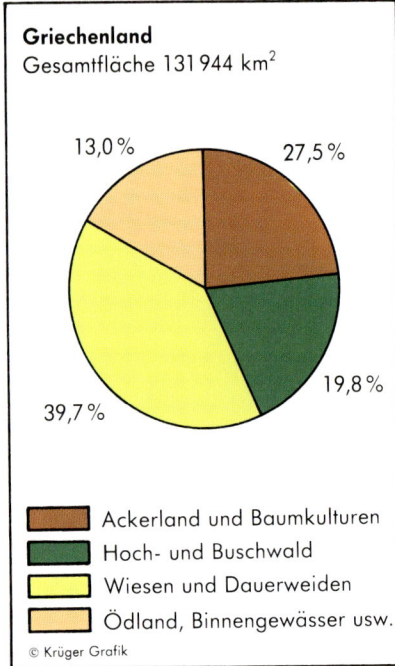

Griechenland
Gesamtfläche 131 944 km²

27,5 %
19,8 %
39,7 %
13,0 %

■ Ackerland und Baumkulturen
■ Hoch- und Buschwald
■ Wiesen und Dauerweiden
■ Ödland, Binnengewässer usw.

© Krüger Grafik

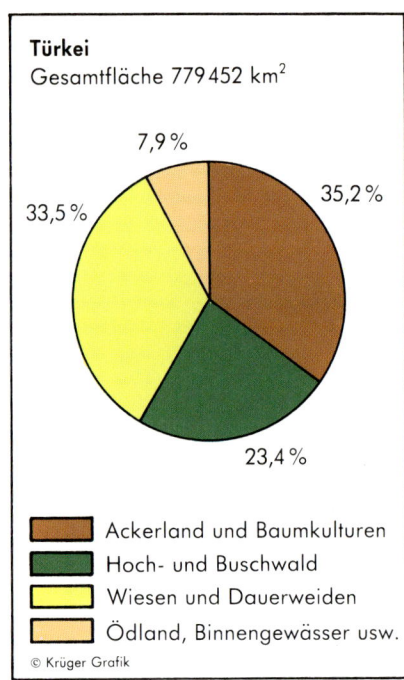

Türkei
Gesamtfläche 779 452 km²

7,9 %
35,2 %
33,5 %
23,4 %

■ Ackerland und Baumkulturen
■ Hoch- und Buschwald
■ Wiesen und Dauerweiden
■ Ödland, Binnengewässer usw.

© Krüger Grafik

den Boden einzuebnen, offensichtlich, weil man dieses Land einige Jahre landwirtschaftlich nutzen wollte, um schnelles Geld daraus zu ziehen. Vielleicht gelingt dieses Vorhaben, aber der Urheber dieser Schändlichkeit müßte sehen, was jedermann sieht: daß er diesen Teil seines Landes für immer zerstört. Er mag zehn oder zwölf Jahre lang an dem Boden verdienen, doch seinen Kindern und Kindeskindern wird er kahles Gestein hinterlassen.

Auf dem Wege nach Vistagi sind die Hänge terrassiert. Es sind acht Terrassen, eben oder fast eben, der Boden von sorgfältig angelegten Steinmauern gestützt. Solange die Mauern erhalten und die Terrassen kultiviert werden, wird der Boden fest bleiben, langfristig gute Erträge bringen. Vernachlässigt man sie, dann zerfallen die Mauern (wie ich es in Italien vielfach gesehen habe), und der Boden wird in wenigen Jahren dahin sein. In Vistagi sind die Terrassen gepflegt, und ihr Boden ist gut. Doch sie sind sehr klein, die meisten messen nicht mehr als ein größeres Zimmer. Ein amerikanischer Farmer oder ein westeuropäischer Bauer würde sich wundern, daß sich jemand die Mühe macht, auf ein so winziges Fleckchen Weizen zu pflanzen.

Wir näherten uns dem Dorf. Als erstes sahen wir auf einer Anhöhe eine Kirche mit ihrer koptischen Kuppel, umgeben von weißgetünchten Häusern mit flachen Dä-

denwuchs« 300 bis 1000 Jahre an. Ein ungeheuer langsamer Prozeß. Nicht so die Bodenerosion. Ich habe in Kansas einen Erosionsgraben gesehen, der innerhalb eines Jahres entstanden war und in dem ein zweistöckiges Haus Platz gefunden hätte. Doch die Wurzeln der Olivenbäume, der in Kreta überwiegenden Baumart, binden den Boden, finden ihren Weg durch Spalten und Risse des Felsens und bewirken, daß das Gestein zerfällt und zur Bodenbildung beiträgt. Ohne diese Bäume würden Kretas Berghänge sich sehr schnell in kahle Felsen verwandeln.

Unten in einem Tal waren gerade – ein erschreckender Anblick – Bulldozer am Werk, Olivenbäume mit den Wurzeln auszureißen und

chern, dazwischen enge Straßen, die bergauf und bergab, aber niemals eben verlaufen. Dann gelangten wir auf den kleinen Platz, der zu jeder Seite ein Café hat; eines suchten wir auf, denn der Besitzer war der Bürgermeister und unser besonderer Freund.

Für die Gastfreundschaft, die wir in diesem Dorf empfingen, fehlen mir fast die Worte. Das Ganze begann noch ziemlich bescheiden, als der Wirt und Bürgermeister mit Täßchen süßen schwarzen Mokkas, die von Gläsern mit Ouzo begleitet wurden, den Anfang machte.

Natürlich wurde uns bald klar, daß der anscheinend grenzenlos-frei-

Pflügender Bauer bei Vistagi (Kreta). Der bäuerliche Charakter dieses Dorfes hat sich bis heute erhalten, die Menschen leben noch weitgehend autark in einer funktionierenden dörflichen Gemeinschaft.

Typisch für das griechische Bergland sind die an die Hänge gebauten Dörfer (hier Tyros auf dem Peloponnes).

giebige Umgang mit Ouzo und Wein nur dadurch zu erklären war, daß jeder Haushalt seine eigenen Trauben kelterte und selbst destillierte. Wie fast alles, worüber im Dorf verfügt wurde, ließ es sich nicht berechnen. Ich merkte dies ganz deutlich, als Angela und ich nach ein paar Tagen, darüber besorgt, daß wir das andere Café nicht berücksichtigt hatten, hinübergingen und den Wirt baten, jedem der 18 Männer, die vor dem Café saßen – den Pfarrer eingeschlossen – ein Glas Ouzo zu bringen. Als es ans Zahlen ging, gab es eine kleine Verwirrung, Gekritzel auf einem Stück Papier, und dann die Ankündigung, daß wir etwa den Wert einer Mark für 18, nein 20 riesige Gläser mit einem Branntwein so kräftig wie der reinste schottische Whisky schuldeten!

Das ganze Filmteam blieb eine Woche in Vistagi; Angela und ich schlossen eine weitere Woche an. Praktisch war jeder Tag ein Festtag auf die eine oder andere Weise. So stiegen wir eines Tages alle – ungefähr 20 Personen – über einen Pfad, der so steil war, daß man Stufen hineingeschlagen hatte, zum obersten Teil des Dorfes hinauf, zum Haus eines alten Soldaten, der dort wohnte. Im Innern des Hauses stand ein riesiger, reichgedeckter Tisch. Alles kam aus der eigenen Produktion, der Fisch ausgenommen, der jeden Tag frisch von der Küste hinaufgeliefert wurde.

Das Mahl bestand aus gewaltigen Platten und Schüsseln mit auf

Der Schmied von Vistagi (Kreta). Das Dorf liegt an den Hängen des Berges Ida, des mit 2456 m höchsten Gebirgsstockes der Insel, die von stark verkarsteten, aus Kalkstein aufgebauten Gebirgsstöcken, von denen der Wald weitgehend verschwunden ist, geprägt wird.

Holzkohlenfeuer gegrilltem Hammel, Schnecken, Oliven, Geflügel, in Honig getauchten Walnüssen und anderen Leckerbissen, deren Namen ich vergessen habe. Dazu gab es Wein, Wein und nochmals Wein . . . und Ouzo. Den Wein trank man aus Freude am Trinken; er war köstlich. Der Ouzo wurde dagegen nach einem bestimmten Ritus getrunken. Man hob sein Glas und sagte zu jemandem: »Jamos!« (oder es wurde einem auf diese Weise zugetrunken). Dann leerte man das Glas, das schnell wieder gefüllt wurde. Am Anfang dieser Reihe von Festtagen war uns nicht ganz klar geworden, daß unsere erste »Station« im Hause des alten Soldaten an diesem Tag keineswegs die letzte bleiben sollte. Nachdem wir uns randvoll gegessen und getrunken hatten, verließen wir diesen gastlichen Ort und begannen den steilen Abstieg. Uns begleitete, wie auch die folgenden Male, ein Musikant, der kretische Weisen intonierte; er spielte auf einem »Lira« genannten Instrument, das aus einem Stück Olivenholz gefertigt war und wie eine kleine Geige aussah. Soweit ich mich erinnere, spielte er unaufhörlich und unterbrach nur, um zu essen oder zu trinken.

Und siehe da, wir wurden in ein zweites Haus gebeten, wo wieder ein Tisch gedeckt war – noch üppiger – und das Ganze wiederholte sich; danach ging es zu einem dritten und zu einem vier-

ten Haus. Vielleicht war ich bei soviel Gastlichkeit nicht mehr imstande zu zählen, doch ich glaube mich zu erinnern, daß wir sieben Häuser an einem Tag besuchten. Wir waren nach Vistagi gekommen, um ein Dorf zu studieren, dessen Bewohner noch in der alten bäuerlichen Tradition der fast vollständigen Autarkie lebten. Ich habe unsere großzügige Bewirtung deshalb beschrieben, um zu zeigen, daß Leute, die so leben, die wirklich reichen Leute auf unserer Erde sind. Sie hatten mehr als genug von allem, was sie brauchten; die einzigen Nahrungs- oder Genußmittel, die sie kauften, waren Kaffee und Fisch. Der Kaffee war Importware und teuer; der Fisch kam aus dem sie umgebenden Meer und wurde gegen Landprodukte eingetauscht.

In der Mitte des Dorfes stand eine Ölmühle, in der jeder seine Oliven auspressen ließ; jeder Haushalt kelterte seinen eigenen Wein, und jeder Bauer hatte ein terrassiertes Stück Land, auf dem er seinen Weizen anbaute. Der Boden wurde von Geräten gepflügt und geeggt, die Esel zogen; gesät wurde von Hand. Die einfachen Stahlteile des Pfluges wurden von einem Schmied im Nachbardorf hergestellt. Die Frauen bekamen zu ihrer Hochzeit einen Webstuhl und webten fortan das Tuch für ihre Familien.

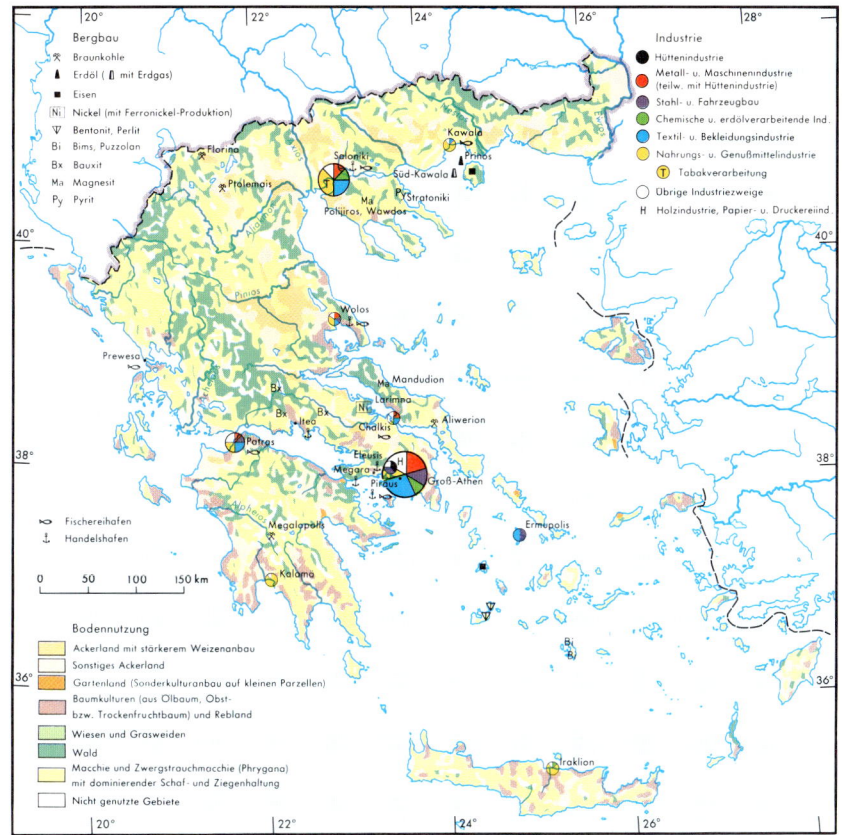

Bergbau

✗ Braunkohle
♦ Erdöl (⬡ mit Erdgas)
■ Eisen
[Ni] Nickel (mit Ferronickel-Produktion)
▽ Bentonit, Perlit
Bi Bims, Puzzolan
Bx Bauxit
Ma Magnesit
Py Pyrit

Industrie

● Hüttenindustrie
● Metall- u. Maschinenindustrie
   (teilw. mit Hüttenindustrie)
● Stahl- u. Fahrzeugbau
● Chemische u. erdölverarbeitende Ind.
● Textil- u. Bekleidungsindustrie
● Nahrungs- u. Genußmittelindustrie
Ⓣ Tabakverarbeitung
◯ Übrige Industriezweige
H Holzindustrie, Papier- u. Druckereiind.

⌓ Fischereihafen
⚓ Handelshafen

0 50 100 150 km

Bodennutzung

▢ Ackerland mit stärkerem Weizenanbau
▢ Sonstiges Ackerland
▢ Gartenland (Sonderkulturanbau auf kleinen Parzellen)
▢ Baumkulturen (aus Ölbaum, Obst-
   bzw. Trockenfruchtbaum) und Rebland
▢ Wiesen und Grasweiden
▢ Wald
▢ Macchie und Zwergstrauchmacchie (Phrygana)
   mit dominierender Schaf- und Ziegenhaltung
▢ Nicht genutzte Gebiete

Die dolchartigen Messer, die jeder Mann im Gürtel trug, stammten von einem alten Mann in einem anderen Dorf hinter dem Berge. Die Klingen wurden aus einer Wagenfeder geschmiedet.

Alles wird in Vistagi auf Eseln transportiert, auch der Mensch. Wer aber hat den Wunsch, anderswohin zu gehen, wenn er an einem solchen Ort lebt? Die jungen Mädchen zum Beispiel, um sich in einem Touristenort an der Küste Arbeit zu suchen. Dann bleiben junge Männer ohne Freundin zurück und werden ebenfalls unzufrieden (und ziehen fort); einige

jedenfalls – doch andere bleiben – wahrscheinlich für immer – in ihrem glücklichen Dorf in der Sonne, hoch oben an den kahlen Berghängen.

Wie aber können solche (offensichtlich gut versorgten) Gemeinschaften auf einem Land existieren, von dem der größte Teil des Bodens erodiert ist? Der Wein, die Oliven, die kleinen wohlbestellten Felder innerhalb der Terrassenmauern geben die Antwort. Wenn die Minoer vor 4000 Jahren den Terrassen-Anbau gekannt und praktiziert, wenn sie mehr Achtung vor den Bäumen gehabt und

ihre Bergwälder geschont hätten, dann wäre dieses Land heute in der Lage, eine weitaus größere Bevölkerung zu ernähren und darüber hinaus Weizen zu exportieren, wie es einst die minoischen Händler getan hatten.

Man hat gesagt, wahrscheinlich zu Recht, daß die Athener ihren Vorrang in Kunst, Wissenschaft und Handel der Armut ihres Bodens verdanken. Als der Boden unter dem Zugriff der allzu »tüchtigen« Bauern der Bronzezeit verbraucht war, mußten sie Weizen einführen; das konnten sie nur, weil sie den Unterboden mit dem Anbau von Oliven und Wein nutzten – die auch auf erodiertem Boden gedeihen –, und den Weizen mit Wein und Olivenöl bezahlten. Um ihre Produkte transportieren zu können, mußten sie Amphoren herstellen und Schiffe bauen. So entwickelten sich Handwerk und Industrie und die Kunst der Seefahrt. Doch alle Zivilisationen, die vom Bodenertrag anderer Völker abhängig sind, fanden schließlich ein Ende. Wir wollen hoffen, daß die Bewohner von Vistagi und der anderen Dörfer in Kreta den Boden pflegen, der ihnen geblieben ist. Denn sie sind Geschöpfe des Bodens wie wir alle, und wenn er ihnen verlorengeht, sind sie auch verloren.

Das Forum Romanum, in der Frühzeit Roms ein sumpfiges, unbewohntes Tal, entwickelte sich im Laufe der Zeit zum wirtschaftlichen und politischen Zentrum der Stadt. Dies symbolisiert auch der »Umbilicus Urbis« (Nabel der Stadt), ein Rundmonument, das den einstigen Mittelpunkt Roms kennzeichnet.

DIE HERRSCHER ÜBER LAND UND BODEN

Die Welt wird täglich besser, kultivierter und zivilisierter als zuvor. Überall baut man Straßen, jede Region ist bekannt, jedes Land dem Handel geöffnet. Felder lächeln, wo finstere Wälder standen, Herden haben die wilden Tiere abgelöst, selbst auf dem Land kann man säen, Felsen aufbrechen, Moore trockenlegen...

Tertullian (De anima)

Der Mittelmeerraum gilt als die Wiege der »modernen« städtischen Zivilisation. Als Rom um 750 v. Chr. gegründet wurde, waren an den Küsten dieses Binnenmeeres, das Europa, Vorderasien und Nordafrika miteinander verbindet, bereits Dutzende von Städten entstanden. Kaufleute segelten mit ihren Schiffen zwischen Athen, Tyros, Karthago, Troja und Memphis hin und her, tauschten afrikanisches Gold und Elfenbein gegen griechische Töpferwaren und griechisches Olivenöl, gegen Zedernholz aus dem Libanon und Bronzegeräte aus Asien. Immer wieder schickten die Städte Kriegsschiffe aus, um die Seemacht der anderen herauszufordern. Im Krieg und im Frieden gelangten Menschen und Ideen von einem Kontinent und von einem Stadtstaat zum anderen. Als die Bevölkerung wuchs, viele Städte zerstört und große Teile des Bodens abgetragen waren, verließen zahlreiche Völker ihre Heimat und zogen in andere Gegenden.

Die Kreter ließen sich an verschiedenen Küstenabschnitten des Mittelmeeres nieder; die Phönizier brachen von Tyros auf und gründeten mit Karthago eine neue mächtige Stadt; die Griechen eroberten Teile Italiens und errichteten Kolonien in Nordafrika und Kleinasien. Die Trojaner sollen, nachdem ihre Heimat niedergebrannt war – wie Vergil in seinem Epos »Äneis« berichtet –, nach Thrakien gesegelt sein, von da aus nach Delos und Sizilien, dann nach Karthago; nach siebenjähriger Irrfahrt erreichten sie schließlich Italien, wo sie an den Ufern des Tiber seßhaft wurden. Äneas gründete Lavinium (Pratica di Mare), sein Sohn Ascanius Alba Longa (Castel Gandolfo), das als Mutterstadt Roms gilt.

Das Gebiet der späteren Stadt Rom hatte seit dem 14. Jahrhundert v. Chr. eine kontinuierliche Besiedlung erfahren, zunächst auf dem Palatin und seit dem 9./8. Jahrhundert auch auf dem Quirinal, Viminal und dem Esquilinischen Hügel. Das versumpfte Tal des späteren Forum Romanum diente als Begräbnisstätte. Rom lag sowohl am westlichen Endpunkt der Salzstraße (Via Salaria) als auch an der Dreivölkergrenze der Latiner, Etrusker und Sabiner. Das Wirtschaftsleben war agrarisch primitiv: Ackerbau und Viehzucht waren die Grundlagen

Roms. Daß sich die Wirtschaft dennoch breit entfaltete, hatte mehrere Ursachen: Zum einen machte Rom vom 8. Jahrhundert bis zum Ende des 6. Jahrhunderts zahlreiche Eroberungen und dehnte sich damit von 150 auf mehr als 800 Quadratkilometer aus, zum anderen erlangte die Stadt unter etruskischem Einfluß durch seine günstige Lage große Bedeutung im Handel. Sozial war die Bevölkerung Roms in 30 Kurien eingeteilt, während die sich herausbildende Oberschicht der adligen Geschlechter (»gentes«) unter einem Geschlechtsoberhaupt standen. Die Gentilen besaßen einen Anhang von abhängigen Bevölkerungsteilen (Klienten), die in einem Treueverhältnis auf Gegenseitigkeit standen. Der Klientelherr war zur Interessenvertretung des Klienten gegenüber Dritten, vor allem dem Gericht gegenüber, der Klient zur politischen, militärischen und finanziellen Unterstützung seines Herrn verpflichtet. Um 575 gerieten die römischen Hügelsiedlungen unter die Herrschaft von Königen der Etrusker. Sie verbanden die Einzelsiedlungen zu einem Gemeinwesen unter zentraler Leitung, gaben diesem nach dem etruskischen Geschlecht der Rumach den Namen Rom, schufen durch Entwässerung der Forumsniederung einen gemeinsamen Mittelpunkt, besorgten unter Wahrung vorhandener Einrichtungen die politische sowie die religiöse Organisation und

Die Via Appia war die wichtigste Land-
verbindung Roms mit dem Süden und
Osten des Landes; ihre Fahrbahnbreite
(etwa 4,10 m) wurde für alle römischen
Straßen mustergültig. Da mit dem Beginn
der Republik ein Bestattungsverbot innerhalb der Stadtmauern erfolgte, entwik-
kelte sich die Via Appia auch zu einer
Gräberstraße, die von den Mausoleen
reicher Patrizierfamilien gesäumt wird.

Das 80 n. Chr. eingeweihte Colosseum in
Rom war das größte Amphitheater des
Imperium Romanum. Das 188 × 156 m
große elliptische Stadion bot etwa 50 000
Römern Platz, die hier Gladiatorenkämp-
fe und Tierhetzen zu sehen bekamen.

konstituierten damit Rom als Stadtstaat. Das Handwerk wurde von den etruskischen Königen durch zahlreiche – oft recht aufwendige – Bauten gefördert. Obwohl Rom nie zu einem wichtigen Zentrum der Handwerker wurde, galten doch Zimmerleute, Gold- und Kupferschmiede, Schuhmacher und Töpfer als echte Handwerksberufe.

Die alten Sippenhäupter verschmolzen mit dem etruskischen Adel zu einer neuen Aristokratie, die allmählich die Ratsfähigkeit in dem vom König berufenen Senat erhielt und sich zum Geburtsadel des Patriziats entwickelte.

Im 6. Jahrhundert v. Chr. wurde der latinische Stammesbund unterworfen und Rom Herrscher über seine Nachbarn. Kämpfe mit Nachbarstädten und besonders mit den Griechen von Kyme (Cumae) führten um 470 zur Beseitigung des etruskischen Königtums und zur Errichtung der Adelsrepublik der Patrizier.

Da die Gründung der römischen Republik (»libera res publica«) ausschließlich ein Werk der Patrizier gewesen war, hatten diese alle Machtmittel in Händen und bildeten im strengen Sinne allein das römische Staatsvolk. In wirtschaftlicher Hinsicht waren die Patrizier Großgrundbesitzer, die auf ihren weitgehend autarken Gütern souverän über die freien Familienangehörigen (»liberi«) und die unfreien Knechte (»servi«) herrschten und auch über eine möglichst große Zahl von Halbfreien (Klienten) zu gebieten versuchten.

Wie die meisten Länder an der Küste des Mittelmeeres war Italien zu jener Zeit ein äußerst fruchtbares Land mit einem milden Klima und größtenteils von vulkanischen Böden und Laubwäldern bedeckt. Es gab dort viel Wild, wasserreiche Flüsse und überreichlich Fische in den Binnengewässern und im Meer. Wo auch immer Siedlungen entstanden, wurden die Wälder in lichte Gehölze und Felder verwandelt, um Weideland für Rinder, Schafe und Ziegen zu gewinnen oder Getreide und andere Feldfrüchte anzubauen.

Als die Siedlungen wuchsen, mußte weiteres Land gerodet werden, um die Bevölkerung zu ernähren, oder der Anbau mußte auf der vorhandenen Fläche intensiviert werden. Einige Städte begannen sich auf die Herstellung von Konsumgütern wie Metall- und Töpferwaren oder Wollbekleidung zu spezialisieren und konnten dafür im Tausch aus anderen Gegenden Nahrungsmittel erhalten. Die Wirtschaftsstruktur blieb weiterhin agrarisch. Wertmesser war das Vieh (»pecunia« [Geld] leitet sich von »pecus« [Vieh] ab), obwohl daneben durch das Aufkommen von Handwerk und Handel rohes Material (»aes«) als Tauschmittel trat.

Die Römer hatten bereits große Anstrengungen unternommen, um das ackerfähige Land in ihrem Machtbereich zu kultivieren, so z. B. durch die Schaffung ausgedehnter Entwässerungssysteme, deren Reste heute noch zu sehen sind. In der Anfangszeit gehörte zur römischen Republik nur ein kleines Gebiet von einigen 100 Quadratkilometern, in dem mehrere 100 000 Menschen lebten. Für diese Periode rechnet man mit einer Bevölkerungsdichte zwischen 200 und 400 Einwohnern pro Quadratkilometer. Dies hätte eine intensive Landwirtschaft erfordert. Auch Latium, das Gebiet um Rom, war damals ziemlich dicht besiedelt, und da sich die Stadt zu dieser Zeit (aufgrund fehlender »Gewerbebetriebe«) nicht auf den Handel zu stützen vermochte, konnte es auch nicht von fremden Anbietern Nahrungsmittel in größeren Mengen einkaufen. Gerste, Dinkel und Hirse waren in den ersten Jahrhunderten der Republik, in denen das römische Territorium zunächst gesichert und dann auf Kosten benachbarter Stämme ausgedehnt wurde, die wichtigsten Getreidearten der Römer, die sich wahrscheinlich vorwiegend vegetarisch ernährten, obwohl auch Fluß- und Seefische zum Nahrungsangebot gehörten.

Um die Wende vom 5. zum 4. Jahrhundert v. Chr. war Rom noch immer ein archaischer Stadtstaat: Seine Sozialordnung mit

ENTWICKLUNG DES RÖMISCHEN IMPERIUMS

dem herrschenden Adel auf der einen und mit dem politisch und wirtschaftlich stark benachteiligten Volk auf der anderen Seite beruhte nach wie vor auf einem recht einfachen ständischen Prinzip, und sein Herrschaftsgebiet beschränkte sich noch immer nur auf ein bescheidenes Territorium in der Umgebung der Stadt«, schreibt Géza Alföldy in seiner »Römischen Sozialgeschichte«. Dies änderte sich allerdings um 400, als Rom nach der Eroberung der Etruskerstadt Veii (396 v. Chr.) ein deutliches Übergewicht im Latinerbund errang. Der Einfall der Kelten aus der Poebene störte noch einmal die Aufwärtsentwick-

lung der Stadt: 386 schlugen die Kelten das römische Heer an der Allia vernichtend und besetzten für sieben Monate Rom mit Ausnahme des Kapitols; der dadurch ausgelösten Abfallbewegung wurde Rom allerdings rasch Herr.
Die vereinten römischen und samnitischen Streitkräfte besiegten im 1. Latinerkrieg (340–338) Latiner und Kampaner, was zur Auflösung des Latinischen Städtebundes und der Verleihung des römischen Bürgerrechtes an die meisten Latiner führte.
Mit der Annexion von Brundisium (heute Brindisi; 267/66) war die römische Eroberung in Italien südlich des Apennin abgeschlossen.

Die rechtlich verschiedenen Bindungen der unterworfenen oder zu Rom übergetretenen Völker und Städte durch Verträge, die Anlage von Kolonien (»coloniae«) sowie die Gründung von Gemeinden (»municipia«) ließen in der Folge die römisch-italische Wehrgenossenschaft entstehen.
»Sie machten die einfachen Leute des eroberten Gebietes zu ihren Sklaven, versuchten aber, die bedeutenderen Krieger und Landbesitzer als Verbündete zu gewinnen, denen sie zum größten Teil die römischen Bürgerrechte (mit Ausnahme des Wahlrechts) verliehen und dann von ihnen Tribut forderten. Viele Nachkommen dieser

Das römische Theater von Milet, einer bedeutenden antiken Hafenstadt in Klein- asien, die in der römischen Kaiserzeit eine zweite Blüte erlebte. Mit der Verlan- dung der Bucht (bis zum 4. Jahrhundert n. Chr.) erfolgte auch der wirtschaftliche Niedergang Milets.

Krieger dienten später in den römischen Armeen und halfen, den Rest der Welt zu erobern«, schreiben V. G. Carter und R. Dale in ihrem Buch über »Boden und Zivilisation« (1974).

Die rasche Ausdehnung des Römi- schen Reiches in Italien erfüllte Karthago, die andere Großmacht im Mittelmeerraum, mit zuneh- mender Sorge. Zu dieser Zeit kontrollierten die Phönizier, die um 800 v. Chr. ihre mächtige Kolonie an der nordafrikanischen Küste gegründet hatten, noch Sizi- lien und Sardinien. Im 1. Puni- schen Krieg (264–241 v. Chr.) ge- lang es den Römern, Sizilien zu erobern. 237 wurden auch Sardi- nien und Korsika dem Römischen Reich einverleibt.

Trotz des 226 zwischen Karthago und Rom geschlossenen Ebrover- trags führten Interessenkonflikte in Spanien 218 zum militärischen Aufeinandertreffen der beiden Mittelmeermächte (die Eroberung Sagunts durch den karthagischen Heerführer Hannibal als Kriegs- grund ist eine nachträgliche Erfin- dung). Im 2. Punischen Krieg (218–201) zog Hannibal über die Alpen nach Italien und gefährdete die Existenz Roms ernsthaft. Er wurde jedoch nach dem Sieg der Römer in Spanien (206) in Afrika durch das Heer des Publius Corne- lius Scipio (Africanus d. Ä.) ver- nichtend geschlagen (202 bei Zama), worauf es 201 zum von Rom diktierten Friedensschluß kam, der Karthago finanziell rui-

nierte und politisch völlig entmach- tete: Damit war Rom die bestim- mende Kraft des westlichen Mit- telmeergebietes. Auch im Osten war die römische Expansion erfolg- reich. Nach dem Sieg im 3. Make- donischen Krieg (172/71–168) wurde das Königreich Makedo- nien in vier Republiken geteilt und 148 zur römischen Provinz erho- ben. Nach dreijähriger Belagerung im von Rom erklärten 3. Puni- schen Krieg (149–146) wurde Kar- thago schließlich restlos zerstört und sein Landgebiet als Provinz Africa konstituiert. Rom war zum unumschränkten Herrscher im ge- samten Mittelmeerraum aufgestie- gen; eine ebenbürtige Macht gab es nicht mehr.

Die Römer hatten nicht allein das Ziel verfolgt, die Bewohner der von ihnen eroberten Gebiete zu beherrschen, sondern in erster Linie versucht, sich die natürli- chen Ressourcen dieser Gebiete anzueignen. Und die wichtigste Ressource war der Boden. Der »ager romanus«, der römische Bo- den, konnte in den ersten Tagen der römischen Republik gerade die Bevölkerung ernähren. Die meisten Menschen waren in der Landwirtschaft beschäftigt, vor al- lem während der Erntezeit.

Die rapide Ausweitung des rö- mischen Herrschaftsgebietes innerhalb von 130 Jahren hatte schwere ökonomische und soziale

Strukturkrisen zur Folge. Der größte Teil des mittleren Bauerntums, das den Hauptteil der Bürger- und Bundesgenossenheere gestellt hatte, war in seinem Bestand dezimiert, hatte seinen Besitz, besonders während des Krieges gegen Hannibal, verloren und war durch Schulden mittellos geworden.

Besitz- und arbeitslos, strömten die verarmten Bauern in den Städten, vor allem in Rom, zusammen und lebten in der Hauptstadt weitgehend von Spenden und Wahlbestechungsgeldern. Andererseits hatten die siegreichen Feldzüge den der Nobilität angehörenden Feldherren riesige Beute gebracht, die sie in italienischem Grundbesitz anlegen mußten, wofür die verwaisten Bauernstellen jede Möglichkeit boten. Gewaltige Latifundien mit Oliven- und Weinanbau sowie Weidewirtschaft entstanden, die von den damals in großer Zahl von den Kriegsschauplätzen importierten Sklaven bewirtschaftet wurden.

Einer dieser Grundbesitzer war der Staatsmann und Schriftsteller Marcus Porcius Cato, der auf einem Landgut aufgewachsen war und für den die Landwirtschaft sein ganzes Leben lang eine große Leidenschaft blieb, auch noch, als er als Soldat, Historiker, Redner und Rechtsexperte große Berühmtheit erlangt hatte. Sein ausgedehnter Landbesitz wurde hauptsächlich von Sklaven bearbeitet.

»Zu jener Zeit, als Cato seine Werke verfaßte, waren die meisten Soldaten, die für den 2. Punischen Krieg benötigt wurden, aus den ländlichen Gebieten Roms eingezogen worden«, schreibt A. H. Walter und fährt fort: »Während sie in der Ferne jahrelang Krieg führten, kam ein großer Teil des Ackerlandes in Italien in den Besitz wohlhabender Städter. Das bedeutete, daß die ertragreichen Ackerböden, die aus Mangel an Arbeits- und Fachkräften nicht bebaut worden waren, sich wieder in Weideland verwandelten, auf dem Sklaven große Rinderherden hüteten. Am Ende des Krieges hatten die römischen Adligen, von denen sich kaum einer mit dem Boden verbunden fühlte, das Land abweiden und in Weideland verwandeln lassen, so wie es Cato beschreibt, während das Brotgetreide für die Römer aus Sizilien und Nordafrika (vor allem Tunesien) eingeführt wurde.«

Catos Schrift »De agricultura« enthält genaue Anweisungen für den künftigen adligen Landwirt, wie ein großer land- und forstwirtschaftlicher Mischbetrieb für den Anbau von Oliven, Obst und Getreide sowie den Weinbau, die Vieh- und Holzwirtschaft aufzubauen sei.

Wenn man diese »Belehrung über die Landwirtschaft« liest, wird man überrascht sein, wie sehr sie in vielerlei Hinsicht den modernen Handbüchern gleicht, die in der ausschließlich kostenorientierten

Der Kiosk des Trajan auf der Nilinsel bei Assuan erinnert an die Ausdehnung des Imperium Romanum bis nach Ägypten, wenngleich das pavillonartige Gartenhaus in der Nachbarschaft von Pyramiden und Tempeln eher bescheiden wirkt.

Landwirtschaft industrialisierter Länder im Gebrauch sind. Cato war in erster Linie Soldat und Großgrundbesitzer, und seine Einstellung gegenüber der Landwirtschaft war die eines Unternehmers, der seine Angestellten genau unterrichtet, um so den größten Gewinn für sich zu erzielen. Er scheute auch nicht zu erklären, daß widerwilligen Sklaven Ketten angelegt werden sollten, um sie so zur Feldarbeit zu zwingen. Und trotzdem haben alle Empfehlungen, die Cato gibt, das Ziel, den biologischen Kreislauf der Natur aufrechtzuerhalten: Die Nährstoffe, die dem Boden entzogen worden waren, sollten ihm mit Pflanzenresten und anderen Abfällen wieder zugeführt werden, um damit die Bodenfruchtbarkeit zu erhalten.

Die Struktur der Landbevölkerung

In der Prinzipatszeit stellten die Sklaven und die Kolonen allem Anschein nach nur eine Minderheit der Landbevölkerung des Imperium Romanum dar; in den einzelnen Teilen des Reiches lebten, von Gebiet zu Gebiet unterschiedlich zusammengesetzt, weitere umfangreiche bäuerliche Bevölkerungsgruppen. Kleine Grundbesitzer, die eigenes Land im Wert unter dem Dekurionencensus der nächsten Stadt besaßen, gab es in den meisten Provinzen… Ferner gab es in den meisten Teilen des Reiches massenweise ganz arme, land- und mittellose Bauern, die ihre Existenz als Tagelöhner und Saisonarbeiter auf den Gütern vermögender Bauern sowie municipaler Grundbesitzer und auf den Latifundien zu sichern versuchten, und es gab in vielen Gegenden Hirten, die, wie selbst in Italien, nicht an Menschen gewöhnt waren und in jedem Fremden einen Feind erblickten. Dazu kamen noch die kleinen Händler, die auch auf den ländlichen Marktplätzen nicht fehlten, und insbesondere die kleinen Handwerker, die entweder in den Dörfern oder in den Werkstätten größerer Güter z. B. als Schmiede oder Töpfer tätig waren; zur Landbevölkerung gehörten schließlich auch die kleinen Pächter und die Sträflinge, die in den Bergwerken arbeiteten.

Einheitlichere Strukturen entfalteten sich bei der Landbevölkerung des Imperium Romanum erst in der späteren Kaiserzeit, nachdem der Großgrundbesitz und das Kolonatsystem überall in den Vordergrund getreten waren. Aber in einer Hinsicht war die Lage der Landbevölkerung auch in der frühen Kaiserzeit fast überall ähnlich: Die am ehesten unterdrückten sozialen Schichten im Römischen Reich waren überall die ärmeren und ganz armen Gruppen der Landbevölkerung. Am schlimmsten ging es unter diesen Gruppen nicht einmal den Sklaven der Latifundien, die für den Herrn einen Wert darstellten und zumindest regelmäßig ernährt wurden, sondern vor allem den Massen der nominell »freien« Bauern, die mittellos waren und in den Provinzen häufig auch nicht über die privilegierte Stellung des römischen Bürgers verfügten. (3)

Es ist nicht anzunehmen, daß alle römischen Ritter und Senatoren, die in Italien Großgrundbesitzer geworden waren, sich genauso wie Cato um die richtige Landwirtschaft und um die Erhaltung der Bodenfruchtbarkeit kümmerten. Es war ein wichtiges Statussymbol, Eigentümer oder Pächter eines Landgutes zu sein. Die reichsten Männer hatten im allgemeinen auch den größten Grundbesitz und die meisten Sklaven. Michael Grant berichtet in seiner Geschichte Roms: »Als Folge der siegreichen Feldzüge im 3. und 2. Jahrhundert v. Chr. wurde Rom gewissermaßen mit Sklaven überschwemmt: 75 000 Sklaven aus dem 1. Punischen Krieg; unter den zahllosen Gefangenen aus den Kriegen gegen Hannibal kamen allein 30 000 aus Tarent; der Sieg über Antiochos III. ließ den Strom von Sklaven aus Kleinasien anschwellen; 167 v. Chr. kamen 150 000 Sklaven aus Epirus. Sie wurden auf den großen Sklavenmärkten von Capus und Delos wie Vieh gehandelt.«

Die zahlreichen und langwierigen Kriege nahmen, wie bereits erwähnt, den Bauernfamilien ihre männlichen Arbeitskräfte, und Land, das nicht bearbeitet wurde, konnte nach römischem Recht von jedermann legal beansprucht werden. Allein die Reichen hatten genügend Geld, um sich Sklaven zu leisten, die für sie den Boden bearbeiteten. Nur das weit entfernt in den Bergen gelegene Land war für Städter von geringem Interesse. Deshalb blieb die kleinbäuerliche Landwirtschaft hier weiter bestehen, auch wenn das Land infolge der Kriege zeitweise vernachlässigt wurde.

Während in den Tiefländern die großen, von Sklaven bearbeiteten Landgüter die kleinen Bauernhöfe ganz verdrängten, hatte in den Gebirgen das natürliche Pflanzenkleid am stärksten unter den Folgen der römischen Expansion zu leiden. In großem Umfang wurden die Bergländer entwaldet. Man brauchte Holz für den Bau von Häusern und für andere Bauwerke in der Hauptstadt sowie für den Schiffbau. Je weiter sich der Einfluß des Römischen Reiches im Mittelmeerraum ausdehnte, um so größer wurde der Bedarf an Handels- und Kriegsschiffen. Die Gebirge der Apenninenhalbinsel wurden vor allem während der Punischen Kriege rücksichtslos abgeholzt, was sicherlich dazu führte, daß der Regen den Boden in großen Mengen von den Hängen spülte.

Wir wissen nicht, ob die Römer gezielte Versuche unternahmen, die Hänge wieder zu bepflanzen, denn auch in Friedenszeiten ließ der Bedarf an Bau- und Brennholz kaum nach. Der Boden muß in erschreckendem Ausmaß von den Hängen gespült worden sein, mit

In Spanien lösten die Römer Karthago als Herrscher über Grund und Boden ab, so auch in Andalusien, einem traditionellen Agrargebiet mit Bewässerungsfeldbau, das zur römischen Provinz Baetica gehörte.

Berberische Landwirtschaft östlich von Tiznit im Antiatlas. Viele Berberstämme waren zunächst Karthago tributpflichtig, bevor sie als Provincia Africa dem Römischen Reich angeschlossen und – wie ganz Afrika nördlich der noch wesentlich kleineren Sahara – mit Geschichte und Kultur des Mittelmeerraums auf das Engste verbunden wurden.

Ein Berber-Dorf im Atlas-Gebirge (Marokko). Die europiden Berberstämme sind überwiegend Bauern und Viehzüchter und wurden erst im 7.–11. Jahrhundert durch das Vordringen des Islam in Sprache und Kultur arabisiert.

dem Ergebnis, daß die Flüsse und Seen versandeten und sich an der Küste riesige Sümpfe bildeten. Die Pontinischen Sümpfe in der Nähe der Tibermündung entstanden gegen Ende der Punischen Kriege; der Hafen von Paestum bei Neapel versandete aufgrund der Bodenerosion im Küstenhinterland völlig und mußte aufgegeben werden.

Es ist bemerkenswert, daß in Rom die ersten Berichte über die Malaria als gefährliche Seuche ungefähr aus dem Jahr 200 v. Chr. stammen, denn das Auftreten von Malaria weist in der Regel auf Sümpfe und Marschen hin. Ein Teil des nahezu ebenen Tieflandes in Latium war zweifellos um 200 v. Chr. schon zu Sumpf und Morast geworden.

Die Entwaldung und Versumpfung, die Abtragung der Ackerkrume, die Ausbreitung der von Sklaven bearbeiteten Latifundien auf Kosten der in sich geschlossenen bäuerlichen Familienbetriebe – all dies verringerte die Ertragsfähigkeit des »ager romanus«, der eine wachsende Bevölkerung zu ernähren hatte. Mit der Ausdehnung ihres Machtbereiches erhiel-

Römische Kulturlandschaft bei Dougga (Tunesien). Nach der Zerstörung Karthagos im 3. Punischen Krieg wurde das Gebiet des heutigen Tunesien der römischen Provinz Africa angegliedert und zu einer der »Kornkammern« Roms.

ten die Römer jedoch in anderen Gegenden Land, um Weizen – ihr wichtigstes Brotgetreide – anzubauen; Sizilien wurde für Rom zu einer bedeutenden »Kornkammer«, nachdem die Insel im 1. Punischen Krieg besetzt worden war. Um 200 v. Chr., als die Römer Karthago eroberten, stand ihnen erstmals der Boden Nordafrikas zur Verfügung, wenn auch zunächst nur die engere Umgebung Karthagos; im Laufe weniger Jahrzehnte brachten die Römer jedoch einen großen Teil des afrikanischen Bodens nördlich der Sahara in ihren Besitz. Um 30 v. Chr. reichte die Macht Roms bis nach Mauretanien.

Die römische Herrschaft über Nordafrika währte mehr als 500 Jahre. Fast 600 Städte wurden damals gegründet – heute nahezu alle Ruinenstätten. Bedeutendstes römisches Bauwerk in Nordafrika war das Amphitheater der tunesischen Stadt El-Djem (Thysdrus), das 35000 Besucher faßte. Die antiken Bauten dienten, wenn sie nicht vom Wüstensand nach und nach verschlungen wurden, späteren Generationen als Steinbrüche für den Häuserbau.

Feldbau in einer Datteloase bei Tinghir am Südrand des Hohen Atlas (Marokko). Die ursprüngliche Pflanzen- und Tierwelt dieser zur römischen Provinz Mauretania Tingitana gehörenden Region wurde stark dezimiert, im transmontanen Marokko ist der Pflanzenwuchs nur mehr spärlich.

In vorrömischer Zeit war auch Nordafrika vergleichsweise dicht bewaldet. Karthago ist zwar in erster Linie eine Handelsstadt nach alter phönizischer Tradition gewesen, entwickelte jedoch auch eine leistungsfähige Landwirtschaft, um sich mit Nahrungsmitteln zu versorgen.

Als die Römer zum ersten Mal nach Nordafrika kamen, wurden die Länder zwischen der Sahara und dem Mittelmeer von Hirtenstämmen beherrscht. Einige von ihnen lebten als Nomaden offenbar in recht lockeren Stammesverbänden, andere waren dagegen unter der Führung von Häuptlingen und Königen straffer organisiert. In Reisebeschreibungen der Antike wird hervorgehoben, daß die dort lebenden Stämme in einigen Gegenden auch Landwirtschaft betrieben. Vermutlich waren die Beziehungen zwischen den nomadischen Hirtenstämmen und

den Bauerngesellschaften denen sehr ähnlich, die in Ostafrika noch bis in die jüngste Vergangenheit hinein bestanden. Die Tutsi und andere Hirtenstämme, die Rinder-, Schaf- und Ziegenherden besaßen, hatten dort Bauernstämme wie die Hutu, von denen sie mit Getreide versorgt wurden, in ihre Obhut genommen und sie in Kriegszeiten »beschützt«. Diese Art gegenseitiger »Hilfeleistung« war in ganz Ostafrika üblich, bis die Kolonialmächte im 19. Jahrhundert mit den Bauernstämmen zusammenarbeiteten und dadurch die nahezu feudalistische Machtstellung der Hirtenstämme schwächten.

Die neuen Besitzungen in Nordafrika entwickelten sich zu wichtigen »Kornkammern«, die Rom jahrhundertelang mit Getreide versorgten. Zahlreiche Kriegsveteranen wurden dort angesiedelt, um das Land zu bewirtschaften

und sich mit einheimischen Mädchen und Frauen zu verheiraten. »Die römische Verwaltung und Besiedlung veränderten die nordafrikanische Zivilisation allmählich«, schreibt Basil Davidson in seiner Geschichte Afrikas, »ohne sie jedoch von Grund auf zu verwandeln. Die phönizisch-berberischen Städte in den fruchtbaren Acker- und Weideländern an der Küste übernahmen die römischen Götter, Sitten, Gebräuche . . . und Märkte. Neue römische Kolonien wurden von römischen Veteranen der Auslandsfeldzüge besiedelt und verteidigt . . . Die nordafrikanische Küste wurde zu einem Schlaraffenland oder, wie ein arabischer Schriftsteller später bemerkte, ›ein einziger schattiger Hain‹ und ›eine endlose Reihe von Dörfern‹.«

Die neu angelegten Häfen wie Leptis Magna an der Küste Tripolitaniens dienten als Getreideaus-

Die Landwirtschaft ist auch heute noch der wichtigste Wirtschaftssektor im einst römischen Nordafrika, wenngleich das Erdöl als Exportgut größte Bedeutung gewonnen und dem wüstenhaften Land einen neuen Wert gegeben hat.

fuhrhäfen und Handelsplätze, an denen der Handel mit Gold und Elfenbein aus dem Inneren des afrikanischen Kontinents blühte. Für die Fahrt von Rom nach Leptis Magna – heute eine der eindrucksvollsten römerzeitlichen Ruinenstätten in Nordafrika – brauchten Schiffe nur drei Tage. Die volle Bedeutung des nordafrikanischen Bodens für Rom wurde von Julius Caesar erkannt, der dort das Römische Reich weiter nach Westen ausdehnte, um den größten Teil des Landes nördlich der Sahara in Besitz zu nehmen, und die Ansiedlung römischer Kriegsveteranen förderte. Viele erhielten eigenes Land, die meisten arbeiteten als Pächter auf den Gütern wohlhabender Römer. Zur Zeit Caesars erzeugte allein »Africa Nova« jährlich fast 50000 Tonnen Getreide. Ein Jahrhundert nach Caesar lieferten die Kornkammern im nordöstlichen Afrika

zwei Drittel des gesamten römischen Weizenbedarfs.
Damals nutzte man den größten Teil des geeigneten Landes in Nordwestafrika als Ackerland; Weiden und Obstgärten wurden mit dem Pflug umgebrochen. Da die römische Regierung die Lebensmittelpreise niedrig hielt, um die Mittellosen in der Stadt zufriedenzustellen, waren Getreideeinfuhren zu möglichst niedrigen Preisen erforderlich.
100 Jahre nach Caesar wurden in der römischen Provinz Afrika, zu der mittlerweile auch Tripolitanien und Numidien gehörten, jährlich fast eine halbe Million Tonnen Getreide erzeugt. Diese gewaltige Vergrößerung der Agrarproduktion bedeutete eine grundlegende Abkehr von der Praxis der Karthager, allein die Bevölkerung der eigenen Stadt zu ernähren und darüber hinaus nur in bescheidenem Maße Datteln für den Export

anzubauen. Nachdem sich die römische Landwirtschaft voll entwickelt hatte, exportierte Nordafrika 300 Jahre lang jährlich ungefähr eine halbe Million Tonnen Getreide nach Rom. Im gleichen Zeitraum wuchs die Bevölkerung der nordafrikanischen Kolonien auf sechs bis acht Millionen Menschen.
Man weitete das Ackerland bis in die Berge aus, rodete dort die Wälder, um Platz für Höfe und Felder zu schaffen, und legte auch Ackerterrassen an, um der Bodenerosion entgegenzuwirken. Auf geeigneten Flächen wurden Oliven angepflanzt, denn die Nachfrage nach Olivenöl wuchs in Rom beständig. Dies alles ging zu Lasten der Berberstämme, die ihr traditionelles Hirtenleben aufgeben und sich an eine seßhafte Lebensweise gewöhnen mußten.
Die Römer ließen in Nordafrika ausgedehnte Bewässerungsanlagen

bauen. In einigen Gegenden terrassierten sie die Berghänge nicht für den Anbau, sondern um das Regen- und Schmelzwasser aufzuhalten und langsam im Boden versickern zu lassen, damit es das Grundwasser und die Quellen versorgte; dem gleichen Zweck dienten auch Speicherbecken und Zisternen. Die Römer bemühten sich zweifellos um die Erhaltung der Bodenfruchtbarkeit, um die Ergänzung der spärlichen Wasserversorgung und um Maßnahmen gegen die Bodenerosion, am Ende waren ihre Anstrengungen aber doch nicht ausreichend.

Im Laufe mehrerer Jahrhunderte schrumpfte das natürliche Waldkleid Nordafrikas immer weiter, denn Rom zahlte für harte Nutzhölzer aus Afrika bereitwillig hohe Preise. Der größte Teil des Ackerlandes wurde in einer primitiven Fruchtwechselwirtschaft bebaut, bei der die Felder im jährlichen Wechsel brachlagen. Der jahrhundertelange Weizenanbau und -export wirkte sich verheerend auf die Bodenfruchtbarkeit Nordafrikas aus. Die Art und Weise, wie die Römer ihren Machtbereich ausdehnten, war ein Modell, dem später andere »Expansionisten« folgten.

In dem Maße, in dem sich die Landwirtschaft im Mutterland Italien weiterentwickelte, wurden immer mehr Wälder in Weideland und dann in Felder verwandelt. Diese Umwandlungen führten jeweils zu einer Ausweitung der Nahrungsmittelproduktion. Für die Eroberungszüge brauchte man jedoch Soldaten, die hauptsächlich aus ländlichen Regionen rekrutiert wurden. Da Rom bis auf die Zeit der »Pax Romana« (einer mehr als 150 Jahre währenden, nur von wenigen kriegerischen Auseinandersetzungen unterbrochenen Friedensperiode, die Mitte des 2. Jahrhunderts n. Chr. zu Ende ging) fast ununterbrochen Kriege im Innern oder nach außen führte, mußten immerzu neue Truppen ausgehoben werden. Dieser andauernde Kriegszustand brachte das bestehende Agrarsystem ins Wanken: Bauern, die zur Armee gezogen oder gepreßt wurden, mußten zwangsläufig während ihrer Abwesenheit ihr Land vernachlässigen, das sich der römische Adel skrupellos aneignete und von den bei den Feldzügen gefangengenommenen Sklaven bewirtschaften ließ.

Landwirtschaft und Landnahme waren die wichtigsten »Erwerbszweige« der Römer; der erste versorgte sie mit Nahrungsmitteln, der zweite brachte ihnen Kriegsbeute; beide bildeten das Kapital, mit dem die »Latifundien«, von Sklaven bewirtschaftete Landgüter, gegründet wurden, zunächst in Italien, dann zunehmend auch in anderen Gebieten mit Nahrungsmittelproduktion. Die römischen Bauernsoldaten konnten von diesem System insofern profitieren, als sie einen Teil der Kriegsbeute erhielten und darüber hinaus Anrecht auf eigenes Land in den eroberten Gebieten hatten. So wurden römische Kriegsveteranen die neuen Bauern Nordafrikas. Sie versorgten Rom nicht nur mit Nahrungsmitteln, sondern mußten auch eine Grundsteuer von 25 bis 33 % ihres Einkommens an die römische Staatskasse zahlen.

Nicht alle Bauern in Italien konnten aber am wirtschaftlichen Aufschwung und an der Expansion des Römischen Reiches teilhaben. Im Gegenteil, viele wurden Opfer dieses Prozesses und stießen zum Heer der Armen in Rom, rebellische Massen, die immer wieder in Aufstände verwickelt waren, vor allem, weil sie zu wenig zu essen hatten. Da der Weizen aus immer entfernteren Gegenden herbeigeschafft werden mußte, kam es zeitweise zu Problemen bei der Nahrungsmittelversorgung, und weil die Armen der Stadt kaum Gelegenheit besaßen, sich Weizen oder andere Grundnahrungsmittel selber zu beschaffen, waren sie auf die Fürsorge durch den Staat angewiesen. »Die Versorgung aus den staatlichen Vorratslagern hatten die Armen Roms dem Umstand zu verdanken, daß sie als Wähler wichtig waren und sich die Politiker auf diese Weise ihre Gunst sichern wollten«, erläutert Keith Hopkins in seinem Buch »Eroberer und Sklaven«. Gelegentlich unternahmen römi-

Die Bedeutung der Landwirtschaft

Die ausschlaggebende Bedeutung der Landwirtschaft ergibt sich zunächst daraus, daß die überwiegende Mehrheit der Bevölkerung im Agrarsektor beschäftigt war. Unter den mehr als 1 000 Städten des Imperium Romanum hatten die meisten vermutlich höchstens 10 000 bis 15 000 Einwohner wie die Mehrheit der afrikanischen Städte, oder manchmal 20 000 Einwohner wie Pompeii, eine nach antiken Maßstäben mittelgroße Stadt, während es auch viele Kleinstädte mit höchstens 2 000 bis 3 000 Einwohnern gab wie Petelia in Süditalien; über eine Bevölkerung von 50 000 bis 100 000 oder etwas darüber verfügten nur wenige größere Städte wie etwa Pergamon, und als echte Großstädte können außer Rom mit seiner vielleicht auf 1 000 000 zu schätzenden Einwohnerzahl höchstens Alexandria in Ägypten und Antiochia in Syrien mit einigen hunderttausend Einwohnern gelten. Das bedeutet, daß von den insgesamt etwa 50 bis 80 Millionen Einwohnern des römischen Kaiserreiches kaum viel weniger als neun Zehntel auf dem Lande und auch direkt vom Lande lebten, ganz abgesehen davon, daß auch viele Stadtbewohner, so etwa zahlreiche Bürger der Veteranenkolonien und kleiner Municipien, ebenfalls als Bauern zu betrachten sind, die die Grundstücke in unmittelbarer Umgebung der Städte bewirtschafteten. Weiterhin läßt sich feststellen, daß nicht so sehr Handwerk, Handel und Bankwesen, sondern die Agrarwirtschaft die Hauptquelle des Bruttosozialproduktes und überhaupt des Reichtums war; viele reiche Römer, so die meisten Senatoren wie z.B. der jüngere Plinius oder Herodes Atticus, viele Ritter und die meisten städtischen Dekurionen verdankten nämlich ihr Vermögen ihren Ländereien ... Schließlich steht es außer Zweifel, daß die Korrelation zwischen der Agrarwirtschaft und den übrigen Wirtschaftszweigen von der Vorherrschaft der Agrarproduktion bestimmt war. Ein bedeutender Teil der handwerklichen Erzeugnisse wurde entweder für den Bedarf der Landwirtschaft (z.B. Geräte) oder aus landwirtschaftlichen Produkten (z.B. Textilwaren) oder für den Transport von Agrarprodukten (z.B. Amphoren für den Transport von Wein und Olivenöl) hergestellt; die wichtigsten Objekte des Handels waren allerdings Agrarprodukte ... (4)

sche Politiker den Versuch, den Prozeß, durch den mehr und mehr Land in die Hände städtischer Großgrundbesitzer fiel, aufzuhalten. Das beste Beispiel einer solchen versuchten Landreform lieferten die Brüder Tiberius und Gajus Gracchus, die auf ihren Reisen durch Italien Zeugen des Wachstums der Latifundien und der Verdrängung der Kleinbauern geworden waren. Als glänzendem Redner gelang es Tiberius, die Stimmen der städtischen Plebs und der von ihren Höfen vertriebenen Bauern zu gewinnen und sich zum Volkstribun wählen zu lassen. 133 v. Chr. brachte er gegen heftigen Widerstand der Nobilität – der er und sein Bruder selber angehörten – im Senat das »Ackergesetz« ein. Dieses Gesetz sah – unter völliger Schonung des Privateigentums – vor, daß niemand mehr als rund 125 Hektar für sich und jeweils die Hälfte für zwei erwachsene Söhne an okkupiertem Staatsland besitzen dürfe; auf dem darüber hinausgehenden, vom Staat einzuziehenden Land sollten neue Bauernstellen errichtet und das stadtrömische Proletariat wieder auf dem Lande angesiedelt werden. Da sich aber zahlreiche Senatoren und Adlige weit mehr als 250 Hektar »ager publicus« angeeignet hatten, war ihre Ablehnung der Landreform ebenso einhellig wie heftig. Als sich Tiberius widerrechtlich um das Tribunat für das Jahr 132 v. Chr. bewarb, beschritt er den Weg der Revolution. Am Wahltag kam es zum offenen Kampf, bei dem Tiberius und 200–300 seiner Anhänger erschlagen wurden. Gajus Gracchus wurde 123 v. Chr. zum Volkstribun gewählt und nahm das Reformwerk seines Bruders wieder auf. Plebs und Nobilität sollten durch eine umfassende Gesetzgebungstätigkeit gewonnen werden. Als der Tribun Minutius Rufus 121 v. Chr. die Aufhebung dieser Gesetze beantragte, kam es erneut zu Auseinandersetzungen, in deren Verlauf Gajus sich von einem Sklaven töten ließ.

Da sich die Eigentümer und Pächter der Latifundien nach wie vor strikt weigerten, ihren Besitz zu teilen, wurde die Erschließung neuen Ackerlandes in den römischen Kolonien (vor allem in Nordafrika) noch beschleunigt. Hunderttausende landloser römischer Bauern wanderten in die Kolonien aus, um dort geraubtes Land als Pächter zu bestellen. Julius Caesar hatte gehofft, daß die Kolonien die armen Stadtbe-

Weinberge im Veltlin, einer Tallandschaft in der Lombardei, die zunächst von den Kelten besiedelt worden war und erst Ende des 3. Jahrhunderts v. Chr. von den Römern erobert wurde.

wohner in Scharen anlocken würden, denn die Versorgung der Armen mit Nahrungsmitteln war für den Staat sehr kostspielig, wie Keith Hopkins in seiner Studie erläutert: »Von 58 v. Chr. an wurde offensichtlich kostenlos Weizen an alle Bürger der römischen Hauptstadt abgegeben. Die Zahl der Beihilfeempfänger wuchs bis 46 v. Chr. auf 320 000 an; Julius Caesar senkte diese Zahl drastisch auf 150 000, aber bis 29 v. Chr. stieg sie wieder bis auf 250 000.« Die kostenlose Abgabe von Weizen diente unter anderem dazu, die Kaufkraft des größten Lebens-mittelabsatzmarktes in Italien zu sichern. Die wohlhabenden Römer verdankten ihren Reichtum hauptsächlich dem Verkauf der Agrarprodukte ihrer Landgüter, und die Kaufkraft des römischen Proletariats muß oft gefährdet gewesen sein. »Was«, fragt Keith Hopkins weiter, »war in einem solchen Falle besser, als den Absatz der Agrarprodukte dadurch zu garantieren, daß sie vom Staat und nicht von den Verbrauchern gekauft wurden?«

Die kostenlose Abgabe von Weizen an das Volk führte deshalb letztlich dazu, daß die reichen Großgrundbesitzer noch reicher wurden.

Die Historiker stimmen darin überein, daß der Boden die Grundlage des römischen Wirtschaftssystems war. Es gab eine Symbiose zwischen dem Land und den Städten, die es unterhielt. Die Ausdehnung des Imperium Romanum, die zunehmende Verstädterung und das Wachstum des Großgrundbesitzes auf Kosten der Kleinbauern (die immer als potentielle Soldaten angesehen wurden) sind allesamt nur verschiedene Aspekte ein und desselben Prozesses.

Blick über die Dächer Roms, Zentrum des Imperium Romanum, als dessen Hauptstadt es auf 750 000 bis 1,5 Millionen Einwohner anwuchs. Unter Kaiser Nero brannte die Stadt 64 n. Chr. fast völlig ab und wurde in der Folge neu aufgebaut.

Zu Lebzeiten des Kaisers Augustus (63 v. Chr.–14 n. Chr.) hatte Rom ungefähr 750 000 bis 1,5 Millionen Einwohner. In ganz Italien lebten etwa sechs Millionen Menschen, davon waren zwei Millionen Sklaven. Die Bevölkerung des gesamten Römischen Reiches zählte annähernd 50 Millionen Menschen. Wir wissen nicht, wie viele davon in Städten lebten, vermutlich aber nicht mehr als 10 bis 20 %. Die Nahrungsmittel für die Stadtbewohner mußten allein mit Muskelkraft produziert werden, mit den Muskeln der Tiere und Menschen.

Der Nahrungsmittelbedarf der städtischen Bevölkerung hatte eine enorme Arbeitsbelastung für die Bauern zur Folge. Vor allem in den entfernteren Provinzen wie den römischen Kolonien in Nordafrika (Mauretania Tinginata, Mauretania Caesariensis, Numidia, Aegyptus Aralia) scheint es bei den Bauern große Verbitterung über die Großgrundbesitzer, städtischen Kaufleute und Spekulanten gegeben zu haben, die den Handel mit Nahrungsmitteln in ihrer Hand hatten.

»Die Bauern hatten sicherlich Grund, rebellisch zu werden«, stellt Ramsey Mac Mullan in seinem Buch über die römischen Sozialstrukturen fest und fährt fort: »Man denke an die Beschlagnahme ihrer Lebensmittelvorräte bei Hungersnöten durch gewissenlose Wucherer und an den miserablen Ersatz, mit dem sie sich begnügen mußten; an ihre Ausbeutung selbst in guten Jahren, die sich in ihren überfüllten Hütten, ihrer geringen Lebenserwartung, dem Aussetzen von Kindern und dem erbitterten Streit über die Nutzung von Land und Wasser manifestierten; man denke an ihre hohe Verschuldung, während sich der Reichtum der städtischen Nobilität zur gleichen Zeit in den von Säulen gesäumten Straßen, in öffentlichen Bädern und privaten Palästen entfaltete.«

Immer wieder erhoben sich in den verschiedenen Regionen die Bauern, und die Regierung schickte schleunigst Armeen dorthin, um die Aufstände meist blutig niederzuschlagen.

Das Imperium Romanum schöpfte seine Kraft aus dem Wirtschaftswachstum und der Expansion seines Territoriums, und solange es diese Dynamik beibehalten konnte, war es in der Lage, sich aus eigener Kraft zu behaupten. Wesentlichen Anteil daran hatte Kaiser Augustus: Durch Kriege in Spanien (26–19) sowie an Rhein und Donau (16–9 v. Chr.; 4–9 n. Chr.) bemühte er sich im Westen und Norden um Konsolidierung und Abrundung des Reiches (zahlreiche Koloniegründungen); im Osten sicherte er die Grenze durch eine Reihe von Klientelstaaten (wie Armenien). Als vorwiegend strategisch-praktisch denkender Herrscher ließ Augustus das Straßennetz erheblich erweitern, auf dem die römischen Soldaten, Beamten und Kaufleute in die meisten Teile des Imperiums gelangen konnten, und führte eine einheitliche Grundsteuer ein, die von den Bauern überall im Reich bezahlt werden mußte.

Die Nachfolger des Augustus, die Kaiser Tiberius, Gajus, Caligula, Claudius und Nero, führten die defensive Friedenspolitik des Augustus außer in Germanien (14–16) und Britannien (43–47) fort. Der Brand von Rom und die dadurch ausgelöste Christenverfolgung (64) sowie die zahlreichen Hinrichtungen im Gefolge der mißglückten Pisonischen Verschwörung (65) führten zu Aufständen der Kommandanten der Grenzheere, die das kaiserliche Willkürregiment Neros beseitigten, der nach dem Abfall auch der Prätorianergarde Selbstmord verübte.

Aus den Wirren des folgenden Vierkaiserjahres (69) ging Vespasian als Sieger hervor. Sein Nachfolger Domitian sicherte die Rhein- und Donaugrenze durch Einrichtung der Provinzen Ober- und Untergermanien (um 90), den Baubeginn des obergermanischen und rätischen Limes (etwa 83) sowie durch einen Krieg gegen die Daker (86–89). Unter Trajan (98–117) erreichte das Imperium Romanum mit der Konstituierung der Provinzen Dakien, Arabien, Mesopotamien, Armenien und Assyrien seine größte Ausdehnung.

Unter Mark Aurel kam es infolge innergermanischer Unruhen (erste Anzeichen der Völkerwanderung) zu zwei großen Markomannenkriegen (166/67–175; 177/78–180). In dieser Zeit verlor Italien politisch, wirtschaftlich und kulturell seine Vorrangstellung. Die griechischen Ostprovinzen traten gleichberechtigt neben die lateinischen

Weinanbau bei Serralunga d'Alba. Kaiser Domitian erließ 92 n. Chr. ein Verbot, in den römischen Provinzen Wein anzubauen, um so den Export der italienischen Weine zu sichern. Allerdings wurde die kaiserliche Anordnung nie konsequent durchgeführt und im 3. Jahrhundert endgültig aufgehoben.

Westprovinzen, und auf der kulturellen Grundlage des Hellenismus entstand ein vom gebildeten Bürgertum getragenes kosmopolitisches Weltreich. Handel und Gewerbe erblühten bei zunehmender ökonomischer Bedeutung der Provinzen und stärkerer wirtschaftlicher Reglementierung durch die kaiserliche Bürokratie. Die sinkende Zahl der Sklaven verhalf den freien Arbeitern und Handwerkern zu stärkerem Gewicht. Die aus dem Partherkrieg 166 nach Italien eingeschleppte Pest, die 188 ein zweites Mal wütete, dezimierte die Bevölkerung derart, daß sie zahlenmäßig ihre alte Stärke bis zum Ende der Antike nicht wieder erreichte.

Während der Zeit des Dominats (284–476) wurde das auf Zwang beruhende Verwaltungs- und Militärsystem durch die Bindung der Bauern an die Scholle (Kolonat), den Innungszwang der Handwerker, die Verpflichtung zu öffentlichen Dienstleistungen sowie durch die persönliche Haftung der Dekurionen (städtische Ratsmitglieder) für die Steuerabgaben ihrer Ge-

meinden ergänzt, so daß nur noch zwei Untertanengruppen (Beamte und Soldaten) sowie die sie erhaltenden Steuerzahler existierten. Hatte die Reichskonsolidierung im spätantiken Zwangsstaat im wesentlichen Erfolg noch gezeigt, so löste sich im 5. Jahrhundert durch die Einfälle der Germanen, die 410 (Westgoten) und 455 (Vandalen) Rom plünderten und als »foederati« (ursprünglich: Bundesgenossen) eigene Staaten auf römischem Boden gründeten, das Westreich unter rasch wechselnden, meist von germanischen Heerführern eingesetzten Kaisern auf und endete 476 mit der Entthronung des letzten (west)römischen Kaisers Romulus Augustulus.

Die zehn größten Wüsten der Welt		
Wüste	Kontinent	Ausdehnung
1. Sahara	Afrika	9 065 000 km²
2. Australische Wüste	Australien	1 554 000 km²
3. Arabische Wüste	Asien	1 295 000 km²
4. Gobi	Asien	1 036 000 km²
5. Kalahari	Afrika	715 000 km²
6. Patagonien	Südamerika	674 000 km²
7. Takla Makan	Asien	385 000 km²
8. Sonora	Nordamerika	350 000 km²
9. Karakum	Asien	271 950 km²
10. Thar	Asien	260 000 km²

Ähnlich langsam, aber stetig wie der politische Verfall verlief die Zerstörung des römischen Bodens. Schon um 60 v. Chr. stellte der Philosoph und Dichter Lukrez fest, daß es um den Boden in Italien nicht gut bestellt war. Seiner Meinung nach lag die Erde im Sterben; der Boden sei erschöpft und würde vom Regen und von den Flüssen in großen Mengen abgetragen und ins Meer gespült. Die Bauern müßten, so Lukrez, mehr Land bestellen und härter als ihre Vorfahren arbeiten, um für ihren Lebensunterhalt genügend zu produzieren. Jahrhundertelang hatte Rom die Wälder und Felder Nordafrikas ausgebeutet. Zweifellos trugen der Verlust der Ackerkrume und der Humus- und Pflanzennährstoffe als Folge der Waldzerstörung zum Rückgang der Bodenfruchtbarkeit bei. Nachdem die Herrschaft der Römer in Nordafrika infolge der Gründung des Vandalenreiches (429) zusammengebrochen war, wurden die Felder wieder in Weideland verwandelt. Die Bewässerungsanlagen wurden nicht mehr gebraucht und verfielen. Riesige Herden von Rindern, Schafen und Ziegen verhinderten die Wiederbewaldung des Landes, und ohne die schützende Pflanzendecke dehnten sich die Wüsten immer weiter nach Norden hin aus. Schon Plinius d. Ä. hatte seiner Überzeugung Ausdruck gegeben, daß die Latifundien der Ruin Italiens wären (»latifundia perdidere Italiam«) – und meinte damit wahrscheinlich, daß sie zum Ruin des gesamten Römischen Reiches führen würden. Für diese Ansicht scheint eine ganze Reihe von Argumenten zu sprechen:
Durch das Wachstum der Latifundien in Italien, Nordafrika, Sizilien und Spanien wurde die Landwirtschaft ein ausschließlich profitorientiertes Unternehmen. Mit der intensiven Nahrungsmittelproduktion für die ständig wachsenden Städte erwirtschafteten die Landbesitzer riesige Vermögen. Plinius betonte, er sei über die Praxis entsetzt, Sklaven aus den Gefängnissen für die Feldarbeit einzusetzen, da sie ihre Arbeit sehr schlecht erledigten – wie alles, was von Menschen ohne Hoffnung getan wird –, und stellte klar, daß dies seiner Meinung nach weder moralisch noch wirtschaftlich zu vertreten sei.
In dem Maße, in dem die Latifundien die wichtigsten Agrarbetriebe im ganzen Römischen Reich wurden, waren das Land und der Boden für Bürger und Bauern nur noch von wirtschaftlichem Interesse. Das Band zwischen dem Land

Die Südvilla von El Bara, einem römischen Dorf in Nord-Syrien, das 64/63 v. Chr. von Pompejus zur Provinz Syria erhoben und – gemeinsam mit Phönikien – von Antiochia aus verwaltet wurde.

und den Menschen wurde zerschnitten und die Sorge um die langfristige Erhaltung der Bodenfruchtbarkeit verdrangt. Der ertragreiche Boden des italienischen Tieflands war in den Händen der städtischen Großgrundbesitzer. Sklaven und enttäuschte Landpächter taten nurmehr wenig, um ihn in einem dauerhaft guten Zustand zu halten. Nicht allein, daß diejenigen, die das Land bearbeiteten, sich nicht um den Boden kümmerten, auch die Fruchtbarkeit, die man ihm durch die an die städtischen Märkte gelieferten Produkte entzog, wurde nicht wieder ersetzt. Weder die Abwässer der Stadt noch sonstige »Düngemittel« gelangten mehr auf die Felder. Man hat daher mit Recht beklagt, die Fruchtbarkeit Nordafrikas und Siziliens sei schlicht »in den Abwasserkanälen Roms fortgespült worden«. Die primitive Fruchtfolge, nach der die Römer ihre Felder bestellten, trug gleichfalls kaum dazu bei, dem

Boden die Nährstoffe zurückzugeben, die man ihm Jahr für Jahr durch die Ernten entzogen hatte. Die Römer hatten zwar als erste versucht, großangelegte, kommerzielle Landwirtschaft zu betreiben, und dabei zunächst Erfolg gehabt, weil sie den Anbau auf immer größere Gebiete ausdehnen konnten, stießen aber schließlich an die Grenzen des Wachstums. Vergil gab den bitteren Erfahrungen vieler Bauern in seinen »Hirtengedichten« einen beinahe prophetischen Ausdruck. In einem mit »Ins Elend« betitelten Gedicht läßt er einen Landmann klagen: *»Wir aber müssen hinweg: zum dürstenden Afrika diese, / jene nach Skythien oder zum kreidereichen Oaxes / oder ins Land der Britanner, das fern von der übrigen Welt liegt. / Kommt wohl einmal, wie spät auch, der Tag, da noch einmal die Heimat / wieder ich sehe; das Rasendach auch meiner ärmlichen Hütte, / und meine Saat – Feld klein aber mein – ich wieder*

erblicke? / Jetzt hat ein gottloser Söldner mein Feld, das ich liebevoll pflügte, / jetzt ein Barbar meine Ernte. Wie tief hat unselige Zwietracht / unsere Bürger erniedrigt: für solches Volk mußte ich säen?«

Weinanbau in der Toskana. Das jungter-
tiäre Kalksteinmassiv des Chianti-Ge-
biets trägt wenig Erde. Früher legten die
Bauern Terrassen an, auf denen sie
zwischen Wein und Oliven auch Getreide
anpflanzten. Heute erfordert der Traktor
weite Abstände der Rebreihen und großflächige Weinfelder. Unterirdische Stein-
dämme verhindern, daß der Regen die
kostbare Erde wegspült.

DIE BODENLOSE KULTIVIERUNG

Es ist wahrscheinlich, daß wir durch den Verlust der Nährstoffe, die Wind- und Wassererosion des Humusbodens, die Verschlammung und Versalzung... und durch die Vernichtung anbaufähiger Grenzäcker unsere landwirtschaftlichen Reserven mehr zerstören als nutzen. Was wir benötigen, ist eine weniger intensive, aber gesunde landwirtschaftliche Bebauung, die nur in biologisch integrierten Formen der Landwirtschaft möglich ist.

Holger Strohm

Der gewaltige Weizenbedarf Roms und ein daraus resultierender intensiver Getreideanbau zerstörten einen Großteil des empfindlichen Bodens Italiens und verwandelten Nordafrika in eine Wüste. Nur die große alluviale Po-Ebene im italienischen Norden konnte sich behaupten.

Ochsenkraft, Sklavenarbeit und die nimmermüde Forderung nach »Brot und Zirkusspielen« (»panem et circenses«), der die römischen Kaiser, wollten sie sich die Gunst des Volkes erhalten, nachzukommen hatten, reichten nicht aus, um diesen tiefgründigen und widerstandsfähigen Boden zu zerstören. Denn die Po-Ebene ist – wie das Tal des Nil, des Ganges oder des Jangtsekiang – das Erzeugnis der Berge, die es, wenigstens bis vor kurzem, beständig erneuerten. Inzwischen sind Stau-Anlagen geschaffen worden, die den Flußlauf regulieren und Überschwemmungen verhüten, die jährliche Erneuerung des Bodens bleibt dadurch allerdings aus.

Noch gedeiht die Po-Ebene und liefert einen reichen Überschuß an Nahrungsmitteln (Getreide, Gemüse, Obst und Wein), und dies bei immer geringerem Arbeitseinsatz. Schwere Traktoren zerreißen auf riesigen Anbauflächen den schweren Lehmboden – einst mit feinstem Schwemmsand aus den Bergen bedeckt –, der sich nun in den eingedeichten Flüssen ablagert und deren Bett ständig erhöht (sog. Dammflüsse). Das mittlere Flußniveau liegt mitunter mehrere Meter über der anschließenden Ebene.

An die Stelle des fruchtbaren Schwemmsands sind künstliche Düngemittel getreten, die dem Boden hinzufügen, was ihm fehlt. Jedes Jahr werden in Italien zwei Millionen Tonnen Kunstdünger verbraucht, ein großer Teil davon in der Po-Ebene, die landwirtschaftlich ebenso ertragreich gewesen ist wie die Prärien von Oklahoma.

Die Bauernhöfe, Backsteinbauten mit roten Ziegeldächern, zeugen von dem hohen Stand der Landwirtschaft in der Lombardei, als noch weiße Rinder auf den Höfen gezüchtet und gemästet wurden, deren Dung, in Ochsenkarren auf die Felder gefahren, den Kern des Landes verbesserte.

Heute sind die meisten Höfe ohne Vieh, und schon eine flüchtige Untersuchung des Bodens auf den Feldern zeigt, daß dort etwas fehlt: der Humus.

Humus besteht aus abgestorbenen Resten organischer Stoffe und ist das wesentliche Bindemittel des Bodens. Man kann jahrzehntelang auch aus einem Boden ohne Humus reiche Ernte erzielen, wenn man die fehlenden Nährstoffe »aus dem Sack«, wie der Bauer sagt, oder in Form von Kunstdünger hinzufügt. Dabei wird das Land aber unweigerlich geschädigt, bis schließlich der Bauer – oder sein Nachfolger – nur noch über leblosen Boden verfügen.

Weitsichtige, echte »Landwirte«, deren Hof meist schon seit Generationen in Familienbesitz ist, geben nur zögernd dem geradezu überwältigenden ökonomischen Druck unserer Zeit nach und behalten, solange sie können, die überlieferten »gesunden« landwirtschaftlichen Methoden bei.

Zu ihnen gehört Signore Sacchi, der mit seinem Bruder 150 Hektar bei Crema in der Lombardei bewirtschaftet. Wir suchten ihn auf, besichtigten sein Landgut und filmten ihn bei der Arbeit. Es ist ein kräftiger Mann in den Fünfzigern, hat mehrere kleine und zwei erwachsene Kinder (der Sohn studiert Veterinärmedizin, die Tochter ist Wirtschaftsprüferin) und besitzt die Großzügigkeit und Gastlichkeit des italienischen Landmannes. Da er sein Haus nicht für angemessen hielt, um das ganze Kamera-Team zu bewirten, führte er uns in das Dorfgasthaus. Dort bestellte er für uns ein so vorzügliches und üppiges Essen, daß wir uns danach kaum noch

Reisfelder bei Piacenza. In der Emilia Romagna grenzen das fast völlig entwaldete Berg- und Hügelland des nördlichen Apennin und die Poebene aneinander. Intensive Landwirtschaft beherrscht die weite Poebene mit ihren nährstoffreichen Böden und leicht kontinentalen Klima.

Reisfeld bei Lodi. Die Lombardei reicht von der Ortler- und Adamellogruppe der Hochalpen im Norden über das norditalienische Seengebiet, die Bergamasker und Brescianer Alpen bis an den Po im Süden. Wald- und Weidewirtschaft kennzeichnen die höheren Gebirgsteile; die Täler und Seeufer werden für Obst- und Weinbau genutzt.

Dort bestellte er für uns ein so vorzügliches und üppiges Essen, daß wir uns danach kaum noch von den Tischen erheben konnten. (Signore Sacchi hatte es nicht nur bestellt, sondern auch für uns alle bezahlt.)

Die Wirtschaftsgebäude waren sehr groß, und der Hof, den sie umschlossen, hätte für den Besitz eines Kleinbauern ausgereicht. Das Wohnhaus an der Nordseite des Karrees war ein altes Klostergebäude und sehr schön. Die Signora des äußerst komfortablen Hauses war reizend, wie es nur italienische Frauen sein können, und die kleinen Kinder waren freundlich und lustig. Wie auch immer das Gut bewirtschaftet werden mochte – es schien hohe Erträge abzuwerfen.

Signore Sacchi hatte nie etwas von moderner »organischer Landwirtschaft« gehört; er betrieb sein Gut ganz einfach so, wie es ihm richtig schien, weil sein Instinkt und seine Ausbildung es ihm so geboten. Als viele seiner Nachbarn zu viehlosem Landbau und zur Monokultur übergegangen waren, hatte er an seinem Viehbestand und dem System des Fruchtwechsels festgehalten. Sein Gut trägt 150 Milchkühe, 300 Jungtiere und Kälber. Von diesen wird ein Teil gemästet und verkauft. Die Rinder sind teils auf der Weide, teils in offenen oder gedeckten Ställen; in den letzteren stehen sie auf Lattenrosten, damit ihr Dung in Kanäle fällt, wo er mit Wasser verdünnt wird, um dann

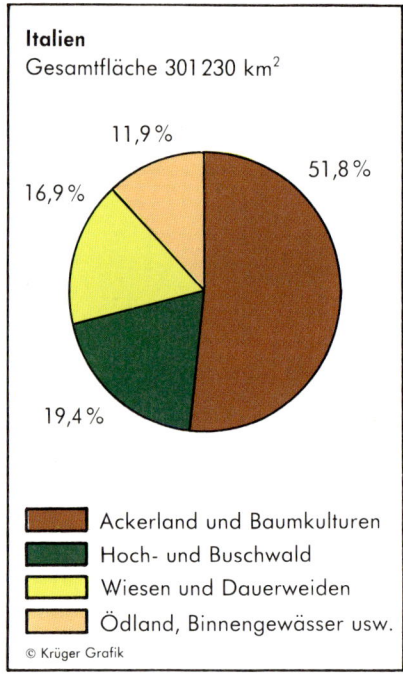

Italien
Gesamtfläche 301 230 km²

11,9 %
16,9 %
51,8 %
19,4 %

■ Ackerland und Baumkulturen
■ Hoch- und Buschwald
■ Wiesen und Dauerweiden
■ Ödland, Binnengewässer usw.

© Krüger Grafik

im Herbst auf das Ackerland gepumpt zu werden. Im Frühling wird dieses Land umgepflügt und zur Saatbettbereitung mit der Bodenfräse bearbeitet. Signore Sacchi hätte, wie er mir sagte, seine Rinder lieber auf Streu gehalten, um richtig kompostierten Strohdünger zu erzielen, was aber zu viele Arbeitskräfte erfordert. 88 Prozent der italienischen Bevölkerung leben heute in städtischen Ballungszentren, und es gibt nicht mehr genug Leute für die Landarbeit. Trotzdem verwendet Signore Sacchi auch noch etwas Strohdünger auf seiner Weide, weil er ihn für sehr wichtig hält.

Zu dem Kuhmist kommt der Dung von 60 Schweinen und ihren Ferkeln. Damit können die Sacchis, im Gegensatz zu ihren Nachbarn,

fast gänzlich auf Kunstdünger verzichten: 150 Kilo Nitro-Kalk pro Hektar auf dem Weizenfeld ist der ganze Stickstoff, den sie einsetzen.

Jeden Herbst werden 12 bis 15 Hektar Weizen und 8 Hektar Gerste gesät und im Frühjahr 15 Hektar Kornmais sowie 30 Hektar Futtermais angebaut, außerdem 15 Hektar Roggengras, das als Heu oder Silage verwendet wird. Dieses Grasstück wird im Herbst schon wieder untergepflügt. Auf der übrigen Fläche werden eine Reihe von anderen Feldfrüchten angebaut. Der Ertrag des Körnermais, der stets auf dem umgepflügten Grasland angebaut wird, ist in den letzten 30 Jahren um 30 % gestiegen, hauptsächlich durch die Verwendung von Mineraldünger. Signore Sacchi sagte mir, ihn habe der ständig steigende Düngerpreis überzeugt, daß es richtig gewesen sei, weiter Mischkultur zu betreiben. Selbst wenn der Preis von Stickstoffdünger ins Uferlose steigen sollte, könne er allein mit Stallmist bei den Feldfrüchten noch gute Erträge erzielen.

Die Milch der Kühe wird auf dem Gut zu Käse verarbeitet, gemäß einer jahrhundertealten, sehr erfolgreichen landwirtschaftlichen Praxis: Die Molke wird an die Schweine verfüttert und deren Dung dem Boden wieder zugeführt. Nur das Produkt, der Käse, »verläßt den Hof«. Wir filmten Signore Sacchi, wie er seinen

Ernte von Futtermais. Hierbei kommen Maschinen zum Einsatz, die mehrere Arbeitsgänge zugleich ausführen: Der *Maispflücker* vereinigt Pflücken und Entlieschen (Abziehen der Hüllenblätter) der Kolben. Der *Mähdrescher* mit Maismähvorsatz erledigt alle Arbeitsgänge und liefert fertiges Korn.

Toskanische Landschaft im Mai. Ein Drittel der rund zwölf Millionen Zypressen in der Toskana sind bereits dem Schmarotzerpilz *Coryneum cardinale* zum Opfer gefallen. Übertragen wird dieser Pilz häufig durch einen rindenbrütenden Borkenkäfer.

Die ländliche Betriebsstruktur

Die Betriebsstruktur und Eigentumsverteilung belastet alle italienischen Agrarregionen mit einer Hypothek der agrarhistorischen Entwicklung. *Realerbteilung* und *Kleinpacht* haben im Vergleich zu den übrigen Ländern der Europäischen Gemeinschaft überdurchschnittlich viele *Klein- und Kleinstbetriebe* entstehen lassen, die in viel größerem Umfang als in den anderen EG-Ländern volle Existenzbasis für ganze Familien sein müssen.

Erschwerend für eine mögliche Verbesserung der wirtschaftlichen Lage bei Kleinbetrieben wirken sich die Pachtsysteme aus, die besonders bei nur kurzfristiger Vergabe von Flächen jede Eigeninitiative des Pächters ersticken: Die Pachtsysteme sind vornehmlich in Süditalien nur für den Verpächter vorteilhaft; denn bei Mißernten und Absatzschwierigkeiten muß der Pächter in der Regel den vollen, fixierten Pachtzins zahlen. Die *Mezzadria* (Halbpacht), die in der Toskana und in der Poebene verbreitet ist, verteilt das Risiko dagegen besser auf beide Partner: Die Ernte wurde früher im Verhältnis 50:50, heute etwa 47:53 zugunsten des Pächters geteilt. Der Pächter stellt die jetzt höher eingeschätzte Arbeitskraft, während der Bodeneigentümer – vielfach städtischer Bürger – Wohn- und Wirtschaftsgebäude, Saatgut und teilweise auch Geräte und Arbeitstiere einbringt. Trotzdem ist die im 14. und 15. Jh. im Einflußbereich der Stadtwirtschaft freier *Comunen* entstandene Mezzadria für die Belange der modernen Agrarproduktion relativ schwerfällig, da sie rasche Marktorientierung behindert, den Einsatz moderner Anbaumethoden erschwert und die Anpassungsbereitschaft der Bauern (Pächter) einengt.

Die *Boden- und Eigentumsreform* der 60er Jahre muß namentlich im Innern Süditaliens weitgehend als gescheitert angesehen werden. Moderne Agrarstrukturen finden sich nur in den jungen Meliorationsgebieten der Poebene und in Teilbereichen der Küstenniederungen Mittel- und Süditaliens. Hier ist auch das Genossenschaftswesen gut entwickelt, das die Versorgung der Landwirte mit Geräten, Saatgut und Düngemitteln sowie sicheren Absatz ihrer Erzeugnisse organisiert. Werbung für neue Anbauprodukte, Beratung und Versuchswesen bilden hier ein wichtiges Tätigkeitsfeld.   (5)

grünen Mais mit einer Futter-Mähmaschine schnitt. Es war eine prächtige Ernte und für uns ein sinnliches Vergnügen, eine Handvoll Ackerkrume aufzunehmen; der Gegensatz zu dem von der Sonne fast ziegelhart gebackenen, sterilen gelben Lehmboden, den wir auf den Nachbarhöfen vorfanden, war gewaltig.

Vater und Sohn miteingerechnet, arbeiteten auf dem Gut acht Mann – weitaus mehr als auf den meisten Nachbargütern gleicher Größe. Die Sacchis würden noch mehr Geld verdienen, wenn sie ihre Arbeiter entließen, die Rinder- und Schweinezucht aufgäben und zur rasch gewinnbringenden Monokultur übergingen.

Der schwankende Ölpreis mag kurzfristig fallen, auf lange Sicht kann er aber nur steigen. Die Erdölvorkommen unserer Erde sind nicht unendlich – wie fast alles auf unserem Planeten begrenzt ist –, und wenn das Öl knapp wird, steigt auch sein Preis, so daß die Sacchi-Kinder vielleicht froh sein werden, daß ihr Vater bei der gemischten Landwirtschaft geblieben ist. Denn auch der Preis für Kunstdünger und Schädlingsbekämpfungsmittel ist vom Öl abhängig. Die Sacchis setzen nur in geringem Umfang Kunstdünger ein; dank der Viehwirtschaft und dem gemischten Landbau ist ihr Boden in einem so guten Zustand, daß er auch ohne »Chemie« langfristig gute Ernten bringen wird.

Ich reiste dann weiter südwärts zu Freunden in die Toskana. Ihr kleiner Bauernhof liegt in der Nähe von Bibbiena in einer Falte des Apennin und ist typisch für die Kleinbauernhöfe dieser Region. Nach meiner Ankunft besuchte ich mit ihnen zusammen einen Nachbarn, der ein etwas größeres Gut bewirtschaftet.

Das gebirgige Land blieb vor dem Schicksal günstiger gelegener Regionen bewahrt – den Latifundien, dem seit der ersten Hälfte des 2. Jahrhunderts v. Chr. von römischen Senatoren und Adligen zusammengekauften Großgrundbesitz, der mit einer großen Zahl von Sklaven bewirtschaftet, dabei völlig ausgebeutet und schließlich ruiniert wurde. Damals wie heute lohnte es sich für den Kapitalanleger nicht, rauhes Bergland bewirt-

Weltweiter Verlust an landwirtschaftlicher Nutzfläche (im Jahr)	
durch nichtlandwirtschaftliche Nutzung	8 Millionen ha
durch Erosion	3 Millionen ha
durch Wüstenbildung	2 Millionen ha
durch Vergiftung des Bodens	2 Millionen ha

Bis zum Jahr 2000 werden 18 % des weltweiten Ackerlandes verlorengehen.

schaften zu lassen, da dort keine raschen Gewinne durch große Ernten zu erzielen waren. So ist diese Region immer in den Händen von Bauern gewesen, von Menschen, die es in erster Linie als Existenzgrundlage betrachteten und sich darum sorgten, weil es ihnen gehörte.

Der Landmann, den wir aufsuchten, lebt mit seiner Großfamilie in einem geräumigen Steinhaus in halber Höhe eines terrassierten Berghanges und bewirtschaftet etwa 50 Morgen. Vor 30 Jahren waren es nur zehn, aber durch den Weggang ärmerer Bauern in die Städte wurde Land frei, von dem er einiges kaufen konnte. Die Terrassen bilden ebene Streifen, im Durchschnitt etwa 50 Meter lang und 10 Meter breit, und werden von stabilen Steinmauern gehalten. Als ich ihn fragte, wann die Terrassen angelegt worden seien, erwiderte er kurz »in römischer Zeit« und zeigte auf die andere Talseite hinüber, an der sich ebenfalls Terrassen entlangziehen – doch diese waren von Gras und Unkraut bewachsen und ihre Mauern zum großen Teil eingestürzt. Die meisten »contadi-

ni« (Kleinbauern) waren dem »Lockruf der Städte« gefolgt und hatten das Land verlassen. Viele kleine bäuerliche Anwesen sind daher heute ohne Besitzer. Einige Landwirte, die sich zum Bleiben entschlossen, haben einiges von dem im Stich gelassenen Land übernommen, aber nicht alles, denn es ließe sich nur mit zusätzlichen Arbeitskräften bebauen. Wir sahen die zahlreichen Terrassen, deren Steinmauern zerfallen waren, so daß die Erde fortgespült werden konnte – die Bäche hinunter in die Flüsse und ins Meer – unwiederbringlich auf und davon. Ein Boden, der seit römischen Zeiten gepflegt und verbessert worden war, ging innerhalb eines Jahrzehnts für immer verloren. Wir sahen einen aufgegebenen Hof und hörten seine Geschichte: Der Eigentümer hatte ihn vor 20 Jahren verlassen, um in einer Turiner Fabrik zu arbeiten, fest davon überzeugt, dort sein Glück zu machen. Die Hoffnung erwies sich als trügerisch; ernüchtert und von der Fabrikarbeit frustriert, entschloß er sich, mit Frau und Kindern in die Heimat zurückzukehren. Dort sah er sein

Haus, verfallen und ohne Dach, und die abgetragenen Felder – der Boden war dahin. Das Land, das Hunderte von Generationen ernährt hatte, hatte für ihn und die Seinen nichts mehr übrig. Er hatte es »verraten« und verkommen lassen und mußte wieder in die Stadt zurück.

Unser Wirt, der die eigene Scholle als die beste Lebensgrundlage schätzte, zeigte uns seine Felder. Er arbeitete noch viel mit einem Ochsengespann, das er von seinem Vater übernommen hatte, und benutzte es zum Pflügen und für Transporte jeglicher Art. Wenn es sich die Bauern leisten konnten, setzten sie auch kleinere Maschinen ein, um sich die harte Arbeit an steilen Hängen und auf kleinen Flächen zu erleichtern, zum Beispiel durch eine Schneidemaschine mit einem kleinen Benzinmotor, die an zwei Handgriffen geführt wird. Ich habe sie unter Bäumen an einer Böschung im Einsatz gesehen; sie schneidet Gras, hartes Gestrüpp und Strauchwerk und besitzt eine Vorrichtung, um Garben zu binden, wenn man damit Weizen oder Gerste schneidet. Unser Gastgeber besaß auch eine vorzügliche Bodenfräse. Er baute Weizen und Gerste sowie Hafer an, verschiedene Leguminosen wie Lupinen, Luzernen und zahlreiche Kleesorten – alles Pflanzen, von denen

Weinlese bei Corno di Rosazzo, Toskana. Kernraum der Toskana ist das Arnobekken, dem sich südlich die Chiantiberge, die Ton- und Kreidehügel von Siena, die Colline Metallifere (»metallhaltigen Hügel«) und das Massiv des Monte Amiata (1738 m) anschließen.

schon die Römer wußten, daß sie den Boden verbessern. Es wuchsen auch zahlreiche Bäume auf seinen Terrassen, Limonen, Orangen, Feigen, Mandeln, Nüsse und sogar einige Oliven, obwohl das Landstück relativ hoch und weit weg vom Meer lag. Ein Gutteil der Anbaufläche war dem Weinbau vorbehalten, und der Wein, den wir kosteten, schmeckte vorzüglich, ebenso der Weinbrand. Ein Mahl bei solchen Leuten ist wie eine Reise in eine großzügige Vergangenheit. Man erhält einen Eindruck von der Fülle – und der Genügsamkeit – früherer Zeiten. Nicht viel Geld, doch reichlich von dem besten Essen der Welt, dem herrlichsten Wein und dem vorzüglichsten Olivenöl. Dazu ein schönes, geräumiges Haus mit soliden alten Möbeln, saubere und zweckmäßige Kleidung – was könnte sich eine gesunde Familie mehr wünschen? Kunst? Florenz

ist in einer halben Stunde mit der Bahn zu erreichen. Bücher? Wie jeder in der westlichen Welt können sie sich alle Bücher beschaffen, die sie brauchen. Doch das Buch, in dem sie am liebsten lesen, ist das »Buch der Natur«. Die Bodengemeinschaft, deren Teil sie sind, hat das Glück, daß in den Gipfelregionen der Berge Eichen und Erlen wachsen. Die Wälder wurden im Zweiten Weltkrieg stark gelichtet, haben sich jedoch seitdem regeneriert und werden von der Regierung sorgfältig geschützt. Um so trauriger ist es, wenn man auf der anderen Seite des Tales die zerfallenen Terrassenmauern sieht und erkennen muß, daß der alte Boden, die lebensnotwenige Grundlage jeder Kultur, abgetragen und weggeschwemmt worden ist.
Manche Nationalökonomen vertreten die These, daß es für die Volkswirtschaft weitaus besser ist,

wenn immer weniger Menschen das Land bearbeiten; denn Landarbeiter müssen essen, und mehr Esser auf dem Lande bedeuten weniger Überschuß an Nahrungsmitteln für die Stadt. Dabei wird übersehen, daß diese Menschen in jedem Fall essen müssen – und was für einen Unterschied macht es, ob jemand in der Stadt oder auf dem Lande seine Nahrung zu sich nimmt? Vom ökologischen Standpunkt ist es hingegen zu begrüßen, wenn möglichst viele Menschen dort leben, wo ihre Nahrung wächst.

Schließlich ging es weiter südwärts. Je mehr wir uns Rom näherten, desto stärker schien das Land ausgemergelt und verödet; wir kamen an zahlreichen ausgestorbenen Dörfern vorbei und an vielen, die offenbar den Großteil

Mit Lupinen bepflanzte Weinbauterrassen. Lupinen sind besonders für die Landwirtschaft bedeutsam, u.a. als Grünfutter, zur Bodenaufschließung, zur Gründüngung und als Stickstofflieferant durch Knöllchenbakterien.

Bergweiden in Umbrien. Die hügelige bis gebirgige Landschaft, im wesentlichen ein Agrargebiet, wird im Westen von der Toskana, im Osten von den Marken und im Süden von Latium umschlossen und grenzt als einzige Region auf der Apenninenhalbinsel nicht ans Meer.

ihrer Bewohner an die Städte verloren hatten. Wir fuhren weiter in den tiefen Süden des Landes, zum »Spann« des Stiefels, und machten in dem modernen Badeort Metaponto am Golf von Tarent Station.

Metaponto und die fast autolose Straße, die es mit dem Norden verbindet, sind Beispiele einer verzweifelten Bemühung, einem ausgelaugten Land Menschen und Wohlstand zurückzubringen; man konnte ohne weiteres erkennen, daß dies fehlgeschlagen war. Auf einigen Talflächen wurde mechanisierte Landwirtschaft in größerem Maßstab betrieben. Die Täler hatten von den Bergen »profitiert«; was einst auf ihren Flanken an Erde gewesen war, ist hintergespült worden; Ein Teil ist liegengeblieben, doch das meiste versank schließlich im Mittelmeer.

Wir waren in der Absicht gekommen, Bodenerosionen zu filmen, und hätten keinen besseren Ort dafür finden können. Man mochte anhalten, wo man wollte, sofort ließen sich die Kameras positionieren, um Erosionen aufs Bild zu bringen. Unglaublich tief ausgewaschene Gräben, wohin wir auch blickten! Dieser Boden war nur noch das Skelett einer einst lebendigen Gemeinschaft der Erde. Es ist leicht, den »Römern« die Schuld zu geben; doch hörte ich von Leuten, die es wissen mußten, sagen, daß die Übernutzung des Bodens auch nach dem Untergang des weströmischen Reiches nicht

aufgehört hatte und auch heute noch anhält.

Wenn man so weitermacht, wird das Land in Süditalien als Heimstatt für Menschen, Tiere und Pflanzen in nicht allzulanger Zeit unbrauchbar sein, denn auch das Klima ist – wie in allen heißen, trockenen und baumlosen Regionen – lebensfeindlich. Da es an

Bäumen mangelt, die den Regen auffangen, sammeln, festhalten und schließlich »ausatmen«, strömt dieser letzten Endes ins Meer und spült den Boden mit. Zudem fehlt die kühlende und befeuchtende Wirkung der Bäume.

Es gibt einige Mulden, die Widerstand leisten; kleine Terrassen, wo

Blick auf Enna, eine der ältesten Siedlungsplätze Siziliens und ein wichtiger Marktort für agrarische Produkte. Das sommertrockene, heiße Klima erlaubt bei entsprechenden Relief- und Bodenverhältnissen nur mit Hilfe künstlicher Bewässerung eine intensive Landnutzung. So herrschen im Innern der waldarmen Insel traditionelle, extensive Weidewirtschaft und Getreideanbau vor.

der Boden geschützt und gegen Schafe und Ziegen verteidigt wird; noch gibt es bewohnte Dörfer – aber das Herz, das man der Landschaft genommen hat, scheint auch den Menschen abhanden gekommen zu sein. Ich hatte das Gefühl, daß sie nur auf die Möglichkeit warten, in die großen Industriestädte des Nordens abwandern zu können, wie es zahllose Freunde und Nachbarn vor ihnen getan haben. Die vielgerühmte Autostraße, die dem Süden Menschen und Wohlstand zurückbringen sollte, trug nur dazu bei, daß beides um so schneller nordwärts in die fruchtbare (und stark industrialisierte) lombardische Ebene ziehen konnte. Der Schaden ist nur schwer wiedergutzumachen. Nur wenn die ganze Bevölkerung sich mit vollster Überzeugung und ganzer Kraft einsetzt, können wirkungsvolle Maßnahmen getroffen wer-

den. Die Methoden, die P. O. Yeomans für Australien entwickelt hat, könnten hier relevant werden: Yeomans ist der Schöpfer der sog. Keyline-Methodik, mit der das Wasser durch den Bau von leicht abfallenden Abflußrinnen daran gehindert wird, vertikal von den Hügeln und Bergen abzufließen und den Boden mitzureißen. Auf diese Weise können landwirtschaftliche Flächen in hügeligen Regionen bewässert werden, so daß ihre Produktivität wieder steigt, wie Erfahrungen in Australien und anderen Ländern bewiesen haben.

Süditalien wurde seit ungefähr 800 v. Chr. von den Griechen kolonisiert, und zweifellos war es der große Bedarf an Holz für den Schiffbau, für die Töpferei und Schmelzöfen, der den Wäldern,

die sie dort vorfanden, den ersten Schlag versetzte. Schafe und Ziegen taten – damals wie heute – ein übriges, daß die Wälder sich nicht wieder erholten. Mit der auf schnellen und höchstmöglichen Ertrag ausgerichteten Landwirtschaft der Römer (die gute italienische Erdkrume wurde durch die Abwasserkanäle in den Tiber und von dort ins Meer geschwemmt), begann die Zerstörung des Bodens. Dieser Prozeß hat sich bis heute fortgesetzt und vollendet – es ist der nackte Felsen, der jetzt erodiert, nachdem der größte Teil des Unterbodens dahin ist. Der Schaden ist unwiderruflich; nur eine von der Liebe zu unserer Erde getragene Aktion des ganzen Volkes könnte ihn wirksam beheben.

Die Riegersburg in der Steiermark. Die bereits im 13. Jahrhundert belegte Burg wurde ab 1571 zu einer mächtigen Renaissanceanlage mit neun Basteien und sieben Toren ausgebaut. Das habsburgische Herzogtum Steiermark wurde 1529–1699 wiederholt von osmanischen Streifscharen verwüstet, gegen die einzig mächtige Burgen und befestigte Städte Schutz boten, der allerdings zweimal – 1529 und 1683 – nicht ausreichte, als die Türken bis nach Wien vordrangen.

DIE LAST MIT DER GRUND-HERRSCHAFT

Man lebt auf dem Felde, in Wäldern und jenen Felsennestern. Die uns Nahrung schaffen, sind ganz arme Bauern, denen wir unsere Äcker, Weinberge, Wiesen und Wälder verdingen. Der Ertrag, der von ihnen kommt, ist für die Arbeit, die darauf verwendet wird, gering und schmal, aber mit größter Mühe und großem Fleiß wird gearbeitet, damit er reich und lohnend werde, denn wir müssen sehr sorgfältige Haushälter sein.

Ulrich von Hutten (1518)

Mit dem Untergang des weströmischen Reiches im 5. Jahrhundert n. Chr. begann in Europa eine unsichere Zeit. Die Römer waren zwar strenge und zuweilen auch arrogante Herrscher gewesen, sie hatten jedoch politische Stabilität in den größten Teil Westeuropas gebracht. Als ihre Macht immer mehr zerfiel, gab es für kriegs- und beutelüsterne Stämme kein Halten mehr; sie hatten sich zuvor im Kampf mit römischen Legionen gemessen und dabei von den Römern viel über die Kriegskunst gelernt, sogar aus vernichtenden Niederlagen.

Nun griff eine ganze Reihe kriegerischer Reiterstämme nach den Bruchstücken des Römischen Reiches.

Wie schon geschildert, besetzten die Westgoten unter ihrem König Alarich 410 n. Chr. Rom, gaben es nach dreitägiger Plünderung aber wieder frei und zogen durch Gallien nach Spanien, wo sie ein Königreich gründeten, das bis zur muslimischen Eroberung der Iberischen Halbinsel im 7. Jahrhundert Bestand hatte. Die Kriegszüge der Vandalen führten ebenfalls durch Gallien und Spanien, doch zogen diese weiter bis nach Nordafrika und übernahmen dort die römischen Besitzungen. 455 n. Chr. setzten die Vandalen über das Mittelmeer, um Rom zu plündern, kehrten dann aber wieder nach Afrika zurück und konnten sich dort noch 80 Jahre behaupten.

Auch die Hunnen zogen die Römerstraßen entlang auf der Suche nach Land und Kriegsbeute. Sie erschienen vor den Toren Konstantinopels, zogen dann quer durch Europa nach Frankreich, wo sie 451 auf den Katalaunischen Feldern eine vernichtende Niederlage erlitten, die den Zerfall des Hunnenreichs einleitete. Das zum Rückzug gezwungene Reitervolk verwüstete daraufhin die Poebene und zerstörte Aquileja. Papst Leo I., der als kaiserlicher Gesandter mit dem Hunnenkönig Attila verhandelte, konnte das hunnische Heer allerdings davon abhalten, auf Rom zu marschieren. Die Hunnen zogen wieder ab und ließen sich für einige Zeit in Pannonien (Ungarn) nieder.

Die Franken, die ursprünglich in dem Teil Europas beheimatet waren, der heute zu Belgien gehört, drängten seit dem 4. Jahrhundert südwärts, um sich römische Gebiete in Gallien anzueignen. Nach Ausschaltung seiner Machtkonkurrenten erhob sich Chlodwig I. 482 zum Gesamtherrscher der Franken und dehnte sein Merowingerreich bis zu den Pyrenäen aus. Das weströmische Reich zerfiel 476 n. Chr. (Absetzung des letzten römischen Kaisers) endgültig, was aber nicht das Ende des gesamten Imperiums bedeutete, denn das oströmische Reich mit seiner Hauptstadt Konstantinopel bestand noch fast 1000 Jahre, bis die Stadt am Bosporus 1455 von den Türken eingenommen wurde. In der Folge entwickelten sich die Franken zur beherrschenden Macht in Europa. Unter König Chlodwig I. (482–511) vergrößerten sie in Kriegen mit rivalisierenden germanischen Stämmen wie den Westgoten, Burgundern und Alemannen ihr Reich erheblich. 498 ließ sich Chlodwig taufen und schuf damit die Grundlagen für die fränkische Reichskirche. Die Franzosen betrachten ihn heute noch als ihren ersten König.

Bis zur Invasion der arabischen Muslime ab 720 wurden die Franken als beherrschende Macht in Westeuopa nicht ernsthaft herausgefordert. Die Araber, die nach dem Tod des Propheten Mohammed (632) mit der Ausdehnung ihres Reiches von Nordafrika nach Spanien begonnen hatten, wurden 732 zwischen Tours und Poitiers von den Franken geschlagen und anschließend hinter die Pyrenäen zurückgedrängt. Heerführer der Franken war ihr späterer König Karl Martell (714–741), dessen Enkel Karl (der Große) 768 die

Thronfolge antrat. Am 25. Dezember 800 wurde Karl (der Große) von Papst Leo III. zum Kaiser gekrönt; diesen Titel behielten die fränkischen Herrscher 300 Jahre lang.

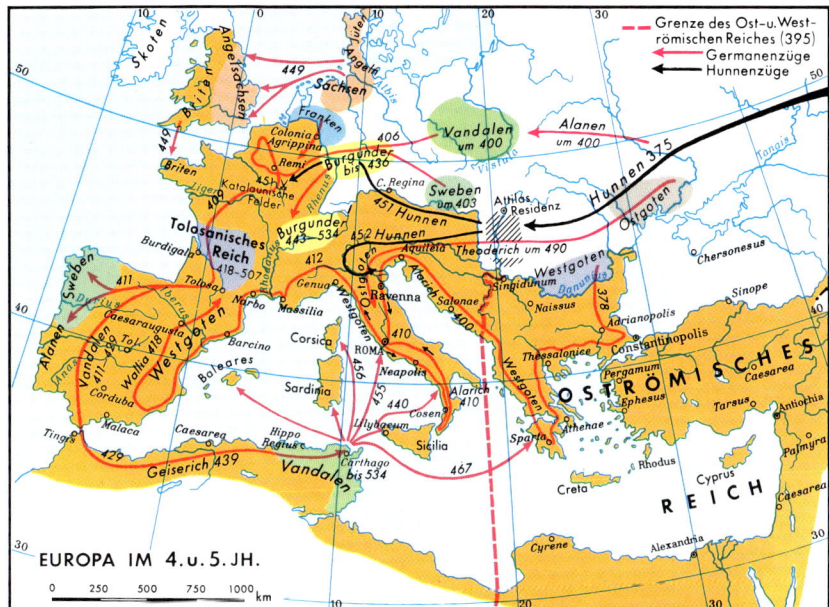

EUROPA IM 4.u.5.JH.

Unter den Karolingern, dem von Karl Martell begründeten Herrschergeschlecht, begann ein tiefgreifender Wandel in den Beziehungen zwischen Mensch und Boden. In diesem Zeitalter entstand der Feudalismus, eine politische, wirtschaftliche und soziale Ordnung, in der die Bodennutzungsrechte als Lohn für Kriegsdienste vergeben wurden. Der König oder Kaiser war der Eigentümer des gesamten Landes. Er gab seinen nahen Verwandten große Ländereien als Lehen; theoretisch waren diese Lehen auf die Lebenszeit des Lehnsmannes beschränkt, in der Praxis wurden sie allerdings meist erblich. Die Lehnsleute oder Vasallen teilten die Ländereien ihrerseits weiter unter ihren Gefolgsleuten auf. Vasallen und Subvasallen bewirtschafteten das Land und waren ihren unmittelbaren Lehnsherren dafür zu Gehorsam verpflichtet und mußten ihnen im Kriegsfall eine bestimmte Anzahl Soldaten zur Verfügung stellen. Wie in den Tagen der Römer war der Landbesitz auch im frühen Mittelalter die wichtigste Grundlage des Wohlstandes. Jetzt wurden der Ertrag des Bodens und der

EUROPA IM SPÄTEN 6.JH.

Fleiß der Bauern, die ihn bearbeiteten, zu einem direkten Maßstab für militärische Macht. Während die Lehnsleute dem König die Bauern ihrer Landgüter als Fußsoldaten zur Verfügung stellen mußten, hatten sie selber als berittene Krieger zu dienen. Pferde und Ausrüstung wurden dabei von den Rittern selbst gestellt. Damit hing die militärische Macht des Königs unmittelbar von der Ertragsfähigkeit der Ländereien ab, die er seinen Lehnsleuten gegeben hatte. Jeder Lehnsmann, der seine militärischen Pflichten nicht erfüllen wollte oder konnte, verwirkte sein Lehen.

Die gewaltige Ausweitung des fränkischen Reiches unter Karl Martell und Karl dem Großen (die Franken eroberten in dieser Zeit den größten Teil Frankreichs, Bayern, Sachsen, die Lombardei, Venetien und andere Gebiete Norditaliens) wurde in erster Linie durch die schlagkräftige Kavallerie ermöglicht, welche die Lehnsleute stellten. Als erste Macht in Europa rüsteten die Franken ihre Ritter mit Steigbügeln aus; wodurch die Reiter ihre Pferde viel besser zu lenken vermochten, als dies bis dahin möglich gewesen war.

»Die Antike schuf das Bild des Zentauren, des aus Mensch und Pferd gebildeten Fabelwesens, das frühe Mittelalter machte ihn zum Herrscher Europas«, schreibt Lynn White in seinem Buch über die mittelalterliche Gesellschaftsstruktur.

Berittene Soldaten gab es bereits, als Athen seine Blütezeit erlebte, etwa ab 600 v. Chr., vielleicht noch früher. Die Römer setzten Reiter und Soldaten auf Kampfwagen ein, sie waren allerdings – verglichen mit der Masse des Fußvolks – nur eine kleine Minderheit. Nach dem Untergang des Römischen Reiches zogen, wie schon erwähnt, die Reiterheere der Hunnen, Westgoten und Vandalen durch Europa, eroberten Länder und plünderten Städte.

Hofgüter und Fronhöfe

Natürliche Mittelpunkte der Verwaltung von Grundherrschaften waren die Sitze für die Hofhaltung des Königs und der Fürsten, d.h. die Pfalzen, dann die Bischofssitze, die Klöster und geistlichen Stifte sowie die Burgen und befestigten Höfe der kleinen ritterlichen Grundherren. Daran schlossen sich nun die Fronhöfe an, die unter einem Villicus, einem Vogt, Meier oder Amtmann standen. Die Hofgüter konnten einen beträchtlichen Umfang haben. Der der Kirche gehörende Meierhof Staffelsee in Oberbayern hatte im Jahre 813 740 Tagewerk oder 300 ha Ackerland, dazu kamen etwa 60 ha Wiesen. Im *Capitulare de Villis*, das Karl der Große wohl vor 800 für die Domänen seines Reiches – außer Italien – erließ, und das auch heute noch als eine der wertvollsten Quellen zur deutschen Wirtschaftsgeschichte angesehen wird, ist davon die Rede, wie ein Krongut eingerichtet sein soll. Vom Ackerbau wird darin nicht viel erwähnt, mehr dagegen von der Viehzucht; Pferde, Rinder, Schweine, Schafe, Ziegen sollen gehalten werden, ebenso Bienen und Geflügel. Hinzu kommen Fischteiche, Küchengärten, Kräutergärten und Obstanlagen. Im Wald soll gerodet, der Wald aber auch geschützt werden. Mühlen, Weinberge, der Weinbau und die Keltern werden behandelt, die nötigen Vorräte werden aufgeführt, die Häuser für die Arbeiten der Frauen, die Handwerksleute. Alles, was man in seinem Haus oder seinen Gütern haben muß, sollen die Amtleute auf den Gütern des Herrschers haben. Man war also möglichst auf Selbstversorgung eingerichtet. Hinzu kamen nun aber bei der Grundherrschaft im allgemeinen noch die Leistungen und Dienste der abhängigen Bauern. (6)

Auch sie waren geübte Reiter, aber bei weitem nicht so schlagkräftig wie die Ritter des Mittelalters, die mit ihren Pferden durch feste Sättel und eiserne Steigbügel »verschmolzen« waren. Dadurch, daß der Ritter mit seinem Pferd fest verbunden war, wurde die Wucht seines Angriffs durch die Muskelkräfte des Pferdes beträchtlich vergrößert.

Die Steigbügel verliehen dem Lanzenstoß eine größere Energie und ließen den Ritter mit noch größerer Kraft sein Langschwert schwingen. Mit ihrer Hilfe konnten berittene Bogenschützen außerdem ihre Pfeile zielsicherer und mit größerer Kraft verschießen.

Karl der Große setzte seine gut gerüsteten Ritter bei den Feldzügen äußerst wirksam ein, um seine Machtposition in Europa zu festigen. Sein Großvater Karl Martell hatte als erster die Bedeutung der Steigbügel bei Reitergefechten erkannt. Karl der Große veränderte das Lehnswesen, um die erheblich verbesserte Schlagkraft seiner Reiterheere voll nutzen zu können. Da ihm seine Lehnsleute als Ritter zu dienen und berittene Soldaten zu stellen hatten, mußte auch wesentlich mehr Land als Weide für die Pferde und für den Anbau von Futter bereitgestellt werden. Man rodete deshalb Wälder, um zusätzliches Weideland zu gewinnen, und führte neue Anbausyste-

ET SYRIAM SOBAL · ET CONVERTIT
IOAB · ET PERCVSSIT EDOM IN VAL
LE SALINARVM · XII MILIA ·

Karolingische Reiterei mit Sattel, Zaumzeug und Steigbügel (Darstellung im »Goldenen Psalter« der Stiftsbibliothek St. Gallen aus dem 9. Jahrhundert).

me in der Landwirtschaft ein. Die Rodung der Wälder hatte außerdem den Vorteil, daß man dadurch Holz für den Bau von Häusern und Holzkohle für die Verhüttung von Eisenerzen gewann.

Während der Regierungszeit Karls des Großen (768–814) wurde der Anwendungsbereich des Eisens erheblich erweitert; man verwendete es für militärische Ausrüstungsge-

genstände, für Äxte und für landwirtschaftliche Geräte. Im Einflußbereich der Franken in Mitteleuopa gab es viele Eisenerzvorkommen, von denen sie weit mehr Gebrauch machten, als es die Römer getan hatten. Man baute Wassermühlen, um Korn zu mahlen, aber auch, um damit die Blasebälge in den Schmelzhütten zu betreiben.

»Der Mönch von St. Gallen«, schreibt Lynn White, »berichtet in seiner Schrift aus dem späten 9. Jahrhundert, wie Karl der Große im Jahr 773 mit seinem Heer einen Angriff auf Padua, die Hauptstadt der Lombardei, unternahm. König Desiderius, der von der Stadtmauer herab einen Blick auf das feindliche Heer werfen wollte, war von dem Schauspiel

Pflügen und Säen, die Arbeit des Bauern im Frühjahr, zeigt das Monatsbild März aus dem Kalender des Albrecht Glockendon von 1526.

der fränkischen Krieger mit ihren funkelnden Rüstungen und Waffen überwältigt. ›Oh, das Eisen! Schaut nur das Eisen!‹ rief er aus, und der Hauptmann, der ihn begleitete, brach ohnmächtig zusammen ... In dieser Episode spiegelt sich der Übergang Europas zum Zeitalter des Eisens unter Karl dem Großen«.

Der wirkungsvolle Einsatz von Pferden in Kriegen wurde bald darauf auch durch ihre Verwendung in der Landwirtschaft ergänzt. Vorher waren Ochsen als Zugtiere beim Pflügen eingesetzt worden, nun wurde die Zugkraft der Pferde durch die allgemeine Anwendung des Kummetgeschirrs erheblich vergrößert. Anstelle des alten, von Ochsen gezogenen Hakenpfluges verwendete man jetzt

schwere Pflüge, die für die tiefgründigen Lößböden Mitteleuropas besser geeignet waren. Wenn die Pferde darüber hinaus mit Hufeisen beschlagen wurden, waren sie zum Ziehen von Wagen oder zu Feldarbeiten wie Pflügen und Eggen sehr gut zu gebrauchen. »So kann das Pferd, das mit dem alten Spannsystem zur Feldarbeit ungeeignet war, den Ochsen, der es besser ertrug, zwar nicht verdrängen, aber auf einer wachsenden Anzahl von Fluren ersetzen« schreibt Jacques Le Goff in seiner Geschichte des Hochmittelalters.

Somit gewannen die Pferde eine entscheidende Bedeutung nicht nur für die Kriegführung, sondern auch bei der Nahrungsmittelproduktion. Die feudalistische Gesellschaftsordnung war darauf ausgerichtet, diese Vorteile voll zu nutzen.

Die Kraft der Pferde und des Wassers sowie der kontrollierte Einsatz des Feuers in Schmelzöfen bildeten im Mittelalter gemeinsam ein Bündel gewaltiger Naturkräfte in den Händen der Europäer. Seit dem 12. Jahrhundert waren Pferde die wichtigsten Zugtiere auf den Bauernhöfen. Da die Produktivität der landwirtschaftlichen Betriebe durch ihren Einsatz wuchs, konnte ein Bauer auch erheblich mehr Land als früher bewirtschaften. Die Pferdestärken vermehrten die menschlichen Muskelkräfte um ein Vielfaches.

Der technische Fortschritt beschränkte sich indessen nicht allein auf das Reich der Franken. Die neuen Techniken breiteten sich vielmehr in ganz Europa und über seine Grenzen hinweg aus. (Es muß ohnehin darauf hingewiesen werden, daß die mittelalterliche Technologie aus einer Mischung

Herbstaussaat und Schnitt der Weiden-
ruten sieht der Kalender des Albrecht
Glockendon von 1526 für den Monat
September vor.

von Techniken bestand, die in ganz verschiedenen Regionen der Erde entwickelt worden waren; zum Beispiel stammt der Prototyp des Steigbügels vermutlich aus China.) Das Reiterheer der Normannen, die 1066 von ihren Stützpunkten in Nordfrankreich aus in Britannien einfielen, nutzte die überlegene Kriegstechnologie der Europäer auf dem Festland mit Erfolg gegen die mehr traditionell ausgerüsteten angelsächsischen Fußsoldaten. Herzog Wilhelm von der Normandie wurde vor allem wegen seiner gut gerüsteten Ritter König von England und als solcher am Weihnachtstag 1066 in London gekrönt.

»Der neue König ging unverzüglich daran, den Ackerboden aufzuteilen«, schreibt Morris Bishop über das mittelalterliche England. »Sein Prinzip war sehr einfach: Ihm gehörte der gesamte Boden in England, und er vergab bestimmte Anteile davon als Lehen an verdiente Gefolgsleute. Wenn diese keine direkten Erben hatten, fiel das Land an die Krone zurück. England war ein mustergültiger Feudalstaat. Die Besitzer der großen Lehen waren Lehnsherren oder Barone. Sie sorgten für ihre Gefolgsleute, indem sie ihnen als Vasallen ihrerseits Land zu den üblichen Bedingungen zur Verfügung stellten. Auf diese Weise mußten mehr als 5000 Ritter den Befehlen des Königs folgen. Um seine Herrschaft zu stärken, ordnete Wilhelm den sofortigen Bau von Burgen überall in England an.«

Die angelsächsischen Dörfer, die bislang ein recht großes Maß an Selbstbestimmung genossen hatten, wurden nun von den normannischen Burgen überragt, und das Grundeigentum wurde in Lehen umgewandelt. Die Leibeigenen standen in den Diensten des neuen feudalen Landadels und wurden durch Anteile an den Ernten entlohnt. Der König und seine Ritter eigneten sich alle Wälder in England an, was für die Bauern ein schwerer Verlust war, denn die Wälder und Gehölze bedeuteten für sie bis dahin eine wichtige Lebensgrundlage: Sie hatten ihnen Brennholz, Weideland und Jagdreviere geboten. Von nun an mußte Brennholz gekauft werden; für einen »Holzpfennig« durften die Dorfbewohner so viel Holz sammeln, wie sie aus dem Wald schaffen konnten.

Von ihren neu errichteten Burgen gingen die Normannen in den Wäldern, die sie als ihr alleiniges Eigentum beanspruchten, zur Jagd. Jeder Bauer, den sie dort beim Wildern ertappten, wurde streng bestraft. Die Normannen begannen auch mit der Rodung großer Waldareale, um neues Akkerland zu gewinnen oder um Holzkohle zu erzeugen, die sie für ihre neue Eisenindustrie benötigten. 5624 Wassermühlen verzeichnete das von Wilhelm in Auftrag gegebene Reichsgrundbuch (das »Doomsday Book«) – eine erstaunlich große Zahl, wenn man bedenkt, daß die Einwohnerzahl Englands damals nur etwa 1,4 Millionen betrug.

Die Normannen führten neben vielen anderen Neuerungen die Dreifelderwirtschaft in England ein, die Britanniens Landwirtschaft – wie die auf dem europäischen Kontinent (wo sie von Karl dem Großen gefördert wurde) – von Grund auf veränderte. Lynn White erklärt das Prinzip dieser neuen Wirtschaftsform wie folgt: »Bei der Zweifelderwirtschaft wurde jeweils nur immer ungefähr eine Hälfte des Ackerlandes mit Wintergetreide bestellt, während die andere als Brache liegen blieb. Im folgenden Jahr wechselten die beiden Feldhälften ihre Aufgaben. Bei der Dreifelderwirtschaft teilte man das Akkerland in drei etwa gleich große Teile. Den ersten Teil bestellte man im Herbst mit Winterweizen oder Roggen. Im darauffolgenden Frühling wurde der zweite Teil mit Hafer, Gerste, Erbsen, Kichererbsen, Linsen oder Puffbohnen be-

stellt. Der dritte Teil lag brach. Im nächsten Jahr baute man auf dem ersten Feld Sommerfrucht an, das zweite lag brach und das dritte Feld wurde mit Wintergetreide bestellt.«
Durch die Dreifelderwirtschaft vergrößerten sich die Ernteerträge erheblich. Indem man die Fruchtfolge durch den Anbau von Hülsenfrüchten erweiterte, wurde die Stickstoffzufuhr zum Boden verbessert, wodurch die Brachezeit verkürzt werden konnte. Die Tatsache, daß die Bauern jetzt Hafer innerhalb der Fruchtfolge anbauen konnten, erleichterte den Gebrauch von Pferden als Zugtiere anstelle von Ochsen; sie zogen die schweren Pflüge, die man zum Umbrechen der tiefgründigen Lößböden Mittel- und Westeuropas braucht. Mit Hilfe der Pferde nahm die wirtschaftliche Leistungskraft der Bauern Europas erheblich zu, und sie konnten die Überschüsse produzieren, die ihre Herren von ihnen forderten. Während des 12. und 13. Jahrhunderts wuchs mit dem raschen Anstieg der Agrarproduktion in West- und Mitteleuropa gleichzeitig auch die Bevölkerungszahl außergewöhnlich schnell. Zwischen 1100 und 1300 verdoppelte sich die Einwohnerzahl der Dörfer, und die landwirtschaftliche Nutzfläche wurde weit in die Wälder, Moore und Gebirge hinein ausgedehnt. Zur gleichen Zeit stieg auch die Arbeitsproduktivität mit dem Einsatz von Wasser- und später auch

Windmühlen auf mehr als das Doppelte. Der Wohlstand auf dem Lande wurde allerdings durch die hohen Forderungen der Lehnsherren an die Bauern ausgehöhlt; sie verlangten bis zu 50 % der Ernte. In vielen Gegenden Europas lag der Lebensstandard der Bauern deshalb kaum über dem Existenzminimum.
Die Könige und der feudale Landadel nutzten das gewaltige Kräftepotential, das die Pferde-, Wasser- und Windkräfte boten, weidlich aus. Sie stärkten mit diesen neu gezügelten Naturkräften ihre wirtschaftliche und militärische Macht. Die Kirche beteiligte sich ebenfalls an der Nutzung der neuen Produktivkräfte, vor allem durch die Pionierarbeit des Zisterzienserordens. Die Zisterzienser besaßen im 12. Jahrhundert allein in Frankreich 742 Klöster, jeweils mit großen Ländereien, die meist aus Mooren und Wäldern gewonnen worden waren und von den Mönchen nach neuesten Techniken bewirtschaftet wurden. Die Mönche waren selber in der Landwirtschaft tätig und führten die Laienbrüder, die den größten Teil der Arbeiten erledigten, in die Dreifelderwirtschaft ein, lehrten sie den Umgang mit Pferden und Räderpflügen, die Kunst des Weinbaus und der Schafzucht sowie den wirkungsvollen Einsatz von Wassermühlen. Die Zisterzienser bauten in jedem ihrer Klosterbezirke eine Wassermühle, um mit den Maschinen, die vom

---

Bodenbewirtschaftungsformen

Unter Einfelderwirtschaft versteht man den ständigen Anbau einer Frucht auf Eschböden. Ein Esch besteht aus einigen langstreifigen Äckern, die zum Schutz gegen Wind und Vieh von Wällen umgeben waren, auf denen Hecken oder Bäume standen. Plaggen und Stalldüngung des Bodens ließen allmählich recht hohe Aufbauschichten entstehen. Die ständige Erneuerung und Verbesserung des Bodens gestattete also den kontinuierlichen Anbau. Das Hauptverbreitungsgebiet der Eschböden war das Emsland und die benachbarten Gegenden nach Holland und Niedersachsen hinein. Von Niedersachsen wurde die Einfelderwirtschaft zum Teil auch ins Kolonialgebiet gebracht.

Vierfelderwirtschaft gab es bei den guten Böden Mecklenburgs, sie wurde als Intensivierung der ursprünglichen Einfelderwirtschaft gedeutet.

In Westdeutschland kannte man eine Zweifelderwirtschaft, also statt des Wechsels Winterung-Sömmerung-Brache den Wechsel Winterung-Brache oder Sömmerung-Brache, ein System, das extensiver war als die Dreifelderwirtschaft. Das mag u. a. damit zusammenhängen, daß Sonderkulturen wie der Weinbau zuviel Arbeitskraft und Düngemittel in Anspruch nahmen.

Die Dreifelderwirtschaft wurde jetzt die vorherrschende Form der Ackernutzung. Im genossenschaftlichen Sinn der Dorfgemeinschaft hatte sich der einzelne Bauer an die Verteilung der drei Großfelder oder Gewanne bei der Wahl des Anbaus anzupassen. Im allgemeinen wurde dreimal im Jahr gepflügt; im Frühling für die Sommersaat, im Sommer wurde die Brache umgepflügt, im Herbst wurde der Boden für die Wintersaat umgebrochen. In Südwestdeutschland wurde vornehmlich Dinkel angebaut. Der empfindlichere und anspruchsvollere Weizen drang erst allmählich vom Westen her vor. Die wichtigste Getreideart im übrigen Gebiet blieb der Roggen. Dazu kamen, besonders für rauhe Lagen, verschiedene Formen von Gerste und als Sommerfrucht der Hafer, der im Bergland noch vorherrschen konnte. Es gab jetzt schon Zonen, die in der Lage waren, einen Teil ihrer Produktion zu exportieren. (7)

Wasser angetrieben wurden, Weizen zu mahlen, Mehl zu sieben, Stoffe zu walken oder Leder zu gerben. Sie nutzten die Wasserkraft vermutlich auch, um damit Blasebälge in einigen ihrer Schmieden und Brauereien anzutreiben. Ihre Klöster hatten Frischwasser- und Abwasserleitungen für die Sauberkeit und Hygiene.

Die wissenschaftlichen Methoden der Zisterzienser bei der Bodenkultivierung, der Landwirtschaft und der Antriebstechnik ließen den Orden zu einem äußerst wichtigen Faktor im mittelalterlichen Wirtschaftssystem werden. Im Süden Europas wurden die Zisterzienser die bedeutendsten Weinproduzenten. Sie verkauften den Wein u. a. nach Holland und England. Im Norden, besonders auf den Britischen Inseln, waren sie vor allem bei der Erzeugung von Wolle für den Export erfolgreich. Jedes Kloster hatte das Ziel, seinen Nahrungsmittelbedarf – Weizen, Gemüse, Obst und Fleisch – weitgehend selber zu erzeugen; Bier und Wein, die von den Mönchen selber hergestellt wurden, waren wichtige Bestandteile der klösterlichen Kost.

Die Zisterzienser bildeten den bedeutendsten der christlichen Pionierorden. Sie hatten sich die Aufgabe gestellt, die Gebote des Alten Testaments zu erfüllen, in dem es heißt, daß der Mensch »die Fische des Meeres, alle Vögel des Himmels, alle Erdentiere und alles, was auf dem Erdboden kriecht« beherrschen solle. Dem Gebot *Seid fruchtbar und mehret euch!* durften die Mönche zwar nicht folgen, sie taten aber viel, um »die Erde zu erfüllen und sie sich untertan zu machen«.

»Das Christentum ermutigte den Menschen«, schreibt John Passmore in seinem Buch über die wirtschaftliche Bedeutung der Kirche im Mittelalter, »die Urwälder, jene unheimlichen Schlupfwinkel der Dämonen, der alten Naturgottheiten, in Felder und Weiden zu verwandeln. Im allgemeinen mußte der Mensch jedoch nicht die Natur, sondern sich selber ändern, und selbst dies war nur mit Gottes Gnade zu erreichen.«

Die Genügsamkeit der Ordensbrüder und ihre Ablehnung weltlichen Besitzes und Wohlstandes ermöglichte es den Klöstern, die beträchtlichen Gewinne aus dem Handel und die Pachtzinsen für den Ankauf von noch mehr Land und besseren Geräten für die Klostergüter und -werkstätten zu investieren. Die Zisterzienser betrieben »die modernsten Fabriken in Europa« (Jean Gimpel). Sie hatten an der Einführung neuer Verfahren zur Metallgewinnung und -verarbeitung in ganz Europa entscheidenden Anteil.

Zu Beginn des 14. Jahrhunderts hatte das Wirtschafts- und Bevölkerungswachstum das Bild der Landschaften in Europa grundlegend verändert. Millionen Hektar Wald waren gerodet und in Weide- und Ackerland verwandelt worden. Fast überall hatte der neue, an »Pferdestärken« reiche Landadel Burgen errichtet. An vielen Orten entstanden neue Städte, die sich mit Leuten vom Land füllten. Sie hatten ihre Dörfer verlassen, weil sie durch den Einsatz von Pferden und durch neue Anbauverfahren arbeitslos geworden waren, wegen des rapiden Bevölkerungswachstums auf dem Land, den hohen Abgaben, die sie an den Adel zu entrichten hatten und wegen der neuen Beschäftigungsmöglichkeiten, die sich für sie in den Städten boten. Eine besondere Anziehungskraft besaßen die sich entwickelnden Städte für die armen Leibeigenen, nicht zuletzt, weil sie dort freie Bürger werden konnten, wenn sie ein Jahr lang in ihren Mauern gewohnt hatten. Neue Gewerbezweige gaben vielen Neubürgern Arbeit und Brot. Die Produktion von Wolle, Leinen, Waffen, Möbeln, Holzwagen,

Glas, Leder und vielen anderen Produkten konzentrierte sich in den Städten.

Dinkelsbühl in Mittelfranken, das heute zu Bayern gehört, ist eine mittelalterliche Stadt, die sich bis in unsere Zeit fast unversehrt erhalten hat. Sie gehört zu den wenigen Städten in Europa, die noch von Mauern umgeben werden, und viele Touristen bewundern das makellose mittelalterliche Stadtbild. Die industriellen Revolutionen des 19. und 20. Jahrhunderts sind scheinbar folgenlos an Dinkelsbühl vorübergegangen, es ist heute noch ein Landstädtchen mit gepflasterten Straßen, an deren Namen man die Gewerbezweige erkennen kann, die diese Stadt wohlhabend gemacht haben: vor allem die Metallverarbeitung und die Tuchmacherei. Der Weinmarkt im Kern der Stadt spielte früher im Handel mit weit entfernten Städten wie Köln und Amsterdam eine wichtige Rolle, denn Dinkelsbühl lag günstig an einem der Hauptverkehrswege von Süd- nach Norddeutschland und Holland. Das Handwerk wurde von Zünften kontrolliert, deren Mitgliederzahl genau festgelegt war. Es dauerte nicht lange, bis sie sich so fest etabliert hatten, daß sie Konkurrenten und neuen Produktionsverfahren keine Chance mehr ließen. Die Tuchmacher und Schmiede in Dinkelsbühl waren eifrig darauf bedacht, die Gewinne, die sie erzielten, für sich zu behalten. Sofern sie es sich leisten konnten,

bauten sie schöne, große Häuser, um darin zu wohnen und zu arbeiten; auch die eindrucksvolle gotische Kirche wurde mit ihrer Hilfe finanziert.

Der Leder- und der Kornmarkt waren weitere Zentren des Handels in der Stadt. Es gab darüber hinaus einen Holzmarkt und eine Bürstenmacherwerkstatt. Sie waren bei der Rohstoffversorgung von den fruchtbaren Landschaften rund um Dinkelsbühl abhängig. Tatsächlich gehörte ein großer Teil des Landes außerhalb der Stadt Bauern, deren Höfe innerhalb der Stadtmauern lagen. Heute noch gibt es einige solcher Bauernhöfe am Nördlinger Tor, und die Kühe werden wie früher jeden Morgen und Abend in der Stadt gemolken. Sie bekommen ihr Futter von den Feldern außerhalb der Stadt, und ihr Mist wird, mit Stroh vermischt, als Dünger wieder auf die Felder gebracht. Im Mittelalter schafften Leute, die eigens dafür angestellt waren, auch die menschlichen Fäkalien auf die Felder. Eine Stadt wie Dinkelsbühl, die heute etwa 11 000 Einwohner zählt, besaß noch eine Größenordnung, die es erlaubte, mit den Fäkalien die umliegenden Felder zu düngen und so dem Boden die ihm entzogenen Nährstoffe wieder zurückzuführen. Bei großen Städten wie Rom in seiner Blütezeit war dies aus verständlichen Gründen nicht mehr möglich. Kleine Städte, die sich aus der sie umgebenden Landschaft heraus entwickelt hat-

Landarbeit im Frühjahr: Pflügen, Arbeit im Weinberg. Kalenderbild aus dem »Breviario Grimani«, einer flämischen Miniaturensammlung.

ten, konnten dagegen mit dieser Umgebung in einer Art Symbiose verbunden bleiben.

Um die Mitte des 14. Jahrhunderts hinterließen die »Apokalyptischen Reiter« überall in Europa ihre tödlichen Spuren.

Pest, Krieg, Hunger und Tod hielten den Kontinent fest im Griff. Seeleute schleppten den »Schwarzen Tod« 1347 aus dem Orient nach Italien ein. Von dort breitete sich die Seuche wie ein Lauffeuer über Europa aus. Die hygienischen Verhältnisse in vielen Städten boten günstige Bedingun-

gen für die Vermehrung der Ratten, die Wirtstiere der die Seuche übertragenden Flöhe. Die Pest forderte unter der Bevölkerung große Opfer; innerhalb weniger Jahre starben zwischen 30 und 50 % der Einwohner. »Als Folge der Seuchen ging die Gesamtbevölkerung Europas im Jahr 1400

Erzgewinnung- und -verarbeitung, dargestellt im »Schwazer Bergbuch« von 1556. Das nordöstlich von Innsbruck gelegene Städtchen Schwaz entwickelte sich im Mittelalter zu einem Zentrum der mitteleuropäischen Montanwirtschaft.

wieder auf etwa 45 Millionen Menschen oder zwei Drittel der Zahl zurück, auf die sie um 200 n. Chr., am Höhepunkt der römischen Macht, angewachsen war. Große Flächen kultivierten Landes fielen wieder wüst, die Erschließung neuen Landes kam zum Stillstand und ganz allgemein veränderte sich dort, wo der Mensch seine Hand nicht mehr im Spiel hatte, die Ökologie der Landschaften erheblich. Mehrere Kriege trugen ebenfalls zur Landflucht in jener Zeit bei«, konstatiert Harry A. Walters.

Die verheerenden Folgen der Seuchen, Hungersnöte und Kriege führten dazu, daß überall in Europa Tausende von Dörfern verödeten; Bauernhöfe und Dörfer in entlegenen Regionen und auf unfruchtbaren Böden wurden verlassen, und ihre früheren Bewohner zogen in fruchtbarere Gegenden, wo die Bevölkerung dezimiert

worden war. Neue Epidemien ließen die Einwohnerzahlen dieser jungen Siedlungen weiter schrumpfen. Hunderttausende von Höfen verloren ihre Pächter, und die Felder verwandelten sich wieder in Buschland und Wälder. In vielen Gegenden konnten die Landbesitzer keine Leute mehr finden, die für sie das Land bewirtschafteten.

Nachdem die Seuchen gegen Ende des 14. Jahrhunderts abgeklungen waren, wurde das Verhältnis zwischen den Grundbesitzern und Pächtern in ganz Europa sehr gespannt. Die Preise für Agrarprodukte fielen überall, während die Pächter noch immer hohe Pachtzinsen an den Grundherrn zu zahlen hatten. Es kam zu Bauernaufständen, erstmals 1381 in England. Als Folge der Seuchen herrschte dort Arbeitslosigkeit, die Grundherren weigerten sich jedoch, die Löhne zu erhöhen

oder die Abgabenlast der hörigen Bauern zu verringern. Dieser Aufstand wurde von Wat Tyler und John Ball, einem Priester, angeführt, der nicht nur Nächstenliebe und Friedfertigkeit, sondern auch Gleichheit predigte: »Oh, ihr guten Leute, die Dinge werden in England weiter schlecht gehen, sie werden auch nicht besser werden, bis alle gleich sind und es keine Leibeigenen und Edelleute mehr gibt, bis wir alle vereinigt und die Lords keine größeren Herren als wir sind.« Der Aufstand wurde mit Waffengewalt niedergeschlagen, Tyler erstochen, und die Rädelsführer wurden gehenkt.

Auf dem europäischen Festland kam es in den folgenden Jahrzehnten ebenfalls zu Erhebungen. In Deutschland protestierten die Bauern in den 30er Jahren des

15. Jahrhunderts gegen die Unterdrückung. Sie konnten allerdings gegen den Adel nur geringe Erfolge erzielen. Fast 100 Jahre später brach in Süddeutschland der große deutsche Bauernkrieg aus. Die Bauern forderten dabei Gerechtigkeit vor Gott und versuchten, die Fesseln der Leibeigenschaft abzustreifen; sie wurden zum Teil durch die Lehren der Reformation über die Freiheit und Verantwortung der Christen angespornt. Im März 1525 verkündeten sie ihre 12 Artikel; der dritte beschreibt ihre Lage ganz eindeutig: »Es ist bis jetzt üblich gewesen, daß die Herren uns als Leibeigene halten, was erbärmlich genug ist, wenn man bedenkt, daß Christus uns alle, die Hohen wie die Niederen, befreit und erlöst hat, indem er sein kostbares Blut vergoß. Daher ist es mit der Heiligen Schrift vereinbar, daß wir frei sein sollen . . .«

Die schlecht bewaffneten Bauern hatten gegen die vereinigten Streitkräfte des deutschen Adels keine Chance. Für die Aufständigen war es schwierig, schlagkräftige Militäreinheiten aufzustellen, da sie über kleine Bauernhöfe verstreut und an die jahreszeitli-

Die Festung Hohensalzburg, 1465–1680 von einer kleinen mittelalterlichen Anlage zur mächtigen Burg ausgebaut, diente den geistlichen Herren des Fürsterzbistums Salzburg in Kriegszeiten als sichere Zufluchtstätte (Ausschnitt aus der Stadtansicht von 1553 in St. Peter).

chen Pflichten des Bauernlebens gebunden waren. Allein im Fürstbistum Salzburg gelang es den Bauern, verstärkt durch Gasteiner Bergknappen und Bürger der Stadt, den Truppen des Erzbischofs einen Kampf zu liefern, dessen Ausgang ungewiß war. Das wohlhabende und mächtige Fürstbistum Salzburg war eines der wenigen Länder in Westeuropa, die unter kirchlicher Herrschaft standen. Unter dem Regiment des Erzbischofs, Kardinal Matthäus Lang von Wellenburg, war die Unterdrückung des Volkes durch den Klerus so unerträglich geworden, daß sich große Teile der Bevölkerung zusammenschlossen und offenen Widerstand leisteten. Die soziale und wirtschaftliche Lage der Bauern, die einen Hof besaßen, war noch einigermaßen erträglich, viele Leibeigene, Knechte, Mägde, aber auch Kaufleute und Handwerker waren dagegen bettelarm. Das gleiche galt für viele Bauernsöhne, weil nach dem geltenden Erbrecht nur der älteste Sohn den Hof von seinem Vater übernehmen durfte. Die jüngeren Söhne bildeten ein unzufriedenes und aufrührerisches Bauernproletariat, das in den Bauernkriegen eine wichtige Rolle spielte, wie Diana Burgwyn es beschreibt: »Ihr angestauter Zorn kam im Jahr 1525 zum Ausbruch, und sie erhoben sich gegen den Erzbischof. Es war der Abend des 5. Juni. Trommeln ertönten, Glocken läuteten, und auf den Bergen loderten Feuer: Die Bauern näherten sich aus den verschiedenen Gegenden des Herrschaftsgebietes, aus dem Pongau, aus Gastein und Radstadt, und zogen durch das Steintor in die Stadt. Als die Bauern die Residenz stürmten, sie plünderten und verwüsteten, floh Lang in die Festung. Mit hölzernen Kanonen beantworteten die Bauern den Geschoßhagel aus der Festung.«

Drei Monate belagerte das Bauernheer die mächtige Festung Hohensalzburg, die noch heute auf einem Granitfelsen die Stadt überragt. Die Bauern schufen ihre eigene Regierung, organisierten die Nahrungsmittelversorgung, die Besteuerung des Eigentums, den Bergbau und das Rechtswesen. Mit den Gewinnen der Salzbergwerke in Hallein bezahlten sie die Soldaten. Schließlich mußten die Bauern jedoch die Überlegenheit der Landsknechte anerkennen; sie schlossen einen Friedensvertrag und lösten ihr Heer auf. Als im folgenden Jahr ein neuer Aufstand ausbrach, ließ der Erzbischof die Bauern von seinen Söldnern zu Tausenden gefangennehmen und hinrichten.

Im 16. Jahrhundert wuchs die Bevölkerung überall in Europa außergewöhnlich schnell. Wer weiß, wie der Streit zwischen den Bauern und den Grundherren über Landbesitz und Pachtzinsen ausgegangen wäre, wenn die Entdeckung Amerikas nicht einen rettenden Ausweg geboten hätte? Amerika hielt nicht nur Land für europäische Siedler bereit (allerdings auf Kosten der einheimischen Bevölkerung), sondern wurde auch die Quelle ungeheurer Gold- und Silberschätze. Der spanische König profitierte unter den Herrschern Europas am meisten von dem Reichtum der Inkas und Azteken, den Konquistadoren nach Spanien schafften. Er gab gewaltige Summen aus, um in Europa den Katholizismus gegen die Protestanten zu verteidigen und in Amerika die christliche Kolonisierung des Kontinentes voranzutreiben. Zwischen 1503 und 1650 wurden ungefähr 185 Tonnen Gold und 16 000 Tonnen Silber von Amerika nach Europa transportiert. Diese Reichtümer wurden dazu verwendet, die Währungen zu festigen und die gewerbliche Produktion für das Kolonisationswerk in Amerika zu fördern. Es ist kaum daran zu zweifeln, daß die Edelmetalle, die man aus den Schatzhäusern und Bergwerken der Indios nach Europa brachte, dort zur Entwicklung der Industrie entscheidend beitrugen. Die Spanier selber förderten die Industrie in ihrem Land nicht, es waren andere Länder (vor allem Holland, Flandern, England und Deutschland), die aus der Förderung der Industrie Gewinn zogen. Zweifellos wurde mit dem Gold und Silber der Inkas und

Azteken letzten Endes die industrielle Revolution in Europa finanziert.

Im 16. und 17. Jahrhundert führten die Bevölkerungszunahme, das Wachstum der Industrie, die verstärkte Nachfrage nach Holz für den Haus- und Schiffbau dazu, daß wieder verstärkt Wälder gerodet wurden. In der Tat hatte bereits 1492 ein italienischer Chronist über einen empfindlichen Mangel an Bauholz berichtet. Es war damals kaum noch möglich, Eichenholz zu finden, und die Menschen hatten bereits damit begonnen, Obstbäume zu fällen; sogar Olivenhaine waren wegen des Mangels an Bau- und Brennholz gerodet worden.

Ähnliches geschah in ganz Europa. Der Holzkohlengewinnung für die Schmelzhütten fielen große Waldflächen in Frankreich, Großbritannien und Deutschland zum Opfer. Wo immer Bergwerke eröffnet wurden, gab es einen großen Bedarf an Grubenholz. In den Silberbergwerken von Freiberg in Sachsen wurden um die Mitte des 16. Jahrhunderts jährlich ungefähr 60 000 Kubikmeter Holz gebraucht. Etwa die gleiche Menge benötigten die Bergwerke in Hüttenberg und Joachimsthal. In England ordnete die Regierung 1548/49 sogar eine Untersuchung über die Verschwendung von Holz und die Zerstörung der Wälder an. Der rapide Anstieg der Preise von Holz und Holzkohle führte in manchen Gegenden zu einem

»Bilderzyklus des bäuerlichen Jahres« (um 1700). Die beiden Bilder versinnbildlichen die Monate Juli (Heumahd) und August (Getreideernte).

Rückgang des Bergbaus. In Großbritannien war besonders die Rüstungsindustrie von dem Mangel an Holzkohle betroffen. Ab 1632 begann sie, sowohl Kanonen aus Eisen als auch Holz aus dem waldreichen Schweden einzuführen. Für die Gebäudeheizung und die Erzverhüttung bot die Kohle einen Ausweg aus der Energiekrise jener Zeit.

Der zunehmende Einsatz von Koks hatte auf die Eisen- und Stahlproduktion einen großen Einfluß. Großbritannien mit seinen reichen Steinkohlelagerstätten machte als erstes Land von dieser neuen Energiequelle reichlich Gebrauch. Die Verwendung von

Kohle in der Industrie kam zudem den Wäldern zugute, zunächst in Großbritannien, später auch im übrigen Europa; allerdings führte sie auch zur Verschmutzung der Luft und damit zu einer neuen Art der Umweltverschmutzung. Die Belastung der Luft mit Schadstoffen verstärkte sich noch, als man begann, Kohle auch in den neuen Dampfmaschinen zu verbrennen. Zur gleichen Zeit wandelte sich der Mensch von einem weitgehend vom Boden abhängigen in ein neues Wesen, das auf den in Jahrmillionen gespeicherten Bodenertrag angewiesen ist: Die wachsende Abhängigkeit des Menschen von fossilen Brennstoffen veränderte seine Beziehungen zur Natur weitaus mehr als alle vorausgegangenen Neuerungen. Mit den Dampf- und Verbrennungsmaschinen, die seinen Befehlen gehorchen, wurden die menschlichen Kräfte wahrhaft verstärkt. Die »Kraft des Feuers« hat dem Menschen in einem ungeheuren Maß neue Möglichkeiten verliehen, sich zum Herren über die Natur zu machen, weit mehr, als Pferde-, Wind- und Wasserkraft es je zuvor getan hatten.

Landschaft in Devon. Die südwestenglische Grafschaft mit ihren großen Weideflächen wird überwiegend landwirtschaftlich genutzt (vor allem Milchwirtschaft und Fleischproduktion); an der klimatisch begünstigten Südküste haben Garten- und Obstbau sowie Fremdenverkehr große Bedeutung erlangt.

DIE ERBEN DER OFFENEN FELDER

Alle wirklichen und gesunden Freuden, die dem Menschen möglich sind, sind ihm hauptsächlich im Frieden möglich und waren es ebenso, seit er zuerst aus Erde gemacht wurde... Das Korn wachsen und die Blüten ansetzen sehen, über Pflugschar und Spaten tief Atem holen, lesen, denken, lieben, hoffen, beten – das ist es, was die Menschen glücklich macht.

John Ruskin

Die ersten modernen Autoren, die das Prinzip der mittelalterlichen Dreifelderwirtschaft wirklich erfaßten, waren C. und S. Orwin, die das Buch »Die offenen Felder« geschrieben haben. Ihre Erklärung war kurz folgende: Die Bewohner eines – sagen wir angelsächsischen – Dorfes beschlossen, ein weiteres Stück Wald zu roden und zu kultivieren. Als die Bäume gefällt waren und die Lichtung geräumt war, ging man daran, den Boden umzupflügen. Ich selbst habe in Südafrika gepflügt, wo wir einen Drei-Furchen-Scheibenpflug von zehn Ochsen ziehen ließen, und weiß aus eigener Erfahrung, wie schwer es Ochsen fällt zu wenden. Man versucht es daher so einzurichten, daß man sie so wenig wie möglich wenden läßt. Deshalb war es für den angelsächsischen Bauern eine natürliche Sache, jeden Tag einen langen, schmalen Streifen zu pflügen, während andere Bauern neben ihm gleichfalls einen oder mehrere Streifen unter den Pflug

nahmen. Am Abend kehrten die Bauern mit ihren Ochsen ins Dorf zurück und nahmen am nächsten Tag einen neuen Streifen in Angriff. Auf diese Weise hatte zum Schluß jeder Bauer eine Anzahl von Streifen gepflügt, die sich willkürlich über das große offene Feld verteilten.

Jeder, der Land bebaut, wo Zäune unbekannt oder nicht zu errichten sind, weiß, wie schwierig es ist, Weidetiere unter solchen Umständen zu kontrollieren. Die Bauern im Mittelalter mußten ihre Einzäunungen möglichst einfach halten, und so teilten sie ihr Ackerland in drei große Felder, und jeder mußte daran gehen, jeweils zwei davon jedes Jahr zeitweilig einzuzäunen, um sie gegen das Weidevieh zu schützen. Auf einem Feld wurden Winterweizen und Roggen gesät, auf dem zweiten Frühjahrsgetreide, hauptsächlich Gerste, Erbsen und Bohnen. Das dritte Feld lag brach, und das Vieh des Dorfes durfte darauf weiden. Auf diese Weise wurde immer ein Drittel des Ackerlandes gedüngt und konnte sich erholen.

Dieses System hatte viele Vorteile. Es war äußerst flexibel. Jeder besaß nur soviel Land, wie er mit seinen Ochsen pflügen konnte. Wenn er einen Pflug und nur einen Ochsen besaß und sechs Ochsen zum Pflügen brauchte, tat er sich mit fünf Nachbarn in gleicher Lage zusammen, und jedermanns Streifen kam an die Reihe. Einem armen Bauern oder einem Neu-

siedler wurden vielleicht ein oder zwei Streifen zugesprochen, um ihm einen Anfang zu ermöglichen, und er konnte sie gegen Geld verpachten oder zunächst von einem Nachbarn gegen Bezahlung (oder auf Kredit) für sich pflügen lassen. Eine Witwe behielt ihren Streifen, den Nachbarn für sie pflügten, damit sie zu leben hatte – dies war ihre »Witwenrente«. Alle hatten sich nach dem gemeinsamen Bebauungsplan zu richten; es gab keine Experimente, aber jeder konnte seinen eigenen Boden düngen, war für die Unkrautbeseitigung mitverantwortlich und brachte seine eigene Ernte ein. Es lag nicht an diesem »Streifensystem«, daß der Bauer mindestens die Hälfte seiner Ernte einem »Lord« abliefern mußte, dessen Parole lautete: »Gib mir deine halbe Ernte, und ich tue dir nichts und werde dich auch davor schützen, daß andere dir etwas tun!« Das System der »offenen Felder« bestand 1000 Jahre, und mit ihm blieb das Land in recht gutem Zustand.

Als aber mehr und mehr Menschen in die Städte zogen und der Anteil der Ernte, den man ihnen gegen bares Geld verkaufen konnte, größer wurde und sich die landwirtschaftlichen Anbaumethoden veränderten und verbesserten, geriet das System der »offenen Felder« unter Druck. Die Gutsherren hatten immer ihr eigenes eingefriedetes Land (ihr Erbgut) besessen, das ihre Verwalter für

Blick auf Builthwells Powys, Wales. Die britische Landwirtschaft beschäftigt nur noch knapp 3,5 Prozent der Erwerbstätigen. Fast die Hälfte der etwa 345000 Stellen in England und Wales sind Nebenerwerbsbetriebe, durchweg mit kleineren Betriebsflächen.

sie bewirtschafteten, mit Hilfe der unbezahlten Fronarbeit, die ihre Bauern viele Tage des Jahres für sie leisten mußten. Die Gutsherren begannen zu experimentieren, und sie fanden heraus, daß sie auf ihrem eingezäunten Land reichere Ernten erzielen konnten als die Bauern auf ihren offenen Streifen. Diese Erkenntnis hatte erhebliche Folgen.

Mitte des 14. Jahrhunderts setzte eine Bewegung ein, das Land einzufrieden und jedem ein geschlossenes Terrain zu geben, das er ringsum mit einem Zaun versehen und genau nach seinen Wünschen bebauen konnte. Wenn es auch mehrere Jahrhunderte dauerte, so war schließlich alles Land in England eingefriedet, einige Überbleibsel von Gemeindeland ausgenommen und ei-

ne kleine Region bei Laxton in Nottinghamshire, an der diese Entwicklung vorbeigegangen ist. Neben dem Ackerland wurden auch große Teile des Gemeindelandes vereinnahmt, teils legal, vielfach aber auch illegal. Nach der Reformation und der Zerschlagung der katholischen Kirche in England konnte der Habgier der großen Landbesitzer kein moralischer Einhalt mehr geboten werden. Vielen Tausenden von Bauern wurde ihr Land genommen. Auch der Grundbesitz der Klöster wurde beschlagnahmt und an die Günstlinge König Heinrichs VIII. verteilt. Diese, auf Geld erpicht und kaum gehemmt durch Moral und Sitte oder das »noblesse oblige« ihrer aristokratischen Vorfahren, kannten keine Skrupel, als sie die alten Pächter der Klostergüter hinauswarfen und aus Ackerland Grasland machten, auf dem sie Schafe weiden ließen,

die damals den größten Gewinn einbrachten.

Die Folge war, daß Tausende das Land verlassen mußten, viele sich auf den Straßen als Landstreicher und Bettler herumtrieben oder die Bevölkerung in den unaufhörlich wachsenden Städten vermehrten und das für die industrielle Revolution notwendige Arbeitskräftepotential bereitstellten. Aus einer den Boden schonenden und pflegenden Landwirtschaft, die dem Bauern eine auskömmliche Existenz gesichert hatte, wurde somit eine gewinnsüchtige Industrie, die den Boden ausbeutete und erschöpfte. All das führte dazu, daß die Reichen noch reicher und die Armen noch ärmer wurden.

»Riesige Scheunen, über 60 Meter lang, wie mir schien, Heuschober, gewaltig und zahlreich, Weizenernten, im Durchschnitt fünf Viertelzentner pro Morgen, und ein Wirtshaus ohne Schinken oder

Schnaps. Die Häuser der Arbeiter äußerst schäbig. Ebenso die Leute – ärmlich, zerlumpt und schmutzig ... immer wieder habe ich beobachtet: je reicher ein Boden ist, das heißt ohne Wald und ganz auf Getreide gestellt, desto elender sind die Arbeiter. Die Habgier, der große Ochsenfrosch, verschlingt alles. Auf dieser schönen Insel gehört jeder Zoll des Landes den Reichen. Keine Hecken, keine Gräben, keine Gemeindewiesen, keine Alleen; weite Ackerflächen, ein Land in Felder aufgeteilt, nur einige Bäume um die großen Gutshäuser. Alles sonst ist baumlos, und der unglückselige Arbeiter hat kein Stück Holz und kein Fleckchen, wo ein Schwein oder eine Kuh grasen oder auch nur liegen kann.« So beschrieb William Cobbett im ersten Jahrzehnt des 19. Jahrhunderts die englische Insel Thanet, so wie er sie kennengelernt hatte, als der Trend, die Ackerflächen zu umzäunen, zum Abschluß gekommen war. Ich fuhr während eines Camping-Urlaubs, der mich von Ramsgate an die Grenze von Cornwall führte, in einem Ponywagen über die Insel und kann berichten, daß sich das Land seit Cobbetts Tagen nicht verändert hat, es sei denn, daß weniger Weizen und mehr Kohl und andere Gemüsesorten angebaut werden; es ist noch immer ohne Bäume, Hecken und Allmenden und erweckt stark den Eindruck von Häßlichkeit und Unbehaglichkeit. Wenn Cobbett Thanet »eine schöne Insel« nannte, so meinte er wahrscheinlich, daß der Boden »schön« war. Heute ist der Boden gut – vorausgesetzt, man versetzt ihn reichlich mit Nitrogen, Pottasche und Phosphat – sonst glaube ich nicht, daß er überhaupt zu etwas taugt. Meine Ponyfahrt brachte mich dennoch an einen Ort, der tatsächlich sehr schön

---

Die Verarmung der Bauern

Die Entwicklung auf dem Lande war seit der Agrarkrise um 1690 durch die Verkümmerung der Kleingentry und das Verschwinden des unabhängigen Bauerntums gekennzeichnet. Das Bauerntum war 1688 noch vorherrschend, während 100 Jahre später die grundherrlichen Pächter oder Verwalter in den meisten Grafschaften dominierten. Die großen Grundherrschaften hatten das Bauerntum außer in den westlichen Hochlandgebieten größtenteils absorbiert. Der Ausverkauf der Bauern begann vor allem am Ende des 17. Jahrhunderts. Er wurde durch eine agrarische Depression und die erhöhten Armenabgaben und Landsteuern seit 1692 begünstigt. Das offene Feldsystem mit extensiver Wirtschaftsweise wich stetig dem konkurrenzfähigen Großbetrieb. Der Aufstieg der Großgrundherren vollzog sich aber auch auf Kosten der Kleingentry. In den Jahren 1688 bis 1730 verkauften viele Squires ihr Land zu hohen Preisen an die benachbarten Magnaten oder auch an Neureiche. Der Hunger nach Landbesitz und vor allem nach abgerundeten Großgütern entsprang sowohl dem Prestigebedürfnis als auch dem Drang nach einer sicheren Machtgrundlage. Bei der Verknappung des Großbesitzes kauften viele Neureiche systematisch die Kleinbauernschaften auf, bis nach 1730 nur noch ein geringer Zustrom neuer Besitzer erfolgen konnte. Die Ausdehnung auf Kosten des Bauernlandes war vor der Einzäunungswelle nach 1760 schon abgeschlossen; dabei gelangten manche »rotten boroughs« in die Hand der Finanz- und Handelsfamilien. Das Absinken der Kleinbauern zu Lohn- und Manufakturarbeitern lieferte die Landgemeinden den Marktschwankungen aus und verschärfte das Armenproblem, das von den Kirchengemeinden nicht mehr bewältigt werden konnte. Das Parlament ermächtigte sie 1723, »Unionen« zum gemeinsamen Bau von Arbeitshäusern zu bilden, aus denen die Manufaktur- und Großgrundbesitzer gegen Unterhalt der Insassen billige Arbeitskräfte bei Hochkonjunktur oder Ernte ziehen konnten. Armut und Furcht vor dem Arbeitshaus trieben viele Landbewohner in die Stadt oder auch ins Vagabundentum, zumal mit dem Übergang von der Bedürfnisdeckung zur marktgerechten Gewinnwirtschaft die alten Formen des seigneurialen Schutzes längst verkümmert waren. Die »Act of Settlement« von 1662 enthielt dagegen ein Abwanderungsverbot aus den Heimatgemeinden, was einer Bodenbindung zugunsten des Grundherrn bedenklich nahe kam, wenn damit auch das Vagabundenwesen eingeschränkt und das von den Gemeinden getragene Armenwesen geordnet werden sollte...   (8)

---

war, ein Gut, das von den Nonnen eines kleinen Klosters am Fluß Stour betrieben wurde. Diese frommen Damen hatten eine kleine Herde von Milchkühen, dazu Geflügel und Bienen, bauten Weizen an für die eigene Mühle und Bäckerei und besaßen einen vorzüglichen Gemüsegarten. Ich sah eine Nonne auf einem Traktor, der einen Anhänger mit prachtvollem Kuhmist zog, und sie kam mir wie die heiligste Nonne vor, die ich je gesehen hatte.

Die mittelalterliche Landwirtschaft, die Herbert Girardet im vorausgegangenen Kapitel beschrieben hat, war ein recht maßvoller Ackerbau. Er fügte dem Boden keinen ernsten Schaden zu, verbesserte ihn aber auch nicht viel; er lieferte keine sehr hohen Weizenerträge pro Morgen oder pro Arbeitsstunde, hat die Bevölkerung aber dennoch angemessen erhalten und genügend Überschüsse erzielt, um Bauten wie zum Beispiel die Kathedrale von Chartres zu ermöglichen. In der Zeit, als Cobbett seine Fahrten über Land unternahm, also zu Beginn des 19. Jahrhunderts, war das mittelalterliche System der offenen Felder in England von einem System umfriedeter Pachtgüter auf großen Besitztümern fast ganz verdrängt worden, und der Großteil der alten Bauernschaft trieb sich verarmt auf den Straßen umher, ging zur Armee oder zur Marine oder suchte in den wachsenden Industriestädten Arbeit. Die wenigen Männer und Frauen, die auf dem Land geblieben waren und als besitzlose Tagelöhner für die neue Klasse der großen Gutsbesitzer (der »Ochsenfrösche«) arbeiteten, wurden bis zum äußersten ausgebeutet. Ihre Häuser waren armselige Hütten, die Löhne lächerlich niedrig, und die schwere Arbeit brachte kaum soviel ein, um sich

und die Kinder zu ernähren. Wenn einer dieser »Besitzlosen« dabei ertappt wurde, daß er sich ein Kaninchen in der Falle fing, wurde er nach Australien deportiert.

In diesem Buch geht es aber nicht um den Umgang mit den Menschen, sondern um den Umgang mit dem Land. Denn wie auch immer ein gesellschaftliches System mit den Menschen umgehen mag – wenn es mit dem Land nicht gut umgeht, werden letztlich die Menschen darunter leiden. Auch die am höchsten bezahlten Arbeiter müssen verhungern, und keine Gewerkschaft kann ihnen helfen, wenn die Ernten mißraten. Frankreich ist es nach der Revolution sehr gut ergangen, weil zum erstenmal seit Jahrhunderten der Boden denen gehörte, die ihn bebauten. Wenn einer ein Stück Land hat und weiß, daß es ihm gehört und er es seinen Kindern hinterlassen kann, dann wird er es mit Liebe und Sorgfalt pflegen und ihm sein ganzes Leben und seine ganze Kraft widmen, um es zu verbessern. Als in England das gemeinsame Land aufgeteilt, die Kleinbauern von den Gutsherren vertrieben und die Pachten an größere Landwirte vergeben worden waren, entwickelte sich eine andere Art des Ackerbaus. So unsozial diese auch gewesen sein mag, sie war, zumindest anfänglich, ein Segen für den Boden. Die Gutsbesitzer oder großen Landherren pflanzten Bäume auf ihren Gütern, und zwar aus drei

---

Die Neuverteilung des Bodens

Indem statt der Brache Rüben und Klee gebaut wurden, erschien die offene Feldwirtschaft mit Viehdrift auf die Brache als rückständig. Charles Townshend (1674–1768) war mit seiner Fruchtwechselmethode unter Verzicht auf die Brache Vorbild für ganz Europa. Aber seine Wirtschaftsweise setzte klar umgrenzte Böden und eingehegte Fluren voraus. Nur dem eingehegten Boden winkten die Mehrerträge, die dann gewinnbringend in andere Gegenden verfrachtet und auf die Großmärkte gebracht werden konnten. Aus diesen veränderten Verhältnissen kam es zu einer Steigerung der »Finhegungen« (enclosures), d.h. zur Okkupation des Gemeindelandes und der noch offenen Felder. In den Jahren 1760 bis 1780 lag der Höhepunkt der »Enclosure-Acts«, von denen das Parlament jährlich etwa 50 beschloß. Schließlich saßen die großen Landlords selber im Parlament, fühlten sich als fortschrittliche Wirtschafter und beantragten die Einhegung von Bauern- und Gemeindeland. Das Unterhaus verlangte nur einen Eid zweier Zeugen, daß der Boden den üblichen Anbau nicht wert sei, oder einen urkundlichen Nachweis der Weiderechte, der meist nicht zu erbringen war. Mit diesen Einhegungen fanden die Straßen und Wege feste Grenzen und konnten nicht mehr willkürlich durch die offenen Getreideflächen verlaufen. Jetzt wuchsen überall zahlreiche neue Hecken hoch, die die Landschaft gliederten. Diesem Fortschritt war der Ausverkauf der freien Bauernschaft vorausgegangen. (9)

Farm bei Burnsall, North Yorkshire. Hier herrscht noch die Landwirtschaft vor, im Vale of York mit dem Anbau von Getreide, Kartoffeln, Zuckerrüben und Gemüse; daneben findet sich auch Mastrinder- und Milchviehhaltung. Die Rauhweiden der Bergländer dienen der Schafweidewirtschaft.

Gründen: erstens liebten sie die Jagd (Wälder boten Füchsen und Wildtieren Obdach); zweitens genossen sie den Anblick von Bäumen und Parkanlagen; und drittens wußten sie, daß sie ihren Besitz ihren Kindern und Enkeln hinterlassen und die Wälder diese zu gegebener Zeit reich machen konnten. Sie durften annehmen, daß ihre Erben den Wald erneuern und, wenn sie Bäume gefällt hatten, neue pflanzen würden.

Die Landherren erfüllten noch zwei andere gute Dienste. Auf den Gütern, die sie selber bewirtschafteten, probierten sie neue landwirtschaftliche Methoden aus. Es waren meist sinnvolle Neuerungen, denn sie erforderten weder gefährliche Chemikalien noch Kraftmaschinen und konnten dem Boden keinen Schaden zufü-

gen. Der zweite Dienst bestand darin, daß sie ihre Pächter bei der Verbesserung des Bodens ermutigten und unterstützten. Der berühmteste dieser Landherren, der »Coke of Norfolk«, baute jedem Pächter kostenlos einen Viehmasthof, wenn dieser bereit war, Vieh darin zu halten, und er erhob dafür keine höhere Pacht. Das Ergebnis war eine rasche Verbesserung des bisher wenig ergiebigen Landes, da große Mengen von Dünger auf den Feldern ausgestreut wurden. Dieser Mann gab auch die Anregung zu Schafhürden auf dem Ackerland, die jeden Tag ein Stück weitergerückt wurden, so daß die Tiere allmählich das ganze Feld abgrasten, auf dem Winterfutter wie Steckrüben und weiße Rüben gepflanzt worden waren. Als Knabe verbrachte ich einmal einen langen Winter auf einem Gut in den Cotswold Hills, wo man noch auf diese Weise

Schafe hielt. Es war ein arbeitsintensiver Job – ich weiß es, weil ich der Arbeiter war. Als ich das Gut ein Jahr später besuchte, bemerkte ich eine deutliche Trennlinie in der Gerste, die auf dem Feld wuchs: Wo zuvor Rüben und Schafe gewesen waren, stand die Gerste viel besser als auf der anderen Seite. Als die Schafe im vorausgangenen Jahr die Grenzlinie erreicht hatten, waren sie fett genug und wurden verkauft, und das übrige Feld blieb von Schafen frei. Dieser Teil war nun weniger fruchtbar. Die gleichen Schafe, die den Boden so schrecklich verwüsten, wenn sie in großer Zahl auf ungeeignetem Land frei herumlaufen dürfen, können Wunder tun, wenn sie in Hürden über das Feld bewegt werden; man sprach aus diesem Grunde im 18. und 19. Jahrhundert auch von den »goldenen« Hufen der Schafe. Dieses Gut in den Cotswolds, auf

dem ich in den 30er Jahren gearbeit habe, war eines der selten gewordenen guten Beispiele für das ursprünglich englische Feudalsystem in seiner Spätform. Es gehörte zum Besitz eines Lord Sherborne, der den nahegelegenen Sitz seiner Väter bewohnte. Der Landwirt, bei dem ich arbeitete, hatte 140 Hektar leichten Cotswold-Landes gepachtet. Er hieß Garne, unser Nachbar war ein Mr. Abear. Die Garnes und die Abears waren Knappen des ersten Lord Sherborne gewesen, mit dem sie 1066 in England gelandet waren. Beide Familien so wie der derzeitige Squire selber waren also in der männlichen Linie direkte Nachkommen der Soldaten Wilhelms des Eroberers.

Mr. Garne (Arthur Garne of Cocklebarrow Farm) betrieb seine Landwirtschaft auf eine dem Boden zuträgliche Weise. Neben einer kleinen Herde von Milchkühen hatte er eine größere Herde der damals berühmten »Garne Shorthorns« (wir verkauften einen Bullen, den »Cocklebarrow General«, sogar nach Argentinien), 50 Zuchtsauen mit ihren Ferkeln, die alle frei umherlaufen durften, eine Herde reinrassiger Cotswold-Mut-

Widecombe-in-the-Moor, ein Weiler im Dartmoor (Devon). Vorherrschend ist hier die typische Zwergstrauchvegetation; saure und sandige Böden tragen Moor und Heide, die eine extensive Schafhaltung ermöglichen.

Hopfenfelder in Kent. In dieser als »Garten Englands« bezeichneten südostenglischen Grafschaft ist die Landwirtschaft von großer Bedeutung (60% der Gesamtfläche). Es dominieren Rinderzucht, Milchwirtschaft, Schweine-, Geflügel- und Schafhaltung sowie Erwerbsgarten-, Hopfen-, Obst- und Feldgemüseanbau.

terschafe, 200 junge Mastschafe und sechs Arbeitspferde. Der Dünger all dieser Tiere hielt das Land in ausgezeichnetem Zustand, und mit sehr geringem Einsatz (die Arbeitskräfte ausgenommen) erbrachte das Gut vorzügliche Ernten an Weizen und Gerste. Heute bringt es ohne Zweifel mit weniger Arbeit größere Ernten, doch von geringerer Qualität und mit einem enormen Aufwand an chemischen Mitteln aller Art. Es gibt allerdings keine Rinder und Schafe mehr, und damit auch keine Milch und keine Wolle – Cocklebarrow ist Teil eines ungeheuren Agrargeschäftes geworden. Ich war vor kurzem in Aldsworth und mußte ein halbes Dutzend Leute fragen, ehe ich auf jemand stieß, der etwas von einem Garne gehört hatte. Und das letzte, was ich von Sherborne Hall erfuhr, war, daß es von »Sufis« (einer islamischen Glaubensgemeinschaft) übernommen worden ist.

Ein Sohn der Abears war ungefähr in meinem Alter, und manchmal (nach einem zwölfstündigen anstrengenden Arbeitstag, der morgens um halb sechs begann) waren wir nach Cirencester, 30 Meilen hin und zurück, geradelt, um ins Kino zu gehen. Bei dieser Gelegenheit erzählte mir der junge Abear einmal, daß sein Vater mit den eingepferchten Schafen Geld zusetzte. Und ich sagte, etwas von oben herab, denn ich war ja schließlich drei Jahre auf eine landwirtschaftliche Schule gegangen: »Warum denn überhaupt noch Schafe halten? Schafe sind veraltet.«

»Ja – aber sie *machen* das Land«, gab er zur Antwort. Damit meinte der junge Abear, daß Schafe dem Land guttun. Ein moderner Agronom würde an so etwas gar nicht denken. Er weiß, daß er – einerlei in welchem Zustand sein Land sich befindet – so viel herausholen kann, wie er braucht, wenn er

chemische Düngemittel einsetzt. Er glaubt, es sei nicht mehr nötig, das Land zu »machen«. Am Ende dieses Jahrhunderts werden wir wissen, ob er recht hat.

Um ein typisches großes Besitztum zu filmen, fuhren wir zum Haus von Lord Digby in Dorset, Südengland. Typisch, so fanden wir, war es nicht. Lord Digby hat feste Ansichten darüber, wie man die Bevölkerung auf dem Lande hält, und darum bewirtschaftet er seinen Eigenbesitz so, daß er die Fruchtbarkeit des Landes und die Schönheit der Landschaft soweit wie möglich bewahrt.

Vorher hatte ich mir einen benachbarten Besitz angeschaut, von einem sehr ähnlichen Typ und mit ungefähr gleicher Anbaufläche, doch von einem Londoner Geschäftsmann nach der heute übli-

Hopfentürme in Kent. Auf den Sandböden des »Weald« genannten Hügellands wird seit dem 16. Jahrhundert Hopfen angebaut. In den »Oast Houses«, den Darrehäusern, wird der Hopfen getrocknet. Am Boden der Türme brennt ein Feuer, auf der Plattform darüber liegt der Hopfen, und durch die drehbaren Windhauben auf den konischen Ziegelsteindächern zieht der Rauch ab.

Weizenfelder in East Anglia. Da Großbritannien Hartweizen importieren muß und die Viehwirtschaft immer intensiver wurde, hat heute der Anbau von Futter- und Braugerste den Vorrang vor Weizen.

chen agrarwirtschaftlichen Art betrieben. Ich sah ungefähr 600 Hektar – eine enorme Fläche (viele kleine Gemüsegärtner in England leben von weniger als zehn Morgen) –, auf denen so gut wie jeder Baum abgeholzt war (der einzige Weg, aus Bäumen raschen Gewinn zu erzielen, ist, sie zu fällen und nicht wieder zu ersetzen); die Hecken waren alle dem Erdboden gleichgemacht, und Gräben hat es nie gegeben, denn es war Kalkboden, der sich auf natürliche Weise entwässert. Ich sah kein Vieh, keine Tiere außer einigen Reitpferden; der ganze Anbau beschränkte sich auf Weizen und Gerste, und alles Stroh wurde am Boden verbrannt. Diese Monokultur auf einem entkräfteten Boden erforderte ein massives Giftsprühen, um Pflanzenschädlinge zu bekämpfen. Was die Menschen betrifft, so lebten außer drei Traktorfahrern keine Arbeiter mehr auf dem Gut; alle ihre Häuser waren abgerissen oder an Londoner verkauft worden. Es ist nicht zu leugnen, daß der Besitzer ein Vermögen verdient; und wenn die dünne Erdschicht über dem Kalkboden der Berg-

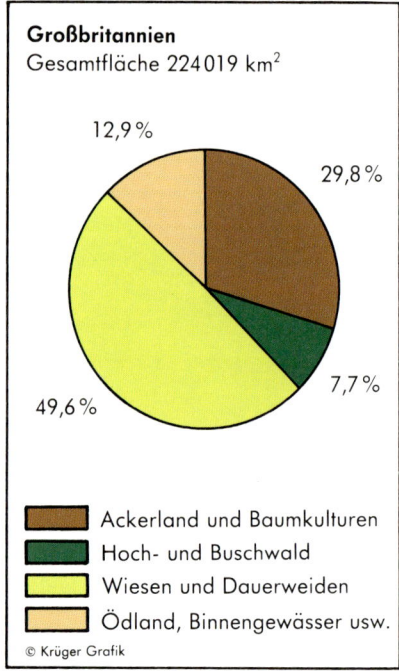

Großbritannien
Gesamtfläche 224 019 km²

12,9 %

29,8 %

49,6 %

7,7 %

- Ackerland und Baumkulturen
- Hoch- und Buschwald
- Wiesen und Dauerweiden
- Ödland, Binnengewässer usw.

© Krüger Grafik

hänge abgetragen sein wird, braucht er sich um Landwirtschaft nicht mehr zu kümmern, und wenn er Kinder hat, kann er ihnen zwar kein intaktes Land mehr hinterlassen, aber eine Menge Geld und Aktien. Die Menschen, die durch diese Art von Agrokultur vom Lande vertrieben werden, können sich Arbeit in der Stadt suchen.

Lord Digby bewirtschaftet 650 Hektar, davon sind 80 Hektar Waldland, 125 Gras, 125 gute Weide und 320 Ackerland. Ein Teil des Ackerlandes wird immer mit Gras und Klee bepflanzt. Er besitzt 180 Milchkühe, in zwei Herden geteilt, damit ihr Dünger gleichmäßiger auf die ziemlich langen und schmalen Felder gelangt. Als ich dort war, hatte er die

Absicht, eine Herde von 1700 Mutterschafen aufzubauen und dafür einen Schäfer zu nehmen. Das Gut wird von neun vollbeschäftigten und einigen teilzeitbeschäftigten Arbeitern betrieben: davon leben 15 Familien mit insgesamt 44 Angehörigen. Digby besitzt neben dem Herrenhaus 24 Häuser und Katen, die zur Hälfte von den Gutsarbeitern bewohnt, zur anderen Hälfte an Auswärtige vermietet sind. Lord Digby ist auch ein Förderer des Kleingewerbes und hat Handwerker aufgefordert, sich in den zahlreichen Nebengebäuden des Gutes niederzulassen. Man plant sogar einen »Treffpunkt des Handwerks«, der in einer alten Mühle eingerichtet werden soll.

Das gewaltige Herrenhaus wurde 1906 erbaut, nachdem das alte Haus aus dem 17. Jahrhundert abgerissen worden war. Da es für eine einzige Familie viel zu groß ist, hat man es zur Hälfte in sieben Wohnungen aufgeteilt, die vermietet werden. Der andere Teil, der von Lord Digbys Familie bewohnt wird, steht den Einwohnern von Dorset offen. Dort finden Vorstellungen der Dorset Opera statt (es gibt eine Sommer-Musikgesellschaft); der Gemeinderat benutzt es als Hauptsitz mehrerer gesellschaftlicher und Jugend-Clubs, wie der »Victoria Society«, der »Boy Scouts« und der Pfadfinderinnen, und verschiedene Institute halten hier Tagungen ab. Auch der Park und die schönen Ziergärten sind

der Öffentlichkeit zugänglich. Augenscheinlich können unter einem solchen Patronat die Landwirtschaft und der Boden gedeihen – weniger positiv entwickelt sich hingegen Lord Digbys Bankkonto. Wenn er nicht noch andere Geschäftsbeteiligungen besäße, könnte er so nicht weiterwirtschaften, sondern müßte seine Bäume fällen, die Leute entlassen, Kühe und Schafe verkaufen und zu einer Getreide-Monokultur übergehen, wie die meisten seiner Nachbarn. Ich plädiere nicht für große Güter; die meisten Großgrundbesitzer haben das Vertrauen enttäuscht, das in sie als Treuhänder des Landes gesetzt wurde. Um so interessanter und erfreulicher ist es, jemanden zu finden, der eine Ausnahme macht. Bei den meisten großen Herrensitzen in England – schon vor ihrem Verfall durch Erbschaftssteuern, unsichere wirtschaftliche Verhältnisse und zwei Weltkriege – übertraf die Raumkapazität des Herrenhauses die aller anderen Gebäude auf dem Gut zusammengenommen, einschließlich der Häuser des Arztes und des Pfarrers. Das ist bestimmt kein gerechter Zustand, aber das große Herrenhaus dient, wenn es seine historische Aufgabe erfüllt, auch als Mittelpunkt des gesellschaftlichen und kulturellen Lebens. Und wenn wir an die »schöne englische Landschaft« denken, dann kommt ein Besitz wie der Lord Digbys unserer Vorstellung bestimmt sehr nahe.

Im Gegensatz dazu muß ich jetzt eine Methode beschreiben, wie sie für die Behandlung unseres Landes leider weitaus typischer geworden ist. Auf meinem Schreibtisch liegt das Magazin »Farmers Weekly« mit einem Artikel von John Parry, der in den höchsten Tönen preist, wie ein Gut in Essex bewirtschaftet wird. Der Besitz (ich kenne ihn) liegt auf sehr tiefem Schwemmboden, halb Schlamm, halb Lehm. Es könnten prächtige Eichen, Walnüsse und andere Laubbäume darauf wachsen, Äpfel- und andere erstklassige Obstbäume. Die 1000 Hektar könnten

25 Landwirte mit ihren Familien ernähren, jeden mit 40 Hektar, oder 250 Kleinbauern mit je vier Hektar. Man könnte sich zwei oder drei hübsche Dörfer vorstellen, die eine ländliche Gemeinschaft bilden, von Wäldern, Obstgärten und kleinen Bauernhöfen umgeben – das Land wäre wohl ein Garten Eden.

Wie es tatsächlich ist, lesen wir in John Parrys Bericht. Über dem Artikel ist ein Photo des Gutes zu sehen; es zeigt einen großen Landrover, der seitlich ins Bild hineinragt. Sonst ist nichts zu erkennen außer einem großen Weizenfeld

Eastwell Manor bei Ashford, Kent. Die Grundherrschaft (»Manor«) war nach 1066 durchweg die soziale und wirtschaftliche Grundeinheit Englands, vor allem für die Dörfer von Kent mit ihren Marken und Weiden. Das Verhältnis zum örtlichen Lord beruhte jedoch nicht auf freien Verträgen, sondern auf gesetzlichen Dienstpflichten. »Manor houses« waren die Herrensitze des landbesitzenden Adels.

Niedergebrannte Hecken in England. In ganz Großbritannien hat man seit dem Zweiten Weltkrieg Hecken mit einer Gesamtlänge von mehr als 224 000 km gerodet und damit die natürlichen Lebensräume zahlreicher Tier- und Pflanzenarten zerstört.

und dem Himmel. Der Eindruck ist von extremer Häßlichkeit – es ist deprimierend, das Bild zu betrachten. Gleiches gilt für den Text. Darin heißt es:

»Und so spielt sich das Ganze ab: Sobald der Sicherheitsabstand hinter den Mähdreschern groß genug ist, fängt man an, das Stroh zu verbrennen. Dann kommt ein 145-PS-Traktor mit einem schweren Doe-Kultivator und lockert den Boden 35–40 cm tief. Er schafft zwölf Hektar am Tag und fährt oft direkt hinter den Mähdreschern her. Ihm folgt wiederum ein 100-PS-Traktor, der zwei hintereinanderlaufende Scheibenroll-Eggen oder, wenn der Boden zum Scheiben zu hart ist, einen Federzahnkultivator zieht. Diese Arbeiten werden meist Ende September abgeschlossen, und den Grassamen bleibt vor dem Drillen noch viel Zeit zum Keimen. Die letzten Unkräuter werden Anfang Oktober mit Paraquat in der vollen Dosis von etwa zwei Liter pro Hektar vernichtet.«

Der massive Einsatz riesiger Traktoren, die mit den schwindenden Reserven fossiler Brennstoffe angetrieben werden, ist jedoch nur der Anfang. Die eigentliche Arbeit auf dieser Farm wird von Giften geleistet. Man bezeichnet sie heute, wenn sie in der Landwirtschaft eingesetzt werden, beschönigend als »Biozide« – das klingt weniger unheilvoll, bedeutet aber dasselbe. Doch lassen wir Mr. Parry sprechen: »Es wäre

falsch zu glauben, die Minimalkostenkombination allein hätte ein schwieriges Problem der Landwirtschaft gelöst und effektive und profitable Betriebe geschaffen. Wie eingangs erläutert, wurde dies auch durch die totale Festlegung auf Chemikalien erreicht. Der Übergang zum fünfjährigen Anbau von Winterweizen brachte alle Unkraut- und Schädlingsprobleme mit sich, die zu erwarten waren, und außerdem noch ein paar mehr. Besonders auffällig war die Zunahme von Flug-Hafer und Schwarzrost. Diese werden von Dicuran im Herbst und Suffix im Frühjahr schwer angegriffen, die beide in zwei aufeinanderfolgenden Jahren auf dem gesamten Ackerland versprüht werden. Paraquat, das im September gespritzt wird, muß ebenfalls einige Sämlinge beseitigen. Diese umfassende Sprüh-Aktion war teuer, aber erfolgreich.«

Mr. Parry zählt dann die Mittel auf, die jedes Jahr über dieses Land gesprüht werden; es sind Paraquat, Dicuran, ein breitblättriges Unkrautvertilgungsmittel, Suffix, ein Aphizid (gegen Blattläuse) und Benlate. Er fährt fort: »Das Unternehmen ist ein vortreffliches Beispiel dafür, wie man mit fortschrittlichen Techniken, umsichtig angewandt, ein Ernteprogramm durchführen kann, das noch vor zehn Jahren nicht denkbar gewesen wäre.«

Dieser Artikel wurde 1974 geschrieben. Heute sind noch weit

mehr Gifte mit noch seltsameren Namen in Gebrauch.

Wie sollen wir uns die Folgen dieses massiven Einsatzes vorstellen, wenn es so weitergeht – Jahrzehnte und Jahrhunderte? Welche Wirkungen wird das Gift auf die Menschen haben, auf andere Formen des Lebens und auf unsere Wasserversorgung? Jedes Jahr gibt es bereits 750000 Fälle von Pestizidvergiftungen und etwa 100000 Todesfälle – drei Viertel davon in der Dritten Welt.

Dabei dienen rund 20% aller eingesetzten Agrarchemikalien allein dazu, das Aussehen von Obst und Gemüse zu verbessern. Ein Großteil der in den Industrienationen hergestellten Biozide wird exportiert; viele Dritte-Welt-Erzeugnisse, die mit diesen Agrargiften behandelt wurden, sind aber für die Märkte Europas und Nordamerikas bestimmt – so bekommen wir alle die »Wohltaten« der Biozide zu spüren, ob wir wollen oder nicht.

Die Elmley-Marschen auf der Isle of Sheppey im Themsemündungsgebiet in der Grafschaft Kent. Die Elmley-Marschen gehören zu den wenigen noch existierenden Feuchtweidegebieten mit einer Vielzahl von Pflanzenarten und wurden deshalb unter Naturschutz gestellt. Um zu verhindern, daß dort entwässert und gepflügt wird, um Getreide anzubauen, gewähren die EG-Behörden den Bauern eine Prämie von 400000 DM im Jahr.

Kalkdüngung im Schwarzwald. Die Aus-
bringung von Kalk zur Bodenmelioration
sowie von Dünger zur Verbesserung
der Nährstoffsituation und des ph-Wertes
kann bei bestimmten Bodenarten auf
begrenzter Fläche mit wissenschaftlicher
Begleituntersuchung sinnvoll sein. Keinesfalls sind jedoch großflächige Dün-
gungsmaßnahmen ein wirkungsvolles Rezept gegen das Waldsterben. Dies
beweisen inzwischen Immissionsschäden
auch auf Kalkböden und allen anderen
Bodenarten mit den unterschiedlichsten
Nährstoffverhältnissen.

DER KÜNSTLICHE HUMUS

Ökologisch wirtschaften heißt nicht, auf Traktor
Handfräse oder sonstige maschinellen oder
technischen Hilfsmittel zu verzichten. Der Unterschied
liegt vor allem im Fehlen von zugekauftem
Kraftfutter, in der Nichtanwendung gewisser Mineraldünger sowie in der besseren Ausnutzung
des eigenen Düngeranfalls und des Bodens durch
bessere Bearbeitung und Fruchtfolgen.

Hansjürgen von Kries

Der Bayerische Wald ist ein ausgedehntes Waldgebiet entlang der deutsch-tschechischen Grenze. Hier finden sich noch Reste des ursprünglichen Waldes, der in Mitteleuropa sonst nur an wenigen Stellen erhalten geblieben ist. Wegen seiner entlegenen Lage, der steilen Hänge und des rauhen Klimas eignete sich der Bayerische Wald kaum für die Landwirtschaft. Inzwischen ist ein Teil des Gebietes zum Nationalpark erklärt worden, der jährlich von vielen tausend Menschen besucht wird. Schautafeln im Besucherzentrum weisen die Gäste auf die Tatsache hin, daß früher der größte Teil Europas genauso dicht bewaldet war wie der Bayerische Wald.

Ein Spaziergang durch diesen uralten Wald im Herbst ist ein eindrucksvolles Erlebnis. Mächtige Buchen und Tannen ragen mit ihren Kronen in den klaren blauen Himmel, und in einzelnen Strahlen durchdringt flimmerndes Sonnenlicht den Schatten der Bäume. Dieser Wald bietet nicht das »mili-tärische« Bild einer modernen Nadelholzplantage, in der alle Bäume, der Reihe nach ausgerichtet, mit ihren grünen »Tarnanzügen« in Habachtstellung verharren. Der Bayerische Wald weist Bäume jeder Größe und jeden Alters auf, und nicht selten findet man, daß eine Tanne unmittelbar neben einer alten Eberesche wächst, so daß beide Bäume ineinander verflochten erscheinen. An der Anordnung der Bäume in diesem Wald ist nichts Regelmäßiges; andererseits hat man aber auch nicht den Eindruck, daß in ihm das Chaos herrsche.

Wir filmten die gelben Buchenblätter, die durch Windstöße von den Zweigen gerissen wurden und dann langsam zum Waldboden hinabschwebten, um sich dort mit den Resten älterer Blattgenerationen zu verbinden.

Wir sahen die dicke Schicht langsam vermodernder Blätter, die sich im Laufe vieler Jahre angehäuft hatte und den Waldboden wie eine Decke überzog. Und auf dem Boden lagen riesige Baumstämme, die vor 30 oder 40 Jahren umgestürzt waren. Sie zerfallen langsam; das Holz wird von Spechten zerkleinert und von Insekten und Pilzen aufgezehrt.

Einst waren die Stämme mit Rinde überzogen, jetzt hat samtiges Moos ihren Platz eingenommen. Das tote Holz der Baumstämme bildet ein Saatbett für winzige junge Bäume, die jahrzehntelang im Ruhezustand verharren und auf den Tag warten können, bis ihnen eine Lücke im Kronendach Licht zum Wachsen gibt. Dieser Wald wird sich immer wieder aus sich selbst heraus erneuern, solange die Sommer für das Wachstum der Bäume warm genug und die Niederschläge regelmäßig und nicht »sauer« sind. Die Nährstoffvorräte des Bodens werden jährlich durch das Laub ergänzt, das im Herbst herniederfällt. Der nährstoffreiche Humus, der aus dem zerfallenden Laub entsteht, wird von den Baumwurzeln durchzogen.

Ein Wald ist ein sich selbst erneuerndes und mit Nährstoffen versorgendes Ökosystem, das auf den Wechselbeziehungen einer Vielzahl von Pflanzen, Tieren, Pilzen und Mikroorganismen beruht.

Um fruchtbar zu bleiben, muß dem Boden vollständig wiedergegeben werden, was ihm genommen worden ist.« Diese These des Chemikers Justus von Liebig (1803–1873), in den 40er Jahren des 19. Jahrhunderts formuliert, veränderte das wissenschaftliche Verständnis der Bodenfruchtbarkeit von Grund auf. Ein Wald, dessen Laubstreu in der Regel dort liegenbleibt, wo sie hinfällt, entspricht völlig dieser Forderung. Die Nährstoffe, die dem Boden durch das Wachstum der Bäume entzogen werden, kehren Jahr für Jahr durch das Laub wieder in ihn zurück. Acker- und Weideland,

Der Nationalpark Bayerischer Wald ist ein 130 km² großes Herzstück eines Waldes an der Ostgrenze Bayerns, zusammen mit dem Böhmerwald auf der tschechoslowakischen Seite das größte geschlossene Waldgebiet Europas.

Auch in dieser waldreichen, wirtschaftlich wenig erschlossenen Mittelgebirgslandschaft sterben die Bäume. Weniger als die Hälfte des Waldes ist noch gesund. Wenn nicht bald Entscheidendes zur Vermeidung der Luftverschmutzung geschieht, wird sich diese Region in einigen Jahren in ein mit Baumstümpfen bestandenes Ödland verwandelt haben.

das durch Rodung gewonnen wird, zehrt von dieser gespeicherten Bodenfruchtbarkeit. Wenn das Land jedoch mit einjährigen Pflanzen bestellt wird, die bei der Ernte ganz oder zum Teil entfernt werden, verarmt der Boden in entsprechendem Maße durch den damit verbundenen Nährstoffentzug. Kleinbauern, die nur für den eigenen Bedarf anbauen, können die

Bodenfruchtbarkeit auf ähnliche Weise wie die Bäume erhalten: Die Pflanzen, die sie anbauen, werden auf dem Hof verzehrt und die Abfälle wieder auf die Felder gebracht. Bauern, die ihre Produkte verkaufen, können dagegen die Ertragsfähigkeit ihres Landes ohne zusätzliche Nährstoffzufuhr von außerhalb nicht aufrechterhalten. Wenn sie den Boden nicht

düngen, werden die Felder nach kurzer Zeit keine Ernteerträge mehr liefern. Dieses Gesetz galt schon zur Zeit der römischen Latifundien, und es gilt heute immer noch.

Der Mensch im Garten Eden lebte als Teil eines sich selbst erhaltenden Ökosystems. Die Landwirtschaft stellte ihn jedoch vor die Notwendigkeit – ja, legte ihm die

Pflicht auf –, die Fruchtbarkeit des Bodens in eigener Verantwortung zu erneuern. Die Bauern haben sich seit den ersten Tagen der Landwirtschaft mit diesem Problem auseinandersetzen müssen. Die Griechen und Römer ließen die Felder im jährlichen Wechsel brach liegen; die Franken und ihre Nachfolger führten die Dreifelderwirtschaft ein. Später verwendete man viergliedrige Fruchtfolgen, um die Bodenfruchtbarkeit nachhaltiger zu erneuern. Allerdings ist keines der vom Menschen geschaffenen Ökosysteme so erfolgreich wie der Wald als sich selbst tragendes und mit Nährstoffen versorgendes System.

Justus von Liebig führte seine Untersuchungen über die Pflanzenernährung in seinem Laboratorium in Gießen durch (das dort als Museum erhalten blieb). Viele Jahre lang beschäftigte er sich hauptsächlich mit der analytischen Chemie. Die Hungersnöte, die in den 40er Jahren des vorigen Jahrhunderts wieder verbreitet auftraten, lenkten sein Interesse jedoch auf die praktischen Fragen der Pflanzenernährung. In seinem Laboratorium, das heute eher wie eine mittelalterliche Alchimistenküche erscheint, verbrannte er in Tonbehältern pflanzliches Material, um die dabei entstehenden Gase und Aschen zu analysieren. Er konnte nachweisen, daß die

Pflanzenteile aus etwa 15 chemischen Elementen bestehen, die für die Wachstumsprozesse der Pflanzen notwendig sind. (Das Sonnenlicht, das auf das Blattgrün der Pflanzen einwirkt, liefert die für das Wachstum benötigte Energie; Wasser ist als Lösungsmittel zur Regulierung der Temperatur innerhalb der Pflanze und als Wasserstoffquelle notwendig; die Luft versorgt die Pflanzen mit Kohlendioxid und freiem Sauerstoff; das Kohlendioxid liefert den Kohlenstoff und den Sauerstoff, die für die Photosynthese erforderlich sind; freier Sauerstoff wird bei der Pflanzenatmung gebraucht.) Die chemischen Elemente, die Liebig in der Pflanzenasche entdeckte, waren Stickstoff, Phosphor, Kalium, Schwefel, Calcium, Magnesium, Eisen, Mangan, Bor, Kupfer, Zink und Molybdän (weitere Elemente sind dieser Liste seit jener Zeit hinzugefügt worden). Liebig kam zu dem Schluß, daß diese Elemente aus den Gesteinen, Mineralen und organischen Stoffen stammen müßten, aus denen sich der Boden gebildet hatte. Werden Pflanzen geerntet und von dem Feld, auf dem sie gewachsen sind, entfernt, so werden gleichzeitig auch die Nährelemente entzogen und damit die Nährstoffvorräte des Bodens erschöpft. Der Nährstoffentzug durch die Ernten ist bei den meisten Nährelementen sehr gering; bei Phosphor, Kalium, Calcium und Stickstoff kann ein Man-

gel in den meisten Ackerböden allerdings recht schnell eintreten. Liebigs Untersuchungen bewiesen, daß diese Nährelemente (die Hauptnährelemente) jedes Jahr dem Boden zugeführt werden müssen, um ein befriedigendes Pflanzenwachstum zu gewährleisten. Mit seiner Entdeckung schuf er die wissenschaftlichen Grundlagen für die heutigen Methoden der Landwirtschaft.

Das schnelle Wachstum der Städte veranlaßte Liebig, sich intensiv mit der Bodenfruchtbarkeit in Europa zu befassen. London wuchs schneller als jede andere europäische Stadt (von fast einer Million im Jahre 1801 auf über zwei Millionen bis zur Mitte des 19. Jahrhunderts). Die natürliche Vermehrung der Bevölkerung, Landflucht und die industrielle Revolution hatten zu diesem Wachstum geführt. Liebig fragte sich, was wohl mit der Ertragsfähigkeit der Böden in Europa geschehen würde, falls nicht alle Pflanzennährstoffe, die in Form von Lebensmitteln in die Städte exportiert wurden, auch wieder zurück in den Boden kämen. Er stellte fest, daß sich die Europäer an einer ruinösen Ausbeutung des Bodens beteiligten, die bis in die Tage der Griechen und Römer zurückreichte.

Als Vorbild für die Europäer wies Liebig auf die Landwirtschaft in China und Japan hin. In diesen beiden Ländern beruhte die Landwirtschaft auf der Düngung mit organischen Abfällen und Fäkalien, wodurch man die Bodenfruchtbarkeit erhalten konnte. Pflanzennährstoffe, die dem Boden entzogen worden waren, wurden ihm auf diese Weise wieder zugeführt. Die Chinesen und Japaner düngten ihre Felder mit menschlichen Exkrementen; die Europäer spülten sie durch die Abwasserkanäle in die Flüsse und Meere.

In den 40er Jahren besuchte Liebig zwei Mal London, um die dortigen Behörden davon zu überzeugen, daß es eine Verschwendung sei, die Abwässer ungenutzt in die Nordsee zu leiten. Er hielt öffentliche Vorträge und schrieb in wissenschaftlichen Zeitschriften Aufsätze gegen diese Ausbeutung der Bodenfruchtbarkeit. Liebig regte auch eine Diskussion über die bessere Nutzung der Abwässer an; am Ende blieb jedoch alles beim alten.

Etwa zur gleichen Zeit wurden auf den Inseln vor der Küste Perus riesige Guano-Lagerstätten entdeckt, bald darauf abgebaut und in großen Mengen verschifft – zuerst nach Großbritannien, später auch nach Deutschland und in die USA. So wurde der Mist südamerikanischer Seevögel, die sich von den Sardellenschwärmen im fernen Pazifik ernähren, als organischer Dünger zur Rettung der Böden in Europa verwendet. Liebig begriff, daß an der nutzlosen Beseitigung städtischer Abwässer in absehbarer Zeit nichts

zu ändern war und daß man aus Europäern keine Chinesen machen konnte. Schließlich sind Exkremente für die Menschen in Europa meist ein peinliches Thema. Er erkannte auch, daß die Guano-Vorkommen nur für einige Jahrzehnte reichen würden, und machte sich deshalb in seinem Laboratorium an die Arbeit, Mineraldünger zu entwickeln, die als kleine Körner in den Boden gebracht werden sollten. Sie bestanden hauptsächlich aus Phosphat und Pottasche. Liebig wußte, daß Pflanzen beträchtliche Mengen von Stickstoff für das Wachstum brauchen, war jedoch davon überzeugt, daß sie den größten Teil aus dem Regen und den Böden aufnehmen könnten, die im allgemeinen über große Stickstoffreserven verfügten.

Zu Liebigs Enttäuschung zeigten diese Düngemittel keine Wirkung, und er brauchte Jahrzehnte, um die Ursachen herauszufinden: Seine Mineraldünger waren nicht wasserlöslich, und die Nährelemente konnten deshalb nicht mit dem Wasser durch die Wurzeln aufgenommen werden. Als er die Düngemittel schließlich in wasserlöslicher Form herstellte, erfüllten sie ihre Aufgabe: Sie ließen die Pflanzen wachsen. Damit hatte das Zeitalter des Mineraldüngers begonnen, die moderne Revolution der Landwirtschaft war eingeleitet.

In seinen späteren Veröffentlichungen betont Liebig, daß er

lange Zeit gebraucht habe, um zu verstehen, daß die Bodenpartikel selbst Pflanzennährstoffe an sich binden, »wie der Magnet Eisenteile anzieht und festhält, so daß kein Teilchen davon verloren gehen kann.« Liebig äußerte die Überlegung, daß der Boden im Grunde ein riesiger Filter sei; er bewirke, daß Wasser, das organische Zerfallsprodukte enthält, beim Durchsickern vollständig gereinigt werde. Mineraldünger würden von dem Boden in ähnlicher Weise aufgenommen und damit den Pflanzen als Nährstoffe zur Verfügung stehen.

John Lawes aus Rothamstead (Großbritannien), ein pragmatischer Wissenschaftler, war der erfolgreichste Pionier bei der praktischen Anwendung der Mineraldünger. 1842 ließ er ein Herstellungsverfahren von Superphosphat patentieren; er verwendete auch Ammoniak (eine Stickstoffverbindung) und Pottasche (eine Kaliumverbindung). Lawes konnte auf seinen Versuchsparzellen nachweisen, daß die Düngerzugaben die Getreideerträge beträchtlich steigern konnten.

Die fortlaufenden Feldversuche zum Anbau von Weizen, Gerste, Wurzelfrucht und Gras, die er angeregt hatte, werden in Rothamstead (jetzt eine staatliche Forschungsanstalt) bis zum heutigen Tag weitergeführt. Sie zeigen,

Pflanzen und Tiere im Boden
(berechnet auf einen Bodenblock von einem Quadratmeter Oberfläche und 30 Zentimeter Tiefe in Europa)

Gruppe	Einzelwesen (im Durchschnitt)	Einzelwesen (maximal)	Gewicht (Durchschnitt)
winzige Pflanzen			
Bakterien	1 Billion	1 000 Billionen	50 g
Strahlenpilze	10 Milliarden	10 Billionen	50 g
Pilze	1 Milliarde	1 Billion	100 g
Algen	1 Million	10 Milliarden	1 g
winzige Tiere			
Geißeltierchen	0,5 Billionen	1 Billion	
Wurzelfüßer	0,1 Billionen	0,5 Billionen	10 g
Wimpertierchen	1 Million	100 Millionen	
Kleintiere			
Rädertiere	25 000	600 000	0,01 g
Fadenwürmer	1 Million	20 Millionen	1 g
Milben	100 000	400 000	1 g
Springschwänze	50 000	400 000	0,6 g
größere Kleintiere			
Borstenwürmer	10 000	200 000	2 g
Schnecken	50	1 000	1 g
Spinnen	50	200	0,2 g
Asseln	50	200	0,5 g
Doppelfüßer	150	500	4 g
Hundertfüßer	50	300	0,4 g
übrige Vielfüßer	100	2 000	0,05 g
Käfer mit Larven	100	600	1,5 g
Zweiflüglerlarven	100	1 000	1 g
übrige Kerbtiere	150	15 000	1 g
mittelgroße Tiere			
Regenwürmer	80	800	40
Wirbeltiere	0,001	0,1	0,1

hin, daß nur ein volles Verständnis des Charakters und der Gesetze der Natur eine geeignete Grundlage sei, auf der man die heutige Landwirtschaft entwickeln und verbessern könne. Ohne seine bahnbrechenden Forschungen wäre die heutige Landwirtschaft zweifellos nicht die gleiche. Sowohl die »chemische« als auch die »biologische« Lehre des Landbaus beanspruchen Justus von Liebig als einen ihrer Gründer. Niemand zweifelt mehr daran, daß die Pflanzennährstoffe, die dem Boden durch das Wachstum der Pflanzen entzogen worden sind, dem Boden wieder vollständig zugeführt werden müssen. Über die Art und Weise, wie diese Nährstoffzufuhr zu geschehen habe, gibt es jedoch erhebliche Meinungsunterschiede. In allen Industrieländern haben sich die Mineraldünger als wichtigste Nährstoffquellen der Pflanzen durchgesetzt, und es besteht kein Zweifel, daß dadurch (und durch den Anbau verbesserter Sorten verstärkt) die durchschnittlichen Erträge beträchtlich gestiegen sind. Aber zu welchem Preis?

daß unter bestimmten Bedingungen Monokulturen möglich sind, bei denen Jahr für Jahr dieselbe Pflanzenart auf demselben Feld angebaut wird, ohne daß es zwangsläufig zu einem Rückgang der Ernteerträge kommen muß – wenn die dem Boden entzogenen Nährstoffe diesem wieder in genau dosierten Mengen zurückgegeben werden. Die besten Ergebnisse erzielt man allerdings auf Feldern, die mit Stallmist gedüngt werden – allein oder zusammen mit Mineraldüngern.

Liebig wies immer wieder darauf

Gegen Ende des 19. Jahrhunderts nahm das Interesse an allen Aspekten der Pflanzen- und Tierwelt der Erde rasch zu. Der Naturwissenschaftler Ernst Haekkel (1834–1919) prägte 1873 den Begriff »Ökologie«, und Charles

Darwin (1809–1882) führte die erste umfassende Studie über den Lebenszyklus der Regenwürmer, der »Pflüger des Bodens«, durch. In seinem klassischen Werk über die Regenwürmer, das 1881 erschien, schrieb er: »Man kann daran zweifeln, daß es viele andere Tierarten gibt, die in der Geschichte der Erde eine so bedeutende Rolle gespielt haben wie diese einfachen Kreaturen.«
Die Regenwürmer graben sich durch den Boden und sorgen mit ihren Röhren für Belüftung und Entwässerung; sie verzehren Pflanzenreste und vergrößern dadurch den Humusgehalt des Oberbodens und fördern damit das Wachstum der Pflanzen; sie machen den Oberboden tiefgründiger, indem sie sich in die tieferen

Schichten graben; die lockeren Erdkrümel, die Regenwürmer hinterlassen, bilden einen idealen Nährboden für das Keimen der Saat; die Regenwurmröhren sind mit Schleim und Wurmlosung überzogen, aus denen die Pflanzenwurzeln die Nährstoffe entnehmen können.
Der Biologe Raoul Heinrich Francé (1874–1943) enthüllte als erster die wunderbare Welt des Lebens im Boden. Mit 21 Jahren hatte er bereits größere Untersuchungen über die Ökologie von Seen und die Ökosysteme in Moorgebieten durchgeführt. 1906 gründete er in München die Deutsche Mikrologische Gesellschaft und richtete ein Forschungsinstitut ein. Mit Hilfe des bis zur Jahrhundertwende schon weit entwickelten Mikro-

Bad Aiblinger Hochmoor. Grundvoraussetzung für die Entstehung eines Moores ist ein großer Wasserüberschuß, der das Wachstum feuchtigkeitsliebender Pflanzen begünstigt und anaerobe Verhältnisse schafft, die den mikrobiellen Abbau der abgestorbenen Pflanzenreste hemmen. Diese Vorgänge führen zur Torfbildung. Torf enthält in frisch gewonnenem Zustand bis zu 90 % Wasser, lufttrocken noch 25 bis 30 %. Die Gewinnung erfolgt nach Entwässerung der Moore in sog. Torfstichen.

Regenwürmer leben vorwiegend in feuchten Böden, unter Laub oder im Moder. Sie ernähren sich von sich zersetzendem organischen Material, wozu sie abgestorbene Blätter in ihre Gänge ziehen. Unverdaubare Erde wird in Kottürmchen an der Röhrenmündung abgesetzt. Regenwürmer sind als Humusbildner sowie für die Durchmischung, Lockerung und Lüftung des Bodens von großer Bedeutung.

skops begann er, das Leben im Boden zu untersuchen. Das, was er entdeckte, fand schnell das Interesse vieler Menschen, denn er veröffentlichte seine Forschungsergebnisse in Büchern und populärwissenschaftlichen Zeitschriften wie dem »Mikrokosmos«. Francé fotografierte durch das Mikroskop zahlreiche winzige Bakterien, Pilze und Insekten, die unter unseren Füßen leben, bis dahin aber noch von niemandem gesehen worden waren. Der Gärtner, der mit seinem Spaten den Garten umgräbt, wird sehr bald auf die sich windenden Regenwürmer stoßen, die meisten ihrer Lebensgenossen im Boden bleiben jedoch unsichtbar. Pilze, Bakterien, Algen, Protozoen, Mollusken, Insekten – sie alle leben dort in ihrer unterirdischen Welt, und ohne sie würde niemand von uns hier oben leben können. Sie binden die Mineralstoffe im Boden, von denen sich die Pflanzen und damit auch die Menschen ernähren.

Francé entdeckte Hunderte winziger, namenloser Kreaturen, einige von ihnen so klein, daß sie selbst mit dem besten Mikroskop kaum zu erkennen waren. Jahrelang untersuchte er Bodenproben aus vielen Gegenden, um zu einem tieferen Verständnis des vielfältigen Lebens im Boden zu kommen. Die meisten Organismen, die er in den Proben fand, konnten nicht sehen, weil sie in ständiger Dunkelheit lebten. Viele starben, als

sie strengem Frost ausgesetzt wurden, sie hinterließen jedoch Eier oder Sporen, die zum Leben erwachten, wenn es wieder wärmer und feuchter wurde. Francé faßte die vielen unterschiedlichen Formen des Lebens im Boden unter dem Begriff »Edaphon« zusammen: »Hier scheint mir der Punkt zu sein, der die Existenz des Edaphons besonders wichtig für den Landwirt macht . . . Die edaphischen Organismen als die wichtigsten Zerkleinerer der organischen Substanzen und anerkannte Durchlüfter des Bodens sind für den Stoffwechsel des vegetationsfähigen Bodens unentbehrlich; die Methode, durch welche es gelingt, ihre Zahl zu vermehren, hat für die Landwirtschaft die Bedeutung einer Förderung der Bodengare und der Fruchtbarkeit. Nicht weniger wichtig erscheint das Edaphon für die Humusbildung . . . Die Humusstoffe bilden Kohlensäure und bewirken dadurch die Lösung bzw. Verwitterung ungelöster Mineralien.«

Dies ist der Ausgangspunkt des biologischen oder organischen (ökologischen) Landbaus, der heute mit wachsendem Interesse von Landwirten, Wissenschaftlern und Regierungsstellen untersucht, praktiziert und gefördert wird. Ein Hektar fruchtbaren Bodens kann eine halbe Million oder mehr Regenwürmer enthalten und ungezählte Milliarden anderer Bodenorganismen. Es ist von entscheidender Bedeutung, daß diesen

Organismen die bestmöglichen Lebensbedingungen geboten werden, um die Bodenfruchtbarkeit und das Wachstum gesunder und ertragreicher Pflanzen zu fördern. Francé und seine Nachfolger bestätigten Liebigs Erkenntnis, daß die Pflanzennährstoffe, die dem Boden durch das Pflanzenwachstum entzogen worden sind, dem Boden voll und ganz zurückgegeben werden müssen. Sie unterstrichen ferner seine These, daß die löslichen Mineralstoffe wie Magnete an den Bodenpartikeln haften; sie betonten jedoch, daß es zur Versorgung der Pflanzen mit Nährstoffen bessere Mittel als die Mineraldünger gibt. Organische Abfallprodukte, die man wieder in den Nährstoffkreislauf einbringt, wie z. B. Kompost, Stallmist und

behandelter Klärschlamm, gelten als die besten Mittel, um die Bodenfruchtbarkeit zu erhalten: Falls diese organischen Dünger zu wenig Mineralstoffe wie Phosphat enthalten, können diese in Form von Mineraldünger zugegeben werden.

Hartmut Vogtmann, der erste Professor für »Alternative Landwirtschaft«, der an einer europäischen Universität (der Gesamthochschule Kassel) lehrt, ist davon überzeugt, daß alles getan werden muß, um das Bodenleben zu fördern und den Humusgehalt zu erhöhen, wenn wir wollen, daß unsere Böden auch langfristig noch Erträge bringen. In einem

Ein Maisacker nach der Ernte im Herbst erinnert oft an einen Truppenübungsplatz (links oben). Eine Untersaat (z. B. Klee) wäre auch hier eine ökologisch sinnvolle Maßnahme zum Bodenschutz (oben).

für Forschungszwecke neu eingerichteten landwirtschaftlichen Betrieb bei Witzenhausen (Nordhessen) zeigte und erklärte uns Prof. Vogtmann seine Forschungsarbeiten:

»Der Boden ist nicht einfach irgendeine Substanz, in der sich die Pflanzenwurzeln verankern sollen und der eine bestimmte Menge von Dünger zugeführt werden muß, um die Pflanzen wachsen zu lassen. Wir müssen einsehen, daß der Boden ein sehr empfindliches System ist, in dem das Bodenleben eine entscheidende Rolle spielt. Bei unseren heutigen Methoden der Landwirtschaft haben wir die Biologie weitgehend durch die Technologie ersetzt. Wir müssen biologische Anbausysteme entwickeln, mit denen wir hohe Erträge erzielen können, die gleichzeitig aber auch die Umweltbelastung verringern. Die Technologie sollte die Biologie ergänzen, nicht ersetzen.«

Prof. Vogtmann hat mit seinen Mitarbeitern und Studenten in Witzenhausen Versuchsparzellen eingerichtet, in denen sie untersuchen, mit welchen Verfahren die biologische Aktivität und der Humusgehalt im Boden am wirkungsvollsten erhöht werden können. Schmetterlingsblütler wie Klee und Luzerne stehen dabei im Vordergrund; sie versorgen den Boden mit Stickstoff und liefern nahrhaftes Futter für das Vieh auf dem Hof. Nachdem das Getreide, zum Beispiel Weizen oder Gerste,

geerntet worden ist, wird der Boden mit Stoppelfrüchten bestellt, die später als Gründüngung untergepflügt werden. Alle Anstrengungen werden unternommen, um sicherzustellen, daß die organischen Abfallprodukte, die auf dem Hof anfallen, wiederverwendet werden. Viehmist wird mit Stroh kompostiert und regelmäßig auf seinen Gehalt an Pflanzennährstoffen untersucht. Die großen Komposthaufen an den Feldgrenzen des Forschungsbetriebes werden mit Hilfe von Gabelstaplern auf besonders eingerichtete Dungstreuer geladen. In regelmäßigen Abständen wird der Boden überprüft, um die Wirkung der Kompostgaben zu beurteilen. Prof. Vogtmann und seine Mitarbeiter leiteten auch einen Versuch ein, um Müll der Haushalte in Witzenhausen wiederzuverwenden. Die Haushalte erhielten jeweils zwei Mülltonnen, eine graue und eine grüne. In die »«Grüne Tonne« sollen alle organischen Abfälle – Papier, Pappe, Küchen- und Gartenabfälle –, die sich im Laufe einer Woche ansammeln, gefüllt werden. Dieses Material wird an einem Platz in der Nähe des Hofes abgelagert, wo es zu einem nährstoffreichen Kompost zerfällt, der sich für die Verwendung im Land- und Gartenbau eignet. Eingehende Untersuchungen dieses Systems des Müll-Recyclings haben gezeigt, daß die städtischen Behörden tatsächlich Geld damit verdienen können –

zum einen durch drastische Einsparungen bei den Gesamtkosten der Müllbeseitigung, zum anderen durch die Lieferung hochwertigen Kompostes an die Bauern der Umgebung.

In Witzenhausen prüft man ferner neue Verfahren des Pflanzenschutzes. Sie beruhen auf dem Grundgedanken, daß ein gesunder Boden mit einem regen Bodenleben und allen lebensnotwendigen Spurenelementen den Pflanzen eine hohe Widerstandsfähigkeit gegenüber Pflanzenkrankheiten verleiht. Pflanzenschädigende Insekten werden durch ihre natürlichen Feinde im Zaum gehalten, denen man geeignete Lebensräume schafft. Gegen einige dieser sog. Schädlinge verwenden die Wissenschaftler auch neu entwickelte Insektenfallen, die Insekten mit bestimmten Duftstoffen anlocken. Gelegentlich benutzt man zudem nichtbeständige Sprühmittel auf pflanzlicher Grundlage, um schädliche Insekten zu reduzieren. Feldunkräuter werden durch neu entwickelte mechanische Hacken niedergehalten, die von einem Traktor gezogen werden; man benutzt zur Unkrautbekämpfung auch auf Traktoren montierte Abflammgeräte. Diese beiden neuen Methoden haben sich in der Praxis bereits als wirksam und rentabel erwiesen. Zusätzlich wendet man verschiedene Fruchtfolgesysteme an, um damit zu erreichen, daß durch den ständigen Wechsel der Lebensbedingungen die Unkräuter

Düngerversuch zur Nitratansammlung beim Kopfsalat im Forschungsinstitut für biologischen Landbau in Oberwil (Schweiz). Untersuchungen bestätigten einen relativ hohen Nitratgehalt (1 000 bis 1 500 mg/kg) vor allem bei Treibhauskopfsalat.

sich nicht auf Dauer in den Feldern einnisten.

Eine wachsende Zahl von Bauern und Agrarwissenschaftlern beobachtet die Experimente in Witzenhausen mit großem Interesse. Die Verbraucher sorgen sich immer mehr um mögliche Rückstände von chemischen Pflanzenschutzmitteln und Nitrit (eine Substanz, die im Verdacht steht, Krebs zu erzeugen) in den Lebensmitteln. Die Nachfrage nach Produkten der biologischen Landwirtschaft ist in den vergangenen Jahren kräftig gewachsen. Mehr als 3000 Bauern in der Bundesrepublik Deutschland, Österreich und der Schweiz sind mittlerweile zu biologischen Produktionsverfahren übergegangen, und ihre Zahl wird immer größer.

Die Bewegung der biologischen Landwirtschaft wird heute überall in Europa sehr aktiv, nicht nur, weil sich die »Verbraucher« dafür interessieren, welche Agrarchemikalien in den Speisen auf ihrem Teller enthalten sein könnten; viele Menschen machen sich auch darüber Sorgen, was die »konventionelle« Landwirtschaft dem Boden wie auch den Flüssen, Seen und Meeren antut.

Unser Kamera-Team fuhr nach Nierstein, um sich dort die Weingärten am Ufer des Rheins »vor die Linse zu holen«. Die Rebstöcke sind meist an Südhängen gepflanzt, um das Licht und die Wärme der Sonne voll zu nutzen. An jenem heißen Julitag war das dunkelgrüne Blattwerk bereits von üppigen Ranken reifender Trauben durchsetzt. Traktoren fuhren die Reihen hinauf und hinunter und versprühten wahre Nebelschwaden von Fungiziden und Herbiziden. Die Bodenoberfläche zwischen den Rebstöcken war vollkommen kahl; kein einziges Unkraut zeigte sich. Ein paar Kilometer weiter talabwärts filmten wir den Bau einer Pipeline. An der Baustelle wurde fleißig gearbeitet: Große Bagger hoben einen Graben im Feld aus, Lastwagen brachten Rohre und luden sie ab, Arbeiter glätteten die Oberfläche des Grabens und schaufelten Sand. Die gußeisernen Rohre wurden in den Graben hinabgelassen, in die richtige Lage gebracht und mit Kunststoffmanschetten verbunden. Die Rohrleitung wurde gebaut, um Nierstein und die benachbarten Dörfer und Städte mit Trinkwasser zu versorgen. Das Grundwasser in dieser Gegend hat inzwischen einen so hohen Nitratgehalt, daß es für Säuglinge, Kleinkinder und schwangere Frauen als gesundheitsschädlich eingestuft wurde. Das Nitrat stammt aus den Dünge-

Weinlese im Rheingau. In der Bundesrepublik Deutschland sind 1984 auf jeden Hektar Rebfläche 2 kg Herbizide gegen Unkraut, 5 kg Insektizide gegen tierische Schädlinge und 50 kg Fungizide gegen Schimmel und Pilzerkrankungen gespritzt worden. Auf die etwa 1 Million Hektar große Gesamtanbaufläche gingen 6 Millionen Kilogramm Spritzmittel im Wert von 100–120 Millionen DM nieder.

mitteln, mit denen die Weingärten und Getreidefelder »versorgt« werden. Der leblose Boden und die Rebstöcke können nicht den gesamten Mineraldünger, der ihnen zugeführt wird, aufnehmen; daher gelangt schließlich etwa die Hälfte des Nitrats ins Grundwasser. Im Wasser einer Quelle in einem Weingarten bei Nierstein entdeckten Beamte des Wasserwirtschaftsamtes 400 Milligramm Nitrat pro Liter. Das ist achtmal mehr als der Richtwert, der von der Weltgesundheitsorganisation (WHO) als unbedenklich angesehen wird.

Zweifellos werden in Europa noch viele solcher Rohrleitungen gebaut werden müssen, um die Versorgung mit sauberem Trinkwasser in Gegenden sicherzustellen, in denen intensive Landwirtschaft betrieben wird. Die Nitrat-Akkumulation im Grundwasser, in Flüssen und Seen ist überall dort zu einem weitverbreiteten Problem geworden, wo in großem Umfang Wein und Getreide angebaut werden. Die Weizenanbaugebiete am Niederrhein sind davon genau so stark betroffen wie jene in East Anglia, Essex und Lincolnshire. Wahrscheinlich wird sich dieses Problem in den nächsten Jahren noch verschärfen, da es Jahrzehnte dauern kann, bis das Nitrat von der Bodenoberfläche ins Grundwasser gelangt. Die Nitratzufuhr zum Boden beträgt in diesen Gebieten heute über 100 kg pro Hektar; obwohl die Pflanzen davon kaum

mehr als die Hälfte nutzen, wollen die Bauern weiterhin bei diesen Mengen bleiben, um möglichst hohe Erträge zu erzielen. Die Entfernung von Nitrat aus dem Wasser ist unglaublich teuer: Mit den heutigen Aufbereitungsverfahren kostet es etwa 2000 DM, gesundheitsschädliches Nitrat aus dem Wasser zu entfernen, das im Jahr durch einen Hektar Land durchgesickert ist.

Es besteht häufig die Tendenz, mehr Nitrat zu düngen, als notwendig ist, da die Nitratdüngung sichtbar sehr schnell an der Pflanze erkenntlich ist ... Wir leugnen nicht, daß es zu einer beachtlichen Auswaschung kommen kann. Aber wir sagen auch, daß wir diesem Problem begegnen können, wenn wir unsere Böden genauer und besser auf verfügbaren Stickstoff untersuchen«, erklärte Prof. Mengel, den wir in seinem Laboratorium im Justus von Liebig-Institut für Pflanzenernährung der Universität Gießen interviewten. Prof. Mengel glaubt nicht, daß die Bauern heute ohne Mineraldünger auskommen könnten. Er hält es für äußerst schwierig, die als landwirtschaftliches Produkt vom Land in die Stadt transferierte Bodenfruchtbarkeit wieder den Feldern zurückzugeben. Schließlich leben 90 % der Nahrungsmittelkonsumenten Europas in Städten. Haushalts-

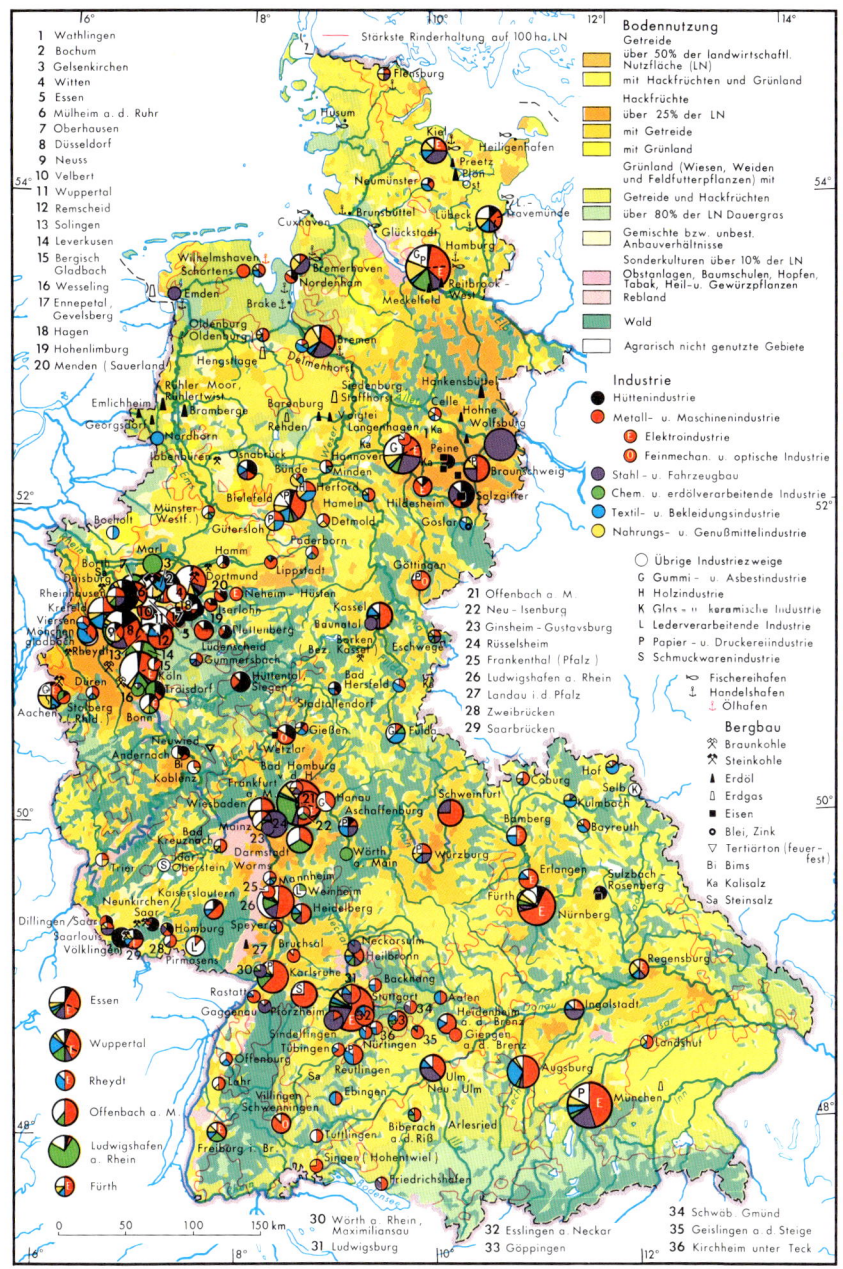

1 Wathlingen
2 Bochum
3 Gelsenkirchen
4 Witten
5 Essen
6 Mülheim a. d. Ruhr
7 Oberhausen
8 Düsseldorf
9 Neuss
10 Velbert
11 Wuppertal
12 Remscheid
13 Solingen
14 Leverkusen
15 Bergisch Gladbach
16 Wesseling
17 Ennepetal Gevelsberg
18 Hagen
19 Hohenlimburg
20 Menden (Sauerland)

21 Offenbach a. M.
22 Neu - Isenburg
23 Ginsheim - Gustavsburg
24 Rüsselsheim
25 Frankenthal (Pfalz)
26 Ludwigshafen a. Rhein
27 Landau i. d. Pfalz
28 Zweibrücken
29 Saarbrücken

30 Wörth a. Rhein, Maximiliansau
31 Ludwigsburg
32 Esslingen a. Neckar
33 Göppingen
34 Schwab. Gmünd
35 Geislingen a. d. Steige
36 Kirchheim unter Teck

Bodennutzung

Getreide
über 50% der landwirtschaftl. Nutzfläche (LN)
mit Hackfrüchten und Grünland

Hackfrüchte
über 25% der LN
mit Getreide
mit Grünland

Grünland (Wiesen, Weiden und Feldfutterpflanzen) mit
Getreide und Hackfrüchten
über 80% der LN Dauergras

Gemischte bzw. unbest. Anbauverhältnisse

Sonderkulturen über 10% der LN Obstanlagen, Baumschulen, Hopfen, Tabak, Heil-u. Gewürzpflanzen
Rebland

Wald

Agrarisch nicht genutzte Gebiete

Industrie

Hüttenindustrie
Metall- u. Maschinenindustrie
Elektroindustrie
Feinmechan. u. optische Industrie
Stahl- u. Fahrzeugbau
Chem. u. erdölverarbeitende Industrie
Textil- u. Bekleidungsindustrie
Nahrungs- u. Genußmittelindustrie

Übrige Industriezweige
G Gummi- u. Asbestindustrie
H Holzindustrie
K Glas- u. keramische Industrie
L Lederverarbeitende Industrie
P Papier- u. Druckereiindustrie
S Schmuckwarenindustrie

Fischereihafen
Handelshafen
Ölhafen

Bergbau

Braunkohle
Steinkohle
Erdöl
Erdgas
Eisen
Blei, Zink
Tertiärton (feuerfest)
Bi Bims
Ka Kalisalz
Sa Steinsalz

---

seine Sorge über ein anderes Problem: die Vergeudung von Phosphat in den Abwässern. Er betonte, daß bei Phosphat wahrscheinlich in einigen hundert Jahren ein

Mangel eintrete – und es gibt keinen Ersatz für die Lagerstätten, die heute abgebaut werden. Seiner Überzeugung nach muß man das Phosphat rückgewinnen, das jetzt ungenutzt in die Kläranlagen geht. Ohne jeden Zweifel könnte dieser Vorschlag mit geeigneten Verfahren realisiert werden, wenn unsere Gesellschaft den Willen hätte, das Problem der Nährstoffverluste anzupacken.

Prof. Mengel und viele seiner gleichgesinnten Kollegen in West-Europa und Amerika sehen durchaus, daß Mineraldünger die Umwelt in gefährlichem Maße belasten können; sie argumentieren jedoch, daß man die Dünger besser nutzen solle, weil ohne sie nicht auszukommen sei. Raschwüchsige, bodenbedeckende Pflanzen und Gründüngung könnten helfen, die Nährstoffe wieder dem Boden zurückzuführen und Mineraldünger wirksamer aufzunehmen.

Jene Wissenschaftler, die dagegen sind, Nutzpflanzen aus dem Düngersack zu ernähren, verweisen darauf, daß Mineraldünger außer dem Problem der Wasserverschmutzung zahlreiche unerwünschte Nebenwirkungen haben. Sie erklären, daß ein Boden, der regelmäßig eine hohe Dosis Nitrat erhält, im Laufe der Zeit »süchtig« werde: Bald könne er ohne den »Stoff« nicht mehr auskommen. Diese These wurde in neueren Untersuchungen bestätigt. Winzige Organismen, die den Stickstoff

---

abwässer sind mit Industrieabwässern vermischt, so daß mögliche Pflanzennährstoffe mit Chemikalien und Schwermetallen versetzt sind. Prof. Mengel äußerte auch

der Luft im Boden binden, werden durch das mineralische Nitrat unterdrückt. Ihre Zahl geht sehr stark zurück, und die Pflanzen werden von immer höheren Kunstdüngergaben abhängig. Vogtmann und andere haben nachgewiesen, daß grünes Gemüse, vor allem, wenn es in den Wintermonaten in Treibhäusern gewachsen ist, außergewöhnlich viel Nitrat im Gewebe speichern kann. In Nitrit umgewandelt, kann Nitrat unter Umständen zu einem Gesundheitsrisiko werden. Das höhere Gewicht von Gemüsepflanzen, die mit Mineraldünger gedüngt worden sind, werde oft nur durch eine starke Ansammlung von Wasser im Pflanzengewebe verursacht; der Nährwert des Gemüses wird dadurch nicht erhöht, und seine Haltbarkeit vermindert sich gegenüber der solchen Gemüses, das mit Kompost gedüngt wurde. Einige Supermarkt-Ketten haben sich inzwischen von diesem Argument überzeugen lassen und sind dazu übergegangen, Produkte des biologischen Landbaus einzukaufen. Es sollten ihrer jedoch noch viel mehr werden…

Mineraldünger können zusammen mit Pestiziden und der durch schwere Traktoren verursachten Bodenverdichtung zur Bodenerosion beitragen. An vielen verschiedenen Orten hat man an Zahl und Artenvielfalt der Bodenlebewesen einen deutlichen Rückgang festgestellt; diese Verarmung des Bodenlebens kann durch die Methoden der »industrialisierten« Landwirtschaft verursacht worden sein, die gemeinsam auf den Boden einwirken. Ein gesunder, »lebender« Boden besitzt ein lockeres Krümelgefüge, das Wasser wie ein Schwamm aufnehmen und es für die Pflanzen speichern kann. Ein solcher Boden ist bröckelig und leicht zu pflügen. Wenn der Boden in länger andauernden Dürreperioden austrocknet, haften die Bodenpartikel aneinander und werden nicht mehr so leicht vom Wind verweht.

»Lebloser« Boden verfestigt sich schneller. Man braucht stärkere und schwerere Traktoren, um ihn zu pflügen. Starker Regen verwandelt die Bodenoberfläche meist in eine wasserundurchlässige Kruste, durch die das Regenwasser nur langsam versickert und deshalb an der Bodenoberfläche abrinnt oder in Pfützen stehen bleibt. Auf Hängen kann ein ungünstiges Bodengefüge leicht zur Graben- oder Flächenerosion führen. Dieses Problem wurde inzwischen in vielen Gegenden Europas erkannt, besonders in den Gebieten, in denen Nutzpflanzen wie Mais oder Zuckerrüben angebaut werden, die den Boden für längere Zeit ungeschützt der Witterung aussetzen.

Die Gegner solcher auf den Einsatz von Mineraldünger konzentrierten Anbauverfahren heben hervor, daß die Pflanzen hierbei in der Regel weniger widerstandsfähig gegen Trockenheit sind, da sie nur flach wurzeln, weil die Düngemittel für die Pflanzen unmittelbar unter der Bodenoberfläche verfügbar sind. Eine stärkere Bewässerung ist notwendig, die in wärmeren Klimazonen zur Bodenversalzung, das heißt zur Ausscheidung von Salz im Boden führen kann. Schließlich verweisen die Vertreter der biologischen Landwirtschaft auch darauf, daß die Herstellung von Nitratdüngern sehr viel Energie kostet: Zur Herstellung von einer Tonne Nitratdünger braucht man etwa zwei Tonnen Öl. In dem Maße, in dem die Energiepreise weiter steigen, muß zwangsläufig auch Nitratdünger teurer werden. Wie lange werden aber die Bauern die steigenden Preise noch bezahlen können?

Nach dem Zweiten Weltkrieg überschwemmten Nitratdünger regelrecht Europa und Amerika. Sie wurden in den gleichen Fabriken hergestellt, die zuvor auch Sprengstoff auf Nitratbasis produziert hatten. Die verbreitete Anwendung von Nitratdünger war einer der Marksteine bei der Industrialisierung der Landwirtschaft, die sich in den 50er und 60er Jahren vollzog.

In den Ländern der Europäischen Gemeinschaft wurde die Mechanisierung und »Chemikalisierung« der Landwirtschaft von den Politikern und Unternehmern energisch

Schlepperpflug als Beispiel einer Boden-
bearbeitungsmaschine.
Pflüge werden zum Wenden und Lockern
des Ackerbodens sowie zur Vernichtung
(»Unterpflügen«) unerwünschter Vegeta-
tionen eingesetzt.

Das Agrobil (links) ist eine Ernteber-
gungsmaschine; durch sein immenses
Gewicht wirkt es jedoch einer optimalen
Bodenbearbeitung entgegen. Ähnliche
Maschinen (ein Mähdrescher wiegt bis zu
9 t, ein Zuckerrübenvollernter bis zu 15 t)
üben auf 1 cm^2 einen Druck von 1,5
Kilopond aus und sind für den Boden
eine unerträgliche Belastung. Er verliert
sein Luftporenvolumen und damit seine
Lebensfähigkeit.

vorangetrieben. Zum ersten Mal waren Bauern wichtige Abnehmer für Industrieprodukte. Die Arbeitskräfte, die in den ländlichen Gebieten keine Betätigung mehr fanden, wurden von den überall in Europa rasch wachsenden Industrien übernommen.

Da man nun höhere Erträge erzielen konnte, wurde in vielen Gegenden auf den Gebrauch von organischem Dünger und die uralten kombinierten Bodennutzungssysteme verzichtet. Monokulturen von Getreide, Mais, Zuckerrüben, Kartoffeln und anderen wichtigen Nutzpflanzen bestimmten fortan das Bild in vielen Regionen, in denen Ackerbau im großen Umfang möglich war. So hob der Einsatz von immer stärkeren Traktoren, von immer größeren und komplizierteren Landmaschinen die Arbeitsproduktivität der landwirtschaftlichen Betriebe auf ein früher unbekanntes Niveau und verdrängte Millionen von Landarbeitern und Kleinbauern.

Zu Beginn des 19. Jahrhunderts wurden in Deutschland vier Städter von einem Bauern ernährt; heute ernährt ein deutscher Landwirt 42 Menschen, und in Großbritannien ist die Zahl sogar fast doppelt so groß. Sicco Mansholt, der als EG-Kommissar für das Ressort »Landwirtschaft« 1968 die Leitlinien formulierte, die zur Grundlage der gemeinsamen Agrarpolitik in den Ländern der Europäischen Gemeinschaft wurden, erklärte 1979: »Wenn wir für

die Menschen, die in der Landwirtschaft beschäftigt sind, die gleichen Bedingungen hinsichtlich Freizeit, Urlaub, Einkommen usw. wie für den Rest der Gesellschaft schaffen wollen, dann ist es notwendig, das Produktionsergebnis je Beschäftigten beträchtlich zu vergrößern. Dies schließt die Verwendung von künstlichen Düngemitteln und Präparaten für den

---

Schädigung des Bodens

In Monokulturen werden einzelne Bestandteile des Bodens übermäßig entzogen oder auch zugeführt. Das ursprüngliche Gleichgewicht ist schwer wiederherzustellen. Das Zusammenspiel der Mikroben wird gestört bzw. vernichtet. Pflanzenschädlinge vermehren sich stark. Durch die Verwendung von schweren Maschinen wird die ursprüngliche Bodenstruktur zerstört, der Boden wird verdichtet. – Gefährlich ist die Anreicherung von vielen Spurenelementen, die nur in kleinen Konzentrationen lebensfördernd wirken. Im Laufe von Millionen Jahren Erdgeschichte hat sich im biologischen Bereich ein entsprechendes Gleichgewicht eingestellt. Die Konzentration dieser Elemente im Erdboden ist aber durch die Industrialisierung auch der Landwirtschaft auf das vieltausendfache gestiegen. Infolge von Luftverunreinigungen durch Abwasser, Klärschlamm, Müll, auch durch Düngemittel werden dem Boden ständig nicht nur förderliche Stoffe zugeführt, sondern auch lebensfeindliche, die eine landwirtschaftliche Nutzung für lange Zeit unmöglich machen.   (10)

Pflanzenschutz sowie einen größeren Umfang der Betriebe ein. Es ist klar, daß es in einem Betrieb mit vielleicht 20 Kühen und ein paar Schweinen nicht möglich sein wird, für den Bauern die sozialen Bedingungen zu schaffen, die, sagen wir, ein Industriearbeiter genießt.«

Die Subventionen, die in den Ländern der Europäischen Gemeinschaft im Rahmen der gemeinsamen Agrarpolitik an die Bauern gezahlt werden, sind seit vielen Jahren Gegenstand lebhafter Debatten. Ihr Hauptzweck bestand darin, Preisschwankungen zu verhindern und den Bauern ein gesichertes Einkommen zu garantieren. Zweifellos haben die großen Betriebe davon am meisten profitiert, denn die Subventionen richteten sich in der Regel nach dem Produktionsvolumen. Die Großbauern wurden dadurch finanziell in die Lage versetzt, ihre kleineren Nachbarn »auszustechen« und ihre Betriebe zu »schlucken«. Der Zusammenschluß landwirtschaftlicher Betriebe war die zwangsläufige Folge. In den 60er und 70er Jahren wurde die Nivellierung der Landschaft überall in Europa ein Anlaß zur Sorge. Die Trockenlegung von Feuchtgebieten, die Rodung von Hecken und Wäldern wurden in der Öffentlichkeit mit wachsender Skepsis betrachtet. Umweltschützer schlossen sich zu Gruppen zusammen, um gemeinsam gegen die mit Steuergeldern finanzierte

»Verwüstung« der Landschaft zu kämpfen. Allein in Großbritannien hat man in den letzten 40 Jahren Hecken mit einer Gesamtlänge von mehr als 224 000 km gerodet und damit die Lebensräume freilebender Tiere und Pflanzen beträchtlich verkleinert. Mehr als 300 Pflanzenarten werden bereits offiziell als bedroht bezeichnet.

Die Proteste gegen die fortschreitende Umweltzerstörung sind in jüngster Zeit immer heftiger geworden. Bei vielen Menschen setzt sich die Überzeugung durch, daß die »moderne, leistungsfähige« Landwirtschaft allzu kostspielige Schäden im sozialen Bereich und an der Umwelt verursacht.

Sogar Sicco Mansholt hat seine ernste Sorge über die Folgen der europäischen Agrarpolitik zum Ausdruck gebracht, die er selbst einleitete. Sicherlich wird es großer Anstrengungen bedürfen, um in diesem Punkt einen grundlegenden Wandel herbeizuführen; die Notwendigkeit eines solchen Wandels sollte jedoch außer Frage stehen.

In den letzten Jahren wurde offenkundig, daß die industrialisierte Landwirtschaft aus Gesichtspunkten des Umweltschutzes unannehmbar ist. Dies haben wir bereits am Beispiel der Auswirkungen von Mineraldünger auf das Grundwasser und die Flüsse erläutert. Die Trennung des Ackerbaus von der Viehwirtschaft ist ein anderer »Tatbestand«, der in diesen Zusammenhang gehört. Massentierhaltung in riesigen Ställen ist heute in ganz Europa die Regel, und die Ansammlung von Gülle an diesen Produktionsstätten wurde zu einem weitverbreiteten Problem.

Die Umgebung von Vechta in Niedersachsen bietet dafür ein gutes Beispiel. Sie ist »berühmt« wegen der dortigen Konzentration von Betrieben mit Massentierhaltung. Ein großer Teil des Futters, mit dem die Tiere gefüttert werden, wird über die nahegelegenen Häfen von Emden und Bremerhaven aus den USA importiert. »Im Landkreis Vechta gibt es über 15 Millionen Hühner, über 83 000 Rinder und mehr als 600 000 Schweine«, schreiben Koch/Varenholt in ihrem Buch über »Die Lage der Nation«, »außerdem Enten, Puten und Gänse in Heeresscharen sowie, nicht zu vergessen, 97 000 Menschen. Die Hühner produzieren jährlich 2000 Tonnen Kot, die Rinder und Schweine noch einmal die gleiche Menge. Nach Meinung des Bundesministeriums für Ernährung, Landwirtschaft und Forsten sind pro Hektar verfügbarer Gülleabladefläche 10 bis 15 Schweine, 200 bis 350 Legehennen oder 650 bis 1000 Masthähnchen zu verantworten... Der Landkreis Vechta müßte also, der amtlichen Empfehlung zufolge, eine notwendige ›Abschlamm-

Industrielle Hühnerhaltung. In der BRD werden etwa 100 Millionen Hühner gehalten (davon 60 Millionen Legehennen), überwiegend in sog. Eier-Fabriken. Hierbei werden je vier Legehennen in Käfigen von 40 × 43 cm untergebracht und leben dort etwa 12–14 Monate. Der Boden besteht aus einem 2 mm starken Drahtrost, der ein Gefälle hat, so daß die Eier nach dem Legen auf ein Transportband rollen. Bei Masthähnchen drängen sich sogar 16 Tiere auf einem Quadratmeter. In sieben Wochen müssen sie ihr Schlachtgewicht von 1 500 g erreicht haben.

Eutrophierter See; typische Merkmale sind sehr geringe Sichttiefe, grüne bis gelbe und braungrüne Farbe des Wassers und ein besonders in der Tiefe im Sommer und Winter stark absinkender Sauerstoffgehalt. Phosphate sind in der Regel die Verbindungen, die eine Eutrophierung bewirken.

fläche‹ von weit über 80000 Hektar besitzen – die gesamte landwirtschaftliche Nutzfläche des Landkreises beträgt indes nur rund 57000 Hektar.«

Man nimmt an, daß die Pflanzen in den Wintermonaten nur etwa 15 % des Nitrats aufnehmen, das in Form von Gülle auf den Feldern abgelagert wird; 65 % verflüchtigen sich in der Luft und – noch schlimmer – 20 % gelangen ins Grundwasser. Das hat zur Folge, daß die Nitratgehalte in zwei Dritteln der mehr als 300 Ende 1982 im Auftrag der Kreisverwaltung Vechta genommenen Wasserproben den zulässigen Grenzwert von 90 mg/l überschritten. Wenn die neuen Sicherheitsgrenzwerte von 50 mg/l eingeführt werden, wird es in der Tat sehr schwierig, noch sauberes Wasser zu finden, das mit dem verunreinigten Trinkwasser vermischt werden kann. Im Gebiet um Vechta

haben die Besitzer einiger der größten »Tierfabriken« von den Bauern Felder gepachtet, nur um dort Gülle abzulagern. Hier werden überhaupt keine Nutzpflanzen mehr angebaut, noch nicht einmal Mais, der eine starke Zufuhr von Gülle am besten verträgt.

Der Fall Vechta ist ein drastisches Beispiel einer Entwicklung, die überall in Europa und Nordamerika beobachtet werden kann: zu viele Tiere auf zu wenig Land. Die Verseuchung von Grundwasservorkommen durch Nitrat aus Gülle ist heute ein weitverbreitetes Problem. Nicht nur das Trinkwasser ist davon betroffen, sondern auch das Wasser in Flüssen und Seen. Besonders schädlich ist eine Kombination von Nitrat und Phosphat. Gülle, Abwässer und von den Feldern gespülter Mineraldünger haben dazu geführt, daß Hunderte von Seen in ganz Europa praktisch tot sind. Überaus kost-

spielige Verfahren müßten angewendet werden, um den Schaden wiedergutzumachen.

Wir filmten den Baldegger See in der Schweiz, der von kleinen Bauernhöfen umgeben wird, die sich auf die Schweine- und Rindermast spezialisiert haben. Ein beträchtlicher Teil des Viehfutters, das man auf diesen Höfen verwendet, wird in den USA und anderswo eingekauft. Auch hier produzieren die Tiere mehr Gülle, als das Land verkraften kann. Nitrat und Phospat sickern ins Grundwasser oder werden in die Bäche gespült und gelangen so in den See. Jahrelang war der See eutrophiert, enthielt also zu viele Nährstoffe. Das im Wasser gelöste Phosphat führte zu einem exzessiven Algenwachstum; es wuchsen weit mehr Algen, als

Zur Rettung kleinerer stehender Gewässer eignen sich das Absaugen des Bodenschlamms oder die Zuführung frischen Sauerstoffs, wie das Beispiel des Baldegger Sees in der Schweiz zeigt.

die Tiere im See verzehren konnten. Durch die Verwesung der Algen wurden dem Seewasser große Mengen von Sauerstoff entzogen, was einen starken Sauerstoffmangel sowie eine drastische Verringerung des Fischbestands bewirkte. Heute ist der Grund des Sees mit einer dicken Schicht stinkenden Schlammes bedeckt, der kein Leben mehr duldet.

Vor wenigen Jahren kaufte ihn eine Schweizer Naturschutzorganisation, die sich die Aufgabe gestellt hat, den schönen, aber »todkranken« See wiederzubeleben. Techniker haben inzwischen ein Rohrleitungssystem installiert, das mit einem Sauerstofftank am Ufer verbunden ist. Es kostet jährlich 250 000 Schweizer Franken, Sauerstoff in den See zu pumpen und ihn auf diese Weise wieder zum Leben zu erwecken. Der Fischbestand nimmt wieder langsam zu, aber, wie ein einheimischer Fi-

scher treffend bemerkte: »Wir fangen sehr teure Fische im Baldegger See.« Hunderte von Seen in ganz Europa hätten eine ähnliche Behandlung nötig, wer aber wird die Rechnung bezahlen?

Viele Jahre lang hatte der Rhein den Ruf, der am stärksten verschmutzte Fluß Europas, vielleicht sogar der Welt zu sein. Er entspringt in den Bergwäldern und Gletschern der Schweizer Alpen und versorgt Millionen Menschen, die in den Dörfern und Städten, auf Bauernhöfen und in Reihenhäusern an seinen Ufern leben, mit Trinkwasser, vom Bodensee bis zum Rhein-Maas-Delta. Dieselben Menschen, die aus dem Rhein ihr Trinkwasser beziehen, benutzten ihn allerdings auch als Abwasserkanal zur Beseitigung flüssiger Abfallstoffe.

Noch vor 100 Jahren war der Rhein reich an Fischen und versorgte die Menschen, die an bei-

den Ufern lebten, mit großen Mengen Eiweiß. 50 verschiedene Fischarten lebten damals in dem Fluß; seine mit Gras bewachsenen Ufer und die stillen Altarme waren ideale Laichgründe. 1875 verkauften die Händler auf einem holländischen Fischmarkt am Rhein 56 000 Lachse; man nimmt an, daß dies etwas mehr als die Hälfte der insgesamt in diesem Jahr in den Niederlanden verkauften Lachse war. Die Gesamtzahl hätte demnach rund 100 000 Lachse betragen. Seit 1880 war ein Rückgang der Fischbestände zu beobachten, besonders beim Lachs und der Meerforelle, die den Strom hinaufschwammen, um unterhalb des Rheinfalls bei Schaffhausen an der Schweizer Grenze zu laichen. Allerdings verlangten selbst noch um die Jahrhundertwende die Dienstboten in den wohlhabenden Haushalten an den Ufern des Rheins, daß in

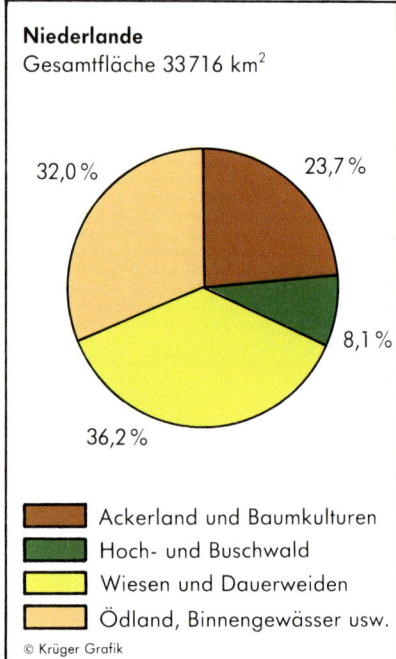

Niederlande
Gesamtfläche 33716 km²

32,0 %
23,7 %
8,1 %
36,2 %

■ Ackerland und Baumkulturen
■ Hoch- und Buschwald
■ Wiesen und Dauerweiden
■ Ödland, Binnengewässer usw.

© Krüger Grafik

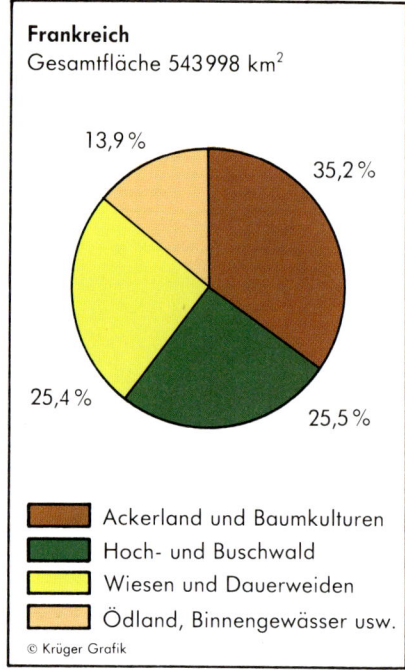

Frankreich
Gesamtfläche 543998 km²

13,9 %
35,2 %
25,4 %
25,5 %

■ Ackerland und Baumkulturen
■ Hoch- und Buschwald
■ Wiesen und Dauerweiden
■ Ödland, Binnengewässer usw.

© Krüger Grafik

Rheinwassers zu einer öffentlichen Untersuchung führte. Seither hat die »Internationale Kommission zum Schutze des Rheins gegen Verschmutzung« mit Unterstützung der schweizerischen, deutschen, französischen und niederländischen Regierungen einen jährlichen Bericht veröffentlicht, der die Gesamtanteile der Schadstoffe aus der Industrie, dem Bergbau, den Privathaushalten und der Landwirtschaft auflistet. Dazu gehören organische und anorganische Chemikalien, Metalle und eutrophierende Substanzen wie Phosphate und Nitrate. Entlang des Rheins wurde eine Kette von Alarmstationen eingerichtet, die Anlieger vor Öl- und Chemieabwässern aus Binnenschiffen und flußnahen Fabriken warnen sollen. Die verstärkte Überwachung führte zu einem Rückgang der illegalen Verschmutzung des Flusses durch Chemikalien.

In den 50er und 60er Jahren erschienen in deutschen und niederländischen Zeitungen immer wieder Berichte über tote Fische im Rhein. Die Lebensbedingungen der Fische wurden durch das verschmutzte Wasser, die Beseitigung der Ufervegetation und den zunehmenden Schiffsverkehr immer ungünstiger. Nach 1960 hörte die Berufsfischerei im Rhein ganz auf. Das endgültige »Aus« für die Fischproduktion im deutschen Abschnitt des Flusses, die 1955 einen Wert von schätzungsweise acht Millionen Mark erreichte, wurde

ihren Arbeitsvertrag ein Passus aufgenommen werde, wonach sie nicht mehr als dreimal in der Woche Lachs zu essen hätten. Heute sind die Ufer des Rheins Standorte einer großen Zahl von Industriebetrieben. Die Chemie-Fabriken, die sich am Rhein niedergelassen haben, von der Pharma-Industrie in Basel über die Raffinerien im Elsaß, die riesigen Anlagen der BASF in Ludwigshafen und der Bayer AG in Leverkusen bis zu den Chemie-Unternehmen in den Niederlanden, haben zusammen nicht weniger als 20 % der Weltproduktionskapazität. Die Verschmutzung des Rheins durch Chemikalien aus der Industrie erreichte in der Mitte der 70er Jahre ihren Höhepunkt, als die allgemeine Sorge um den Zustand des

im Vergleich mit den »Vorzügen« einer gesteigerten Industrieproduktion als unbedeutend angesehen.

Ab Mitte der 60er Jahre durften die Fischer keine Fische mehr verkaufen, die im Rhein gefangen worden waren, und für die Bundesrepublik Deutschland gilt dies auch heute noch. Hohe Schwermetallgehalte und die Speicherung von gefährlichen Chemikalien im Fettgewebe der Fische waren der Grund. In den letzten Jahren haben die Kläranlagen der Gemeinden und Fabriken die Belastung des Rheins durch Chemikalien etwas vermindert, und sein Sauerstoffgehalt ist ein wenig gestiegen. Dennoch ist der Rhein ein noch immer stark verschmutzter Fluß.

Wenn man die Statistiken betrachtet, wird die Aufmerksamkeit auf den drastischen Anstieg des Nitratgehaltes im Rheinwasser gelenkt, der seit den ersten Messungen 1972 eingetreten ist. 1981 schleppte der Rhein am Meßpunkt an der deutsch-niederländischen Grenze eine Stickstoff-Fracht von 355 000 Tonnen mit sich, die von den Feldern, den Weinbergen und Siedlungen entlang des Rheins in den Fluß geriet. Dies würde ausreichen, die gesamte Landwirtschaft der Niederlande mit Nitratdünger zu versorgen, wenn man den Rhein quer über die niederländischen Felder leiten könnte. Die gesamte Phosphor-Fracht betrug in diesem Jahr 21 000 Tonnen. Die Folgen der massiven Belastung mit Pflanzennährstoffen für die Nordsee sind zwar noch nicht ganz geklärt, es gibt jedoch Hinweise auf eine Überproduktion von Plankton, vor allem in der Deutschen Bucht, der auch durch Elbe und Weser Nährstoffe zugeführt werden. Die dicken Schaumschichten, die man an den Stränden der Nordseeinseln beobachtet hat, gehen nach Ansicht vieler Wissenschaftler auf das übermäßige Planktonwachstum durch die Nährstoff-Fracht dieser Flüsse zurück.

Es steht außer Zweifel, daß die westlichen Gesellschaften die Verschwendung wertvoller Pflanzennährstoffe in einem gigantischen Ausmaß betreiben. Wir weigern uns immer noch, die Haushaltsabfälle wieder dem Boden zuzuführen, so wie es Liebig gefordert hat, und verschmutzen statt dessen mit ihnen die Umwelt. Wir überfrachten die Felder mit riesigen Mengen von Mineraldünger, der eine langandauernde Vergiftung des Grundwassers, der Flüsse und Seen bewirkt. Wir verursachen durch den gleichen Vorgang den Zerfall des Bodengefüges und zerstören damit die dem Boden innewohnende Fruchtbarkeit. Wir trennen die Tierhaltung von der übrigen Bodennutzung, was dazu führt, daß sich ungeheure Güllemengen ansammeln, die den Boden und unser Wasser bedrohen Wir sollten uns endlich der Worte Liebigs erinnern, der bereits vor mehr als einem Jahrhundert erklärt hat:

»Diese (landwirtschaftliche) Kunst hat ein Ende, wenn der Landwirt, von unwissenden, unwissenschaftlichen und blödsichtigen Lehrern verleitet, alle seine Hoffnungen auf Universalmittel setzt, die es in der Natur nicht gibt, wenn er, von vorübergehenden Erfolgen geblendet, sich auf ihre Anwendung verläßt, den Boden darüber vergißt und dessen Wert und Einfluß aus den Augen verliert.«

Canyon de Chelly, Arizona (USA), Teil des Nationaldenkmals »Canyon de Chelly National Monument«, das auf 339 km² zahlreiche Canyons umfaßt, in denen die Ruinen mehrerer Indianerdörfer sowie Felsmalereien erhalten sind. Das tief zerschnittene Colorado Plateau, das nach Süden und Westen in scharf ausgeprägten Steilstufen abfällt und auf dem die durch überwiegend horizontal lagernde Schichten hervorgerufenen Formen eines Schichtstufen- und Tafelberglandes dominieren, ist durch zahlreiche Brüche und Flexuren zerlegt worden.

DAS LAND DES VERLORENEN BODENS

Wir Menschen des 19. und 20. Jahrhunderts zeichnen uns durch die wenig beneidenswerte Besonderheit aus, in der langen Geschichte der Menschheit die erste häßliche Zivilisation hervorgebracht zu haben. Das industrielle Zeitalter hat unzählige Verbesserungen mit sich gebracht, aber es hat eine Umwelt für den Menschen geschaffen, deren Anblick fast ein Alptraum ist.

Sir John Rothenstein

Ich sitze neben dem Fahrer eines großen amerikanischen Wagens irgendwo in der Nähe der Stadt Davis in Nordkalifornien. Er zeigt mir seine Tomatenfarm, während wir ziemlich schnell Meile um Meile eine schnurgerade Straße entlangfahren; rechtwinklig zu der Straße ziehen sich auf beiden Seiten, so weit das Auge reicht, ebenso schnurgerade Reihen von verkümmert aussehenden Tomatenpflanzen hin. Die Ebene, die wir durchfahren, ist flach wie ein Tisch, und außer der endlos erscheinenden Straße, den Reihen der Tomaten rechts und links und dem Himmel über uns ist absolut nichts zu sehen, keine Bäume, kein Strauch, und ich sehe auch keine Vögel. Ist das eine Vision der Zukunft? frage ich mich. Wenn ich darüber nachdenke, komme ich zu dem Schluß, daß dies unwahrscheinlich ist.
Hier und da gibt es eine leere Reihe zwischen den Tomaten. »Hier war wohl die Sämaschine verstopft?« frage ich. »Nein«, lau-

tet die Antwort, »die Düse der Düngemaschine.« Nichts, so erfahre ich, wächst hier ohne Kunstdünger. Das ursprünglich so fruchtbare Land ist tot.
»Gebt ihr dem Land nichts zurück?« frage ich. »Was geschieht mit den Stengeln?«
»Die werden verbrannt. Sind krank.«
»Und wie steht's mit dem Rinderdung?«
Nun gibt es Rinderdung in fast unbegrenzten Mengen im Westen der Vereinigten Staaten, denn die meisten Rinder in Nordamerika werden als Schlachtvieh auf eigens dafür bestimmten Parzellen gemästet – auf manchen Tausende –, so daß sich der Mist zu Bergen häuft. Und jeder kann kommen und sich umsonst nehmen, soviel er abtransportieren kann. Aber fast alles vertrocknet und verrottet und verschwindet schließlich wieder. Mir erscheint es als die ungeheuerlichste Verschwendung eines wertvollen Rohstoffes, die es auf dieser Erde je gegeben hat.
»Wie sollte ich die Arbeit bezahlen, die nötig ist, um das Zeug zu holen und zu verteilen?« gibt mein Begleiter zur Antwort.

Das größte Vergehen der modernen Agrarwirtschaft war die Trennung von Vieh und Akkerland. Ich kann nicht umhin, in diesem Zusammenhang aus dem ausgezeichneten Buch »Das Dilem-

ma Amerikas« von Wendell Berry, einem Dichter und Farmer aus Kentucky, zu zitieren.
Berry nimmt Bezug auf den Artikel eines gewissen Jules B. Billard in der Februar-Ausgabe 1970 des »Geographical Magazine«. Ich selbst habe den Artikel seinerzeit gelesen und war über dieses schöne Beispiel von naßforschem Journalismus belustigt. Billard schrieb über die Zukunft des Ackerbaus in den Vereinigten Staaten, und er räumte ein, daß die Beschränkung des Viehs auf besondere »Rinderparzellen« ein gewaltiges Umweltproblem mit sich bringen werde. (Eines existiert in der Tat bereits – die Frage nämlich, was mit den Naturdüngerbergen und den stinkenden Kotmeeren geschehen soll, ist bereits nicht mehr zu beantworten.)
Billard bemerkte auch (und billigte), daß 1968 die amerikanischen Farmer »annähernd 40 Millionen Tonnen« chemischen Dünger über ihr Land versprüht hatten – eine ungeheure Ausgabe und weitere Quelle der Umweltverschmutzung. Wendell Berry weist darauf hin, daß der Zusammenhang zwischen diesen beiden ernsten Problemen völlig außer acht gelassen wird:
»Mr. Billard hat entweder vergessen oder nie gewußt, daß einstmals Pflanzen und Tiere zusammen auf denselben Farmen gezogen und gezüchtet wurden; diese Farmen brachten weder riesige Dungmengen hervor, die kaum

Die USA sind nach Brasilien der zweit-
größte Orangenproduzent der Erde;
etwa 20 % der insgesamt rund 36000
Millionen Tonnen Orangen, die weltweit
geerntet werden, stammen aus Nordamerika.

Orangenernte in Florida (USA). Die
Orangen werden mechanisch gepflückt
und in riesige Anhänger geschüttet,
die zum Transport in die Fabrik dienen,
wo die Früchte zu Saft verarbeitet
werden.

genutzt wurden und die Wasserversorgung verunreinigten, noch
waren sie in solchem Ausmaß von
kommerziellen Düngemitteln abhängig. Hier zeigt sich aufs treff-
lichste der Geist der amerikanischen Landwirtschaftsexperten:
Sie wissen die Lösung und teilen
sie säuberlich in zwei verschiedene
Probleme.« Wir fuhren zum Farm-
hof zurück, vorbei an den Holz-

hütten, in denen die »Wetbacks«
wohnen (die mexikanischen Arbeiter werden so genannt, weil sie
einen »nassen Rücken« bekommen, wenn sie den Rio Grande
durchschwimmen, um illegal in die
USA zu gelangen), und betraten
einen riesigen Schuppen, der fast
völlig von zwei kolossalen Maschinen – Erntemaschinen für Tomaten – ausgefüllt wurde.

»Für das Ding dort habe ich vor
drei Jahren 35000 Dollar bezahlt«,
sagte der Farmer. »Jetzt ist es
veraltet – mußte dieses da kaufen
und 60000 dafür aufbringen. Auf
der alten Maschine mußten 20
Wetbacks sitzen und die Tomaten
sortieren. Die neue hat ein elek-
tronisches Auge, das die Farbe der
Früchte unterscheiden kann, und
braucht nur fünf Wetbacks.«

Getreideernte bei Cedar Falls, Iowa (USA). Im nordamerikanischen Corn Belt werden rund 20 % der Weltgetreideproduktion angebaut, die den USA zeitweise fast ein Monopol im Weltgetreidehandel verschafften (1980/81: 72,5 % der Weltgetreideexporte). Inzwischen hat die Konkurrenz anderer Anbieter zu wachsenden Lagerbeständen in den USA geführt.

»Und was machen Sie mit der alten?«

»Verschrotten. Keiner will sie haben.«

Anschließend erzählte er mir, er würde, so lange er lebte, nicht aus seinen Schulden herauskommen. Sie seien immer höher als der Wert seiner Farm, und selbst wenn er alles verkaufte, würde er verschuldet bleiben. Er könne nichts tun, als sich bis an sein Lebensende weiter so durchschlagen, unterstützt von der Konservenfabrik, die ihm seine Tomaten abnimmt. Zwischen dem Schuppen und dem Wohnhaus kamen wir an einem Gemüsegarten vorbei, in dem prächtig aussehende, gesunde Tomaten wuchsen.

»Warum«, konnte ich mich nicht enthalten zu fragen, »warum machen Sie sich die Mühe, in diesem Garten Tomaten zu ziehen, wenn Sie draußen ich weiß nicht wieviele tausend Morgen davon haben?«

»Meinen Sie, ich würde die Dinger essen?« war die Antwort. »Wenn Sie gesehen hätten, was für Giftzeug wir darüber sprühen, würden Sie so etwas nicht fragen. Und Sie würden nie wieder eine Tomate aus der Büchse essen.« Und er zählte die Giftstoffe auf, mit denen die Tomaten auf den Feldern getränkt wurden. Einige davon waren »Systemics« – Gifte, die in jede Zelle der Pflanze eindringen. »Und warum bekommen die Pflanzen in Ihrem Garten nicht dieses Gift?«

»Sie haben es schon erwähnt. Die kriegen Rinderdung. Die sind in Ordnung.« Er fügte hinzu, daß seine Gartentomaten jedes Jahr frischen Boden bekämen. Die Feldtomaten dagegen wüchsen seit 20 Jahren auf demselben Boden. Ich fragte ihn, ob er niemals an einen Anbauwechsel gedacht hätte.

»Kann ich mir nicht leisten. Wenn ich nicht jedes Jahr eine volle Tomatenernte habe, kann ich meine Zinsen und Hypotheken nicht bezahlen. Und es geht – mit Chemikalien. Mit immer mehr Chemikalien.« Sie würden allerdings von Jahr zu Jahr teurer, fügte er hinzu. Als ich über den Zaun auf die weite Fläche mit verkümmerten Pflanzen blickte, dachte ich mir, was immer dieser von Geldsorgen geplagte Mann pflanzen mochte, er tat es bestimmt nicht aus freien Stücken.

Im Herbst 1984 machten Brian Turvey, der Regisseur unserer Filmserie, sein Assistent und ich einen Abstecher nach Kansas, wo wir ein lokales Aufnahmeteam mieteten und in ein Gebiet fuhren, das »Wolf River District« heißt, um dort zu filmen. Wir hatten dieses »Herz« des Mittelwestens

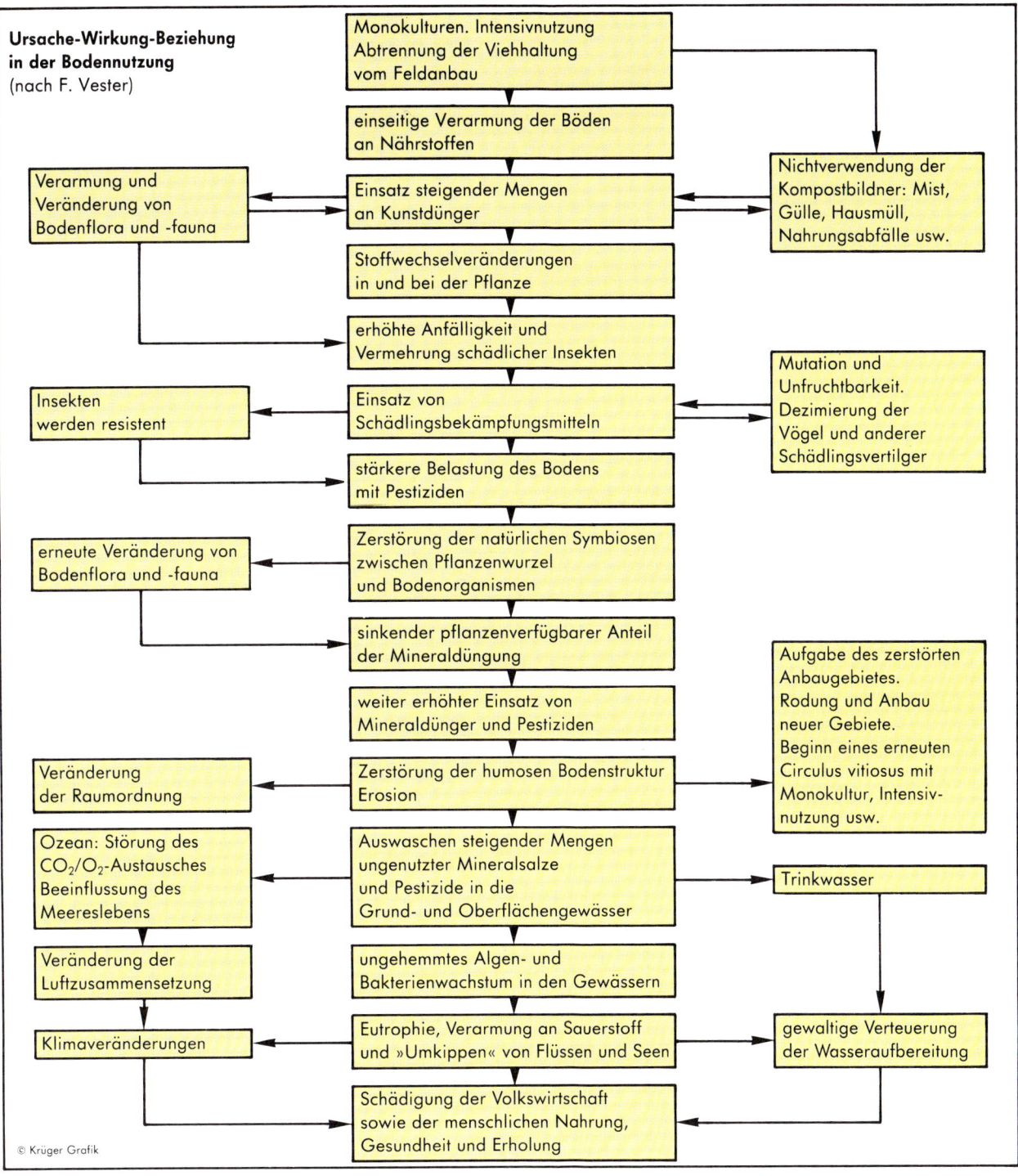

**Ursache-Wirkung-Beziehung
in der Bodennutzung**
(nach F. Vester)

Monokulturen. Intensivnutzung
Abtrennung der Viehhaltung
vom Feldanbau

einseitige Verarmung der Böden
an Nährstoffen

Verarmung und
Veränderung von
Bodenflora und -fauna

Einsatz steigender Mengen
an Kunstdünger

Nichtverwendung der
Kompostbildner: Mist,
Gülle, Hausmüll,
Nahrungsabfälle usw.

Stoffwechselveränderungen
in und bei der Pflanze

erhöhte Anfälligkeit und
Vermehrung schädlicher Insekten

Insekten
werden resistent

Einsatz von
Schädlingsbekämpfungsmitteln

Mutation und
Unfruchtbarkeit.
Dezimierung der
Vögel und anderer
Schädlingsvertilger

stärkere Belastung des Bodens
mit Pestiziden

erneute Veränderung von
Bodenflora und -fauna

Zerstörung der natürlichen Symbiosen
zwischen Pflanzenwurzel
und Bodenorganismen

sinkender pflanzenverfügbarer Anteil
der Mineraldüngung

weiter erhöhter Einsatz von
Mineraldünger und Pestiziden

Aufgabe des zerstörten
Anbaugebietes.
Rodung und Anbau
neuer Gebiete.
Beginn eines erneuten
Circulus vitiosus mit
Monokultur, Intensiv-
nutzung usw.

Veränderung
der Raumordnung

Zerstörung der humosen Bodenstruktur
Erosion

Ozean: Störung des
CO_2/O_2-Austausches
Beeinflussung des
Meereslebens

Auswaschen steigender Mengen
ungenutzter Mineralsalze
und Pestizide in die
Grund- und Oberflächengewässer

Trinkwasser

Veränderung der
Luftzusammensetzung

ungehemmtes Algen- und
Bakterienwachstum in den Gewässern

Klimaveränderungen

Eutrophie, Verarmung an Sauerstoff
und »Umkippen« von Flüssen und Seen

gewaltige Verteuerung
der Wasseraufbereitung

Schädigung der Volkswirtschaft
sowie der menschlichen Nahrung,
Gesundheit und Erholung

© Krüger Grafik

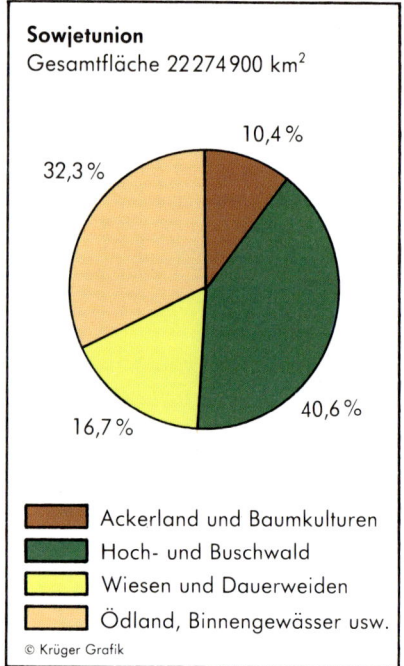

Sowjetunion
Gesamtfläche 22 274 900 km²

10,4 %
32,3 %
40,6 %
16,7 %

■ Ackerland und Baumkulturen
■ Hoch- und Buschwald
■ Wiesen und Dauerweiden
■ Ödland, Binnengewässer usw.

© Krüger Grafik

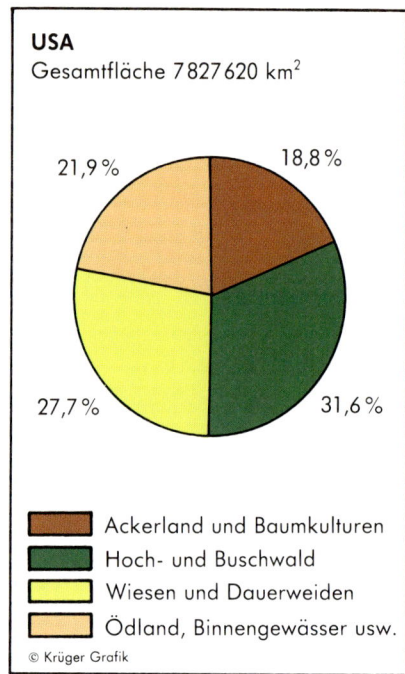

USA
Gesamtfläche 7 827 620 km²

21,9 %
18,8 %
27,7 %
31,6 %

■ Ackerland und Baumkulturen
■ Hoch- und Buschwald
■ Wiesen und Dauerweiden
■ Ödland, Binnengewässer usw.

© Krüger Grafik

ausgesucht, weil der Distrikt heute ein wichtiges Beispiel für die ganze Welt sein kann.

Das einzige Land, das größere Flächen besitzt, die sich zum Weizenanbau eignen, als die »Great Plains« von Nordamerika, ist die Sowjetunion. Die 130 Millionen Hektar »Schwarze Erde« in der UdSSR erbringen heute vier Fünftel des sowjetischen Nahrungsmittelbedarfs, doch der Boden verschlechtert sich rapide. Der »Observer« vom 10. Februar 1985 macht auf einen Artikel in der sowjetischen Zeitschrift »Mensch und Natur« aufmerksam, in dem es heißt: »Wenn wir nicht unverzüglich Schritte einleiten, die Schwarze Erde zu erhalten, dann beginnt in zehn bis fünfzehn Jahren ein unwiderruflicher Verfall-

sprozeß, und es wird nichts mehr zu retten sein.«

Neben den 130 Millionen Hektar dieser einst so guten Schwarzen Erde verfügt die Sowjetunion über 33 Millionen Hektar Land, das (hauptsächlich durch Bewässerung) nach 1917 urbar gemacht worden ist, infolge schlechter Bewirtschaftung jedoch zusehends erodiert. Aus diesem Grunde wurden 1985 40 Millionen Tonnen Weizen von den USA gekauft, ein Großteil des sowjetischen Gesamtbedarfs. In den letzten zwei Jahrzehnten wurde die Sowjetunion immer stärker von amerikanischen Getreideimporten abhängig; auch aus Argentinien, Australien und anderen Ländern strömt Weizen in die UdSSR, doch würden die Menschen dort ohne das Getreide aus Nordamerika vermutlich Hunger leiden müssen.

Auch die Dritte Welt ist mehr und mehr auf das Getreide aus den USA angewiesen. Nachdem Land für Land, in Afrika wie in Asien, von Hungersnöten bedroht ist, werden sie mit Getreidelieferungen unterstützt, von denen die meisten aus Nordamerika kommen. Und sogar Westeuropa ist, trotz des noch weiter wachsenden Weizenbergs, weitaus abhängiger von den »Great Plains« Amerikas, als die meisten Europäer glauben mögen. Im Laufe der Jahre haben Mais und Sojabohnen aus den USA einen immer größeren Anteil am Viehfutter in Europa gewonnen. Der »Weizenberg« in Europa

ist erst dadurch entstanden, daß man große Mengen Getreide und Sojabohnen aus Nordamerika eingeführt hat.

Was also soll aus der Welt werden, wenn einmal nicht mehr mit den Überschüssen der nordamerikanischen Landwirtschaft zu rechnen ist? Man darf gar nicht an eine solche Möglichkeit denken. Die Sowjetunion würde Hunger leiden, Europa sich zumindest einschränken müssen. Und die ausgesprochenen Hungerregionen, die sich von Jahr zu Jahr vergrößern, bekämen überhaupt keine Unterstützung mehr. Selbst die Nordamerikaner müßten sich auf sehr harte Zeiten gefaßt machen.

Aus diesem Grunde beschlossen wir, in den Mittelwesten zu fahren, um uns dort umzuschauen.

Von Kansas City ging es meilenweit durch ein Gebiet, das durch die Großstadtnähe viel von seinem ländlichen Charakter verloren hatte. Dann kamen wir in ein hügeliges, baumloses Ackerland, mit hübschen schindelverkleideten und weißgestrichenen Farmhäusern, großen Scheunen und Getreidesilos.

Das Land wies eine Reihe von Steilfelsen auf, durch kleine Täler getrennt. Stellenweise waren Kalksteinklippen bloßgelegt, die mich an die Oolithen der Cotswold Hills in England erinnerten. Der Boden war offenbar sehr tief und bestand zum großen Teil aus Löß, mit anderen Worten: ein vom Wind herangetragener Boden. Nach der letzten Eiszeit waren Sand und Schlamm, durch Eis und Wasser von den großen Bergketten – den Laurentian Mountains im Norden, den Appalachen im Osten und den Rocky Mountains im Westen – erodiert und vom Winde verweht worden. Es muß eine Epoche großer Winde und Dürren gewesen sein, denn der herangetriebene Staub hat sich in sehr dicken Schichten abgelagert. Ich sah ein von einem Erosionsgraben freigelegtes Bodenprofil, das einen Lößboden von etwa 13 Meter Stärke aufwies, und man sagte mir, es gäbe hier und da noch stärkere.

Stellenweise war der Boden kein Löß, sondern augenscheinlich eine eiszeitliche Ablagerung – die Art Boden, die ich von meiner eigenen

Erosion in den USA

Ein Drittel der Getreideanbauflächen der USA, mehr als 50 Millionen Hektar, ist zur Zeit einem deutlichen, durch Boden-Erosion bedingten Rückgang der langfristigen Produktivität ausgesetzt. Setzt sich diese Auszehrung weitere 50 Jahre fort, so wird sie die Getreideernte der USA um 50–75 Millionen Tonnen (etwa die Hälfte der US-Exporte 1980) schmälern und damit Millionen von Menschen in der ganzen Welt betreffen, die auf die amerikanischen Nahrungsüberschüsse angewiesen sind. Schon einmal, in den 30er Jahren unseres Jahrhunderts, erreichte die Boden-Erosion in den USA ein erschreckendes Ausmaß: Rund 3,6 Millionen Hektar Acker- und Weideland gingen der Landwirtschaft durch Badlandbildung, Ausblasung oder Flugsandüberdeckung verloren – eine Fläche von der Größe Nordrhein-Westfalens. Am 11. Mai 1934 versank das Land vom Mittelwesten bis an die Ostküste in einer riesigen Staubwolke, als der Wind etwa 350 Millionen Tonnen Ackerkrume mit sich fortblies. Nur kurze Zeit besannen sich die Farmer daraufhin einer konservierenden Form der Landwirtschaft, dann siegte erneut der Wunsch nach Rekordernten über die Furcht vor der Erosionsgefahr. (11)

Farm in Westwales kenne. Auch dieser hier war von weit hergekommen, geschoben und gewälzt von den Gletschern mehrerer aufeinanderfolgender Eiszeiten, und dort abgesetzt, wo er heute noch liegt.

Auf allem Ackerland, das ich sah (es war Dezember, und die Felder waren abgeerntet), gab es Anzeichen von Schichterosionen, in vielen Fällen ziemlich schlimme. Am tiefsten Punkt vieler Felder hatte sich ein regelrechtes Delta aus Mutterboden gebildet, der den Hügel hinabgespült worden war und sich unten gesammelt hatte. Und wo ein Tal zwischen den Felsen entstanden war, die der Landschaft das Gepräge geben, konnte man die Anfänge von Grabenerosionen erkennen. Sie wurden in den meisten Fällen von dem Farmer dadurch verdeckt, daß er über die Spalte hinweg pflügte. Mir wurde klar, daß er das tun mußte, sonst wäre der Graben so tief geworden, daß man nicht mehr mit dem Mähdrescher hätte darüberfahren können. Ein kleiner Teil der Felder an den steileren Hängen war terrassiert, doch man hatte nur halbe Arbeit geleistet. Es waren nicht die typischen Terrassen, wie es sie in Italien, Griechenland oder den Reisländern Asiens gibt und wo die Fläche ganz eben ist und der Boden durch sorgfältig errichtete Steinmauern gehalten wird. Man hatte schräge Terrassen angelegt, indem man den Boden hügelaufwärts zusammengeschoben hatte, im übrigen der Höhenlinie des Berges gefolgt war und das Ganze mit Gras bepflanzt hatte. Auch hier war Schichterosion sichtbar, wenn auch in geringerem Maße. Auf einigen solcher Pseudoterrassen hatten sich grasüberwachsene Rinnen gebildet, in denen das überflüssige Wasser hinabströmte; auf anderen wurde es durch ein ausgeklügeltes System unterirdischer Kanäle abgeleitet. Ich bedachte, daß in einer natürlichen Landschaft oder in einer künstlichen, doch sachgemäß bewirtschafteten, überhaupt kein Wasser abfließen dürfte, es sei denn bei ungewöhnlich starken Wolkenbrüchen. Aller Regen sollte von der Vegetation und dem humusreichen Boden aufgenommen werden. Aber hier gab es im Winter überhaupt keine Vegetation, und ein Blick auf den Boden genügte, um festzustellen, daß er nur sehr wenig Humus enthielt.

Wir fuhren durch den kleinen Flußhafen St. Joseph, überquerten den Missouri (er war milchkaffee- farben von der amerikanischen Erde), kamen durch Troy und gelangten schließlich in die kleine Stadt Robinson. Sie erschien uns wie eine Filmkulisse. Man konnte sich unschwer den derzeitigen Präsidenten der Vereinigten Staaten vorstellen, wie er in jüngeren Jahren die Hauptstraße eines solchen Städtchens entlanggeritten war und mit dem Revolver eifrig für Recht und Ordnung gestritten hatte. Am Stadtrand standen einige Kornspeicher; daneben gab es einen Laden, den man in ein Büro

verwandelt hatte. Die Vorstellung einer Filmkulisse wurde noch durch den Auftritt eines jungen Mannes erhöht, der in der ganzen Pracht des traditionellen amerikanischen Cowboys aus dem Hause trat. Er bat uns hinein und stellte uns einer jungen Dame vor, der Geschäftsführerin des »Wolf River Watershed District No. 66«, deren Büro hier war und die noch drei weitere Angestellte beschäftigte. Der Cowboy war nicht nur als solcher kostümiert, sondern tatsächlich einer – jedenfalls besaß er eine Ranch; die anderen drei waren Farmer. Alle vier arbeiteten in ihrer freien Zeit für die Kommission, denn sie machten sich ernste Sorgen um ihr erodierendes Land. In den folgenden Tagen erfuhr ich, wie es zu dieser Organisation mit dem seltsamen Namen »Wolf River Watershed« gekommen war.

Das umliegende Land war 1854 den Indianern weggenommen worden. Zwölf Jahre später gab es einen Ansturm weißer Siedler auf das Land, die vollständig von ihm Besitz ergriffen. 1911 berichtete eine Zeitung, »wo einst Unkraut wuchs, werden jetzt 60 bis 90 Scheffel Korn pro Morgen geerntet«. (Europäischen Lesern muß ich erklären, daß die Amerikaner immer »Mais« meinen, wenn sie »Korn« sagen, ebenso wie man Amerikaner darauf hinweisen muß, daß die Deutschen unter »Korn« Weizen, Gerste, Hafer oder Roggen verstehen.)

Als den Indianern ihr Land genommen wurde, war es noch in seinem ursprünglichen Zustand. Das Gebiet, das wir aufsuchten, lag zwischen den »Großen Wäldern«, einer ungeheuer weiten, vorwiegend mit Laubbäumen bewachsenen Waldfläche, die einst den ganzen Ostteil des Kontinents bedeckte, und den »Great Plains«. Diese Prärien waren im Osten mit Langgras bewachsen, im Westen, zum Beispiel in Colorado, mit kurzem Gras. Überall weideten große Büffelherden. Sie wurden von Indianern gejagt, die noch in der Steinzeit ihrer eigenen Entwicklung lebten, noch nie Metall verarbeitet hatten und sehr gut ohne es zurechtgekommen waren. Das Ökosystem war ausgeglichen und beständig und hätte in alle Ewigkeit so bleiben können, zumindest so lange, bis ein klimatischer oder anderer »Umschwung« erfolgt wäre. In Tausenden von Jahren hatten das Gras und andere Präriepflanzen mit dem Büffeldünger zusammen einen tiefen und humusreichen Mutterboden gebildet, und die lebenden oder toten und verfaulenden Wurzeln der Bäume absorbierten jede Regenmenge, die der Himmel senden mochte.

Alles Wasser, das auf die Prärie niederging, wurde vom Boden zum Nutzen der Pflanzen aufgenommen – nichts ging verloren, und es gab keine Erosionen. Bäche und Flüsse führten klares Wasser. Eine der großen Klagen,

Goosenecks Canyon in Utah (USA). Der Colorado und seine Nebenflüsse haben sich tief in das nahezu horizontal liegende Sedimentgestein gegraben und die ehemals einheitliche Hochfläche in ebene Platten (Mesas) geteilt.

Die »Echo cliffs« in Arizona (USA). Das Landesinnere von Süd-Arizona und Südost-Kalifornien ist der trockenste Teil des nordamerikanischen Kontinents. Die Wüstengebiete des Südwestens werden von einer Strauchsteppe beherrscht, die an den trockensten Stellen von einer Zwergstrauchsteppe, an feuchteren Standorten von Riesenkakteen und Yukkabäumen abgelöst wird.

welche die Indianer über den weißen Mann erhoben, war die, daß er mit seinen zivilisatorischen Bemühungen die Flüsse verunreinigte und die Fische vernichtete. Aber das war natürlich nicht alles: Der weiße Mann rottete den Büffel aus und zerstörte die Prärien, als er sie umpflügte, um Getreide zu pflanzen.

In zehn oder zwanzig Jahren hatten die neuen Siedler die über 10 000 Jahre bewahrte Fruchtbarkeit der Prärien zerstört. Danach mußte sie »aus dem Sack« ersetzt werden. 1927, 61 Jahre nach dem großen Landrausch, wurde in Doniphan County (einem der drei Bezirke, die der Watershed-Kommission Nr. 66 unterstanden) eine Bodenprüfung vorgenommen; sie ergab, daß Dreiviertel des Landes aufgrund des Lößbodens in hohem Grad erosionsempfindlich waren, und die fortgesetzte Getreideproduktion an den Berghängen ebenso wie der fehlende Fruchtwechsel die Erosion noch beschleunigte. Auf vielen abschüssigen Feldern hatte sich der Oberboden bis zu drei Metern Tiefe gelockert, und oft war sogar schon der Unterboden dahin.

Zwar war dem östlichen Kansas das Desaster der riesigen Staubwolke, das den größten Teil der Ackerkrume Oklahomas und der angrenzenden Gebiete davongetragen und in den Atlantischen Ozean geweht hatte, weitgehend erspart geblieben – wir werden später darauf zurückkommen –,

aber die Wirkung der Staubwolke veranlaßte 1936 die Bundesregierung in Topeka, den »Soil Erosion Service« ins Leben zu rufen, dem 1937 der »Soil Conservation Service« (SCS) folgte – Einrichtungen zur Bekämpfung der Bodenerosion und zur Erhaltung des Bodens. Die letztere arbeitete erfolgreich, und 1965 kooperierten drei von vier Farmen des »Wolf River Districts« auf die eine oder andere Weise mit dem SCS. Dieser war bestrebt, die Farmer dazu zu bewegen, steile Hänge zu begrünen, andere zu terrassieren, nicht hügelauf- und abwärts zu pflügen, sondern parallel zu den Höhenlinien, und propagierte darüber hinaus noch viele andere Maßnahmen zum Schutz des Bodens.

Das Erosionsproblem konnte allerdings nicht durch die Bemühungen des »Soil Conservation Service« allein gelöst werden (tatsächlich verschlimmerte sich die Lage ständig), und so wurde 1953 der »Kansas Watershed District Act« erlassen, wodurch die Bewohner eines gemeinsamen Entwässerungsbezirkes ermächtigt wurden, Verbesserungen der Wasserzufuhr in ihrem Gebiet zu planen und durchzuführen. Die Farmer von Kansas organisierten sich daraufhin in 83 Distriken, die insgesamt elfeinhalb Millionen Morgen umfaßten. Was ich in einem dieser Distrikte sah, waren Beispiele echter Demokratie, die von der Basis ausgeht und nicht von oben verfügt wird; und wenn überhaupt

eine Organisation imstande ist, den Boden der Vereinigten Staaten zu retten, so könnte es wohl nur diese sein.

Aber mit Organisiertheit allein wird man es nicht schaffen – eine neue – oder sehr alte – ökologisch-ganzheitliche Weltanschauung und ein nachhaltiger finanzieller Anschub sind vonnöten.

Wir wurden in einem Lastwagenkonvoi auf eine Farm gefahren, wo wir einen besonders schlimmen Erosionsgraben filmen wollten, der sich in nur zwölf Monaten auf einem ziemlich ebenen Feld bis zu einer Tiefe von etwa sieben Metern gebildet hatte. Der stolze Besitzer dieser »Schlucht« und der Farm ringsum wußte, daß seine Kornmonokultur zur völligen Auswaschung seines Bodens führen würde, aber er wußte auch, daß er eine Menge Boden besaß. Wir alle konnten die Folgen seines Tuns erkennen, als wir in den Graben hinunterblickten, sieben Meter tief in der schönen Lößerde, und das freigelegte Grundgestein sahen. Doch was bedeutete schon ein Erosionsgraben auf seinen 320 Morgen? Der Farmer wußte wohl, daß die Schichterosion sein Erbteil nach und nach zugrunde richten würde; aber es blieb ihm nichts anderes übrig, als mit seiner Mais-Monokultur weiterzumachen, hatte er doch Schulden bei seiner Bank

und jeden Monat seine Zinsen zu zahlen. Gegenwärtig stehen zehn Prozent der amerikanischen Farmer vor dem Bankrott – unser Farmer wollte nicht zu ihnen gehören. Beim jetzigen Erosionsgrad des Bodens kann sein Land voraussichtlich noch 30 Jahre Gewinne abwerfen. Und vielleicht wird er bis dahin auch seine Schulden »abgestottert« haben.

Um zu zeigen, daß ich das Problem des Bodenverlustes im amerikanischen Mittelwesten nicht übertreibe, will ich auch die Ansichten anderer wiedergeben. Ich bin in Kansas tatsächlich niemandem begegnet, der sich irgendwelche Illusionen machte – jeder war bekümmert und verzweifelt, wenn er an die Zukunft dachte.

Eine Methode, den Bodenverlust in den USA festzustellen, besteht darin, die jährliche Sedimentbildung in den Flüssen und Bächen zu messen, die eine bestimmte Fläche entwässern. In einer Mitteilung des »Kansas Water Resources Board« aus dem Jahre 1971 wird die Sedimentbildung auf ebenen Flächen zwischen 1500 und 2800 Tonnen pro Quadratmeile im Jahr geschätzt, Sedimente von den »bluffs« (wie man die Steilfelsen in

Nicht wenige Weizenäcker in Oklahoma (USA) zeigen, daß die Versteppung im nordamerikanischen Corn Belt auf dem Vormarsch ist. Allein die USA registrieren einen jährlichen Bodenverlust durch Erosion in Höhe von einer Milliarde Tonnen Ackerboden.

Schlachtvieh in Nebraska (USA). Ein US-Bürger verbraucht derzeit durchschnittlich 110 kg Fleisch pro Jahr, in der Bundesrepublik Deutschland liegt der Schnitt immerhin noch bei rund 90 kg, weltweit hingegen bei etwa 30 kg pro Person.

Kornfelder in Iowa (USA). Die amerikanischen Farmer (nur etwa 2 % der Gesamtbevölkerung der USA) produzieren 15 % der weltweiten Weizenernte, 21 % an Hafer, 36 % an Sorghum-Hirse und 46 % an Mais – auf gut 11 % der weltweiten Ackerbaufläche.

den Prärien nennt) hingegen auf durchschnittlich 4000 Tonnen pro Quadratmeile im Jahr; aber es sind auch schon 15 000 Tonnen gemessen worden. Für den »Wolf River District« ermittelte Dick Holland, ein Geologe im Dienst des »Soil Conservation Service« (SCS), einen jährlichen Bodenverlust von den »bluffs« in Höhe von 8000 Tonnen pro Quadratmeile.

Bei Sedimentprüfungen wird die Sedimentmenge an einem bestimmten Punkt eines fließenden Gewässers gemessen. Man erhält allerdings keine Angaben über den gesamten Bodenverlust, denn die durch Winderosion abgetragene Bodenmenge ist in diesen Zahlen nicht enthalten. Eine besonders interessante Untersuchung wurde in Ontario, Kanada, vom

»EPA Water Quality Office« durchgeführt, worüber die im Juli 1971 veröffentlichte Arbeit »Über die Verschmutzung der großen kanadischen Seen« informiert. Sie weist nach, daß auf beständigem Grasland der Boden- und Wasserverlust »geringfügig« ist, während einem Gebiet, auf dem ununterbrochen Mais angebaut wird, ein jährlicher Bodenverlust von etwa

Bodenzerstörung

Bei einer intensiven Bewirtschaftung werden mit jeder Produktionssteigerung große zusätzliche Mengen an Chemikalien benötigt. Um die Erträge zu verdoppeln, wird die sechs- bis siebenfache Menge an Insektenvernichtungsmitteln benötigt. Die in den letzten Jahren in der BRD erzielte Steigerung der Ernteerträge um 50 % mußte außerdem mit einer Kostensteigerung für Düngemittel um 300 % und einer Kostensteigerung für Schädlingsbekämpfungsmittel erkauft werden.

Kunstdünger verursacht aber seinerseits Schäden. Er hat die Wirkung, lebensnotwendige Prozesse innerhalb des Humusbodens bei gewissen Bakterien zu unterbinden. Die Bakterien können aussterben. Es handelt sich bei ihnen um die Nitrifizierer und Denitrifizierer. Sie sondern bei dem Verwesungsprozeß den Stickstoff in die Atmosphäre ab und verwandeln den Stickstoff aus der Luft in das für Pflanzen benötigte Nitrat um. Wenn dieser biologische Kreislauf gestört wird, sammelt sich aus den biologischen Abfällen Ammoniak an, ein giftiger Stoff, der Leben zerstört.

Bei einer Überdüngung der Pflanzen mit Stickstoff wird das überschüssige Nitrat in den Leitungsbahnen der Pflanzen angereichert. Außerdem kann der überschüssige Stickstoff in das Grundwasser ausgewaschen werden. Beim Säugling können, vor allem im ersten Vierteljahr, durch in zu hohem Maße stickstoffgedüngtes Gemüse Kreislaufzusammenbrüche und Methämoglobinämie auftreten. Diese gefährliche Erkrankung, die äußerlich als Blausucht zu erkennen ist, verläuft oft tödlich.

Viele der Schädlingsbekämpfungsmittel sind ebenfalls gefährlich. Sie verursachen häufig Schädigungen der Leber, der Nieren, des Zentralnervensystems, beeinflussen Drüsenfunktionen usw. Viele Chemikalien, die man als Schädlingsbekämpfungsmittel verwendet, gehören zu einer Gruppe von Substanzen, die imstande sind, die Chromosomen zu schädigen, die normale Zellteilung zu stören oder Mutationen zu verursachen. Die amerikanische Nahrungsmittel- und Arzneibehörde rechnet jedes Jahr mit tausend Sterbefällen und 80 000 bis 90 000 Erkrankungen durch die Verwendung von Chemikalien allein in den USA. Es gibt über 900 Chemikalien, die zur Insektenbekämpfung benutzt werden. Diese Chemikalien sind immer wieder gemischt worden, so daß heute 60 000 verschiedene Mittel zur Verfügung stehen. (12)

19 Tonnen pro Hektar entsteht. Nun hat das ehrwürdige »General Accounting Office« (der Bundesrechnungshof der USA) dem Kongreß 1977 einen Bericht vorgelegt, in dem es heißt: »Schätzungen der Bodenverluste von 283 Farmen in den Great Plains, dem Corn Belt und in Pacific North West haben ergeben, daß Bodenverluste die Produktivität gefährden.« Die Produktivität! Der große Gott Produktivität! Offenbar scheren sich die Herren nicht den Teufel darum, daß die Bodenverluste nicht nur die Produktivität, sondern das Überleben der Vereinigten Staaten überhaupt bedrohen! Im gleichen Bericht wird mitgeteilt, der »Soil Conservation Service« erachte den jährlichen Verlust an tiefem Boden mit 12 Tonnen pro Hektar und an flachem Boden mit einer Tonne für »akzeptabel«. Es wird allerdings auch festgestellt, daß mindestens 84 Prozent der typischen Farmen mehr als 12 Tonnen Bodenverlust verzeichnen.

Gewiß, es entsteht auch neuer Boden. Es scheint, als gäbe es ebensoviele Schätzungen, wie lange es dauert, bis ein Zoll Boden aufgebaut ist, wie es Leute gibt, die Schätzungen darüber anstellen. Der »Soil Conservation Service« meint, je nach dem Klima und der Gesteinsart, aus der sich der Boden zusammensetzt, brauche es 300 bis 1000 Jahre, um einen Zoll Boden hervorzubringen. Und es heißt in diesem Bericht weiter, die amerikanischen Farmer verlören derzeit einen Zoll Boden in nur 16 Jahren!

Ex-Präsident Jimmy Carter, der, wenn auch die Ansichten über seine Regierungszeit auseinandergehen, gewiß ein guter Farmer ist, stellte am 2. August 1979 fest, »vor 1935 haben die Vereinigten Staaten gut über 600 Millionen Morgen tatsächliches oder potentielles Ernteland gehabt. Seitdem sind annähernd 100 Millionen Morgen potentielles Ernteland effektiv vernichtet worden.« Und diese Vernichtung geht weiter – und zwar mit zunehmender Geschwindigkeit.

Dieser Prozeß ist nicht neu. Von dem Augenblick an, da Siedler in

Bodennutzung

- Hauptanbaugebiet
- Waldland mit Holznutzung
- Waldland u. offenes Waldland mit Weidewirtschaft
- Weideland mit intensiver Milchwirtschaft u. überwiegend Futterbau
- Extensive Weidewirtschaft der Steppen u. Halbwüsten
- Agrarisch nicht genutzte Gebiete (Wüsten, Sümpfe, Ödland)

Anbau

- Getreide mit überwiegend Mais u. Hafer
- Getreide mit überwiegend Weizen
- Getreide mit überwiegend Hirse
- Reis
- Zuckerrohr
- Zuckerrüben

Rinder Stärkste Viehhaltung

Heringe Stärkster Fischfang

Fischereihafen

0 100 200 300 400 500 km

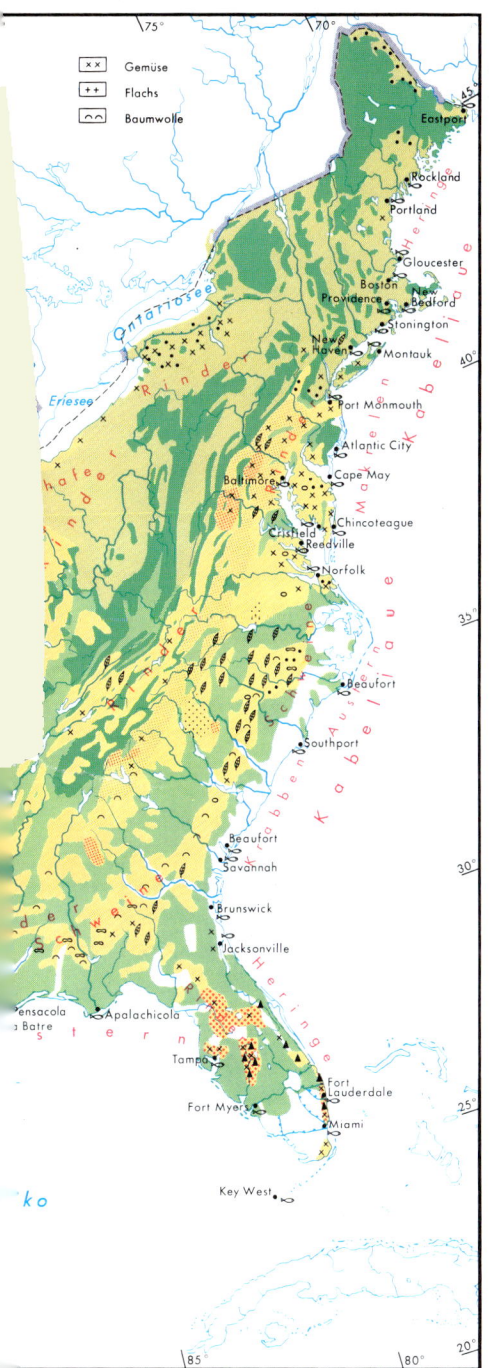

der »Neuen Welt« Fuß gefaßt
hatten, begannen sie, die Natur zu
zerstören. George Washington,
selber ein Farmer, schrieb 1797 in
einem Brief: »Wir ruinieren das
Land, sobald wir es urbar gemacht
haben, und schlagen noch mehr
Wälder, solange wir welche haben,
oder ziehen nach dem Westen
weiter. Die Hälfte, ein Drittel
oder sogar nur ein Viertel des
Landes, das wir ›ausbeuten‹, würde, gut bearbeitet und angemessen
gedüngt, mehr erbringen als das
ganze Land bei unserer Methode.
Aber die Macht der Gewohnheit
ist so groß, daß wir uns nicht von
ihr lösen können.«
Gut bearbeitet und angemessen
gedüngt! George Washingtons Familie stammte aus East Anglia,
und er ist zweifellos in der Tradition der klassischen Landwirtschaft aufgewachsen, die in jener
Region wegweisend wurde. Mit
»angemessen gedüngt« dachte er
gewiß nicht an die Unmengen von
Chemikalien, die man jetzt über
das Land ausschüttet. Er meinte
guten Dünger vom Bauernhof, mit
Stroh kompostierten Rinder- und
Schweinemist; und mit »gut bearbeitet« hatte er Ackerbau mit
regelmäßigem Fruchtwechsel im
Sinne, Rüben und andere Futter-
pflanzen, Schafe in Hürden und
die Zwischensaat von Gras und
Klee – alles Wege, um den »Kern«
des Landes zu erhalten und zu
verbessern.

Das Ackerland der USA wird
heute wahrlich »gut« gedüngt –
mit 40 Millionen Tonnen Kunstdünger jährlich, von denen ein
Teil unmittelbar zur »Verbrennung« und Zerstörung des spärlichen Humus führt, der im Boden
verblieben ist. Hinzukommen über
eine halbe Million Tonnen Giftstoffe. Das mag vielleicht nicht
nach sehr viel klingen für ein so
großes Land wie die Vereinigten
Staaten von Amerika, aber von
einigen dieser Biozide genügt bereits ein einziger Tropfen, um
einen Menschen zu töten.
Die ganze beharrliche Arbeit der
»Watershed Districts«, des »Soil
Conservation Service«, des »U. S.
Department of Agriculture« und
anderer Organisationen sowie
sämtliche Gesetze und Verfügun-
gen haben nicht vermocht, die
Bodenerosion in den USA zu
verhindern oder auch nur aufzuhalten. Für den »Wolf River District« schätzt Dick Holland, der
Geologe des SCS, daß der Bodenverlust weiterhin zwischen 1,4 und
23,5 Tonnen pro Jahr betragen
wird, selbst wenn man mehr als
zwei Drittel des Farmlandes dem
Schutzprogramm unterstellt (angesichts des finanziellen Druckes,
dem die meisten Farmer ausgesetzt sind, ist dies allerdings höchst
unwahrscheinlich). Man könnte
damit den Verlust vermutlich
etwas verringern, aber er wäre
immer noch viel zu hoch.

Es gibt nur zwei Möglichkeiten, den Boden des amerikanischen Mittelwestens zu retten. Die eine wäre, die Great Plains vollständig zu einem Grasland zu machen oder wieder in Prärien zu verwandeln – ein völlig unrealistisches Unterfangen. Der andere Weg wäre, zu einer guten Farmwirtschaft zurückzukehren – oder voranzuschreiten.

Ich habe den Besitz eines Farmers besichtigt, der diesen neuen Weg gegangen ist. Auf seinen 130 Hektar hielt er eine Herde von 100 Rindern. Sie grasten auf einer Dauerweide, die er an allen steileren Hängen seiner Farm angelegt hatte, und wurden im Winter mit Gras und Luzernen gefüttert, die im Sommer ein Viertel des Ackerlandes einnahmen. Im Winter hielt er die Tiere in Ställen, die mit Stroh ausgelegt waren. Neben dem unvermeidlichen Mais, der sich am schnellsten zu Geld machen läßt, baute er Hafer und Gerste an. Sein Vieh sah gesund aus, sein Boden fruchtbar und gut. »Verdienen Sie viel dabei?« fragte ich ihn. »Nein, aber ich komme schon zurecht. Und ich kann wenigstens meinen Enkeln etwas hinterlassen.«

Weiter westlich in den Great Plains, wo früher die Kurzgrasprärie war, liegen die Verhältnisse anders. Die Regenfälle sind dort viel geringer, und man fürchtet weniger die Wasser- als die Winderosionen. Trotzdem sprechen die Menschen kaum noch von der riesigen Staubwolke, die 1934 an nur einem Tag das ganze Land vom Mittelwesten bis zur Ostküste bedeckt und etwa 350 Millionen Tonnen Ackerkrume mit sich fortgeblasen hatte – vielleicht hat John Steinbeck das letzte Wort darüber in seinem Roman »Früchte des Zorns« gesagt. Viele Amerikaner in den Städten glauben, sie gehöre der Vergangenheit an und die Wissenschaft werde dafür sorgen, daß sie niemals wiederkehrt. Aber die Wissenschaftler, jedenfalls solche, die Feldforschung betreiben, sind nicht dieser Ansicht und die Farmer ebensowenig. Sie haben jene gewaltige Katastrophe nicht vergessen.

Die Erosionsrate in Amerika ist nie höher gewesen als heute. Die humuslosen Böden könnten beim ersten Sturmwind davongefegt werden. Ich habe die Staubwolke nie gesehen (wenn ich auch als Schulkind vielleicht eine ihrer Folgen sah, denn die Sonnenuntergänge in Europa waren besonders prächtig, wenn große Staubmengen in die Atmosphäre geblasen wurden), und so will ich aus einem der besten und prophetischsten Bücher zitieren, die in unserem Jahrhundert geschrieben wurden, aus »Soil and Civilization« (Der Boden und die Zivilisation) von Edward Hyam. Es erschien erstmals 1952 – seiner Zeit um Jahrzehnte voraus. Und wenn schon von Büchern die Rede ist, möchte ich an dieser Stelle zwei weitere erwähnen, denen ich zutiefst verpflichtet bin: das eine ist »New Roots for Agriculture« (Neue Wurzeln der Landwirtschaft) von Wes Jackson, einem Farmer und Agrarwissenschaftler aus Kansas, das andere »The Wolf on the Rise« (Der Wolf im Aufstieg), verfaßt von der Forschungsgruppe der »Wolf River Watershed« in Zusammenarbeit mit dem »Soil Conservation Service«.

Ich möchte diesen Blick auf Nordamerika mit einem etwas längeren Zitat aus Hyams Buch beschließen: »Weniger als 35 Jahre nach der Besiedlung von Oklahoma hing eines Tages, als ein Sturm von Westen her wehte, eine seltsame dunkle Wolke über New York und der ganzen Küste nördlich und südlich der Stadt. In der Folgezeit wiederholte sich das Phänomen, doch beim ersten Erscheinen machte es wegen seiner Neuartigkeit einen besonders starken Eindruck auf die zehn oder zwölf Millionen Menschen, die es drohend und unheilverkündend wie einen roten Schleier über dem Land und dem Meer hängen sahen. Es war eine Staubwolke, und der Staub war der Mutterboden des Mittelwestens (zu dem die weiten Flächen von Oklahoma gehören), auf dem Wege, sich im Atlantischen Ozean zu verlieren. Eine Monokultur, die lockere, feinporige Ackerkrume und ein

In den 30er Jahren erreichte die Bodenerosion in den USA erstmals einen erschreckenden Höhepunkt: Millionen Tonnen an Ackerkrume wurden vom Wind in riesigen Staubwolken davongetragen, wie diese beiden Dokumentarfotos zeigen.

paar Wochen Sturmwind hatten zusammen diese Staubwolke bewirkt. Der Boden des Mittelwestens wurde ins Meer geweht mit einer Schnelligkeit, die – gemeinsam mit der Wassererosion in anderen Teilen des Landes – innerhalb eines Jahrhunderts aus Nordamerika eine Wüste Sahara machen könnte.

Als sich zwischen 1889 und 1900 Tausende von Farmern in Oklahoma niederließen, mußten sie in dem Glauben gewesen sein, eine neue Agrikultur zu begründen, die so lange andauern würde wie die Ägyptens. Die Enkel, ja schon die Söhne dieser Siedler, die so schnell zu einer Geißel ihres Bodens geworden waren, verließen ihre ruinierten Farmen, ihr verbranntes oder entwurzeltes Getrei-

de, ihren toten Boden, den Staub eigenen Verschuldens in Haar und Augen, den trockenen Sand einer einst fruchtbaren Ebene zwischen den Zähnen. Sie zogen westwärts, um in Kalifornien Obst zu pflükken, in einzelnen Familien, größeren Gruppen, ganzen Karawanen, in schrottreifen Autos, nirgendwo gern gesehen und rasch weitergeschoben, damit sie nicht irgendeinem Staat zur Last fielen – eine jammervolle, verachtete Prozession der ›gottverdammten Okies‹. Die ›Okies‹ waren die Sündenböcke einer ganzen Generation, und der Gott, der sie verdammt hatte, war vielleicht eine Göttin mit Namen Ceres, Demeter, Maja oder noch älter und schrecklicher. Und sie hatte sie verdammt wegen ihrer Ignoranz, ihrer fundamenta-

len Unkenntnis der natürlichen Welt, ihrer Mißachtung der Gesetze des Gebens und Nehmens, die auf diesem Planeten die Grundlage allen Lebens bilden.«

Landschaft bei Harar, Verwaltungssitz der ostäthiopischen Provinz Harärge. Das Hochland Äthiopiens ist von immergrünen Trockenwäldern bestanden, doch hat zunehmende Entwaldung in den letzten Jahren zu enormen Verlusten an Bodenkrume geführt. Um weiterer Erosion vorzubeugen, ist eine Neubepflanzung des Hochlandes mit Wald und Hecken dringend notwendig.

DIE GESCHUNDENE KRUME

»Afrika ist voll von einsamen Bauern: Millionen von Menschen, die einander entfremdet sind durch die Zerstörung der Natur ... Wenn die Natur weicht, schwindet auch die Aussicht auf Wohlstand. Jene Fäden, die einst die Bauern mit der Natur verbanden, sind fest verknüpft: Trennt man sie auf, schlägt dies tiefe Wunden in Gesundheit und Kollektivbewußtsein der Menschen. Der arme Bauer ist vielleicht die letzte Warnung für den Rest der Menschheit, endlich zu erkennen, was es bedeuten würde, auf einem einsamen Planeten zu leben.«

Calestous Juma, Journalist aus Kenia

Ein Mann mit dem Federhut der »King's African Rifles« bläst auf einer Pfeife – mit einer Erbse im Luftkanal, damit sie schriller klingt – und vollführt dabei einen wilden Tanz. Dazu schlagen vier Männer und Knaben die Trommel, ohne daß sie die Pfeife übertönen können. Etwa ein Dutzend Männer und Frauen, zum Teil für diese Zeremonie kostümiert, tanzen wie besessen. Das Ganze wird von unserem Kamera-Team gefilmt, in einem kleinen Dorf südwestlich von Nairobi in Kenia. Der Lärm ist ohrenbetäubend, die Sonne brennend heiß, und viel Staub wird von den Füßen der Tänzer aufgewirbelt. Dieser sehr »heidnischen« Szene schauen einige »gesitteter« gekleidete, christliche Angehörige des Akamba-Stammes sowie zwei Missionare zu, ein Engländer und ein Waliser, strenge Baptisten, die den Tanz mit Mißbilligung betrachten. Sie haben ebenfalls um Regen gebetet, zweifellos maßvoller, aber vergeblich. Was wäre, wenn diese heidni-

schen Regentänzer Erfolg haben sollten?

Eine dürre und jämmerlich schreiende Ziege wird herbeigeschleppt, ihre Kehle durchschnitten und ihr Blut in einer Kalebasse aufgefangen. Dann wird der Boden mit dem Blut besprizt, dazu werden Gebete gesungen. Ein paar Mitglieder unseres Kamera-Teams erblassen, und die beiden Missionare wenden die Gesichter ab.

Als wir mit den Aufnahmen fertig sind, betreten wir eine kleine viereckige Hütte mit einem Wellblechdach, in der es erstickend heiß ist. Sie hat zwei Zimmer, eins gerade groß genug für ein Doppelbett, in dem anderen haben ein kleiner Tisch und einige Kisten, die als Sitzmöbel dienen, Platz. Wir werden großzügig mit Pfannkuchen bewirtet, und ich muß daran denken, daß unsere Gastgeber bestimmt große Mühe gehabt haben, angesichts der ständig drohenden Hungersnot das Mehl dafür zu erübrigen.

Von den anderen Hütten im Dorf, das im Grunde nur von einer einzigen großen Familie bewohnt wird, sind einige viereckig, andere rund. Die viereckigen haben Blechdächer, und in ihnen ist es heiß wie in Backöfen; bei den runden sind Dach und Wände mit Stroh bedeckt. Ich habe in eine solche Hütte hineingeschaut – es war wohltuend kühl darin.

Ich mußte an das Afrika denken, das ich vor 1940 kennengelernt hatte. Damals wohnte keine einzi-

ge Eingeborenenfamilie in einer viereckigen Hütte. Ich habe viele Nächte in strohgedeckten afrikanischen Hütten geschlafen und auch manchen Tag darin verbracht: Es war nie unangenehm heiß. Wenn die Sonne draußen brannte, war es verhältnismäßig kühl, und nachts sorgte ein kleines Schwelfeuer für behagliche Wärme. Wenn man die Hütte betrat, war der Rauch erstickend, doch wer Bescheid wußte, hockte sich sofort hin, natürlich auf den Boden oder auf eine Matte oder ein Fell, denn es gab keine Stühle. Sogleich war der Kopf unter dem Rauch, der auch, was sehr wichtig war, die Moskitos vertrieb. Und das Dämmerlicht, das tagsüber herrschte, hielt die Fliegen fern.

Die Hütte, in der man uns die Pfannkuchen aufgetischt hatte, gehörte einem jungen Mann namens Philip Kiundu. Ich fragte ihn, warum er in einer Blechhütte wohnte, obwohl eine Strohhütte doch um so vieles angenehmer ist; und ich entnahm seiner Antwort, daß er es aus Prestigegründen tat. Philip gab durchaus zu, daß sie nicht sonderlich bequem war und er sich gern in der »altmodischen« Hütte seiner Mutter aufhielt.

Ich lernte einen alten Mann mit einem Hut der »King's African Rifles« kennen und erfuhr, daß er als Askari in derselben Brigade wie ich gewesen war. Wir hatten

Eine Rundhütte in Kenia. Früher besaßen die Rundhütten durchweg Wände aus gestampfter Erde, heute finden gebrannte Ziegelsteine mehr und mehr Verwendung.

beide den Gondar-Feldzug in Nord-Äthiopien mitgemacht und waren zusammen in Birma gewesen, ich muß ihn oft gesehen (aber nicht wahrgenommen) haben. Jetzt saßen wir in Philips Hütte und schwatzten in Swahili von alten Zeiten. Seit 40 Jahren hatte ich kein Swahili mehr gesprochen, doch nun kam es mir wieder ins Gedächtnis. Mein Kriegskamerad beklagte, daß die jungen Leute keine Achtung vor den Älteren und vor den alten Sitten mehr hätten. Sie dächten nur noch an eines – an Geld. Mit Geld konnten sie sich zum Beispiel Blechdächer leisten, die ihnen größeres Ansehen verschafften – eine traditionelle afrikanische Hütte kostete hingegen so gut wie nichts und konnte an nur einem Tag gebaut werden.

Die jungen Männer strömten nach Nairobi, um dort Arbeit zu suchen. Meistens fanden sie keine und mußten betteln oder stehlen. Und alle Eltern dachten, wenn ihre Kinder zur Schule gingen und die Prüfungen bestünden, würden sie gewiß Arbeit in einem Büro in Nairobi finden und glücklich und zufrieden sein. Aber wer sollte sie ernähren? Mein Askari konnte weder lesen noch schreiben und verstand kein Englisch, aber er bewirtschaftete seine »Shamba« (kleine Farm) nicht schlecht, seine Ernten gerieten wohl, und seine Rinder waren gesund und vermehrten sich. Ich fragte ihn nach Bodenerosionen. Er war sich ihrer wohl bewußt und meinte, wenn die jungen Männer zu Hause blieben, könnten sie Bäume pflanzen, die Berghänge terrassieren und damit der Erosion Einhalt gebieten. Aber die Landwirtschaft blieb den alten Männern und Frauen überlassen; die Jungen betrachteten Landarbeit als unter ihrer Würde.

Philip sprach von den großen Opfern der Eltern, die notwendig waren, um die Kinder zur Schule schicken zu können. Sie kostete 100 Pfund im Jahr, wovon zu Beginn eines jeden Trimesters ein Drittel zu bezahlen war. Zu dieser Zeit fielen regelmäßig die Preise für Rinder, weil viele verkauften, um das Schulgeld zu erhalten. Dann bekam man für eine Färse oder einen jungen Stier nur 35 Pfund, für ein älteres Tier vielleicht 70. Viele nutzten auch ihr Land bis zum äußersten aus, um die Summe aufzubringen, und pflanzten Mais an Hängen, auf denen wegen der Erosionsgefahr eigentlich kein Mais angebaut werden durfte.

Um die Früchte all dieser Opfer zu sehen, begaben wir uns in die Mulli-Schule im Nachbardorf. Während die Kameraleute ihre Apparate aufbauten und zu filmen begannen, unterhielt ich mich mit einigen Kindern. Ihre Muttersprache war Kikamba, doch sprachen sie auch recht gut Swahili, die Verkehrsprache Ostafrikas. Das bißchen Englisch, das sie gelernt hatten, war kläglich. Und so konnten sie nur sehr wenig von dem verstehen, was in der Schule gelehrt wurde. Ihr Lehrer, ein englischer Baptist, sprach nämlich weder Swahili noch Kikamba, war aber bemüht, das letztere zu lernen. Er hielt den Schülern einen Vortrag und redete in einem Englisch, das vielleicht in seiner Heimat angebracht gewesen wäre – meinem Eindruck nach verstanden die kenianischen Schüler jedenfalls kein Wort. Später erzählte der Lehrer mir, die Kinder seien sehr bestrebt, gute Prüfungsergebnisse zu erzielen, denn sie wüßten, was für Opfer es ihre Eltern kostete, sie zur Schule gehen zu lassen.

Während der Unterricht fortgesetzt wurde, ging ich in ein leeres Klassenzimmer und blätterte in einem Lesebuch, das ich dort fand. Es war eine Geschichte Rußlands vor der Oktoberrevolution 1917. Was sollten diese Kinder daraus lernen, wenn sie es überhaupt verstanden! Ich hätte mir am liebsten den Lehrer vorgenommen und ihm gesagt: »Werfen Sie dieses nichtsnutzige Buch weg und gehen Sie mit Ihren Schülern hinaus in die Berge! Zeigen Sie ihnen, wie man Terrassen baut, bringen Sie ihnen bei, wie man den Rinderdung bewahrt und nutzt, wie man verhütet, daß Grasland überweidet und zertrampelt wird! Lehren Sie die Kinder, ihr Land zu retten!« Aber ich unterließ es.

Noch immer regnete es nicht, und ich glaubte, eine gewisse Erleichterung auf den Gesichtern der Missionare erkennen zu können.

Dann fuhren wir wieder aufs Land hinaus, geleitet von einem famosen Holländer namens Willem Beets, der für ICRAF arbeitete (»International Council for Research into Agro-Forestry«, einem internationalen Forschungsinstitut für Agro-Forstwirtschaft). ICRAF besitzt ein Büro mit Klimaanlage in einem Wolkenkratzer in Nairobi, und ich wünschte mir, die Organisation hätte statt dessen ihr afrikanisches Hauptquartier in ein paar Grashütten eingerichtet, dort, wo es die Probleme zu lösen gilt; aber sie leistet trotzdem recht gute Arbeit. Unter anderem versucht sie, die einheimischen Farmer dahin zu bringen, zwischen dem Getreide Bäume zu pflanzen. Wir sahen ein gutes Ergebnis dieser Bemühungen bei einem nach kenianischen Maßstäben wohlhabenden Farmer, der den Anregungen des ICRAF gefolgt war.

Sein Land erstreckte sich über eine leicht abfallende Fläche im Osten einer steilwandigen Bergkette. Leider war der Berg durch Holzkohlenbrenner seiner ursprünglichen Bewaldung beraubt worden. In Nairobi war ein guter Preis für Holzkohle zu erzielen; obwohl die Regierung versucht, den Raubbau zu unterbinden, werden die Wälder Kenias nach wie vor und beängstigend schnell von den Kohlebrennern kahlgeschlagen. Wo es um so viel Geld geht, scheint ihnen niemand Einhalt gebieten zu können.

Dieser Kahlschlag hat jedoch zur Folge, daß die Bäche und Flüsse aus den Bergen nicht mehr sanft, klar und beständig fließen, sondern wild und reißend, wenn es regnet, und austrocknen, sobald die Regenzeit zu Ende ist. Wegen der Bevölkerungsexplosion und der Notwendigkeit, Geld zu verdienen – um die Kinder zur Schule zu schicken, Kleidung und Lehrmittel für sie anzuschaffen und Blech für die Hüttendächer zu kaufen –, arbeiten sich Kultivatoren höher und höher die Berghänge hinauf, und was dabei herauskommt, kann jeder sehen, der Augen hat: erschreckende Grabenerosionen.

Unten in der Ebene gibt es auf den meisten der »Shambas« in der Regel mehr Schichterosionen und nur gelegentlich Erosionsgräben. Aber der Boden geht dahin, daran besteht nicht der geringste Zweifel. Der Mutterboden ist schon überall verschwunden; Ernten sind nur noch mit Kunstdünger zu erzielen, und um diesen zu bezahlen, müssen die Farmer ihren

Boden noch mehr ausbeuten. Auf Mr. Taphets Farm hingegen liegen die Dinge anders. Sein Boden bleibt erhalten, denn entlang der Felder, ob nun Mais (wie in den meisten Fällen) oder etwas anderes angebaut wird, sind Reihen kleiner Bäume gepflanzt – überwiegend Leguminosen, weil sie Stickstoff aus der Luft binden, so daß kein Stickstoffdünger gekauft zu werden braucht.

Die Bäume erreichen nur eine mäßige Höhe, da die Zweige von Zeit zu Zeit abgeschnitten und verfüttert werden. Das Vieh weidet teils an dem nahen Berghang, teils ist es in einem Kral oder »Boma«, einem Dornbuschgehege, eingeschlossen. Dort sammelt sich der Dung und wird aufs Feld hinausgefahren, wenn Mr. Taphet eine Hilfskraft bekommt. Leider geschieht dies selten, und der gute Dünger verkommt meist ungenutzt.

Zwar bleibt einiges Land wegen der Bäume unbebaut; diese Einbuße wird aber letzten Endes dadurch wiedergutgemacht, daß die Bäume den Boden und die Pflanzen vor der Austrocknung durch den Wind schützen, die Erosion aufhalten und der Erde durch das Laub Humus zufügen. Daß sie obendrein dem Vieh Futter liefern ist von besonderem Wert, denn jedes Futter vom Akkerland trägt dazu bei, die spärlichen Weiden zu schonen; zudem kann der Viehdung dem Land wieder zugeführt werden.

Das Armenhaus der Erde

Mit einer Fläche von über 30 Mill. km^2 ist der afrikanische Kontinent so groß wie die Vereinigten Staaten, Westeuropa, Indien und China zusammen. Während in ganz Afrika heute fast 400 Mill. Menschen leben, verringert sich die Zahl bei Betrachtung des Großraumes Afrika südlich der Sahara auf etwa 300 Millionen. – Wenn man von den Wüsten- und Polargebieten absieht, so umfassen die Tropen und Teile der angrenzenden Subtropen fast ein Drittel der wirtschaftlich nutzbaren Erdoberfläche. Gerade diese Zone ist jedoch heute das ›Armenhaus der Erde‹. In den afrikanischen Tropen sind große Räume nur dünn besiedelt. Diese Tatsache steht im Gegensatz zur natürlichen Vielgestaltigkeit dieser Großräume. Von größter Bedeutung für die wirtschaftliche Entwicklung Tropisch-Afrikas ist die intensivere, jedoch zugleich schonende Nutzung der Wälder und Savannen. Der Mensch hat gerade in Afrika die Wälder durch Brandrodung stark umgeformt und zerstört, er hat es noch nicht gelernt, mit den Schätzen der Natur ökonomisch umzugehen. So beschleunigte z. B. sein Bestreben, die Feuchtwälder durch Brandrodung für den Anbau zu öffnen, Prozesse, die zur Verarmung der Böden und Verschlechterung des Mikroklimas führten. (13)

Mr. Taphet gestand, daß er in den ersten zwei bis drei Jahren Bedenken gehabt hatte, weil sich seine Ernte verringerte, doch jetzt nimmt der Ertrag ständig zu, und er baut pro Jahr mehr an als seine Nachbarn auf der gleichen Fläche.

Darüber hinaus hat er jetzt immer genug Brennholz. Er bestätigte auch, daß früher, als der Berg noch nicht seiner Bäume entblößt war, viel mehr Wasser für die Bewässerung zur Verfügung gestanden hatte, denn die Bäche waren das ganze Jahr über gefüllt. Jetzt fließen sie so gut wie gar nicht mehr; nur nach starken Regenfällen ergießen sie sich ungehemmt.

Ich stellte mir vor: Wenn jeder Farmer in Kenia Mr. Taphets Einstellung hätte, wenn der Kohlenbrennerei und anderen Formen der Entwaldung ein Ende gemacht würde, wenn man im Oberland wieder Bäume pflanzte, wenn der Rinderdung wieder dem Land zugutekäme und Rinder, Schafe und Ziegen vernünftig und kontrolliert geweidet würden, damit bestimmte Gebiete des Niederwaldes zur Ruhe kämen – daß dann Kenia wieder der Garten Eden werden könnte, der es gewesen sein muß, bevor Ende des 19. Jahrhunderts der weiße Mann von ihm Besitz ergriff.

Am nächsten Tag brachen wir wieder auf, um eine richtungsweisende Initiative zu filmen: eine Gruppe von ungefähr 40 Frauen, die sich zusammengetan hatten, um einen Erosionsgraben aufzufüllen, eine sog. Donga, die erst kürzlich entstanden war. Diese Arbeit ist Ausdruck eines ganz

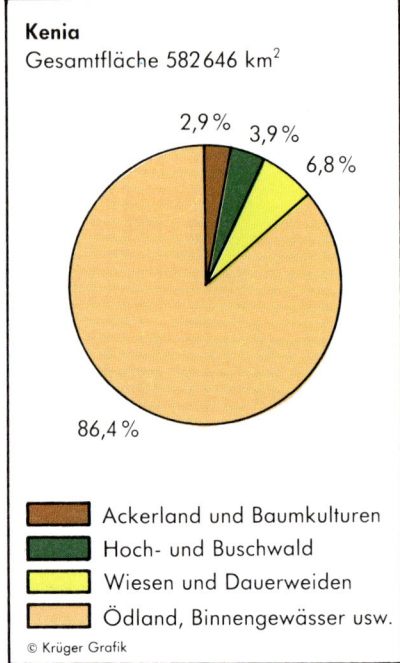

Kenia
Gesamtfläche 582 646 km²

2,9 % 3,9 %
6,8 %
86,4 %

Ackerland und Baumkulturen
Hoch- und Buschwald
Wiesen und Dauerweiden
Ödland, Binnengewässer usw.

© Krüger Grafik

neuen Trends in Kenia, und sogar der Präsident fährt an manchen Sonntagen hinaus aufs Land und läßt sich photografieren, wie er Steine in eine Donga wirft.

Die Frauen (fast alle manuelle Arbeit wird in den ländlichen Regionen Kenias von den Frauen getan) sangen und begleiteten ihre Arbeit mit einem rhythmischen Tanz; sie geht dadurch langsamer voran, bereitet aber mehr Freude; es war ein Vergnügen, zuzusehen – und die Szene zu filmen.

Zwei junge Amerikanerinnen von ICRAF waren auch dabei und äußerten Zweifel, ob diese Arbeit überhaupt einen Zweck habe; sie meinten, nach dem nächsten Regen würden die reißenden Bäche ihren Weg um die frisch angelegten Steinbänke finden und alles

wieder zunichte machen. Die beiden plädierten dafür, rings um eine Donga Bäume zu pflanzen. Aber wer sollte die zahlreichen Ziegen daran hindern, die jungen Triebe abzufressen?

Die Amerikanerinnen zeigten uns ein Projekt, das von Einheimischen unter der Leitung von ICRAF ausgeführt wurde. Es handelte sich um eine Baumschule, an einem Wehr gelegen, das tatsächlich Wasser enthielt; wir sahen Frauen, wie sie Erde siebten (in die Sämlinge gesetzt werden sollten), Sämlinge pflanzten und mit dem Wasser aus dem Wehr begossen. Abermals entdeckte ich keine Männer bei der Arbeit. Sie hielten sich nur zu gern an die Tradition, daß der Mann auf die Jagd geht, mit anderen Stämmen Krieg führt und das Vieh hütet, während die Feldarbeit Sache der Frau ist. Heute, da es nichts mehr zu jagen gibt, die Regierung für Frieden unter den Stämmen sorgt und wegen des Bevölkerungsdrucks der Ackerbau weit wichtiger geworden ist als die Weidewirtschaft, fallen neun Zehntel der Arbeit den Frauen zu: Sie müssen Wasser von weither holen, für Brennholz oft noch weiter laufen, Kinder zur Welt bringen und aufziehen, für die Männer kochen und Bier brauen. Wenn es wahr ist, daß der Teufel Arbeit für müßige Hände findet, so können die afrikanischen Frauen ganz sicher vor ihm sein. Was die Männer betrifft – ihr ganzer Ehrgeiz ist auf einen Po-

sten in einem Büro in Nairobi gerichtet. Wenn sie den bekommen, was kümmert es sie dann noch, was aus dem Boden daheim auf der »Shamba« wird? Aber ich will der Wahrheit die Ehre geben und hinzufügen, daß es auch Ausnahmen gibt.

Während des Krieges verbrachte ich viele Monate im nördlichen Grenzbezirk Kenias, der aus Wüste oder Halbwüste besteht – das beste, was man von ihm sagen könnte, wäre »spärlicher Busch« oder »kärgliche Savanne«. Wir waren dort, um Mussolinis Truppen daran zu hindern, in Kenia einzumarschieren, und konnten schließlich unsererseits in das von Italien besetzte Nachbarland vorstoßen, das damals Abessinien hieß und heute Äthiopien genannt wird.

In der dortigen Chalbi-Wüste entdeckte ich verstreut große Steinhaufen, offenbar von Menschenhand errichtet. Als ich Urlaub hatte, suchte ich den Kurator des Coryndon-Museums in Nairobi auf, der kein geringerer als der berühmte Professor Leakey war (der später die vielleicht ältesten Spuren des Menschen auf diesem Planeten entdeckte), und fragte ihn, was es mit diesen Steinen für eine Bewandtnis habe. Er sagte, es handele sich zweifellos um Grabhügel eines alten Volkes. Dieses Land, so erklärte er, hätte

Kenianische Frauen einer kommunalen Selbsthilfegruppe zur Erosionsbekämpfung. Die Green-Belt-Bewegung in Kenia hat erkannt, daß für den Bodenschutz das Anpflanzen neuer Bäume von entscheidender Bedeutung ist; die jungen Pflanzungen müssen aber auch vor Rindern, Ziegen und Schafen geschützt werden.

einst fruchtbare Erde bedeckt und sei dicht besiedelt gewesen. Heute ist es fürwahr eine schaurige Wildnis. Ich habe sie zu Fuß und zu Pferd durchquert, von Mega bis Marsabit, und weiß, wovon ich schreibe. Die Chalbi besteht aus Sand, doch das sie umgebende Land ist Hunderte von Meilen weit nacktes Lavagestein mit kleinen Dornbüschen, die um ihr Leben kämpfen, und dürftigem Gras, wenn es einmal geregnet hat. Die einzigen Bewohner sind die nomadischen Borana, die damals von großen Kamelherden lebten.

Professor Leakey meinte, der Boden sei nicht deshalb verlorengegangen, weil sich das Klima verändert habe. Die Regenfälle seien immer noch ausreichend. Der Bo-

den sei dahin, weil die Menschen ihn mißbraucht hätten. Wenn jemand, der in einem heißen und trockenen Klima Ackerbau betreibt, wissen will, was seiner Farm blüht, wenn er sie nicht vernünftig bewirtschaftet, dann braucht er sich nur das Land rings um die Chalbi-Wüste anzusehen. So suchte ich also 1984 wieder den Norden Kenias auf, von unserem Team begleitet, um zu filmen, wie die Borana heute leben. Wir flogen in einer leichten Maschine von Nairobi nach Malka Dakaa. Das Land hier, weiter westlich als die Chalbi-Wüste gelegen, hat mehr und größere Dornbüsche und ist offenbar etwas fruchtbarer. Aber die Hitze, obwohl es noch früh am Morgen war, sprang uns von dem nackten Boden an, und bald wur-

den wir von jenem grausamen Durst geplagt, den ich nur zu gut kannte. Ein großer Landrover erwartete uns; er hatte mehrere Kugellöcher in der Karosserie, was nicht gerade vertrauenerweckend aussah. Auch die beiden Milizionäre betrachteten wir mit gemischten Gefühlen; sie hockten, mit Maschinenpistolen bewaffnet, während der Fahrt hinter uns und begleiteten uns auch, offenbar auf alle möglichen Zwischenfälle vorbereitet, die ganze Zeit, während der wir unsere Aufnahmen machten. Wieder einmal herrschte Krieg zwischen den Borana und den Somalis im Osten. Der Fahrer und Besitzer des Landrovers entschuldigte sich für die Kugellöcher – ja, er sei gelegentlich beschossen worden, aber die »Shifta«, die

Schafherde bei Malka Dakaa (Nord-Kenia). Die Borana waren einst ein reiches Volk, das große Rinder- und Kamelherden besaß. Durch Grenzkriege und Dürren verloren sie ihre Herden. Durch den Einsatz von internationalen Entwicklungshilfeorganisationen haben sie neue Schafherden erhalten, die ihnen eine zukunftsträchtige Wirtschaftsbasis geben sollen.

somalischen Guerillas, seien miserable Schützen. Und so drängten wir uns alle in den Wagen.

Ich unterhielt mich ausführlich mit unserem Fahrer. Er stammte aus Ceylon, dem jetzigen Sri Lanka, und war während des Krieges oder kurz nach 1945 als Distriktoffizier der britischen Verwaltung nach Kenia gekommen. Als das Land 1963 unabhängig wurde, verlor er seinen Job und errichtete hier im Norden eine Handelsstation, wo er Rinder, Schafe und Ziegen von den Einheimischen kaufte und ihnen ausländische Waren, Maismehl und anderes lieferte. Sein Laden war mehrere Male von den Somalis überfallen worden, doch er nahm es gelassen hin.

Das Dorf Malka Dakaa bestand nur aus wenigen Hütten, zum Teil noch in der alten runden Form, überwiegend waren es jedoch die viereckigen »Backöfen« mit Wellblechdächern. Die Borana sind

besonders wohlgestaltete Menschen. Die jungen Mädchen besitzen eine gazellenhafte Anmut, und anscheinend hält sie das schwere Leben, das sie in dieser Einöde Nordkenias führen, schlank und geschmeidig. Sie haben die schmalen Gesichter der hamitischen Rasse sowie langes schwarzes Haar. Es war nicht leicht, sie zu filmen, denn dieses Volk rechnet sich zu den Muslimen, obwohl es eigentlich immer überwiegend naturreligiöse Vorstellungen gehabt hat. Seine »Erbfeinde«, die Somalis, sind hingegen seit Jahrhunderten muslimischen Glaubens.

Die Borana in dieser Region waren Rinder-, keine Kamelzüchter. Aber sie besaßen sehr wenig Vieh, weil es ihnen immer wieder von den Somalis geraubt wurde. Die Somalis haben die Herrschaft Kenias über die Nordostprovinzen niemals anerkannt, die sie seit

alters als ihre Weidegründe betrachten.

Wir wollten in Malka Dakaa vor allem zwei Dinge drehen, einen landwirtschaftlichen Fehlschlag und einen Erfolg. Der Fehlschlag war ein grandioser Entwässerungsplan, von der Welternährungsorganisation (FAO) und dem UNDP (»UN Development Programme«, dem Entwicklungsprogramm der Vereinten Nationen) finanziert, die anscheinend alles nur in großem Maßstab tun können.

Wir filmten das Land, in dem der Busch dem Ackerbau hatte weichen müssen – mit Ausnahme von ein oder zwei Morgen, die wieder zu Busch geworden waren; wir filmten den nicht fertiggestellten Kanal, der vom Ewaso-Nyiro-Fluß Wasser auf die Felder leiten sollte, und wir filmten einen gewaltigen Maschinenpark. Graham, unser Beleuchter, der sich auch mit Maschinen auskennt, inspizierte

Das Dorf Malka Dakaa in Nord-Kenia wurde in den 70er Jahren zum Experimentierfeld verschiedener Entwicklungshilfeorganisationen. Moderne Maschinen, die heute nur noch Schrottwert haben, sollten die Borana zu modernen Bauern machen. Allerdings war der Boden zum Ackerbau kaum geeignet, was gemeinsam mit dem Mangel an Ersatzteilen und fehlender industrieller Infrastruktur zum Scheitern des Projektes führte.

sie und sagte, es stünden hier für mindestens zwei Millionen DM Maschinen. Da waren gewaltige Traktoren, Schürf- und Straßenbaumaschinen und andere mehr, eine schwerer und aufwendiger als die andere. Keine war ganz in Ordnung, bis auf einen kleinen Traktor, auf dem die Kinder die Dorfstraße hinauf- und hinunterfuhren. Einige Traktoren hatte man ausgeschlachtet, um die einzelnen Teile in andere Gegenden des Landes zu verkaufen. Es mußte äußerst schwierig gewesen sein, all dieses Gerät hierher zu schaffen, das nun herumstand und langsam verrottete.

Bei uns war ein junger Anthropologe, Richard Hogg, der die Sprache der Borana erlernt und eine wissenschaftliche Untersuchung über das Volk angefertigt hatte. Er hatte mit Hilfe von OXFAM (»Oxford Committe for Famine Relief«, dem Oxforder Komitee

zur Hilfe bei Hungersnot) und der finanziellen Unterstützung des »World Food Programme« (Welternährungsprogramm der UNO) versucht, das schreckliche Elend der Bewohner dieser Region zu lindern. Von OXFAM kamen Nahrungsmittel, doch wurde viel davon auf dem Transportweg gestohlen. FAO und UNDP hatten 1981 ihren Bewässerungsplan aufgegeben, als sie erkennen mußten, daß es ein hoffnungsloses Unterfangen war. Richard Hogg vertrat die Auffassung, daß die Borana wieder ein Hirtenvolk werden müßten.

Ausnahmsweise wurden die Weiden in dieser Region nicht voll genutzt, weil der größte Teil der Weidetiere von den Somalis geraubt worden war. Hogg beschloß, das Geld von OXFAM zum Ankauf von Schafen und Ziegen und einigen Transporteseln zu verwenden und 70 tüchtige und ehrbare

Familien damit auszustatten und wieder zu glücklichen Nomaden zu machen. Jede Familie erhielt fünf junge Ziegen, drei Böcke, 35 junge Mutterschafe, einen Schafbock und sechs Hammel. Esel waren zu einem erschwinglichen Preis nicht zu bekommen, Rinder erschienen zu verlockend für Viehräuber. Jede Familie erhielt auch einen »Panga«, einen kleinen Säbel, und zwei Wasserbehälter aus Kunststoff.

Wir fuhren hinaus und filmten Schafe und Ziegen mit ihren glücklichen Besitzern. Während die Kameraleute im Bett des Ewaso-Nyiro-Flusses unter dem Schutz der sehr kriegerisch wirkenden beiden Milizionäre ihre Aufnahmen machten, wanderte ich in den Busch und stieß auf ganz frischen Elefantendung. Nachdem wir im Dorf noch einmal bewirtet worden waren, fuhren wir zum Flugplatz zurück, wo unser Pilot den ganzen

Rinder während der Trockenzeit im Baringo-Distrikt (West-Kenia). Die traditionelle Rinderwirtschaft in Ostafrika wird zunehmend durch Überweidung gefährdet. In Trockenzeiten verschwindet die Grasdecke oft ganz, und der Boden droht nach völliger Austrocknung davongeweht zu werden.

Tag in der sengenden Hitze gewartet hatte.

Übrigens haben die katholischen Missionare am Ort einen Teil des Bewässerungsprogramms wieder aufgenommen. Anstatt aber große Maschinen einzusetzen, packen sie selber mit Hilfe der Einheimischen an, und nach all dem, was ich in anderen Teilen Afrikas von ihrer Arbeit gesehen habe, glaube ich, daß sie erfolgreich sein werden.

Was für Schlüsse können wir aus unseren Erfahrungen ziehen? Ich glaube, die wichtigste Lektion lautet: »Besser klein als groß« (»Small is beautiful«), in Afrika wie überall. Kürzlich stieß ich auf einen Artikel aus dem Jahre 1947 über einen Plan für die mechanische Produktion von Erdnüssen in Ost- und Zentralafrika, von der britischen Nachkriegsregierung ausgearbeitet. Er zielte darauf ab, »1,3 Millionen Hektar Land in Tanganjika, Nordrhodesien und Kenia zu mobilisieren. Das Land wird in Einheiten von 12000 Hektar von je 300 Eingeborenen unter der Leitung von sieben Europäern bearbeitet. Die Mechanisierung wird, nach den Worten eines rhodesischen Korrespondenten, nahezu hundertprozentig sein.«

Das Anfangskapital betrug 24 Millionen Pfund, doch bevor der Plan wieder aufgegeben wurde, waren weitaus mehr Millionen zum Fen-

ster hinausgeworfen und, was schwerer wog, weite Teile des afrikanischen Buschs verwüstet, das Wild vertrieben oder vernichtet, Bäume herausgerissen und verbrannt sowie der Boden der Erosion preisgegeben. Und nichts als Chemikalien hatte man dem Land zurückzugeben. Dr. Martin Leake, früher an der englischen Forschungsstelle für Agrikultur in Rothamstead tätig, schrieb damals: »Die wichtige Rolle des Humus, obwohl man sie erkannt hat, ist zweitrangig geworden, und das Problem der Bodenfruchtbarkeit wird mit rein chemischen Mitteln gelöst, indem man mit Kunstdünger die natürlichen Nährstoffe ersetzt, die man den Pflanzen zuvor genommen hat.«

So ist sie, die »anorganische« Methode – eine vereinfachte Methode, die auf dem besten Wege ist, unseren Planeten zugrunde zu richten, eine Methode, die nur solche Dinge berücksichtigt, die gemessen und berechnet werden können.

Eine »nahezu hundertprozentige Mechanisierung«! Was soll in einem Land, das vor allem über einen riesigen Überschuß von Arbeitskräften verfügt, Mechanisierung für einen Sinn haben? Arbeitskräfte sind das einzige, womit Afrika »im Überfluß« aufwarten kann. Traditionelle afrikanische Stämme haben hier seit 100 Jahren sehr erfolgreich Erdnüsse angebaut, ohne den Busch zu zerstören oder die wilden Tiere auszurotten

– und ohne ein anderes Werkzeug als die primitive Hacke.

Als ich Jahre später nach Afrika zurückkehrte, um ein Buch darüber zu schreiben, schickte mich die Regierung von Kenia ins Kikuyuland, das damalige Zentrum des Mau-Mau-Aufstandes. Dort bemerkte ich Gutes und Schlechtes. Ich sah recht ansehnliche Maßnahmen gegen die Erosion: Terrassierungen, Viehgehege, Baumanpflanzungen, zum Teil gemauerte Abflußgräben und Kanäle, damit überschüssiges Wasser keinen Schaden anrichtet. Ferner bemühte man sich, die Bauern dazu zu bewegen, ihrem Land den Viehdünger zugute kommen zu lassen und Gründünger sowie Trockenfutter für ihr Vieh zu pflanzen. Solche guten, gesunden biologischen Methoden der Landwirtschaft waren dazu angetan, den Boden zu erhalten. Ich sah aber auch die Folgen eines Plans der Kolonialregierung, die verstreut lebenden Kikuyu seßhaft zu machen und in große, befestigte Dörfer zu zwingen, damit sie den Mau-Mau keine Lebensmittel und keine Unterstützung mehr geben konnten. Diese Umsiedlungspolitik erschien mir ganz falsch und unnatürlich.

Die einzige Hoffnung für Afrika liegt in einer Subsistenzwirtschaft, einer sich selbst versorgenden Landwirtschaft, mit Menschen, die auf eigenem Land anbauen, was sie zum Leben brauchen. Um aber zu verhindern, daß die Landbevöl-

Das Kikuyugebiet in Kenia

Als Beispiel für die jüngste kulturgeographische Entwicklung bäuerlicher Strukturen in Tropisch-Afrika kann das Kerngebiet der Kikuyu in Kenia herangezogen werden. Dieser über 1200 m hoch gelegene, ausreichend beregnete (über 1000 mm Jahresniederschlag) Teil des ostafrikanischen Plateaus ist bei relativ fruchtbaren Böden auch für ostafrikanische Verhältnisse ein ausgesprochener Gunstraum. Auf dem Kikuyu-Plateau leben über eine Million Menschen. Die durchschnittliche Bevölkerungsdichte erreicht Werte von 200 bis über 400 Einwohner/km². Die agrarische Struktur dieses Raumes hat im Laufe des 20. Jahrhunderts große Veränderungen erlebt. In diesem Zusammenhang interessiert die jüngste Entwicklung seit der Einführung des Swynnerton-Planes von 1954, dessen Ziel es war, die Produktivität des Afrikanern gehörenden Grund und Bodens zu steigern, die agrarische Tragfähigkeit zu erhöhen und damit den wirtschaftlichen Fortschritt des Landes zu beschleunigen...

Wichtigster Schritt war die Umlegung und Konsolidierung eines weit verstreuten kleinbäuerlichen Landbesitzes. Diese Aufgabe konnte nicht zwangsweise durchgeführt, sondern mußte freiwillig von der Mehrheit der Bauern getragen werden. Man ging in verschiedenen Schritten vor. Nachdem zunächst bestehende Landstreitigkeiten auf traditionelle Art und Weise durch die Ältesten geschlichtet worden waren, wurden alle individuellen Landsplitter sorgfältig ausgemessen und eingetragen. Als nächstes wurde die gesamte von der Umlegung betroffene größere Flächeneinheit im Luftbild fixiert und Unstimmigkeiten zwischen beiden Aufnahmen ausgeglichen. Anschließend bestimmte der Landkonsolidierungsausschuß (Land Consolidation Committee), in dem neben den Einheimischen auch Vertreter der Regierung saßen, welcher Anteil der Gesamtfläche für Gemeinschaftsaufgaben (Straßen, Schulen, Hospitäler, Friedhöfe usw.) einbehalten werden sollte. Im eigentlichen Umlegungsverfahren wurde mit großer Behutsamkeit vorgegangen. Häufig versuchte man den neuen Landbesitz in die Nähe der früheren Parzellen zu legen. Landverluste wurden durch Kompensation ausgeglichen. Wenn möglich, erhielt jeder Eigentümer Anschluß an Straße und Wasser. Im allgemeinen erstreckten sich die neuen Parzellen von den Höhen über die Talhänge bis zu den Talböden, so daß sich bei dieser Relieffolge (Catena) auf unterschiedlichen Böden mehrere Anbaumöglichkeiten ergaben...   (14)

kerung, besonders die jungen Menschen, in die Städte abwandert, müssen die Bauern auch bares Geld in die Hand bekommen. Vor der Unabhängigkeit Kenias durften die Afrikaner keinen Kaffee pflanzen, da man fürchtete, sie würden mindere Qualität liefern und den Kaffeepreis auf dem Weltmarkt drücken. Heute bauen sie Kaffee an, und jeder-

mann ist zufrieden. Neu im Kikuyuland waren für mich die Ananas-Plantagen. Alle Bauern pflanzten Ananas, meist auf terrassierten Hängen, und hatten Erfolg damit. Ich fotografierte einen Regierungsinspektor, der Hunderte von Früchten mit einem Stahlring auf ihre korrekte Größe prüfte. Diese Ananas-Kultur scheint mir eine sehr gute Sache zu sein.

Jeder Bauer kann ein Stück Land auf seiner »Shamba« dafür bereitstellen und mit seiner Ernte etwas Geld verdienen, das den Lebensstandard für ihn und seine Familie verbessert; er kann auch die Anbaufläche wechseln und damit Krankheiten und der Erschöpfung des Bodens vorbeugen und schließlich seinen Viehdung dem Land zukommen lassen, wohin der Dung letztlich auch gehört. Die Kleinwirtschaft, so scheint mir, ist doch der beste Weg.

Die neuen Männer in Kenias Regierung nach der Erlangung der Unabhängigkeit waren aber eifrig auf alles aus, was ausländische Valuta ins Land brachte. Brauchten sie nicht Wolkenkratzer in Nairobi? Mußte nicht jeder Politiker einen großen amerikanischen Wagen haben und den Treibstoff dazu? Auf diese Weise kam Del Monte nach Kenia. Auf Hawaii hatte der Konzern zu hohe Löhne zahlen müssen, und so faßte er die Philippinen und Ostafrika ins Auge, um dort seine Ananas-Produktion fortzusetzen. Er ließ sich von der Regierung die Genehmigung geben, eine bestehende Konservenfabrik zu übernehmen und selber Plantagen anzulegen, darüber hinaus sollte er aber auch weiterhin von Kleinbauern beliefert werden. So zog, mit vielen gewaltigen Maschinen aus Amerika, Del Monte ins Land, und nach drei Jahren, 1968, wurden die Verträge mit den unabhängigen Pflanzern gekündigt, die in der Folge große

Not litten. Das Unternehmen, in Kenia unter dem Namen »Kenya Canners« firmierend, pflanzt heute Ananas in Monokultur auf 4 000 Hektar und produziert jährlich 60 000 Tonnen Dosenfrüchte. Ein Unternehmen dieses Umfangs beschäftigt zwar eine große Zahl von Arbeitskräften, doch ist es nur ein Bruchteil der vielen Menschen, die vorher selber Ananas auf ihren »Shambas« angebaut hatten; und die 4 000 Hektar Land, die dem Unternehmen gehören, könnten, statt Luxuskonserven an zahlungskräftige Europäer zu liefern, 10 000 afrikanische Familien ernähren und Grundnahrungsmittel hervorbringen – was in einem dem Hunger ausgesetzten Land wie Kenia bitter nötig wäre. Aber das würde kein Geld für Wolkenkratzer in Nairobi und für die Staatskarossen der Politiker bringen – und auch nicht die Taschen der amerikanischen Aktionäre füllen.

Ich hatte immer mehr den Eindruck, daß es letzten Endes der Druck der großen Städte ist, der den Boden Afrikas zugrunde richtet. Um die Oberschicht in den Großstädten – sei es in Nairobi, Lusaka, Harare oder Addis Abeba – zu unterhalten, wird den Bauern, und vor allem den Frauen, eine unerträgliche Last aufgebürdet. Die Erziehung ist ganz auf das städtische Leben ausgerichtet; die Kinder lernen nichts, was sie

für das Farmleben brauchen könnten oder ihnen das Gefühl vermittelt, daß die Landwirtschaft ein erstrebenswerter Beruf ist. Man fördert im Gegenteil noch die Unzufriedenheit mit dem Dorfleben. Und so entsteht in diesen Ländern eine gewaltige landwirtschaftliche Exportindustrie, die Genußmittel im Austausch gegen Konsumgüter für die städtische Bevölkerung erzeugt.

Zum Glück für Kenia wurden in der Hauptsache Kaffee und Tee exportiert, deren Anbau, wenn er vernünftig vor sich geht, dem Land keinen allzu großen Schaden zufügt. Die verderbliche Praxis, auf steilem Gelände den Boden zwischen den Büschen sauber zu hacken (die ich zu meinem Schrecken auf Ceylon sah), wird hier nicht geübt. Wir filmten auf einer Teeplantage nicht weit von Nairobi, die einem wohlhabenden Kenianer gehörte, aber von einem Engländer, und zwar recht gut, geleitet wurde. Als Kenia 1963 unabhängig wurde, hat man die großen britischen Besitzungen afrikanisiert, wobei aber die meisten großen Farmen erhalten blieben und an reiche Kenianer gingen, vorwiegend Politiker. Einige jedoch wurden unter die »Wananchi«, die ärmeren Bauern, aufgeteilt, wodurch man bis zu einem gewissen Grade die Landverknappung mildern konnte. Die Regierung hat auch, und das ist eine gute Entwicklung, den Versuchen der Großgrundbesitzer und der multinationalen Konzerne wie »Brooke Bond Liebig« widerstanden, ihre Anbauflächen zum Nachteil der Kleinbauern zu erweitern; und solche Einrichtungen wie die »Kenya Planters Co-operative Union« und die »Kenya Tea Development Authority« haben gute Arbeit geleistet und kleine Pflanzer ermutigt und unterstützt – sie verfügen heute über 46 910 Hektar der insgesamt 72 068 als Teeplantagen genutzten Hektar Gesamtfläche. Der Rest gehört überwiegend großen ausländischen Firmen.

Die Einwohnerzahl Kenias (derzeit fast 20 Millionen) steigt pro Jahr um vier Prozent an – das ist vermutlich Weltrekord. Der Minister für Landwirtschaft (den wir für unseren Film interviewten) schätzt, daß bis 1989 weitere 400 000 Hektar Land erschlossen werden müssen, um die wachsende Bevölkerung zu ernähren. Schon jetzt muß Kenia viele Lebensmittel einführen. Aber woher soll man die 400 000 Hektar Land nehmen, wenn man nicht die für das Exportgetreide bestimmten Anbauflächen reduziert? Was auch immer geschieht – Kenia wird Hungersnöte erleben, wenn die Bevölkerung weiter derart zunimmt. Was wir immer wieder aus Äthiopien hören, wird sich dann weiter südlich wiederholen. Die Bodenerosion und die Boden-

verschlechterung nehmen in erschreckendem Maße zu. Ich habe den Eindruck, daß man eines Tages in Kenia der Lage nicht mehr Herr sein wird. Der Landwirtschaftsminister und der Präsident sind sich dessen sehr wohl bewußt und tun, was sie können, um den Schaden abzuwehren. Und es geschieht einiges. Es gibt Wiederaufforstungen (aber sie halten mit den Kohlebrennereien nicht Schritt), Bemühungen, Erosionsgräber einzudämmen, und vor allem eine ganze Menge guter Terrassierungen. Besonders eine Methode, Terrassen anzulegen, wird von der Regierung und anderen Beratern gefördert; sie heißt »fanya juu« (»mach aufwärts«). Die Erde wird nach oben, entsprechend den Höhenlinien, geschau-

felt, und auf diese Erdbänke pflanzt man Napiergras und manchmal (leider nur zu selten) kleine Bäume. Ein Land, das so behandelt wird, kann kaum erodieren – vorausgesetzt, man behält die Methode bei.
Es ist offensichtlich, daß die Zahl der Menschen, die auf einem gegebenen Stück Erde existieren können, begrenzt ist. Ich glaube aber, in Kenia könnten viel mehr Menschen leben, wenn man die Menschen dort dazu bringen könnte, auf ihr ererbtes Land zurückzukehren und es vernünftig zu bewirtschaften.

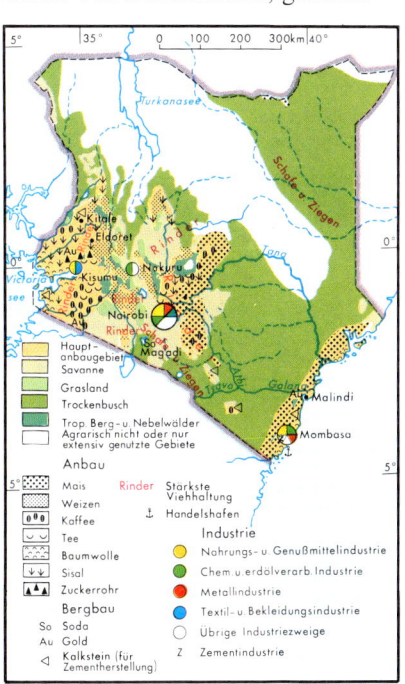

In den Alpenländern wächst die Bedrohung durch das Sterben der schützenden Bergwälder. Auch an bisher als sicher eingestuften Stellen besteht heute die Gefahr von Steinschlag, da die Wälder zerstört sind und – wie hier bei Emmetten über dem Rütli – nach einem Waldbrand die Asche mit dem Regen zu Tal gespült wurde, so daß nur Baumstümpfe und der nackte Fels zurückbleiben.

DIE ZEUGEN DER ZERSTÖRUNG

Es gilt, den Boden des lebendigen Planeten Erde zu heilen von den ihm angetanen Schäden, genauso aber den psychischen Boden des Menschen.

Manfred Siebker

Wie ein Phönix stieg Westeuropa aus der Asche des Zweiten Weltkriegs empor. Nur ein Jahrzehnt später waren die Ruinen der Innenstädte funkelnden Bürohochhäusern und neuen Kaufhäusern gewichen. Überall wurden Häuser an das elektrische Stromnetz angeschlossen, Fabriken produzierten massenweise Waschmaschinen, Kühlschränke und Fernsehgeräte, Traktoren, Lastwagen und Autos wurden von dem billigen Öl angetrieben, das vor allem aus dem Mittleren Osten strömte. In den frühen 60er Jahren sagte der damalige britische Premierminister Harold Macmillan zu seinen Landsleuten: »Ihr habt es noch nie so gut gehabt.« Eines der wenigen neuen deutschen Wörter, das in die englische Sprache übernommen wurde, ist das Wort »Wirtschaftswunder«. Das industrielle Wachstum war in der Bundesrepublik Deutschland größer als in irgendeinem anderen europäischen Land. In den Städten wuchsen Fernsehtürme und die Schornsteine von Kraftwerken über die Silhouette der Altstadt mit ihren Kirchturmspitzen. Neue Vororte fraßen sich in das stadtnahe Acker- und Weideland hinein. Und in stillen Tälern wuchsen die ersten Abfallhaufen, voll mit Plastikmüll.

Um die Mitte der 60er Jahre gewann das Auto für »Otto Normalverbraucher« und seine Familie Bedeutung. Die Straßenkarten veralteten von einem Jahr zum anderen, während das Netz der Autobahnen, die praktisch alle großen Städte miteinander verbanden, in der Landschaft immer dichter wurde. Urlaube mit der »Familienkutsche« quer durch Europa wurden die Regel, und den sonntäglichen Waldspaziergang löste die »Spritztour« ab.

In den 70er Jahren geriet das Vertrauen in stetes Wachstum ins Wanken, erste Erschütterungen der plan- und lenkbaren »Fortschrittswelt« wurden sichtbar: Die sog. Ölkrise 1973/74, der wachsende Terrorismus oder die erstarkende Anti-Atomkraftbewegung sind nur einige Beispiele dafür.

In Bonn konnte man jährliches Wirtschaftswachstum nicht mehr für selbstverständlich halten; trotzdem wurde eine Wirtschaft mit »Nullwachstum« noch immer als völlig unakzeptabel angesehen – als etwas, das mit aller Macht verhindert werden mußte. Autobahnen wucherten weiter quer durch das Land, allerdings machten jetzt Bürgerinitiativen deutlich, daß diejenigen, die Regierungsverantwortung trugen, die stillschweigende Zustimmung umweltbewußter Menschen nicht länger voraussetzen konnten. Die Ausbeutung und Verschmutzung der Landschaft, der Flüsse und der Luft kamen nach und nach auf die politische Tagesordnung.

In den 80er Jahren ist die Stagna-

**Zunahme der Waldschäden von 1983 bis 1984
in der Bundesrepublik Deutschland**
(nach Angaben des Bundesministers für Ernährung, Landwirtschaft und Forsten)

Baumart	Fläche Mio. ha	Anteil an Waldfläche (%)	insgesamt geschädigt (Schadstufe 1 + 2 + 3) 1983 (%)	1984 (%)	Zunahme in %-Punkten
Fichte	2,950	40	41	51	10
Kiefer	1,464	20	44	59	15
Tanne	0,179	2	75	87	12
Buche	1,262	17	26	50	24
Eiche	0,613	8	15	43	28
sonstige Baumarten	0,940	13	17	31	14
Insgesamt	7,408	100	34	50	16

tion der Wirtschaft zur unabweisbaren Realität geworden; Millionen Menschen haben seither keine Arbeit, und die Zukunftsaussichten sind – wieder einmal – düster. Und nun ist ein neues deutsches Wort in die englische Sprache eingegangen, das ebenfalls mit W beginnt: »Waldsterben«, der Verfall und der Tod unserer Wälder. Die kranken Wälder in der Bundesrepublik Deutschland machten in den ausländischen Medien eine Menge Schlagzeilen, und man stellt sich dort die Frage: »Ist das Wirtschaftswunder die Krankheit der Wälder?«

Unser Fernsehteam fuhr 1984 in den Schwarzwald. Alle starrten wir auf die Bäume am Rande der Autobahn und versuchten Krankheitssymptome auszumachen. Es war Juni und die Bäume waren grün. An vielen Stellen führte die Straße durch den Wald, und wir sahen eine Reihe von Bäumen, auf deren Stämme Umweltschützer ein weißes Kreuz gemalt hatten. An einem war ein Schild mit der Aufschrift »Ich sterbe« befestigt. Wir konnten nicht anhalten, um uns diese Bäume genauer anzuschauen, aber sie hatten schüttere, durchsichtige Kronen. Sie waren oben nicht spitz zulaufend wie üblich, sondern abgeflacht, mit einzelnen, unregelmäßig herausragenden Ästen.

In Freudenstadt stieg Walter Trefz zu uns in den Wagen. Er ist schon viele Jahre lang Förster, und jetzt gehört es auch zu seinen Aufgaben, Medienleuten diesen Teil des Schwarzwaldes zu zeigen, damit sie den Menschen zuhause berichten können, wie es dort aussieht. Wir fuhren auf einer kurvigen Straße die Hornisgrinde etwa bis auf halbe Höhe hinauf; unsere Absicht war es, das Waldsterben, das sich nicht nur im Schwarzwald, sondern in fast allen Wäldern Europas ausbreitet, zu filmen.

An einem kleinen See, der, soweit das Auge reichte, von Tannen und Fichten umgeben war, stiegen wir aus den Autos: »Alle Bäume hier sind krank, jeder einzelne von ihnen.« Wir glaubten dem Förster zunächst nicht recht, aber dann erklärte er uns die Symptome der Krankheit, die wir nur von Fotos her kannten. Er zeigte uns die gelben Nadeln, das sog. Lametta-syndrom, Bäume mit herabhängenden Zweigen.

Es ist ein deprimierendes Gefühl, durch einen sterbenden Wald zu gehen. Meist sind die ältesten und größten Bäume am stärksten betroffen. Die Kronen, von denen man erwartet, daß sie dicht und voll sind mit Nadeln oder Blät-

Die wichtigsten Schadstoffquellen des sauren Regens im Schwarzwald sind seit langem bekannt: Im Rheingraben von Heidelberg bis Basel beträgt der jährliche Schwefeldioxidausstoß rund 61 000 t, wobei ein erheblicher Teil der Verschmutzung »grenzüberschreitend« ist, d.h. aus Frankreich stammt.

tern, sehen kahl aus, als ob ein heftiger Sturm sie zerzaust hätte. Diese Tannen- und Fichtenwälder, die von Natur aus sehr dicht und dunkel sein müßten, werden nun in dem Maße lichtdurchlässig, in dem die Bäume ihre Nadeln und Blätter verlieren. Wo immer ein Baum von der Krankheit befallen ist, zeigen sich bald auch Mißbildungen.

Bei vielen Bäumen wachsen abnorme Seitentriebe direkt aus dem Stamm. Tannen haben oft sonderbar abgeflachte Wipfel, die ungefähr wie Storchennester aussehen. Und so nennen die Förster sie auch, obwohl in diesen Gegenden seit Jahrzehnten kein Storch mehr gesehen worden ist. Bei vielen Bäumen begann die Rinde abzublättern, und infolge des Befalls durch den Borkenkäfer tropfte Harz aus dem Stamm. Viele kleine Vögel waren zu sehen, die gegenwärtig ein überreiches Nahrungs-

angebot an Holzinsekten vorfinden.

Wir kletterten an den Hängen des Berges einen steilen Pfad hinauf; jeder von uns schleppte einen Teil der Kamera-Ausrüstung und Filmspulen. Schnell senkte sich Nebel herab und bedeckte bald den Berg wie eine dicke Decke. Wir kamen zu der Stelle, die wir gesucht hatten: Rings um uns waren tote Bäume, ihre kahlen Zweige ragten in den Nebel. Wir machten still unsere Aufnahmen.

»Vor zwei Jahren waren diese Bäume noch grün«, erläuterte uns Walter Trefz, »jetzt sind die Bäume auf 30 Hektar tot. Wie lang wird es dauern, bis alle Bäume an diesem Hang gestorben sind? Wir haben versucht, neue zu pflanzen, aber sogar zwei Jahre alte Bäume sind gelb geworden und werden nicht durch den Winter kommen. Der saure Nebel bringt sie alle um.«

Beim Abstieg berichtete uns Walter Trefz über seine Erfahrungen in den letzten Jahren: »Wir waren bisher immer stolz auf unsere Arbeit, Bäume zu pflanzen, den jungen Wald auszudünnen und die Bäume zu fällen, wenn sie schlagreif waren. Aber so ist es nicht mehr. Wir sind vom Förster zum Totengräber geworden. Tag für Tag machen wir nichts anderes, als kranke und sterbende Bäume zu fällen, so lange das Holz noch etwas wert ist, und um die weitere Ausbreitung des Borkenkäfers zu verhindern. Dabei arbeiten wir planlos; wir reagieren nur auf die Situation, die wir vorfinden. Unseren Kollegen im Harz, im Fichtelgebirge und in Teilen des Bayerischen Waldes geht es ähnlich. Und wie wird es erst in zwei oder drei Jahren aussehen?«

Die Aussichten sind in der Tat erschreckend. Im Herbst 1982 schätzte man, daß 8 % der Wälder

Typische Beispiele für die Schädigung der mitteleuropäischen Wälder, aufgenommen am Bruchberg im Oberharz: Die »Harzer Uralt-Fichten«, früher wegen ihrer besonderen Widerstandskraft gegen Witterungseinflüsse ein wertvoller Saatgutbestand, zeigen deutliche Krankheitssymptome – die Nadeln werden gelb, manchmal auch rot, und fallen von innen nach außen ab. Statt sechs oder acht bleiben nur noch zwei oder drei grüne Nadeljahrgänge übrig, die assimilieren können. Die Stoffproduktion und das Wachstum der Bäume werden dadurch zwangsläufig geringer. Erkrankte Bäume reagieren oft mit einer erhöhten Samenproduktion (Notfruchtifikation), doch reifen die Zapfen meist nicht aus und werden frühzeitig abgeworfen.

in der Bundesrepublik Deutschland krank seien. Ein Jahr später galten schon 34 % als geschädigt. Im Oktober 1984 gab die Bonner Regierung bekannt, daß nach Untersuchungen von Forstfachleuten in der gesamten Bundesrepublik 50 % der Wälder betroffen seien. Wann werden es 70, 80 oder gar

100 % sein? Und was wird dies für ein Land bedeuten, das zu fast einem Drittel von Wald bedeckt ist?

Nicht jeder Baum, der jetzt als krank gilt, wird in wenigen Jahren sterben. Und nicht überall ist es so schlimm wie auf der Hornisgrinde, nicht einmal im Schwarzwald. In

vielen Gegenden wachsen die jungen Bäume anscheinend noch kräftig. Bittere Wahrheit ist jedoch, daß gerade die Wälder am schlimmsten betroffen sind, die für den Schutz der Umwelt die größte Bedeutung haben, das heißt die Bergwälder. In den Alpen – in der Bundesrepublik Deutschland,

Das neue Kohlekraftwerk Buschhaus zwischen Helmstedt und Schöningen entläßt pro Stunde rund 18,5 t Schwefeldioxid aus seinem Schornstein, etwa 6 % der gesamten Schwefeldioxidemissionen in der Bundesrepublik Deutschland.

Österreich und der Schweiz – sind die Wälder vielerorts stark geschädigt. Um den Wert der Wälder für die Umwelt, besonders als Schutz gegen Bergrutsche und Lawinen, beurteilen zu können, hat man in der Schweiz Untersuchungen durchgeführt. Nach ersten Schätzungen müßte der Staat 800 Milliarden Franken für den Bau von Schutzdämmen und Verbauungen aufbringen, wenn die Schutzfunktion der Baumwurzeln, Erde und Steine an den Berghängen festzuhalten, ausbleiben würde. Die Folgeschäden an Häusern, Straßen, landwirtschaftlichen Nutzflächen, für die einheimische Industrie und den Tourismus sind dabei noch nicht einmal berücksichtigt.
In einer Studie der Gesellschaft für Strahlen- und Umweltforschung in München wurde nachgewiesen, daß es durch den sauren Regen zu einer Häufung von Bronchien-Erkrankungen kommt

und daß die Schadwirkung von Schwefeldioxid auf den Menschen bisher unterschätzt worden ist.

Die Schnelligkeit, mit der sich das Waldsterben in Europa ausbreitet, hat jeden überrascht. Die Menschen können noch nicht begreifen, daß sein gnadenloser Vormarsch so eng mit ihrem täglichen Leben verbunden ist. Es steht inzwischen fest, daß die Wälder mit »dem schlechten Atem« der Industriegesellschaft einfach nicht fertig werden.
Die Waldkatastrophe ist das Ergebnis eines massiven chemischen Angriffs auf die Landschaften Europas (und ebenso Nordamerikas) durch die Rauchgase aus Kraftwerken, Fabriken, Chemieanlagen, Raffinerien und Privathaushalten. Kraftfahrzeuge sind daran ebenfalls stark beteiligt.

Nach dem heutigen Erfahrungsstand ist es offenkundig, daß die Wälder in Europa seit 20 Jahren unter den Emissionen der Industrie und des Verkehrs gelitten haben. Untersuchungen der Jahresringe von Bäumen in Wäldern, die jetzt stark geschädigt sind, haben gezeigt, daß das Wachstum der Bäume seit Mitte der 60er Jahre, als das Wirtschaftswachstum voll in Gang kam, beeinträchtigt ist. Die Schwefeldioxid-Emissionen aus den Schornsteinen der Kraftwerke wuchsen bis zum Beginn der 70er Jahre von Jahr zu Jahr. Und der Ausstoß von Stickoxiden aus den Auspuffrohren der Kraftfahrzeuge wächst noch immer. Andere Gase wie Fluorwasserstoff und Chlorwasserstoff kommen noch zu dem Giftgemisch hinzu. Gemeinsam zerstören sie die Wälder.
Die Bundesrepublik Deutschland als wirtschaftlich erfolgreiches

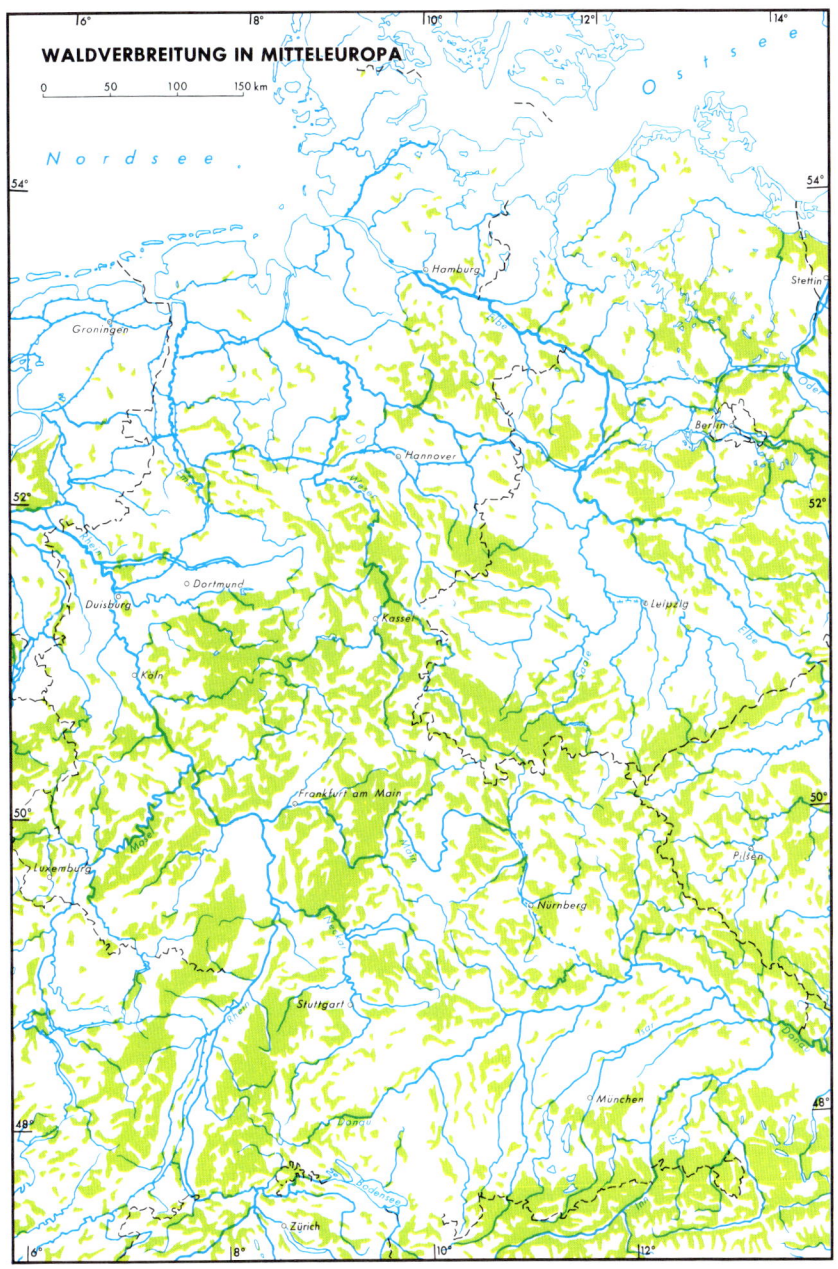

WALDVERBREITUNG IN MITTELEUROPA

bislang eindeutigste Hinweis auf die Unvereinbarkeit von industriellem Wachstum und gesunder Natur. Alles, was die Natur erzeugt, wird schließlich zur Existenzgrundlage eines anderen Wesens; nichts wird verschwendet, alles wird wieder für neues Leben genutzt. Das industrielle System bürdet dagegen seine Emissionen rücksichtslos der lebenden Welt auf. Man schätzt, daß Westeuropa ungefähr 25 Millionen Tonnen Schwefeldioxid (SO_2) und 9 Millionen Tonnen Stickoxide (NO_x) an die Atmosphäre abgibt. In der Folge ist das Regenwasser in Europa seit 1950 10- bis 80mal saurer geworden. Die hohen Schornsteine, die in den letzten 20 Jahren gebaut wurden, verteilen die Emissionen über eine sehr große Fläche. Bäume, Flüsse, Seen und Nutzpflanzen absorbieren sie als »trockene Ablagerung« und als sauren Regen, Schnee und Nebel. Der Schwarzwald erleidet vor allem durch die Gasemissionen der Raffinerien auf der französischen Seite des Rheins und der Fabriken und Kraftwerke im Großraum Stuttgart Schaden. Die Wälder im Oberharz erkranken an der verschmutzten Luft aus dem 250 km entfernten Ruhrgebiet. Schweden und Norwegen sind den Emissionen des Ruhrgebietes und der Midlands Großbritanniens ausgesetzt; die klaren, aber sauren und toten Seen in Skandinavien sind die am besten belegten Beispiele für den »Gaskrieg«, den die Län-

Land mit einer rasch wachsenden Industrie und einem hohen Lebensstandard ist davon besonders hart betroffen: Zu viel Industrie auf engem Raum, zu viele zu schnell fahrende Autos, zu viel motorisierte »Unrast«, einprogrammiert in den »normalen« Alltag der Menschen.
Der Untergang der Wälder ist der

der gegeneinander führen. Steve Elsworth schreibt dazu in seinem Buch über den sauren Regen: »Auf einer Fläche von 1,3 Millionen Hektar gibt es in den Seen Südnorwegens praktisch keine Fische mehr, und auf weiteren fast 2 Millionen Hektar sind die Fischbestände der Binnengewässer in Mitleidenschaft gezogen worden – insgesamt ein Gebiet größer als Belgien. In Schweden sind 20 % der Seen betroffen, und in Kanada ist als Folge der sauren Niederschläge der Fischbestand in mindestens 4000 Seen vernichtet worden. Auch in manchen Teilen der USA gibt es in großem Umfang tote Seen, und die Berichte über saure Seen in Großbritannien nehmen zu.«

In Skandinavien haben Untersuchungen über den Zustand der Wälder gleichfalls beträchtliche Schäden enthüllt, vor allem im südlichen Schweden. Dies ist für die Menschen in Westeuropa von besonderer Bedeutung, denn ein Großteil unserer Holzimporte stammt aus Skandinavien. Doch die Proteste der Skandinavier gegen den unfreiwilligen Giftimport sind bislang noch ohne wesentliche Reaktion geblieben.

Es ist schon ein Jahrzehnt oder länger bekannt, daß die Seen in Schweden und Norwegen unter Übersäuerung leiden. Das Waldsterben überall in Europa ist dagegen erst seit wenigen Jahren augenscheinlich. Die ersten Berichte über kranke Tannen in der Bundesrepublik Deutschland erschienen 1979. Drei Jahre später begannen auch Fichten und Kiefern Schädigungen zu zeigen, die von den üblichen Krankheitsbildern abwichen, die den Forstpathologen vertraut waren. Im Herbst 1983 wiesen auch Buche, Weißdorn, Eberesche, Ahorn und Eiche Krankheitserscheinungen auf. Praktisch alle Laubholzarten begannen unter den neuen Krankheitssymptomen zu leiden: vorzeitiger Laubfall, Blätter, die nicht die normale Größe erreichten, braune Flecken an den Blatträndern. In besonders stark betroffenen Gebieten zeigen Gruppen von Laubbäumen schüttere Kronen, in denen viele der kleineren Äste und Zweige vertrocknet sind.

Wissenschaftler in Deutschland und anderswo versuchen noch immer herauszufinden, warum diese Waldkrankheit so plötzlich und mit solch unerwarteter Intensität »zugeschlagen« hat. Schließlich begann das Unheil doch zu einer Zeit wirtschaftlicher Rezession, als sich die Emissionen giftiger Gase wegen der sinkenden Nachfrage nach elektrischem Strom und Industrieprodukten stabilisiert hatten. Es gibt mehrere Theorien darüber, wie die Luftverschmutzung den Bäumen schadet.

Einige Wissenschaftler behaupten, daß der saure Regen den Säuregrad des Waldbodens erhöhe und daß dadurch nützliche Elemente wie Magnesium ausgewaschen und die Baumwurzeln dem giftigen Aluminium ausgesetzt werden. Dieser Vorgang wird heute als zusätzlicher Faktor beim Waldsterben anerkannt, jedoch nicht als der entscheidende. Man fand heraus, daß sogar Bäume, die auf magnesium- und calciumreichen Böden wachsen, ernste Krankheitssymptome aufweisen.

Andere Hypothesen gehen davon aus, daß verschiedene krankheitserregende Bakterien und Pilze die eigentlichen Ursachen des Waldsterbens sind, indem sie den Saftstrom im Baum von den Wurzeln zu den Nadeln und Blättern behindern. Kritiker wenden ein, daß diese Hypothesen nicht erklären, warum so viele verschiedene Baumarten praktisch zur gleichen Zeit von der Krankheit betroffen sind. Man kennt bislang keinen einzigen Krankheitserreger, der so viele verschiedene Baumarten befallen könnte.

Vielleicht bietet die von Prof. Peter Schütt und seinen Kollegen an der forstwirtschaftlichen Abteilung der Universität München entwickelte »Streß-Hypothese« die einleuchtendste Erklärung. Sie vermuten, daß durch das Gemisch giftiger Immissionen, mit dem die Bäume fertig werden müssen, die Photosynthese stark beeinträchtigt wird. Die Vergiftung des Baumes mit geringen Schadstoffmengen über Jahrzehnte hinweg schwächt

Zum Schutz vor Stein- und Erdlawinen haben die Bewohner von Bristen im Kanton Uri (Schweiz) aus den Stämmen abgestorbener Bäume primitive Sperren errichtet.

Links unten: Eine Schneelawine ebnete im Mai 1985 den Weg für Stein und Geröll, die jetzt bei jedem größeren Regen zu Tal gehen. Von der für die Landstraße errichteten Schutzgalerie ist nur noch die Einfahrt zu sehen.

Rechts unten: Stammquerschnitt bei einer Tanne. Der veränderte und vergrößerte Naßkern ist ein weiteres Zeichen für einen kranken Baum: Der Kern verläuft mit seiner äußeren Grenze nicht mehr entlang den Jahresringen, sondern ist stark ausgeflammt; über die geschädigten Feinwurzeln sind Bakterien und Pilze eingedrungen, die die Wasserführung im Splintholz erheblich stören.

Waldsterben im Erzgebirge. Trotz zahl-reicher Aufforstungsversuche prägen ausgedehnte Kahlflächen heute das Bild des Erzgebirges; allein in den etwas geschützten Mulden finden sich noch Reste – meist absterbender – Wälder, auf den Kahlflächen dominiert eine weitgehend verarmte Tier- und Pflanzenwelt.

seine Vitalität; sein Stoffwechsel wird beeinträchtigt und sein Wachstum verringert. Der auf diese Weise geschwächte Baum kann sich weitaus schlechter gegen Krankheitserreger verteidigen. Die geringere Photosyntheseleistung erlaubt es dem Baum nicht, Nährstoffe als Reserven zu speichern. Er verliert die Fähigkeit zur lebensnotwendigen regelmäßigen Erneuerung der Haarwurzeln. Nützliche Mykorrhiza-Pilze, die mit den Wurzeln in einer Art Symbiose leben und für die Nährstoffversorgung des Baumes entscheidend sind, sterben ab. Die brüchigen Wurzeln werden von krankheitserregenden Pilzen und Bakterien befallen, welche die Widerstandskraft des Baumes gegen schädliche Umwelteinflüsse weiter schwächen. Der Baum wird dadurch anfällig gegenüber Schäden durch Insekten und extreme Witterungsbedingungen wie Trok-

kenheit oder Frost, mit denen er fertig würde, wenn er nicht einem ständigen »Streß« ausgesetzt wäre. Selbst diese Hypothese gibt jedoch keine überzeugende Erklärung dafür, warum die Symptome des Waldsterbens gleichzeitig in ganz Europa – und auch in Nordamerika – zu beobachten sind. Ähnliche Krankheitssymptome treten heute in der Bundesrepublik Deutschland, Österreich, der Schweiz, den Niederlanden, Belgien, in Ostfrankreich, Norditalien und – in einem geringeren Ausmaß – in Großbritannien in Erscheinung. Polen, die ČSSR und die DDR sind noch stärker betroffen; dort sind bereits ganze Berghänge in der Nähe der Industriezentren völlig kahl. Das Erzgebirge im sächsisch-böhmischen Grenzgebiet ist das schockierendste Beispiel von allen: auf einer Fläche von rund 100 000 Hektar sind hier die Wälder gestorben, obwohl die Bäume

vor einem Jahrzehnt noch scheinbar gut gediehen.

Man nimmt an, daß die Waldschäden in Osteuropa (auch aus der Sowjetunion wird mittlerweile über größere Waldschäden berichtet) in erster Linie durch die lokale Verschmutzung der Luft mit Schwefeldioxid verursacht werden; entsprechende Schäden treten seit der Industriellen Revolution auf. Das Bild in Westeuropa scheint dagegen komplizierter zu sein. Die Emission einer großen Vielfalt giftiger Gase, verbunden mit der ständig wachsenden Komplexität der industriellen Prozesse, schädigt die Bäume auf eine Weise, die vorher nicht beobachtet worden ist. Die Giftigkeit des einen Gases verstärkt den Angriff des anderen. Schwefeldioxid wirkt auf die Bäume sowohl in gasförmiger Form als auch als saurer Regen ein. Es greift, in der Kombination mit anderen Schadgasen, alle

Vegetationsorgane der Bäume an: Blätter, Nadeln, Rinde und – durch saure Niederschläge – schließlich auch die Wurzeln. Eine Versäuerung des Bodens in belasteten Gebieten führt zur Auswaschung von Pflanzennährstoffen und zu einer verstärkten Verfügbarkeit von giftigem Aluminium, das den lebenden Organismus weiter schwächt. Stickoxide, die durch die Verbrennung von Benzin, Dieselöl und Heizöl bei hohen Temperaturen entstehen, erzeugen an sonnigen, heißen Tagen durch chemische Reaktionen in der Athmosphäre Ozon, das sich als äußerst schädlich für Bäume erwiesen hat. Außerdem wirken sich Stickoxide, die sich bei Regen in Form von Salpetersäure niederschlagen, schädlich auf die Pflanzenorganismen aus.

Es hat sich gezeigt, daß die Schwächung der Bäume durch all diese miteinander kombinierten Umwelteinflüsse sekundäre Schädigungen durch Pilze, Bakterien, Viren und Insekten auslösen kann. Die Abwehrmechanismen gegen Krankheitsbefall werden geschwächt und machen die Bäume anfällig, wobei Nadel- wie Laubbäume in ähnlicher Weise gefährdet sind. Fast alle Baumarten sind inzwischen durch das Waldsterben betroffen.

Eine paradoxe Begleiterscheinung des Waldsterbens ist das gegenwärtige Überangebot an Holz, das den europäischen Markt zu überschwemmen droht. Da die Förster

---

Die Folgen des Waldsterbens

Ein Drittel des deutschen Waldes, rund 2,5 Millionen Hektar, war schon Ende 1983 nach den amtlichen Statistiken krank gemeldet. Etwa 64 000 Hektar fallen sogar unter die Kategorie »sehr krank bis absterbend«. Überall im Bundesgebiet lichten sich Baumkronen. Nadelzweige verfärben sich gelb. Sog. Angsttriebe entstehen, schlaff herabhängende Zweige vermitteln den »Lamettaeffekt«: für die Förster ein untrügliches Zeichen fortgeschrittener Baumkrankheit.

Stirbt der Wald, sind die Folgen für das Ökosystem kaum noch absehbar. Ohne die aufsaugenden Wurzelschwämme erreicht das Regenwasser schneller Bäche und Flüsse, die dadurch häufiger über die Ufer treten. Gleichzeitig sinkt der Grundwasserspiegel. Die fehlenden Baumkronen können die Luft nicht mehr reinigen, atmen weder Feuchtigkeit noch Sauerstoff aus. Es regnet weniger, die Sommer werden heißer und trockener. Immer schneller gräbt sich das Wasser in den Flußläufen tiefer und tiefer. Der Grundwasserspiegel, ohnehin überbeansprucht durch Industrie und Haushalte, sinkt weiter. Ein Teufelskreis also. Fruchtbarer Boden wird abgeschwemmt.

Die Landschaft versteppt. Der Wind trägt die letzten Krumen fort. Verkarstung ist die Folge. Tiere finden keine Nahrung mehr. Touristen bleiben aus. Ohne Fremdenverkehr gibt es für die Bewohner keine ausreichenden Verdienstmöglichkeiten mehr. Eine Mondlandschaft bleibt zurück.   (15)

---

die kranken Bäume fällen lassen, bevor die Stämme von Holzinsekten durchlöchert werden, kommt jetzt Holz in großen Mengen auf den Markt. In der Bundesrepublik Deutschland wird bereits die Einrichtung spezieller Holzdepots diskutiert, in denen das Langholz, das den gegenwärtigen Marktbedarf übersteigt, gelagert werden könnte. Die Bundesforschungsanstalt für Forst- und Holzwirtschaft hat bereits Untersuchungen darüber durchgeführt, wieviel Lagerkapazität benötigt würde, wenn innerhalb der nächsten 15 Jahre alle Nadelbäume gefällt werden müßten, die älter als 50 Jahre sind. Die Gesamtmenge würde 6000 Millionen Kubikmeter betragen, genug, um das Gebiet der Hansestadt Hamburg mit einem ein Meter hohen Holzstapel zu bedecken.

Die Wissenschaftler schenken den schädlichen Einflüssen der Immissionen von Industrie, Kraftwerken und Verkehr immer größere Beachtung. Es steht seit langem fest, daß die Regenwürmer unter der Übersäuerung des Bodens leiden; in sauren Böden gibt es deutlich weniger Regenwürmer. In Waldböden, die durch den sauren Regen und andere Schadstoffe aus Industrie, privaten Haushalten und sonstigen Quellen geschädigt worden sind, hat man eine beträchtliche Verarmung des

Auswirkungen von Luftverunreinigungen auf Pflanzen

Luftverunreinigungen, vor allem saure Gase und giftige Schwermetalle, greifen die Pflanzen unmittelbar an oder wirken sich über die Veränderung von Boden und Wasser indirekt auf die Pflanzen aus. Zu den unmittelbaren Folgen stark verunreinigter Luft gehören:

1. die Störung der Photosynthese und des gesamten Stoffwechsels der Pflanzen, verbunden mit einem allgemein schlechten Wachstum;
2. insbesondere aber die Verminderung des Dickenwachstums von Gehölzen (erkenntlich an den dünneren Jahresringen);
3. die Schäden an Nadeln und Blättern (gelb, braun und schwarz verfärbte Stellen), die die Photosyntheseleistung weiter mindern;
4. der verfrühte Laubfall und die damit verbundene Verkürzung der Wachstumszeit;
5. die geringere Widerstandsfähigkeit der Pflanzen gegenüber extremer Witterung (Frost, Dürre, Sturm), Krankheiten und Schädlingsbefall; eine allgemeine Artenverarmung, die über das verringerte Nahrungsangebot auch die Tiere des jeweiligen Ökosystems betrifft.

Luftverunreinigungen verursachen auf dem Umweg über den Boden und das Bodenwasser aber auch indirekt Schäden an den Pflanzen bzw. am gesamten Ökosystem. In diesem Zusammenhang sind zu nennen:

1. die Bodenversauerung durch saure Niederschläge und die damit verbundene Auslaugung von Nährelementen wie Calcium, Magnesium und Kalium, die wiederum zu starken Wurzelschäden (besonders der empfindlichen Haarwurzeln) führt, die sich auf die Nährstoff- und Wasseraufnahme ungünstig auswirken;
2. die Zerstörung der Mykorrhiza, der Symbiose zwischen den Pflanzenwurzeln und bestimmten Pilzen;
3. die Verdrängung der säureempfindlichen Bodentiere, die zu einer Verzögerung des Streu-Abbaues und Verminderung des Nährstoffumsatzes und damit zum Nährstoffmangel mit entsprechenden Folgen für Wachstum und Widerstandsfähigkeit führt. Die Bodenversauerung hat außerdem die Freisetzung bestimmter pflanzenschädlicher Elemente sowie den Zerfall des Bodengefüges, verbunden mit einem ungünstigeren Wasser-, Luft-, Nährstoff- und Wärmehaushalt zur Folge.

Durch die starke Auslaugung und den gehemmten Abbau der Pflanzenreste kann es zum Verlust der Filterwirkung der Böden und zur Verseuchung des Grundwassers mit Schwermetallen wie Kadmium, Zink und Nickel oder aber zur Anreicherung von Schwermetallen und anderen giftigen Substanzen in der Streuschicht kommen. (16)

sonst sehr vielfältigen Bodenlebens beobachtet. Bodenverdichtung und ein vermindertes Wasseraufnahmevermögen des Bodens waren die unausweichlichen Folgen.

Auch Prof. Gerhardt Preuschen, viele Jahre lang Direktor des Max-Planck-Institutes für Landarbeit und Landtechnik, ist über die schädlichen Einflüsse der Luftverschmutzung auf die Böden sehr beunruhigt. Seine Untersuchungen haben gezeigt, daß ein bereits durch die modernen Anbauverfahren geschwächtes Bodenleben durch die Übersäuerung weiteren Schaden erleidet. Natürlich können landwirtschaftlich genutzte Böden mit Kalk gedüngt werden, um der Übersäuerung entgegenzuwirken, und dies tut man inzwischen auch mit durchschnittlich 60 kg Kalk pro Hektar. Da jedoch der Niederschlag immer saurer geworden ist (der pH-Wert ist in den letzten 20 Jahren von 5,2 auf 4,1 gefallen), werden die Böden ständig erneuter Übersäuerung ausgesetzt.

Prof. Preuschen ist in großer Sorge über die Folgen dieses Prozesses, die sich bei den Nutzpflanzen zu zeigen beginnen. In der Umgebung von Nürnberg hat er in den letzten drei Jahren den Zustand der Getreidefelder beobachtet und dabei festgestellt, daß besonders die Gerste einen blaßgelblichen statt des normalen dunkelgrünen Farbtons besaß. Ihr Wachstum war deutlich geschwächt. Prof. Preuschen kam zu dem Schluß, daß durch die Schwefel- und Salpetersäure, die mit dem Niederschlag herabfallen, das Bodenleben in den Gerstefeldern stark geschädigt worden war. Er ist davon überzeugt, daß es nicht mehr lange dauern kann, bis auch die Ernteerträge davon betroffen sind. Seine Ansichten werden von anderen Bodenkundlern in der Bundesrepublik geteilt.

Untersuchungen in Großbritannien haben gezeigt, daß der saure Regen Schäden bei Ackerbohnen und anderen Hülsenfrüchten verursacht. In einem Bericht (1984) wird ausgeführt, daß der saure Regen den Stoffwechsel der Pflanzen verändert und die Pflanzen dadurch leichter von Blattläusen befallen werden, was wiederum zur Folge hat, daß Insektizide in größeren Mengen angewendet werden müssen. Zu diesen Schlußfolgerungen kamen Wissenschaftler, die den zunehmenden Blattlausbefall von Nutzpflanzen in Südostengland, auf der Leeseite von London, untersuchten.
Prof. Preuschen und verschiedene seiner Kollegen sehen für die Zukunft der Landwirtschaft in Europa »schwarz«, wenn der saure Niederschlag unvermindert anhalten sollte. Der saure Regen schadet nicht nur miskroskopisch kleinen Bodenorganismen und bringt sie schließlich um, sondern greift die Nutzpflanzen auch direkt an. Versauerte Wiesen weisen eine sehr viel geringere Artenzahl an Gräsern und Kräutern auf, und bei Obstbäumen in Baden-Württemberg wurden schon Krankheitssymptome beobachtet, die dem Krankheitsbild der Waldbäume ähnlich sind.
Gleichfalls wächst die Sorge über die Akkumulation von Schwermetallen im Boden, besonders von Kadmium und Blei. Kadmium gelangt durch Emissionen der Industrie und auch durch die Verwen-

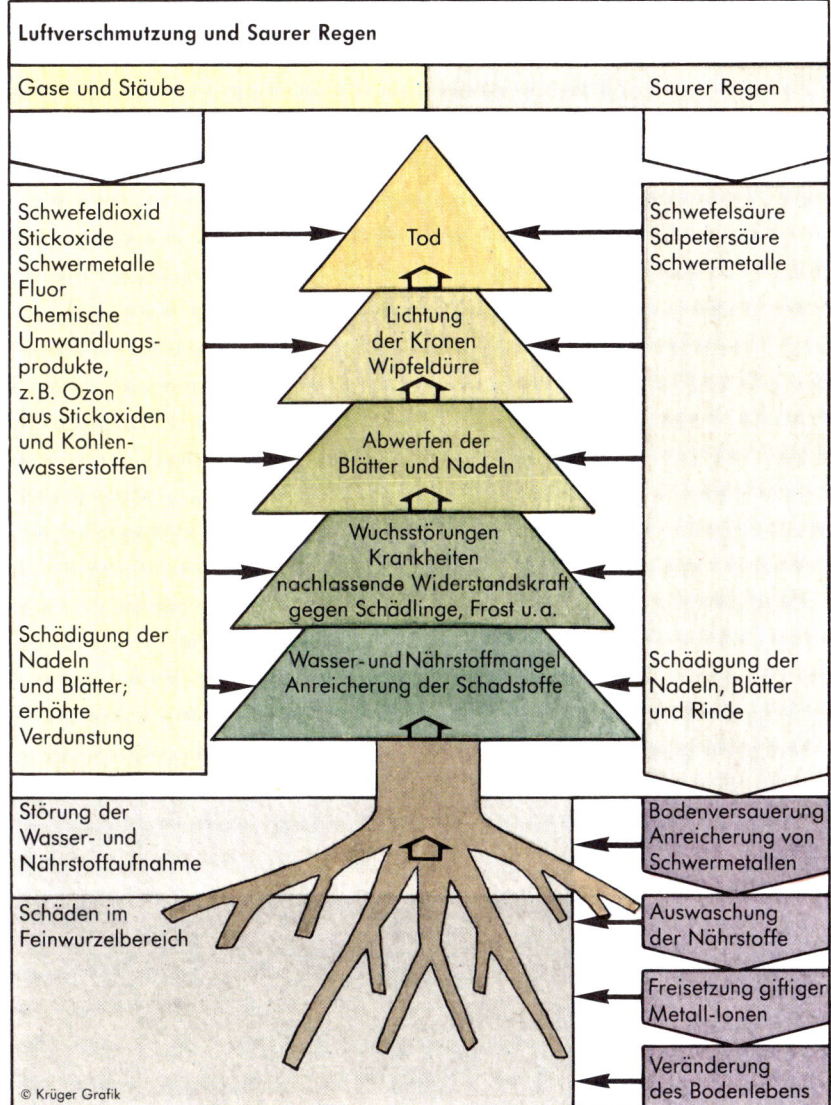

Luftverschmutzung und Saurer Regen

Gase und Stäube — Saurer Regen

Schwefeldioxid
Stickoxide
Schwermetalle
Fluor
Chemische
Umwandlungs-
produkte,
z. B. Ozon
aus Stickoxiden
und Kohlen-
wasserstoffen

Schädigung der
Nadeln
und Blätter;
erhöhte
Verdunstung

Störung der
Wasser- und
Nährstoffaufnahme

Schäden im
Feinwurzelbereich

Tod

Lichtung
der Kronen
Wipfeldürre

Abwerfen der
Blätter und Nadeln

Wuchsstörungen
Krankheiten
nachlassende Widerstandskraft
gegen Schädlinge, Frost u. a.

Wasser- und Nährstoffmangel
Anreicherung der Schadstoffe

Schwefelsäure
Salpetersäure
Schwermetalle

Schädigung der
Nadeln, Blätter
und Rinde

Bodenversauerung
Anreicherung von
Schwermetallen

Auswaschung
der Nährstoffe

Freisetzung giftiger
Metall-Ionen

Veränderung
des Bodenlebens

© Krüger Grafik

dung von Phosphatdünger in den Boden. Nicht weniger als 35 % der Kadmiumanreicherungen in den Böden der Bundesrepublik Deutschland gehen auf die Phosphatdünger zurück, in denen Kadmium als Nebenbestandteil enthalten ist. Im Boden wird es durch die sauren Niederschläge gelöst,

von den Pflanzen aufgenommen und gelangt so auch ins Grundwasser. Der Berliner Bodenkundler Prof. Adolf Kloke hat ermittelt, daß schätzungsweise 7 % der Fläche der Bundesrepublik Deutschland so stark durch Schwermetalle – einschließlich Kadmium und Blei – verseucht sind, daß der Boden

Kraftwerke, Fernheizwerke und Industrie sind mit mehr als 80 % die Hauptquellen der Schwefeldioxid-Emissionen. Allerdings muß angemerkt werden, daß die Zunahme der Stickoxid-Emissionen in den letzten zwei Jahrzehnten vor allem auf die steigende Zahl der Kraftfahrzeuge zurückgeführt wird.

nicht mehr für den Anbau von Nahrungsmitteln genutzt werden sollte. Die Anreicherung von Kadmium im menschlichen Körper verursacht Schäden an der Lunge, an den Nieren und Knochen. Der Bund für Umwelt und Naturschutz Deutschland e. V. (BUND) erklärt, daß in der Bundesrepublik in 50 Jahren keine für den menschlichen Verzehr geeigneten Nahrungspflanzen mehr angebaut werden könnten, wenn die Akkumulation von Schwermetallen im Boden im gegenwärtigen Umfang weitergehen sollte. Kürzlich hat der BUND unter dem Motto »Save our soils« (SOS) eine Kampagne zur Rettung des Bodens begonnen und darauf hingewiesen, daß die Akkumulation von Schwermetallen im Boden praktisch nicht mehr rückgängig zu machen ist.

In Großbritannien wurden in den Städten und in der Nähe von Straßen ebenfalls hohe Schwermetallgehalte im Boden gemessen. Im Industriegebiet der Midlands hat man die Kleingärtner in einigen Städten gewarnt, da ihr Gemüse und Obst möglicherweise nicht für den menschlichen Verzehr geeignet ist. Was werden weitere Untersuchungen hier noch enthüllen?

In der Bundesrepublik Deutschland wird die Gefahr, die den Böden durch die Luftverschmutzung und die gegenwärtigen Anbauverfahren droht, von den Regierungen in Bund und Ländern endlich ernst genommen. Die Regierung in Bonn gab 1979 einem Expertenteam den Auftrag, für die 80er Jahre ein »Aktionsprogramm Ökologie« auszuarbeiten. Die Experten legten 1983 einen 200 Seiten umfassenden Bericht vor, in dem die große Bedeutung des Bodenschutzes hervorgehoben wird. Die Wissenschaftler betonen, daß die Emissionen der Industrie und des Verkehrs verringert werden müssen, daß Agrarchemikalien Schäden am Boden verursachen, daß die Anwendung von Pestiziden im großen Umfang zugunsten des »integrierten Pflanzenschutzes« aufgegeben werden sollte, bei dem Pestizide nur noch dann eingesetzt werden, wenn Pflanzenkrankheiten und -schädlinge für die Landwirtschaft zu einer ernsten Gefahr geworden sind. Die Experten empfehlen den Übergang zur biologischen Landwirtschaft, obwohl dieses Ziel ihrer Ansicht nach nur langfristig erreicht werden kann. In dem Bericht wird hervorgehoben, daß »Ökologie Langzeitökonomie ist« und die Natur als das Fundament unseres Wohlergehens auf allen Ebenen der Wirtschaftsplanung

Typisch für industrielle Ballungsräume ist das unmittelbare Nebeneinander von Industrie und Gartenbau – wie z.B. in Dortmund: Vor dem Hintergrund der Hochöfen wachsen Obst und Gemüse in den Schrebergärten.

berücksichtigt werden müsse. Die Wissenschaftler schlagen ferner vor, die Pflicht zur ökologisch sinnvollen Nutzung des Bodens im Grundgesetz zu verankern. Konkrete Maßnahmen Bonns als Reaktion auf den Bericht sind bisher ausgeblieben, vermutlich wegen möglicher Konflikte mit etablierten Wirtschaftsinteressen. Die Regierung von Nordrhein-Westfalen, dem bevölkerungsreichsten Land der Bundesrepublik, hat sich jetzt allerdings dazu verpflichtet, die gesetzlichen Grundlagen für eine Politik des Bodenschutzes und der umweltverträglichen Landwirtschaft zu schaffen (»Programm für eine umweltverträgliche und standortgerechte Landwirtschaft in NRW«), das weitreichende Konsequenzen haben kann. Das Programm unterstreicht die Notwendigkeit, den Boden vor giftigen Immissionen zu schützen; es ruft zur Forschung über geeignete Methoden zur Verwendung von Abwässern und Tierexkrementen in der Landwirtschaft auf und fordert, die Verschmutzung des Grundwassers durch Mineraldünger zu vermindern und der Bodenerosion durch geeignete Anbauverfahren zu begegnen. Der Einsatz von Pestiziden soll zugunsten brauchbarer Maßnahmen des integrierten Pflanzenschutzes stark eingeschränkt werden.

Der Landwirtschaftsminister von Nordrhein-Westfalen, Claus Matthiesen, erklärte auf einer Pressekonferenz, bei der das Programm der Öffentlichkeit vorgestellt wurde, er sehe keine Alternative zu einer umweltverträglichen Ausgestaltung landwirtschaftlicher Produktionsverfahren: »Denn ökonomisch ist langfristig nur durchhaltbar, was auch ökologisch vertretbar ist.« Im hochindustrialisierten Nordrhein-Westfalen gibt es 100 000 Bauern, und man wird darauf gespannt sein dürfen, ob die Regierung die Bauern bewegen kann, dieses anspruchsvolle Programm zu akzeptieren. Und wie wird der Schutz des Bodens vor den Emissionen der Industrie verstärkt werden?

Die Bundesrepublik Deutschland ist das am stärksten industrialisierte Land Europas. Der Zustand des Bodens in diesem Land, der jetzt so viel Anlaß zur Sorge gibt, müßte die Industrieplaner aller Staaten, die Westdeutschland einholen wollen, zum Nachdenken anregen. Die Segnungen eines Lebensstils, der so eng von der Industrie abhängt, werden heute zunehmend fragwürdig. Der beklagenswerte Zustand der Wälder hat die Bevölkerung schockiert, viele Menschen beginnen sich zu fragen, ob der industrielle Gewaltakt nach 1945 sich wirklich gelohnt hat. »Sieben fette Jahre« für eine Generation können und dürfen

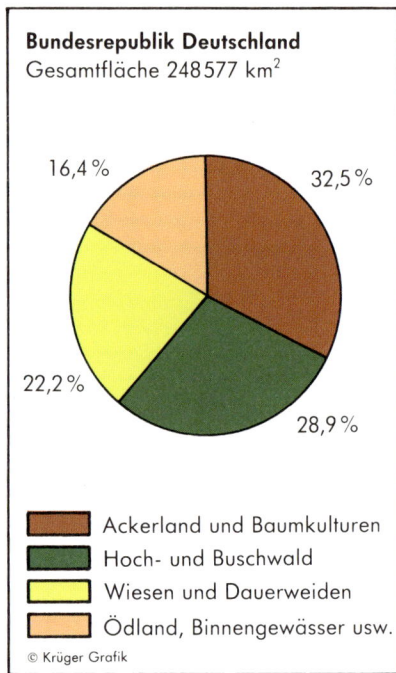

Bundesrepublik Deutschland
Gesamtfläche 248 577 km²

32,5 %
28,9 %
22,2 %
16,4 %

■ Ackerland und Baumkulturen
■ Hoch- und Buschwald
■ Wiesen und Dauerweiden
■ Ödland, Binnengewässer usw.

© Krüger Grafik

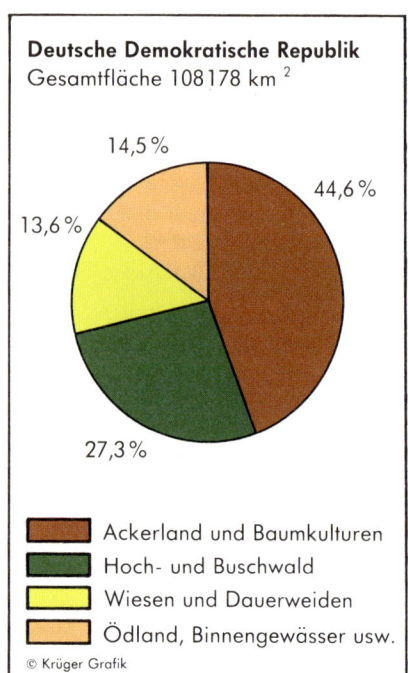

Deutsche Demokratische Republik
Gesamtfläche 108 178 km²

14,5 %
44,6 %
13,6 %
27,3 %

■ Ackerland und Baumkulturen
■ Hoch- und Buschwald
■ Wiesen und Dauerweiden
■ Ödland, Binnengewässer usw.

© Krüger Grafik

nicht auf Kosten der Lebenschancen zukünftiger Generationen erkauft werden!

Von Krebs befallene Fische in Flüssen wie Elbe und Weser, sterbende Wälder, vergiftetes Grundwasser, verseuchte Böden und Luft: Sind dies zwangsläufige Folgen des »Wirtschaftswunders«? Wir alle würden diese Frage gerne mit Nein beantworten, denn mehr oder weniger sind wir alle daran beteiligt.

Das jetzt immer weiter um sich greifende Waldsterben hat die Bundesregierung gezwungen, ihre selbstgefällige Haltung gegenüber der Luftverschmutzung zu ändern. Sie hat damit begonnen, Vorschriften zu erlassen, um die Schwefeldioxid- und Stickoxid-Emissionen der Großkraftwerke innerhalb von

zehn Jahren um rund 50 % zu verringern, und sie hat andere europäische Regierungen davon überzeugt, in ihren Ländern ähnliche Maßnahmen zu ergreifen. Die Bundesregierung hat auch einen (leider nur halbherzigen) Versuch unternommen, die Stickoxid-Emissionen der Autos zu verringern, indem sie Pläne verfolgte, Abgaskatalysatoren in neuen Autos zwingend vorzuschreiben. Dies scheiterte jedoch am Widerstand der EG-Partner. So wird die Verwendung bleifreien Benzins erst Mitte der 90er Jahre voll wirksam werden, wenn Katalysatoren, die Auspuffgase von Stickoxiden reinigen und nur mit unverbleitem Benzin funktionieren, allgemein vorgeschrieben sind.

Viele Menschen befürchten, daß die neuen Maßnahmen zu spät kommen. Die vorliegenden Fakten legen es nahe, den Schadstoffgehalt der Luft *jetzt* drastisch zu reduzieren, wenn die Wälder in Mitteleuropa gerettet werden sollen. Gerhard Weiser, Minister für Ernährung, Landwirtschaft, Umwelt und Forsten in Baden-Württemberg, fürchtet, daß die meisten Tannen und Fichten in den 90er Jahren tot sein werden, wenn die Umweltverschmutzung im gegenwärtigen Umfang anhält. Es ist allen klar, daß – bis die Maßnahmen zur Reinhaltung der Luft (auch von den giftigen Gasen der Kraftwerke und Raffinerien im Elsaß, die den Wäldern im Schwarzwald schaden) ihre volle

Wirksamkeit zeigen – noch weit mehr und weit größere Schäden entstehen werden.

In der Bundesrepublik Deutschland ist der Zustand der Umwelt bereits zur Hauptsorge der Menschen geworden. In einer von der EG 1982 durchgeführten Meinungsumfrage erklärten 77 % der befragten Personen, daß sie den Zustand der Umwelt mit größerer Sorge erfülle als die Arbeitslosigkeit oder die sich verschärfenden internationalen Spannungen. Diese Ansicht verbreitet sich immer mehr und setzt damit neue Prioritäten in der Politik für den Rest dieses Jahrhunderts. Die Erfolge der »Grünen« haben die etablierten Parteien zum Nach- und Umdenken gebracht. Ein Politiker, der nicht dazu Stellung nimmt, wie

Bergwald bei Gerlos in Tirol. Überall im Alpenraum sind die Bergwälder bedroht und ihre Schutzfunktionen beeinträchtigt: Gesunder Wald vermag nicht nur den Boden zu halten, er wirkt auch bei starken Regenfällen wie ein Schwamm – ohne die Saugwirkung der Bäume sind Hochwasserkatastrophen nur eine Frage der Zeit.

man den Zustand der Umwelt verbessern könnte, hat heute kaum noch Chancen, gewählt zu werden. Nur wenige etablierte Politiker akzeptieren die These, daß die volkswirtschaftliche Lehre des industriellen Wachstums der eigentliche Grund der Umweltzerstörung ist. Sie verweisen auf Japan, dessen Wirtschaft von allen Industrieländern am schnellsten wächst, die Umweltverschmutzung aber trotzdem unter Kontrolle gebracht worden ist.

Es stimmt, daß Japan großen Erfolg bei der Verringerung der Schadstoffgehalte in der Luft hatte. Seit dem Ende der 60er Jahre haben die japanischen Re-

gierungen wirksame Maßnahmen ergriffen, um den Schwefeldioxidausstoß aus Fabriken und Kraftwerken zu verringern. Bis zu 90 % der Schwefelemissionen werden jetzt aufgefangen, bevor sie in die Atmosphäre gelangen. Autos sind mit katalytischen Konvertern ausgerüstet, um den Stickoxidgehalt in den Auspuffgasen zu verringern. Die Stickoxid-Emissionen der Kraftwerke werden im Rahmen eines 1981 eingeleiteten Regierungsprogramms ebenfalls vermindert. Japan wird in einer guten Ausgangsposition sein, seine Technologie zur Luftreinhaltung an die europäischen Länder zu verkaufen, wenn hier das »große Reinemachen« beginnt.

Aber auch in Japan sind die Bäume krank. Seit fast einem

Jahrzehnt sind die Kiefern von einer ansteckenden Krankheit befallen, der Kiefernschütte. Alfred Quarto beschrieb in einem Artikel in »Resurgence« 1984 den Verfall der Kiefern als ein Problem, das solche Dimensionen erreicht hat, daß es zu einer nationalen Katastrophe geworden ist:

»Ich kann mich lebhaft an das merkwürdige Bild erinnern, dessen Zeuge ich beim Besuch eines der alten Tempelgärten in Kyoto wurde. In dem betreffenden Garten stand eine alte und ehemals stattliche Kiefer, sie war jedoch vom Stammfuß bis zur Kronenspitze, einschließlich all ihrer schönen Äste, mit weißen Binden umwickelt. Man hatte eine Flasche mit einer klaren Flüssigkeit am Stamm befestigt und ein Versor-

Wo der Wald als natürlicher Halt am Hang fehlt, können Erdreich und Steine ungehindert abrutschen und auf ihrem Weg zu Tal weitere Bäume mitreißen – wie hier bei Altdorf im Kanton Uri (Schweiz).

gungsschlauch führte unter ihre Rinde. Der Betreuer des Baumes sagte mir, daß dieser Baum wahrscheinlich nicht überleben würde.« Der berühmte Experte und Lehrmeister des organischen Landbaus, Masanobu Fukuoka, der die Kiefernschütte über mehrere Jahre hinweg untersucht hat, kam zu dem Schluß, daß die lebensentscheidende Symbiose zwischen den Baumwurzeln und einem bestimmten Pilz durch Industrie-Immissionen beeinträchtigt worden ist. Der Baum kann sich nicht mehr selber gegen Krankheiten zur Wehr setzen, die unter normalen Bedingungen vergleichsweise harmlos wären. Die Befunde Fukuokas werden von den Regierungsexperten noch in Frage gestellt, sie selber haben allerdings bislang keine einleuchtenden Erklärungen für den miserablen Zustand der Kiefern geboten. Lebende Organismen können die Verschmutzung nur bis zu einem gewissen Grad ertragen. Leider weiß man nicht genau, wo die kritische Grenze liegt. Um dies herauszufinden, sind wir alle seit 1945 an einem gigantischen »Experiment« beteiligt. Auf der Nordhalbkugel unserer Erde haben wir Millionen Hektar Wald und Akkerland verschiedenen Stufen der Luftverschmutzung ausgesetzt. Jetzt erhalten wir die ersten Testergebnisse. Unser Problem besteht vor allem darin, daß wir einsehen müssen, daß Bäume keine Wegwerfartikel sind; und der Boden ist

es auch nicht. Wir brauchen die vielfältigen Lebewesen der Natur zum eigenen Überleben. Zukünftige Generationen sind auf die Regenwürmer im Boden nicht weniger angewiesen als wir. Wir benötigen gewiß auch neue Technologien, doch wie heißt es so treffend: »Technologie ist die Antwort, aber wie lautete die Frage?« Die Lehre vom industriellen Wachstum und der technische Fortschritt um seiner selbst willen werden von den Menschen in ganz Europa mit wachsender Skepsis betrachtet. Meinungsumfragen zeigen, daß mehr und mehr Menschen bereit sind, zugunsten einer gesunden Umwelt auf die Annehmlichkeiten eines immer höheren Lebensstandards zu verzichten. Allmählich beginnen wir einzusehen, daß der scheinbar unentwegt andauernde »Fortschritt« nur in Gang gehalten werden kann, wenn die in begrenzten Mengen zur Verfügung stehenden fossilen Brennstoffe verheizt werden, daß dabei allerdings eine Umweltverschmutzung verursacht wird, die sich mit den existentiellen Bedürfnissen der Bäume und anderer lebender Organismen nicht vereinbaren läßt.

Freudenstadt ist ein bekannter Erholungsort im Schwarzwald, der von vielen Städtern besucht wird, die frische Luft atmen möchten. Die Urlaubsgäste kommen

noch immer in Scharen, um in den Wäldern, die sich ringsum kilometerweit erstrecken, Spaziergänge zu unternehmen. Es wird für sie jedoch immer schwieriger, schöne Urlaubsfotos zu machen. Zwar gibt es noch überall Bäume, aber sie sind krank und machen sich als Hintergrund für ein Familienbild nicht besonders gut. Mehrere Jahre lang waren die Besitzer von Hotels und Restaurants strikt gegen die Umweltschützer, die gegen das Waldsterben demonstrierten. Erst in jüngster Zeit gab es einen Sinneswandel. Das Waldsterben ist nun für alle erkennbar, und die Einheimischen haben den gemeinsamen Wunsch, die Aufmerksamkeit darauf zu lenken, um

Maßnahmen zur Rettung zu beschleunigen. Es steht viel Geld auf dem Spiel, denn was passiert, wenn die Touristen ausbleiben? Seit man sich in Freudenstadt (und anderswo) diese Frage bewußt gestellt hat, ist man bereit, Aktionen der Umweltschützer zu unterstützen. Die Freudenstädter haben einen Wald am Rande der Stadt den Abgeordneten des Bundestages gewidmet. Jeder Bundestagsabgeordnete erhielt seinen persönlichen Baum, auf dem sein Name steht. In regelmäßigen Abständen schickt man Berichte nach Bonn, um die Abgeordneten darüber zu informieren, wie es den kranken Bäumen geht. Noch gibt es keine »Gesundmeldungen«.

Das Sterben der Bäume gefährdet ein ganzes Ökosystem: Der Wald kann sich nicht mehr selber erneuern und schädliche Auswirkungen von außen abwehren. Breitet sich der Krankheitsbefall weiterhin im gleichen Tempo wie bisher aus, werden die Förster nur noch die Totengräber der Wälder sein können.

Bodenhaltung in großen Hallen (wie auf dieser Hühnerfarm in den USA) ist sicher artgerechter als die Massentierhaltung in engen Käfigen. Trotzdem bleibt rasches Wachstum das einzige Ziel: In weniger als acht Wochen wachsen Küken zu schlachtreifen Hühnern mit einem Gewicht von fast vier Pfund heran – dabei setzen sie jedes Kilo Futter in ein Pfund Fleisch um, so daß die Tiere schließlich in nicht einmal zwei Monaten ihr Gewicht um mehr als das 40fache vergrößern.

DIE SCHÖNE NEUE WELT DER TIERE

Die Erlaubnis, über die Tiere herrschen zu dürfen, und der Auftrag, sich die Erde untertan zu machen, dürfen nicht als Freibrief für Freibeuter mißverstanden werden.

Klaus Lubkoll

Wir fuhren nach Österreich, um eine Landwirtschaft in Augenschein zu nehmen, die noch einigermaßen traditionell betrieben wird und gesund und menschenfreundlich ist. Dort weiden auf schönen Hochalmen prächtige hell- bis dunkelbraune Kühe und geben eine vorzügliche Milch (nährstoffreicher als die wässerige Flüssigkeit, die weiter im Norden die schwarz-weißen Kühe geben), die vorwiegend zu Käse verarbeitet wird.

Unser Team fuhr nach Reith, einem großen Dorf im Tiroler Alpbachtal, dessen Sohle ziemlich eben ist. Ein Teil ist Ackerland, meist mit Mais bebaut, der gerade mit Mähmaschinen geerntet wurde, um als Silofutter zu dienen, ein anderer Teil üppiges Dauerweideland. Die zahlreichen stattlichen Bauernhäuser gehören für mich zu den schönsten der Welt, ganz aus Holz, und auch das Dach ist mit Holzschindeln gedeckt. (Wir sahen einen Mann, der sie gerade aus großen Lärchenkloben

herausschnitt.) Hier ist die ganze Wirtschaft unter einem Dach; an der Südseite das Wohnhaus, drei- oder sogar vierstöckig, mit Balkons, die großzügig mit Blumen geschmückt sind. Nach Norden liegen, etwa vier Fünftel des Gebäudes einnehmend, die Ställe und die Scheune. Das Heu wird durch eine Tür in der nördlichen Giebelwand auf den Heuboden gebracht, von wo es bequem zu den Kühen, die dort ihr Winterquartier haben, hinuntergeworfen werden kann. An den Außenwänden, durch das überhängende Dach geschützt, ist tonnenweise Brennholz gestapelt, gesägt, gespalten und sauber geschichtet. Man hat das Gefühl, das ganze große Haus erfüllt vortrefflich seine Aufgabe, Menschen und Tieren Nahrung und Futter sowie im kalten und schneereichen Winter Wärme und Schutz zu geben. Und alles unter einem einzigen Schindeldach. Wenn der Hof in den langen Wintermonaten vom Schnee eingeschlossen ist, kann die Arbeit – die Kühe füttern und melken, Käse bereiten, Kälber aufziehen – ungestört weitergehen, ohne daß jemand den Fuß vor die Tür setzen muß.

Wir waren allerdings schon Ende September gekommen, und zu dieser Jahreszeit weiden viele Kühe hoch oben in den Bergen. Um die grasreichen Bergwiesen zu nützen, werden sie im Frühjahr auf die Almen getrieben, oft hinauf bis zur Schneegrenze.

Am 1. Oktober beginnt traditionsgemäß der Almabtrieb. Wir freundeten uns mit einem jungen Bauern an, der mit seiner Familie ein typisches Bauernhaus bewohnt, in dem er nicht nur seine Kühe, sondern auch Gäste aus der Stadt beherbergt. Er führte unsere Wagenkolonne aus dem Tal hinaus und auf einer kleinen Seitenstraße in die Berge, höher und höher, bis wir in ein schönes grünes Hochtal zwischen steilen Hängen kamen. Hier lag eine kleine Bergwirtschaft: eine Holzhütte, in der ein Senner den ganzen Sommer verbrachte, solange die Tiere auf der Alm waren, ein großer Stall, in dem die Kühe gemolken wurden, und eine Meierei, in der Käse bereitet wurde. Eine Seilbahn führte ins Tal; mit ihr wurde täglich die Milch hinunter transportiert.

Wir wurden von einem stattlichen Mann mit Andreas-Hofer-Bart und in Tiroler Tracht – einer kragenlosen grünen Jacke, Kniehosen und einem breitkrempigen Federhut – begrüßt. Er lebte hier oben den ganzen Sommer mit seinen Kühen, die er hütete und melkte, wobei ihm manchmal der junge Bauer aus dem Tal half. An der Wand lehnten seltsame Gegenstände. Es waren blumengeschmückte Holzrahmen, und wir filmten den Senner (und einen kleinen Jungen), wie sie die Kühe, eine nach der anderen, herantrieben und mit diesem »Kopfputz« schmückten. Jedes Tier lief, nein

Die Almhütten werden, wie hier bei Mayrhofen in Tirol, aus dem Tannen- oder Fichtenholz der Bergwälder gebaut. Hier wohnen die Senner den Sommer über, melken die Kühe und verarbeiten die Milch zu Käse.

Almabtrieb in der Schweiz. Mit Glocken und Blumen geschmückt kehren die Kühe ins Dorf zurück, um – zunächst noch auf den Weiden, dann in den Ställen – zu überwintern.

galoppierte, wenn es fertig war, zu seinen Gefährten zurück, die schon ihre Zier trugen, und alle benahmen sich höchst sonderbar – fast wie eitle junge Damen, die ein neues Ballkleid anprobieren. Sie bewunderten einander, trugen die Köpfe hoch oder stießen sich an, tänzelten und sprangen umher. Jede trug eine Glocke um den Hals, deren Klänge sorgfältig aufeinander abgestimmt waren.

In der Tat wußten all diese Kühe – einige junge Färsen ausgenommen, sehr genau, was diese Vorbereitungen bedeuteten. Sie wußten, daß sie für den Almabtrieb ge-

schmückt wurden und daß es hinunter ins Dorf ging, wo sie erst noch einige Wochen auf den üppigen Herbstwiesen grasen durften – vielleicht noch zusätzlich frischen Mais erhielten –, bevor sie den Winter über in einem warmen Stall auf sauberer Streu eingesperrt waren, mit Silofutter und gutem Heu gefüttert.

Als alle geschmückt und versammelt waren, übernahm der Mann mit dem prächtigen Bart die Führung ins Tal hinab, und die Kühe folgten ihm gern. Das Leittier war eine kräftige ältere Kuh, die auch die größte Glocke um den Hals

trug – aus Eisen und so groß wie ein Kürbis. Der Bauer erzählte, er habe ihr, weil sie gerade gekalbt hatte und sie ihm etwas schwach erschien, die Glocke abgenommen und einer jüngeren Kuh gegeben – aber da hätte ich die Alte sehen sollen! Sie wäre so eifersüchtig gewesen, daß sie die Rivalin angegriffen und beinahe zu Boden gestoßen habe, und man mußte ihr schnell die Leitglocke, das Symbol für die Führung der Herde, zurückgeben.

So trotteten alle talwärts, der Senner schritt vorneweg, der Junge lief hin und her, wo er gerade

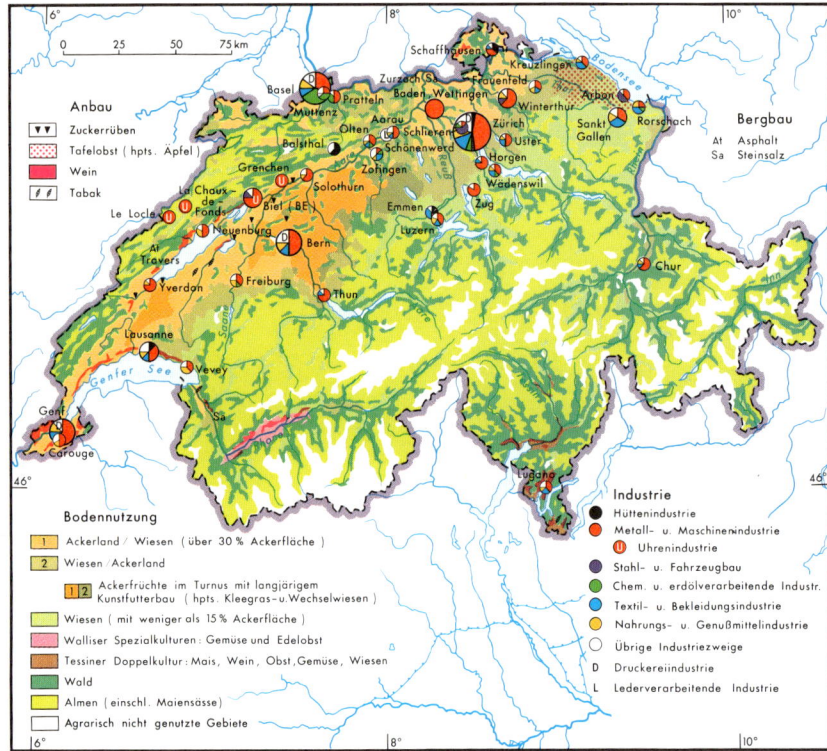

Anbau
▼▼ Zuckerrüben
Tafelobst (hpts. Äpfel)
Wein
ℓℓ Tabak

Bodennutzung
1 Ackerland / Wiesen (über 30 % Ackerfläche)
2 Wiesen / Ackerland
1 2 Ackerfrüchte im Turnus mit langjährigem Kunstfutterbau (hpts. Kleegras- u. Wechselwiesen)
Wiesen (mit weniger als 15 % Ackerfläche)
Walliser Spezialkulturen: Gemüse und Edelobst
Tessiner Doppelkultur: Mais, Wein, Obst, Gemüse, Wiesen
Wald
Almen (einschl. Maiensässe)
Agrarisch nicht genutzte Gebiete

Bergbau
At Asphalt
Sa Steinsalz

Industrie
● Hüttenindustrie
● Metall- u. Maschinenindustrie
Ⓤ Uhrenindustrie
● Stahl- u. Fahrzeugbau
● Chem. u. erdölverarbeitende Industr.
● Textil- u. Bekleidungsindustrie
● Nahrungs- u. Genußmittelindustrie
○ Übrige Industriezweige
D Druckereiindustrie
L Lederverarbeitende Industrie

etwas machen, was kein Mensch je fertiggebracht hat: Gras in Milch und Käse verwandeln. Und sie tun es gern, und auch den Menschen macht es Freude, mit solchen Tieren zu arbeiten.

Wir fuhren weiter nach La Torre bei Isola della Scala auf der großen fruchtbaren Ebene Norditaliens, um einen Rindermasthof zu besichtigen, der von der »Societa Cooperativa Agricola Zootecnica« betrieben wird. Nachdem es auf den Gütern dieser Region so gut wie keine Tiere mehr gibt, wollten wir sehen, wo sie geblieben waren.
In dieser Anlage fanden wir über 6000 Stiere, mehr als ein Matador

benötigt wurde, und der Bauer bildete die Nachhut. Die Kühe brauchten nicht getrieben zu werden; wenn Mensch und Weidetier eine enge Beziehung zueinander haben, kann der Mensch vorangehen, und die Tiere folgen ihm freiwillig.
Es war ein langer Abstieg, ungefähr 30 Kilometer, bis die Tiere schließlich ins Haupttal gelangten, wo der Hof lag. Wir waren mit unserem Konvoi vorausgefahren und erwarteten sie an der Straße. Die Kühe witterten den heimischen Stall, und obwohl sie sehr müde sein mußten, schritten sie kräftig voran; als sie zu einer schönen Wiese kamen, fielen sie

vor Freude sogar in einen munteren Trab, und dann steckten alle ihre Nasen in das würzige Gras. Am nächsten Tag gab es eine Feier in der Kirche, einen Aufzug der Schützenkompanie und der Feuerwehr, der jungen Männer und der Mädchen in ihren malerischen Trachten; die Dorfkapelle spielte, und die Felder und Wiesen wurden gesegnet. Für mich waren die »Stars« dieser Festlichkeit aber die hell- und dunkelbraunen Kuhdamen mit dem kleidsamen Kopfschmuck, die von der Alm herabgestiegen waren. Und mit Recht! Neben den Sommergästen waren sie die Quelle des Wohlstandes für die ganze Region. Sie konnten

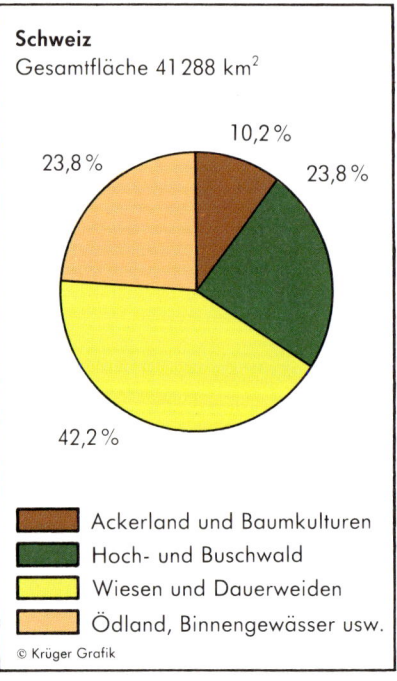

Schweiz
Gesamtfläche 41 288 km²

10,2 %
23,8 %
23,8 %
42,2 %

■ Ackerland und Baumkulturen
■ Hoch- und Buschwald
■ Wiesen und Dauerweiden
■ Ödland, Binnengewässer usw.
© Krüger Grafik

in Spanien sich in seinen kühnsten Träumen vorstellen könnte; aber sie hätten ihm keinen Kampf geliefert, denn alle zeigten Anzeichen schwerer Betäubung. Sie waren stumm, nur ganz selten hörte man ein Tier schreien.

Auf 15 Hektar flachen Landes gab es zwölf Hallen und in jeder 500–600 junge Stiere. Nur eine Halle, die für Neuankömmlinge bestimmt war, besaß einen Hof, in dem sich die Tiere bewegen konnten. Alle anderen hatten keinen Auslauf und konnten nicht einmal gehen, denn sie standen dicht an dicht. Sie waren auch nicht dazu da, sich Bewegung zu verschaffen, sondern um zuzunehmen, damit die Genossenschaft Gewinne erzielt. Dicht über den Köpfen der Tiere war ein Netz elektrischer Drähte

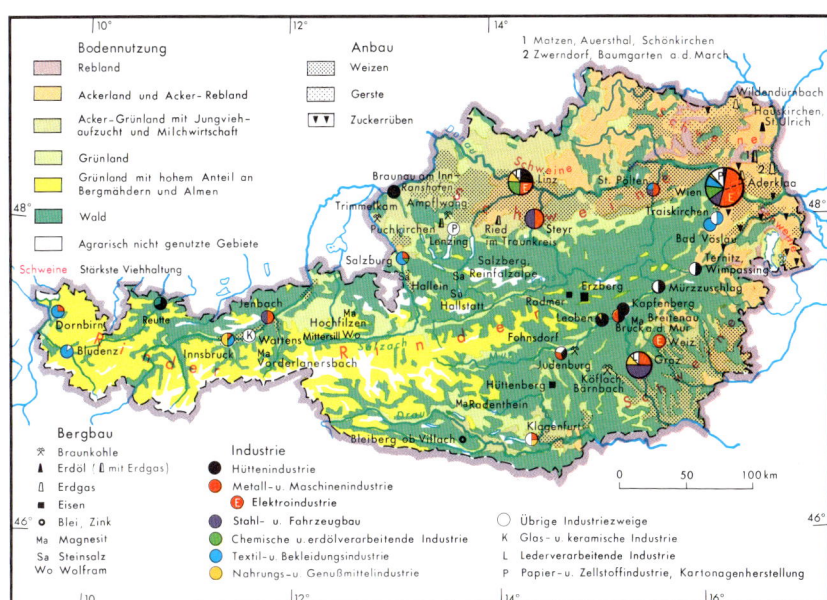

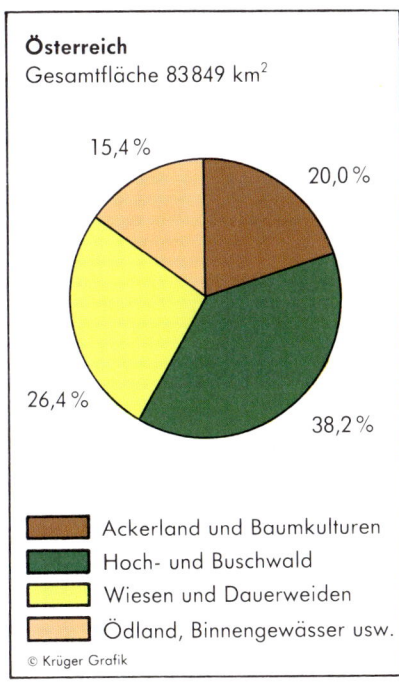

Österreich
Gesamtfläche 83 849 km²

15,4 %
20,0 %
26,4 %
38,2 %

- Ackerland und Baumkulturen
- Hoch- und Buschwald
- Wiesen und Dauerweiden
- Ödland, Binnengewässer usw.

© Krüger Grafik

gespannt, damit sie einander nicht bestiegen. Alle Rinder tun dies gelegentlich, aus sexueller Frustration oder einfach aus Übermut. In La Torre lernten sie rasch, es zu unterlassen, denn die Lust hatten ihnen die Stromstöße schnell ausgetrieben.

Die Stiere wurden regelmäßig von elf Arbeitern und fünf Tierärzten kontrolliert. Dies ist notwendig, denn Tiere, die unter solchen Streßbedingungen leben, brauchen ständige tierärztliche Aufsicht. Es war ein sehr deprimierendes Erlebnis, die Gänge einer solchen Halle entlangzugehen – ich werde es wohl nie vergessen.

Ich habe 25 Jahre lang eigenes Vieh gehabt, daher ist es mir nicht möglich, es lediglich als Mittel zum Zweck zu betrachten, sondern es ist ein Zweck, ein Ziel in sich. Man sage mir nicht, Rinder

hätten keine »Gefühle«; ich weiß, daß sie Zuneigung empfinden, Mutter- und Kindesliebe, Eifersucht und Kameradschaft mit anderen Tieren und daß sie sich freuen können. Die Stiere, die ich in La Torre sah, einige von 6000, blickten mich in verständnisloser Trübsal an – warum mußte ihnen ein solches Schicksal widerfahren, warum mußten sie, schon so früh, ausgeschlossen sein von allem, was für einen Jungstier Leben bedeutet: Grünes Gras, umherlaufen und spielen, die Sonne auf dem Rücken spüren, aber auch den weniger angenehmen Regen und die lästigen Fliegen. Ich fühlte eine unerträgliche Scham, als ich diese endlosen Gänge durchschritt. Es klingt lächerlich, aber ich konnte den Tieren nicht in die Augen sehen. O ja, ich habe manchem Bullen in die Augen

Das Verhältnis Tier–Mensch

Im Gegensatz zu den Körnerfressern sind insbesondere die Wiederkäuer für den Menschen keine Nahrungskonkurrenten, sondern, richtig eingefügt, Vermehrer der Fruchtbarkeit der Böden.

Die übliche moderne Landwirtschaft hat auch in der Tierhaltung den wirtschaftlichen Nutzen zum entscheidenden Maßstab erhoben. Entsprechend der Spezialisierung der Wissenschaft erfolgt die Tierhaltung nach den Grundsätzen der Betriebswirtschaft in zunehmender Spezialisierung.

Nicht nur die Tierarten, sondern auch die unterschiedlichen Lebensalter und Zwecke einer Tierart werden auf verschiedene Betriebe verteilt. Züchtung, Vermehrung, Jungtieraufzucht und eigentlicher Produktionsbetrieb werden voneinander getrennt. Dabei nimmt die Bestandsgröße im spezialisierten Einzelbetrieb weiter zu. Immer weniger Halter besitzen immer mehr Tiere.

Die Bindung an den Boden – als Futter- und als Düngefläche – wird zunehmend gelöst… An die Stelle der Abhängigkeit vom eigenen Boden tritt die Abhängigkeit von der Futtermittelindustrie und von der Weltwirtschaftslage.

Weil die menschliche Arbeitskraft teuer ist, entsteht der Zwang zur Automation; sie lohnt sich um so mehr, je größer die Bestände sind. Dadurch geht das menschliche Verhältnis zum Einzeltier verloren, und der Computer mit seinem festgelegten Programm tritt zunehmend an die Stelle des menschlichen Bewußtseins, das früher die gesamte Entwicklung jedes Tieres… gegenwärtig hatte. (17)

geschaut, ehe ich ihn mit meinem Jagdgewehr erschoß; aber dann wußte ich, daß er nicht ahnte, was ihm bevorstand, und er brauchte keine Todesangst zu erleben. Ein Tier ist, wie der Mensch, Mittel und Zweck zugleich. Ein Wurm ist um seiner selbst willen da, aber auch, um einer Drossel als Nahrung zu dienen. Und wir alle, so meine ich, schulden Gott unser Leben.

Als der erste Mensch das erste mutterlose Lamm zu sich nahm und aufzog und als Haustier behielt, damit es ihm später Milch, Fleisch und Wolle lieferte, da griff er in das natürliche Leben des Tieres ein, und seitdem ist jede Viehzucht nicht mehr ganz »natürlich«, sondern in einem gewissen Grad »künstlich«. Aber es gibt Abstufungen. Wenn man ein Kalb drei Monate an seiner Mutter saugen und sich ein bis zwei Jahre auf der Weide mit anderen Kälbern tummeln läßt, dann in einen genügend großen Stall zu 20–30 Gefährten bringt, für gutes Futter und sauberes Stroh sorgt und es schließlich fachgerecht schlachten läßt – dann hat das Tier zwar kein ganz natürliches, doch auch kein völlig unnatürliches, sondern ein relativ glückliches Leben geführt. Wäre es in der Wildnis aufgewachsen, dann hätte es wahrscheinlich ein Ende durch Raubtiere gefunden. Und ein so herangewachsenes Tier braucht auch sein Leben lang keine Sedativa oder Antibiotika.

In der Bundesrepublik Deutschland hat Herbert Girardet Prof. Engelhard Boehncke, Tierkundler an der Gesamthochschule Kassel, interviewt, der, wie viele andere Wissenschaftler, über die fabrikmäßigen Methoden der Viehzucht sehr beunruhigt ist. Prof. Boehncke sagte unter anderem: »Wir können beobachten, daß in der modernen landwirtschaftlichen Intensiv-Wirtschaft die Ställe oft ohne Rücksicht auf das Wohlbefinden der Tiere gebaut werden. Das bedeutet, daß sich die Tiere in vielen Fällen nicht so verhalten können, wie es für ihre Spezies charakteristisch ist. Und das ist, wie wir wissen, ein zusätzlicher Streßfaktor, der die natürlichen Abwehrkräfte des Organismus schwächt… Das Verlangen der Tiere, den Verhaltensmustern ihrer Spezies gemäß zu leben, ist frustriert, und zusammen mit anderen Streßfaktoren schwächt dies ihre Immunität, so daß Krankheiten entstehen, die wiederum mit Drogen bekämpft werden müssen…«

Prof. Boehncke führte anschließend die Krankheiten auf, denen Rinder in der Intensivhaltung ausgesetzt sind, und erklärte dazu: »Eine Lösung dieses Problems ist schwer zu finden. Es ist so schlimm geworden, daß Fachleute schon von der landwirtschaftlichen Intensiv-Wirtschaft sprechen, als handle es sich um eine Art Krankenhausbetrieb; das heißt, es ist eine Situation eingetreten, die mit

Viehbestand (1981; in Millionen)

	Pferde	Rinder	Schafe	Schweine	Hühner
BRD	0,364	15,10	1,14	22,31	85
Dänemark	0,044	2,89	0,06	9,78	5
Frankreich	0,357	23,49	12,98	11,42	179
Griechenland	0,427	0,82	8,03	1,32	17
Großbritannien	0,153	12,96	31,45	7,91	129
Italien	0,480	8,90	9,28	9,01	110
Niederlande	0,060	5,04	0,82	10,19	84
Österreich	0,040	2,57	0,20	4,08	15
Schweiz	0,045	1,95	0,40[1]	2,07	–
USA	9,928	115,01	11,90[2]	64,52	392

1: 1980; 2: 1983

der in einem Krankenhaus vergleichbar ist, wo es Ansammlungen von schädlichen Bakterien auf einem beschränkten Raum gibt, die nur schwer bekämpft werden können . . . mit Medikamenten in Form von Antibiotika, Sedativa, Cortisonpräparaten und so weiter. Diese Zunahme der Drogenanwendung hat nicht nur die Öffentlichkeit beunruhigt – sie hat auch zu ökologischen Problemen in größerem Maße geführt. Der Gebrauch zahlreicher Antibiotika ist heute fragwürdig geworden, da sich viele krankheitserregenden Bakterien als resistent erwiesen haben, also nicht mehr auf diese Stoffe reagieren . . .«
Zweifellos leidet intensiv gehaltener Viehbestand jeder Art heute an Krankheiten, die man noch zu meiner Studienzeit nicht kannte. Bislang war die Wissenschaft allerdings imstande, den Krankheitserregern meist einen kleinen Schritt voraus zu sein. Doch Bakterien,

Viren und sogar Insekten scheinen eine außerordentliche Fähigkeit zu besitzen, sich immer stärkeren Antibiotika anzupassen. Meine Erfahrung, erworben in 25jähriger eigener Viehzucht und der Arbeit mit anderer Leute Vieh, geht dahin, daß Tiere kaum erkranken, wenn sie unter Bedingungen gehalten werden, die denen nahekommen, unter denen ihre Vorfahren lebten.

Nach vielen Schwierigkeiten gelang es unserem Aufnahmeteam, eine Eiergroßproduktion zu filmen. Da solche Einrichtungen keinen guten Ruf haben, lassen ihre Besitzer das Publikum oder die Presse nicht gern zu; aber nach verschiedenen Zugeständnissen erhielt unser Produktionsleiter doch die Aufnahmeerlaubnis. Ich begleitete ihn nicht, ich hatte genug solcher Legebatterien gese-

hen. Ein alter Freund aus Suffolk, der Geflügelhändler war, hatte mich öfter mitgenommen, wenn er »ausrangierte« Hennen aus den Legebatterien kaufte. Sie waren alle kein Jahr in den Käfigen gewesen, denn sie werden bei der ersten Mauser ausgesondert. Sie hätten es auch nicht länger ausgehalten – Leber und andere Organe waren erkrankt, und von der Berührung mit dem Draht ihrer engen Käfige hatten sie Gewächse auf der Brust. Wir packten sie zu Tausenden in Lattenkisten und brachten sie zu einer Fabrik, wo man aus dem, was von diesen kranken Vögeln übriggeblieben war, Suppenkonserven machte. Ich behielt ein- oder zweimal einige dieser Hennen, um zu beobachten, ob sie sich an einen freien Auslauf gewöhnen würden. Sie brauchtes mehrere Tage, um gehen zu lernen und mit den Flügeln zu schlagen, was sie in ihrem bisherigen Leben nie hatten tun können; und auch das Scharren war etwas ganz Neues, denn sie waren früher nicht mit dem Erdboden in Berührung gekommen – es waren jammervolle Kreaturen.
Vor 20 Jahren setzte die britische Regierung einen Untersuchungsausschuß ein, der unter anderem die Zustände der Hühnerhaltung in Käfigen prüfen sollte; wie nicht anders zu erwarten, beurteilte der Ausschuß die Legebatterien positiv. In dem 1965 erschienenen »Brambell Report« heißt es:

Einen Kompromiß zwischen Ökonomie und Ökologie bietet die Volierenhaltung von Legehennen. Zwar werden viele Tiere auf engbegrenztem Raum in Ställen gehalten, sie können sich dort allerdings frei bewegen, scharren, sich auf Sitzstangen niederlassen und ihre Eier in Ruhe im Legenest legen.

Ein Liegeboxenlaufstall für Kühe ist eine akzeptable Methode der Rinderhaltung: Die Tiere können sich frei bewegen und finden in den strohbedeckten Liegeboxen eine bequeme Ruhestätte.

»Das Verhaltensmuster des domestizierten Vogels bleibt im wesentlichen das seiner wilden Vorfahren. Er ist noch immer ein Herdentier, das innerhalb der Gruppe einen hohen Grad sozialer Ordnung erreicht und aufrechterhält, seinesgleichen erkennen und sich mit ihm lautlich verständigen kann. Obwohl die Vögel die meiste Zeit auf dem Boden verbringen, wo sie scharren und Futter suchen, können sie auch fliegen und tun es. Sogar der moderne Vogel kann und wird fliegen, wenn es die Situation erfordert, entgegen anderslautenden Behauptungen. Die mütterliche Fürsorge für die Jungen und deren Unterweisung sind hoch entwickelt.«
Nach dieser Feststellung bestätigt der »Brambell Report«, daß Legekäfige zulässig seien, sie müßten jedoch so groß sein, daß jede Henne einen (!) Flügel ausstrekken könne.
Ich möchte dem ein Zitat aus einer Broschüre über die Eierproduktion in Legebatterien, herausgegeben von »Compassion in World Farming« (Mitleid mit der Welt-Landwirtschaft), gegenüberstellen – es stimmt in allen Einzel-

heiten: »Käfige für vier Hennen, 40 × 45 cm, die jedem Vogel eine Bodenfläche von nur einem halben Quadratmeter lassen, sind die Norm, und es sind auch Käfige für fünf Hennen von 46 × 50 cm nicht selten. Die Flügelspanne eines Huhnes beträgt im Durchschnitt 80 cm; doch ein so enger Käfig läßt jedem Vogel dafür im Durchschnitt nur zehn Zentimeter Raum! Sie dürfen also ihren natürlichen Instinkten nicht folgen, sie können weder hocken noch fliegen oder scharren, nicht die Flügel ausbreiten, geschweige denn im Sand baden. Die einzig denkbare Bewegung ist ein Schritt seitwärts, und das auch nur, wenn die anderen drei Insassen des Käfigs nicht im Wege sind . . . Intensives Licht herrscht täglich bis zu 18

Cowboys treiben eine Herde von 2200 Rindern über den Harvey Paß nach Oregon (USA). Auch heute noch ist der Viehtrieb über weite Strecken zu geeigneten Weideflächen gängige Methode der Viehhaltung in Nordamerika.

Stunden, weil es die Eierproduktion anregt. Leider regt es auch das Federpicken und den Kannibalismus an, die wegen der Langeweile um sich greifen. Das einzige Mittel dagegen wäre unter diesen Umständen, den Hennen die Schnäbel zu entfernen oder die Lichtstärke zu verringern.«

Es ist, wenigstens in England, völlig legal, wenn die Unternehmer ihre unter solchen Bedingungen produzierten Eier als »frische Farmeier« anpreisen.

Ich kann nicht umhin, abermals unseren alten Freund Jules B. Billiard zu zitieren, der im »Geographical Magazine« vom Februar 1970 das Hohelied der amerikanischen Landwirtschaft sang: »Gebäude, so groß wie Wohnhausblocks«, schwärmt er, »jedes mit 90 000 weißen Leghorns belegt, immer fünf Vögel in einem 40 × 50 cm großen Käfig . . .«

Da kann man wirklich nur staunen – so eine »feine« Sache ist das!

Wir waren noch nicht dazu gekommen, Schweine zu filmen; doch nun soll auch davon die Rede sein. Was über die Schweinehaltung zu sagen ist, kann auch für andere Haustiere gelten. Es ist die Geschichte eines Problems, das durch einen technischen Notbehelf gelöst wird, der ein anderes Problem zur Folge hat, das durch einen neuen Notbehelf gelöst wird . . . und so weiter und so fort.

Ich habe fünf Jahre lang einen Kleinlandbesitz von fünf Morgen auf sehr leichtem Boden in Suffolk bewirtschaftet und die ganze Zeit Schweine gehalten. Ich zog sie, so gut ich konnte, unter Bedingungen auf, die denen, unter welchen Wildschweine leben, möglichst ähnlich waren. Ich besaß sechs Säue und einen Eber, und mit Ausnahme von zwei bis drei Tieren, die ich jedes Jahr um des Schinkens willen selbst mästete, verkaufte ich ihre Würfe, sobald sie acht bis zwölf Wochen alt waren. Sie gingen fast alle an einen größeren Bauern und Schweinemäster in der Nähe von Debenham, der mir stets ein Pfund über dem Marktpreis zahlte, weil sie, wie er sagte, so gesund seien und niemals an Atembeschwerden litten, wie andere Ferkel, die er aus Intensivställen kaufte.

Nun waren alle meine Schweine immer im Freien, obwohl mir bewußt war, daß es gewisse Schwierigkeiten mit sich brachte, wenn ich nicht ständig nach ihnen sah. Ließ ich sie einfach umherlaufen, gingen sie in den Weizen meines Nachbarn und gruben seine Zuckerrüben aus; wenn ich sie aber auf einem zu kleinen Stück Land zusammengedrängt hätte, würden sie sich wahrscheinlich eine Würmerinfektion zugezogen haben, weil sie in infiziertem Boden wühlen mußten.

So hielt ich sie auf einem mit einem elektrischen Zaun umgebenen, ziemlich kleinen Stück Land, das ich jedoch öfter wechselte. Sie brauchten nie länger als drei Monate auf demselben Fleck zu bleiben und kehrten erst dann wieder auf dasselbe Areal zurück, wenn es umgepflügt, neu bestellt und abgeerntet war. Meine sechs Säue warfen jährlich zweimal, und jede brachte meist zwölf Ferkel zur Welt, ohne auch nur eins totzudrücken oder aufzufressen, und zog jedes einzelne mit der gleichen Regelmäßigkeit auf. Sie lebten und bekamen ihre Sprößlinge in den einfachsten transportablen Pferchen und wurden tonnenweise mit sauberem Stroh versorgt. Dieses System, das nicht ganz »natürlich« war (elektrische Zäune kommen in der freien Natur sicher nicht vor), aber auch nicht allzu unnatürlich, hatte drei Nachteile. Der eine war, daß es eine Menge Arbeit kostete, doch konnte ich über meine Zeit verfügen, und so zählte dies nicht. Ein anderer Nachteil war, daß meine Schweine draußen mehr Futter fraßen, als sie drinnen gebraucht hätten; auch daraus machte ich mir nichts, da ich das meiste selbst anbaute. Der dritte Nachteil bestand darin, daß die Säue etwas weniger Ferkel im Jahr hatten, weil ich nicht die Praxis der »frühen Entwöhnung« übte wie meine kaufmännischer denkenden Nachbarn, die ihre Ferkel schon nach etwa sechs Wochen absetzten. Ich unterließ es, weil ich es für grausam hielt – eine Überlegung, die bei den

In den meisten Ländern ist die Schafhaltung die natürlichste Form der Tierzucht. Bei Schafen ist die Stall- oder Boxenhaltung wenig verbreitet, auch heute ziehen noch Schäfer mit Hund und Herde, wie hier in Kalifornien, durch das Land.

meisten Bauern, die ihre Viehzucht als Gewerbe betrieben, kaum auf Verständnis gestoßen wäre. Einen Vorteil jedoch hatte diese späte Entwöhnung: meine Säue blieben gesund und hatten gesunden Nachwuchs, weitaus länger, als es bei allzu intensiv betriebener Viehzucht der Fall war. Nun ist der erste Schritt in der modernen Schweinehaltung ein sehr einfacher: Die Säue werden auf ein kleines Stück Land in der Nähe des Hofes beschränkt. Das erspart Arbeit, hat indessen ein neues Problem zur Folge – die Tiere leiden arg unter Würmern.
▷ Abhilfe: die Schweine auf Zementboden halten, so daß sie keine Erde fressen und keine Würmer bekommen können.
▷ Problem: Schweine haben ein natürliches Bedürfnis zu wühlen. Da dies auf Zementboden nicht möglich ist, entsteht eine Streßsituation, die zu Krankheiten führt.

▷ Abhilfe: Medikamente.
▷ Problem: Ferkel im Freien fressen Erde – auf Zementboden leiden sie an Eisenmangel.
▷ Abhilfe: alle neugeborenen Ferkel mit Eisen injizieren.
▷ Problem: Ferkel, die nicht umherlaufen und wühlen dürfen, werden aggressiv, beißen einander die Schwänze ab oder fressen sich gegenseitig auf.
▷ Abhilfe: Schwänze abschneiden und Zähne ausbrechen.
▷ Problem: Säue, bei denen der Instinktablauf des Wurfprozesses unterbrochen wird, legen ein für Schweine untypisches Verhalten an den Tag und lassen zum Beispiel ihre Jungen im Stroh des Pferches ersticken.
▷ Abhilfe: Man gibt ihnen kein Stroh.
▷ Problem: Vorenthaltenes Stroh (eine Sau verbringt vor dem Werfen Tage damit, mit Strohbüscheln im Maul umherzulaufen und bald

hier, bald da mit dem Bau eines Nestes zu beginnen, bis sie endlich mit viel Geschick eines zuwege bringt; hat sie dieses Ritual vollzogen, wird sie kein einziges Ferkel im Stroh ersticken lassen – ich habe nicht einen einzigen derartigen Fall erlebt) – vorenthaltenes Stroh also wird bei der Muttersau ein noch weniger schweine-typisches Verhalten hervorrufen; sie wird ihre Jungen erdrücken oder, was auch häufig vorkommt, auffressen.
▷ Abhilfe: Man läßt sie in einem Lattenverschlag werfen. Darin kann sie aufstehen und sich niederlegen, aber nicht umdrehen; und sie bleibt so eingesperrt, bis ihre Jungen entwöhnt sind. Ihr Instinktablauf ist nun völlig gestört, aber das spielt fast keine Rolle, da die Ferkel mit einer Infrarotlampe von ihr fortgelockt werden, wenn sie nicht gerade bei der Mutter liegen und saugen.

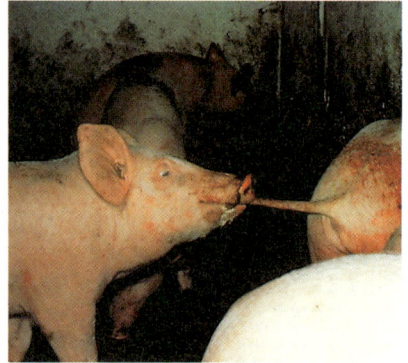

Die Käfighaltung von Schweinen auf Gitterrosten macht es den Tieren unmöglich, ihren natürlichen Instinkten nachzukommen. Die Schweine können weder wühlen noch frei herumlaufen und im Stroh ihre »Nester« bauen.

Die Schweinezucht in Käfigen führt nicht selten zu Schwanzbeißen (und/oder sogar zu Kannibalismus). Manche Züchter begegnen dem Problem dadurch, daß sie den Tieren die Schwänze abschneiden und/oder die Zähne ausbrechen.

(Wir dürfen Tiere gewiß nicht mit menschlichen Maßstäben messen, aber jeder, der weiß, was Schweine für lebhafte, aktive und intelligente Tiere sind, kann sich die empörende Grausamkeit vorstellen, die es bedeutet, eine Sau monatelang Tag und Nacht derart einzukerkern, daß sie sich nicht einmal umdrehen kann.)

▷ Problem: Die Ferkel, auf so unnatürliche Weise von ihren Müttern getrennt, werden für Lungenentzündungen und andere Leiden anfällig.

▷ Abhilfe: Man verabreicht ihnen Antibiotika und andere Medikamente.

▷ Problem: Die auf so unnatürliche Weise gehaltenen Ferkel ziehen sich von ihren Müttern Bazillen und Viren zu, mit denen sie infolge ihrer geschwächten Widerstandskraft nicht fertig werden.

▷ Abhilfe: Das im »Rowett Pig Research Institute« (einem Institut für Schweineforschung) in Aberdeen entwickelte System der Entwöhnung bei der Geburt: Man bedeckt den Kopf der Sau mit einem Kunststofftuch, damit sie ihre Sprößlinge nicht sehen kann, und läßt auch die Ferkel ihre Mutter nicht sehen. Eine Beschreibung dieser Maßnahme findet sich in der Zeitschrift »Pig Farming« (Schweinezucht):

»In der neuen Einheit wird eine automatische Anlage entwickelt, um die Ferkel – von einem elektrischen Gitter identifiziert – auf einem langsam laufenden Gummi-förderband von der Muttersau zu entfernen. Dieses führt die Ferkel durch eine Falltür in der Wand in den angrenzenden Aufzuchtraum. Gedämpftes ultraviolettes Licht vernichtet alle Bakterien, die hinter der Klappe zurückbleiben. Es werden sorgfältige Vorkehrungen getroffen, um zu verhindern, daß die Muttertiere ihre Bazillen an ihre Kinder weitergeben können – das reicht bis zu Polyäthylen-Tüchern, mit denen die Säue bedeckt werden, damit die neugeborenen Ferkel nicht dieselbe Luft atmen wie ihre Mütter.«

Die Ferkel, die auf solche Weise quasi per Förderband aus dem Mutterleib transportiert worden sind, werden dann einzeln in eine Plastikschachtel gesetzt, in die sie gerade hineinpassen, dort zwei Wochen mit Kondensmilch durch Gummisauger gefüttert und dann in Käfige gebracht, wo sie von ihresgleichen isoliert bleiben, bis sie für alt genug erachtet werden, um in die Masthöfe zu kommen. Mir wurde eine solche Anlage auf der Insel Anglesey gezeigt. Hier waren 600 zu mästende Schweine in Zellen zusammengedrängt und wurden – damit sie sich nicht sehen und miteinander streiten konnten – in totaler Dunkelheit gehalten (mit Ausnahme von dreimal 20 Minuten täglich, in denen sie Futter bekamen). Die Hitze und die Luftfeuchtigkeit waren extrem hoch, damit die Tiere keine Energie verbrauchten, um sich zu erwärmen.

Bei der Anwendung dieses Systems weigerten sich die Muttertiere allerdings häufig, den Eber nochmals anzunehmen, da man ihnen die Jungen weggenommen hatte und ihnen die Erfahrung der Aufzucht fehlte. Als »Lösung« bot sich an, diese Säue sofort zu töten (wenn es sich um Jungsauen handelte, die erst einen Wurf hatten) und zu Schinken zu verarbeiten. Es gibt noch eine andere »Abhilfe«, die aber noch abstoßender ist als das Rowett-System: Man schafft sich eine Herde mit einem »minimalen Krankheitsgrad«, indem man die Muttertiere kurz vor dem natürlichen Wurf abschlachtet und die Ferkel per Kaiserschnitt zur Welt bringt. Die Ferkel haben dann aller Voraussicht nach keine kranken Organismen und können die Grundlage einer gesunden Herde bilden. Ich kannte einen Mann in Suffolk, der es zu einer Herde von 400 Säuen mit einem »minimalen Krankheitsgrad« gebracht hatte. (Der Kostenaufwand war allerdings enorm, denn für die »Geburten« waren Tierärzte erforderlich.) Dann brach die Schweinepest aus, und alle Tiere mußten geschlachtet werden.

Diese Teufelsspirale von Problemen und Abhilfe ist erst seit einigen Jahrzehnten im Gange. Wie wird es erst im Jahr 2000 aussehen, wenn dem kein Einhalt geboten wird? Man braucht kein

Diese Sau ist mit ihren Ferkeln auf einer Unterlage von Holzspänen gelagert. Wärme und Geborgenheit sind für Schweine ebenso wichtig wie für alle anderen Säugetiere.

Unterbrochener und Geschlossener Stoffkreislauf

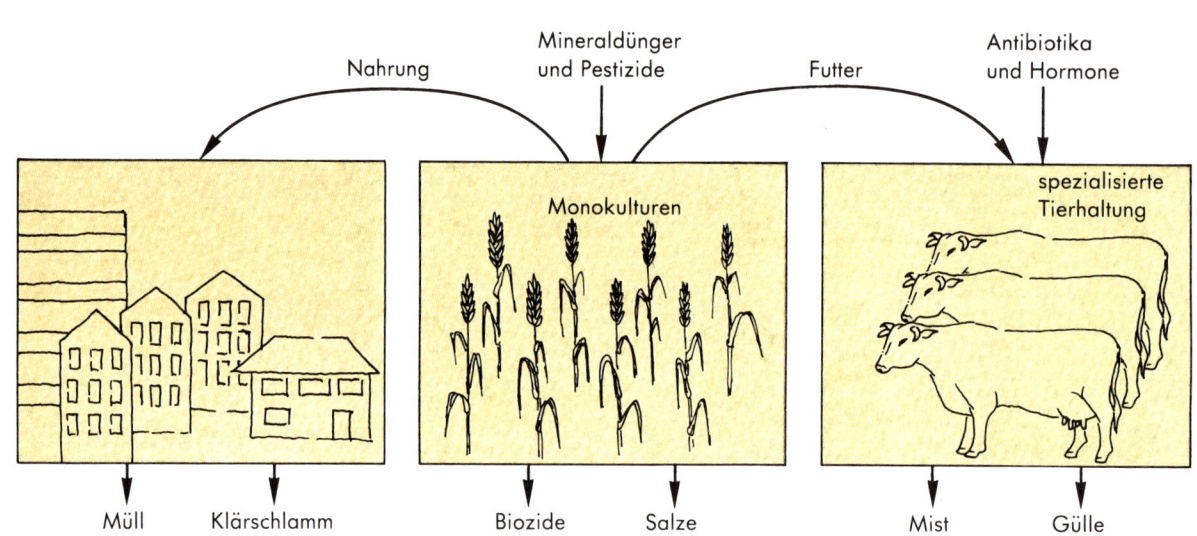

kostspielige Umweltbelastung und kostspielige Gewässerbelastung

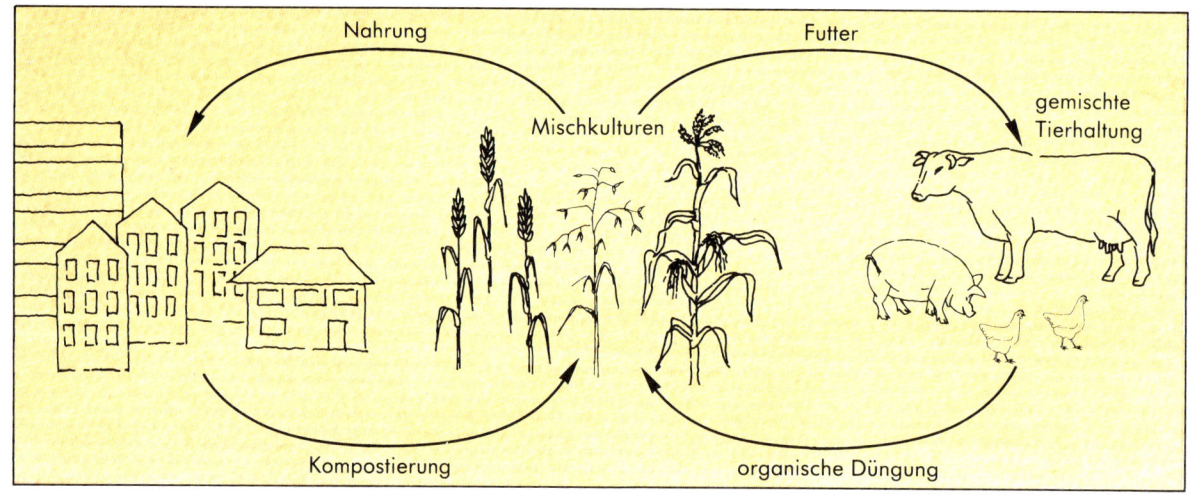

Verbesserung von Bodenstruktur und Wasserhaltung
Entlastung der Gewässer

© Krüger Grafik

Zyniker zu sein, um sich vorzustellen, wie kompliziert, unnatürlich und augenfällig grausam die Tierhaltung dann sein wird, wenn nicht irgendwer wieder den Versuch unternimmt, die Säue im Freien zu halten, ihnen ausreichend Stroh gibt, damit sie Nester bauen können, ihnen eine angemessene Zeit läßt, ihre Jungen zu säugen und zu bemuttern und sich danach zu erholen. Dann wird man auch auf alle Antibiotika und alle oralen und subkutanen Impfungen, Eisenspritzen, anabolen Steroide, auf Schwanzamputationen und Zähnebrechen sowie auf Isolierzellen verzichten können. Vielleicht müssen dann die Schweinezüchter wieder körperliche Arbeit in frischer Luft verrichten, aber das wird ihnen nicht schaden. Möglicherweise werden sie auch etwas weniger verdienen – aber was hülfe es dem Menschen, wenn er die ganze Welt eroberte und dabei seine Seele einbüßte? Jedenfalls bin ich sicher, daß der Schinken besser schmecken wird – und der Dünger würde wieder aufs Land zurückkommen, wohin er auch gehört. Wenn die Phosphatvorräte der Welt verbraucht und die Kosten für künstlichen Stickstoff ins Unermeßliche gestiegen sein werden, weil es kein Erdöl mehr gibt, dann gewinnt auch dieser Faktor wieder an Bedeutung.

Das Thema »Dünger« führt uns auf den gigantischen Rinderschlachthof in Norditalien zurück:

Was machen sie dort mit dem Dung? 6000 Stiere liefern davon eine ganze Menge. Nun, die Stiere stehen auf Lattenrosten, und der Mist fällt in unterirdische Kanäle. Ein Teil davon wird in Tankwagen auf die Felder gefahren, wo der Mais wächst, mit dem die Stiere gefüttert werden. 18 Bauern mit zusammen 700 Hektar Land liefern den Mais und sollen den Dung erhalten; aber sie verbrauchen ihn nur zum Teil. Jauche ist eine unappetitliche Substanz, und es ist auch nicht gut, zu viel davon aufs Land zu schütten.

Während die Kameraleute ihre Aufnahmen in La Torre machten, schlichen Angela und ich unbemerkt beiseite und gelangten auf eine Seite der Anlage, die man uns offensichtlich nicht hatte zeigen wollen. Dort erstreckte sich, über 100 Meter lang, ein riesiger See und hinter seinem künstlichen Ufer ein zweiter ebenso großer, weil der erste offensichtlich nicht ausgereicht hatte. Beide waren bis zum Rand mit dem gefüllt, was man im Agrargeschäft Kot nennt und wofür ich noch einen anderen Namen weiß. Der Gestank war entsetzlich, und es war einleuchtend, daß die 18 Bauern, die alle Jauche übernehmen sollten, nur einen kleinen Teil davon bewältigen konnten. So bleibt sie ungenutzt, wie in Tausenden solcher Großmästereien auf der ganzen Welt, und kann allmählich in den Boden einsickern und das Grundwasser verunreinigen!

Ich mußte an den kräftigen, gesunden Geruch des Bauernhofdüngers denken, den ich vor langer Zeit von Mr. Catts Gut in Essex abtransportieren half, und an sein schönes und gut gedüngtes Land. Aber echter Hofdung benötigt Stroh und Arbeitskräfte in nicht geringer Zahl. Heutzutage verbrennt man in vielen Ländern das Stroh – und was den zweiten Punkt betrifft, so braucht man nur die wachsenden Arbeitslosenzahlen anzusehen, um zu wissen, was aus den ländlichen Arbeitskräften geworden ist.

An den Hängen des Kilimandscharo
in Nord-Tansania haben die Chagga ein
ökologisch stabiles System der Agro-
Forstwirtschaft entwickelt. Unter den
schützenden Kronen der Regenwald-Bäume werden Bananen, Kaffee und eine
Vielzahl von Gemüsesorten angepflanzt,
die durch ein verzweigtes Netz von
Be- und Entwässerungsrinnen versorgt
werden.

DER LANGE WEG ZUM GARTEN EDEN

Wir brauchen eine neue Vision; der Grundsatz, daß wir nur im Bündnis mit der Natur, deren Bestandteil wir sind und von der letztlich unsere Existenz und unsere Lebensqualität abhängen, unser Leben gestalten dürfen, muß uns in Fleisch und Blut übergehen.

Aurelio Peccei

Der Kilimandscharo erhebt sich wie ein riesiger grüner Kegel aus den heißen Dornsavannen im Norden Tansanias; sein fast 6000 m hoher Gipfel trägt eine Kappe aus Firn und Eis. Als ein Missionar 1848 nach Europa meldete, er hätte unmittelbar südlich des Äquators einen Berg mit einem vergletscherten Gipfel entdeckt, dankte man ihm mit unverhohlenem Zweifel.

Wir mußten in Moshi schon vor Sonnenaufgang aufstehen, denn nur am frühen Morgen kann man den hohen Berg ohne seinen Wolkenschleier anschauen und filmen. Das Eis funkelt in der Morgensonne, Wasser beginnt, von der Eiskappe die Hänge hinab zu strömen, in alten Bachbetten, die sich durch Wälder und Moore schlängeln. Weiter unterhalb, wo die Hänge in die Ebene übergehen, leben die Chagga in ihren mit Bäumen bestandenen Gärten; ihretwegen waren wir zu Filmaufnahmen dorthin gefahren. Erick Fernandes, ein junger Wissen-

schaftler am Institut für Agro-Forstwirtschaft in Nairobi, führte uns. Er hatte zusammen mit zwei Kollegen von der Universität Daressalam detaillierte Untersuchungen der Chagga-Gärten durchgeführt.

Die Chagga sind ein Bantustamm, der aus verschiedenen Stammesgruppen hervorgegangen ist. Einige von ihnen waren, wie die Massai, Viehzüchter in den tiefer gelegenen Ebenen gewesen. Vor mehreren hundert Jahren hatten sich die Chagga in den üppigen Regenwäldern an der Südflanke des Berges niedergelassen. Sie fällten einen Teil der Bäume, ließen aber noch viele stehen und pflanzten unter dem offenen Kronendach Bananenstauden. Heute ziehen die Chagga-Gärten eine wachsende Zahl von Besuchern mit wissenschaftlichen Interessen (genauer: »Wissenschaftstouristen«) an, weil man hier ein Anbausystem studieren kann, das für den Landbau in den Berg- und Hügelländern überall in den Tropen von großer Bedeutung ist. Auf einem kurvenreichen Weg fuhren wir in diesen »Wald aus Nahrungspflanzen« und stiegen aus dem Landrover. Wir befanden uns in einer grünen Welt, umgeben von Blättern mit einer Vielfalt verschiedener Formen. Durch die Kronen der großen Bäume konnten wir hoch über uns den Himmel erkennen. Rundherum standen Bananenstauden beladen mit Bündeln

grüner Bananen. Unter und zwischen ihnen wuchsen Kaffeesträucher, und am Erdboden gab es Gemüse im Überfluß. Wir waren in einem vom Menschen geschaffenen Dschungel mit Häusern, Hütten und Viehställen, die verstreut zwischen den Bäumen und Sträuchern standen. Überall baute man Nahrungspflanzen an, und das offensichtlich mit großem Erfolg. Die Chagga-Gärten ermöglichen die höchste Bevölkerungsdichte in ganz Tansania: 500 Menschen pro Quadratkilometer. Über die Hälfte des Kaffees, der im Land erzeugt wird, stammt von den Hängen des Kilimandscharo.

Die Chagga praktizieren an den Hängen ihrer Berge ein Anbausystem, das sich im Grunde selbst trägt und erhält. Sie haben ein paar große Waldbäume stehenlassen, die Schatten werfen und die Nahrungspflanzen vor der kräftigen Einstrahlung der tropischen Sonne schützen. Ihre Blätter liefern zudem etwas Viehfutter und Laubstreu, um den Boden mit einer Mulchschicht zu bedecken. Darüber hinaus versorgen die Bäume die Chagga mit Früchten, Nüssen und pflanzlichen Heilmitteln. Mit ihrem Wurzelwerk schützen die Bäume den Boden an den Berghängen vor der Abspülung durch heftige Regengüsse. Die großen Bäume liefern auch Bau-

Chagga-Gärten in Nord-Tansania. Der Maisanbau unter den Bananenstauden der Chagga-Gärten findet zunehmend Verbreitung. Dadurch erhöht sich allerdings auch die Erosionsgefahr, da der Boden bei starken Regenfällen mangels Deckung weggespült werden kann.

und Brennholz; sie werden aber nur gefällt, wenn man junge als Ersatz gepflanzt hat.

15 verschiedene Bananenarten werden von den Chagga angebaut, zum Essen, als Viehfutter und zum Bierbrauen. Die Wurzeln der Bananenstauden schützen ebenfalls den Boden. Man kultiviert auch andere Fruchtbäume – Papaya und Guave – für den Eigenverbrauch und zum Verkauf auf den lokalen Märkten. Die Kaffeesträucher sichern den Bauern ein lohnendes Einkommen und dem Land begehrte Devisen. Unter den Sträuchern bauen die Chagga Taro-Knollen, Jams, Batate, Kartoffeln, Bohnen, Zwiebeln, Tomaten und eine Auberginenart an. Das von den Chagga entwickelte vielstöckige Anbausystem ist ein bemerkenswertes Beispiel angewandter Ökologie. Es beruht auf einem klaren, im Laufe von Jahrhunderten gewachsenen Verständ-

nis der Wechselbeziehungen zwischen verschiedenen Faktoren und Komponenten: Licht, Schatten, Wasser, Bäumen, Sträuchern, Gemüsepflanzen, Tieren. Die angebauten Nutzpflanzen stammen aus verschiedenen Regionen der Erde, aus Südamerika, Indien, Südostasien und, natürlich, auch aus Afrika.

Die Chagga verwenden in ihren Gärten praktisch keinen Mineraldünger. Sie haben ein paar Rinder, Ziegen, Schweine und Hühner, die in Ställen gehalten und mit Pflanzenmaterial aus den Gärten sowie Gras von den Bergwiesen gefüttert werden. Mit ihrem Mist wird der Boden in den Gärten gedüngt.

Jeder Garten besitzt ein Netz von Entwässerungs- und Bewässerungsrinnen, die mit dem Wasser der Gebirgsbäche gespeist werden. Die Wasserversorgung wird von den Kleinbauern, die daraus Nut-

zen ziehen, genossenschaftlich gehandhabt. Die Vielschichtigkeit des Bewässerungssystems der Chagga wurde bereits von den europäischen Forschungsreisenden im vorigen Jahrhundert bewundert, und auch heute noch staunen Bewässerungsfachleute über das ausgeklügelte System.

Jeder Bauer erhält seinen Wasseranteil aus den Hauptkanälen, indem man eine Einlaßöffnung freigibt, durch die das Wasser in die Bewässerungsfurchen eines jeden Gartens gelangt. Bei der Wasserzufuhr werden die Bauern je nach Bedarf abwechselnd berücksichtigt; so wird sichergestellt, daß jeder genügend Wasser bekommt. Die Durchschnittsgröße der Gärten beträgt 0,68 Hektar; da die Bevölkerung jedoch jährlich um rund 3 % zunimmt und die meisten Familien mehr als zehn Mitglieder haben, müssen Wege gefunden werden, um die Produktion

Die Gletscherkuppe des Kilimandscharo (5895 m hoch) sorgt für die Wasserzufuhr zu den Chagga-Gärten an den Hängen des Berges. Seit einigen Jahrzehnten wird allerdings eine Reduzierung des Gletschers beobachtet, wofür die zunehmende Entwaldung am Kilimandscharo als ein Grund genannt wird.

auf dem verfügbaren Land zu erhöhen. Dabei versorgt man die Chagga mit widersprüchlichen Ratschlägen: Einige Experten haben ihnen geraten, chemische Mittel, also Kunstdünger und Pestizide, anzuwenden, um den Ertrag ihres Landes zu steigern. Tatsächlich werden in jüngster Zeit mehr und mehr Pestizide gegen pflanzenschädliche Insekten und eine Pilzkrankheit des Kaffeestrauchs eingesetzt. Nun hat man jedoch erkennen müssen, daß es in den Bewässerungsgräben, in denen es früher Fische im Überfluß gab, keine Fische mehr gibt. Die Fische sind durch die Pestizide vergiftet worden und verschwunden. Damit haben die Chagga eine wichtige Proteinquelle verloren.

Andere Wissenschaftler haben den Chagga geraten, den Gebrauch von Insektiziden in ihren Gärten einzuschränken und dafür – als natürliches Mittel gegen schädliche Insekten – bestimmte Abwehrpflanzen zwischen den Nahrungspflanzen anzubauen. Dies ist in der Tat ein traditionelles Verfahren, das durch die Einführung neuer Abwehrpflanzen noch verbessert werden kann. Zusätzlich könnten sich die Chagga der Techniken des »integrierten Pflanzenschutzes« bedienen, die sich jetzt in Feldversuchen überall auf der Erde als wirksam erweisen. Zur Steigerung der Bodenfruchtbarkeit empfehlen die Landwirtschaftsexperten den Chagga ferner, mehr Leguminosen in ihren Gärten an-

zubauen, vor allem Leucaena-Bäume, die den Boden rund um ihre Wurzeln mit Stickstoff anreichern und deren Laub als Viehfutter verwendet werden kann.

Die bemerkenswerte Perfektion des Anbausystems der Chagga wird heute allgemein anerkannt. Die Vereinigung und gegenseitige Ergänzung von Waldbäumen, Fruchtbäumen, Sträuchern und Gemüsepflanzen ist eine eindrucksvolle Leistung der angewandten Ökologie.

Im Zeitalter der Bodenerosion und rasch fortschreitender Desertifikation können die Menschen in den Tropen von den Anbauverfahren der Chagga lernen. Nicht überall sind die Bedingungen so günstig wie an den Hängen des Kilimandscharo, aber die Methoden dieser Mischung aus Land- und Forstwirtschaft können an eine große Spannbreite von Klima- und Bodenbedingungen angepaßt werden. Ähnliche, seit Jahrhunderten bewährte Anbausysteme haben sich noch in Indien, Thailand, Indonesien, Brasilien und anderen Ländern erhalten; sie werden jetzt von den Wissenschaftlern »entdeckt« und einer genauen Prüfung unterzogen. Bei den rasch wachsenden Einwohnerzahlen in der Dritten Welt müssen solche sich selbst erhaltende Anbausysteme entwickelt und gefördert werden, da sie nicht von Zulieferungen in größeren Mengen (wie Mineraldüngern und Pestiziden) abhängig sind.

Grüne Bananen auf einem Dorfmarkt in Tansania. Früchte aus den Gärten der Chagga, vor allem Bananen, bilden einen wichtigen Bestandteil des Nahrungsmittelangebots im tansanischen Flachland.

Noch bis vor wenigen Jahren betrachtete man die »Grüne Revolution« mit ihren Hochleistungssorten von Weizen, Reis und Mais als die Lösung der Ernährungsprobleme überall auf der Welt. Die Politiker der Dritten Welt vertrauten der Leistungskraft dieser Hybridsorten so sehr, daß sie bereit waren, das Nationaleinkommen ihrer Länder zu verpfänden, um das »Grüne-Revolutions-Paket« zu erwerben. Dazu gehörten der Bau riesiger Staudämme für großflächige Bewässerungsprojekte und zur Stromerzeugung, der Bau von Fabriken zur Produktion von Düngemitteln und Pestiziden, die Einfuhr von Traktoren, Mähdreschern und anderen Landmaschinen sowie der Kauf des neuen »Wundersaatguts«.

Wo auch immer man Staudämme errichtete, wurden fruchtbare Täler überflutet, manche noch bewaldet, andere von Hirtennomaden oder Dorfbewohnern besiedelt, die von der Landwirtschaft und vom Fischfang lebten. Immer versprach man den umgesiedelten Menschen ein besseres Leben, als Bauern auf den neuen Bewässerungsfeldern oder als Fischer auf den künftigen großen Stauseen. Die politischen Führer waren von den phantastischen Vorteilen der großen Stauseen und Bewässerungssysteme so sehr überzeugt, daß sie es meist ablehnten, auf die Einwände der Menschen einzugehen, die von diesen Projekten unmittelbar betroffen wurden. Der Präsident der autonomen Südregion des Sudan formulierte dies

in einer Diskussion über die Pläne zu einem großangelegten Bewässerungsprojekt in dem von den Dinka, einem Hirtenvolk, bewohnten Gebiet wie folgt: »Und wenn wir unsere Leute mit Stockschlägen ins Paradies treiben müssen, dann werden wir es tun, zu ihrem Besten und zum Besten derer, die nach uns kommen.« Derartige Ansichten sind typisch für die arrogante Einstellung ehrgeiziger Technokraten, die sich nur wenig um die von ihnen als überholt und nicht mehr lebensfähig betrachteten traditionellen Lebensweisen kümmern.
Edward Goldsmith und Nicholas Hildyard haben in ihrem Buch über die sozialen und ökologischen Folgen großer Stauseen umfangreiches Beweismaterial zusam-

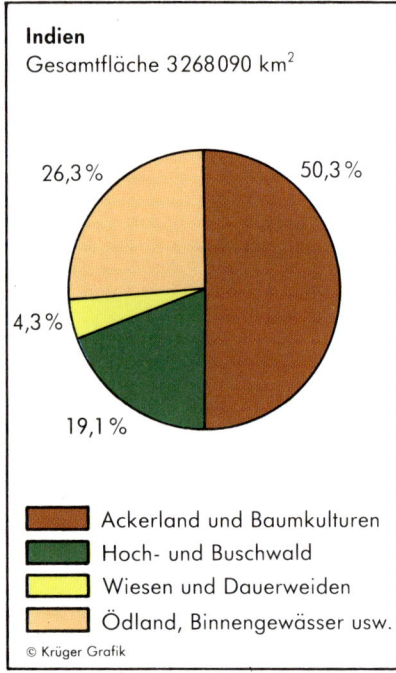

Indien
Gesamtfläche 3 268 090 km²

26,3 %   50,3 %

4,3 %

19,1 %

- Ackerland und Baumkulturen
- Hoch- und Buschwald
- Wiesen und Dauerweiden
- Ödland, Binnengewässer usw.

© Krüger Grafik

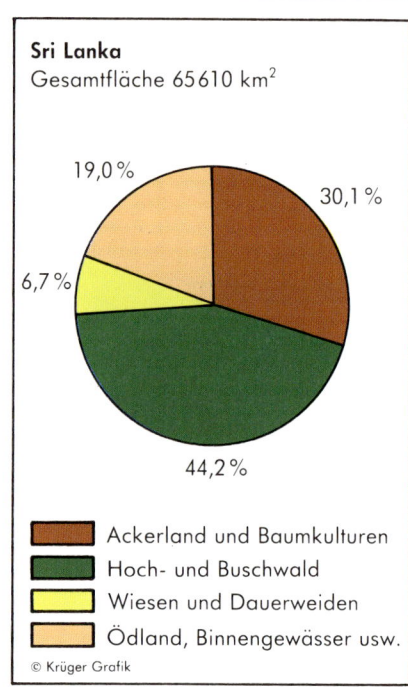

Sri Lanka
Gesamtfläche 65 610 km²

19,0 %   30,1 %

6,7 %

44,2 %

- Ackerland und Baumkulturen
- Hoch- und Buschwald
- Wiesen und Dauerweiden
- Ödland, Binnengewässer usw.

© Krüger Grafik

mengetragen, um zu zeigen, daß Staudammprojekte, die zu den grundlegenden Bestandteilen der Technologie der »Grünen Revolution« gehören, die Ernährungsprobleme in den Ländern der Dritten Welt nicht lösen können. Die Autoren behaupten, daß überall dort, wo große Staudämme errichtet wurden, mehr Probleme geschaffen als gelöst worden sind. Hunderttausende von Menschen wurden aus ihren Dörfern vertrieben. Oft hat man sie gezwungen, sich wieder im Einzugsgebiet der Stauseen niederzulassen und den Wald an steilen Hängen zu roden, um neues Ackerland zu gewinnen. In der Folge wurde die Bodenerosion an den Hängen verstärkt, und die Staubecken waren manchmal schon nach wenigen Jahren mit abgespültem Bodenmaterial zugeschwemmt. Die vorausberechnete Lebensdauer der Stauseen hat sich dadurch überall stark verkürzt. Die Fischereierträge in den künstlichen Seen waren stets viel niedriger, als man vorausgesagt hatte. Sie bieten aber den Malaria-Mücken ausgezeichnete Brutstätten, ebenso den Schnekken, Überträgern der Bilharziose (einer Wurmkrankheit). Wo auch immer Stauseen und Bewässerungsanlagen errichtet wurden, haben die Krankheitsfälle zugenommen. So ist das Resumee, das Goldsmith und Hildyard ziehen, alles andere als positiv; die Zukunftsaussichten der betroffenen Menschen sind düster: »Unterernährung und Krankheiten sind weit verbreitet, Jobs dagegen kaum zu finden. Es ist eine Welt weit entfernt von dem ›Paradies‹, das ihnen die Behörden angeboten hatten. Unglücklicherweise ist es die Welt, in der die meisten von ihnen den Rest ihres Lebens verbringen werden.«

Das wohl bedrückendste Problem des Bewässerungsfeldbaues ist die Versalzung des Bodens, vor Jahrtausenden in Mesopotamien genauso wie heute. Die Welternährungsorganisation der Vereinten Nationen (FAO) nimmt an, daß mindestens 50 % des auf der Erde bewässerten Landes bereits unter Bodenversalzung leiden. Andere schätzen den Anteil eher noch höher ein. Goldsmith und Hildyard behaupten, gegenwärtig würde ebensoviel bewässertes Land durch die Bodenversalzung und Übernässung als Nutzfläche unbrauchbar, wie durch neue Bewässerungsanlagen hinzukäme. In Pakistan und Indien, im Irak und auch in den USA sind große Landflächen von der Versalzung betroffen. Das Problem könnte durch Entwässerungsgräben gelöst werden, die überschüssiges Wasser von den bewässerten Feldern ableiten, anstatt es dort verdunsten zu lassen. Dies ist jedoch im allgemeinen für einen rentablen Anbau zu teuer, die kurzfristige Kalkulation vorausgesetzt, in der die derzeitige Wirtschaftsplanung gefangen ist.

Das Ziel des Pflanzenzüchtungsprogrammes, das zur »Grünen Revolution« führte, war klar um-

rissen: Es sollten von den wichtigsten Nutzpflanzen wie Reis und Weizen Sorten gezüchtet werden, die höhere Erträge liefern konnten als die traditionellen Varietäten. Dies scheint ein lobenswertes Ziel zu sein, wenn man bedenkt, daß die Nahrungsmittelproduktion für die wachsende Weltbevölkerung erhöht werden muß. Aber es gibt dabei einen Haken: Die neuen Hochleistungssorten brauchen viel Wasser – daher die Notwendigkeit, Staudämme und Bewässerungskanäle zu bauen –, und sie benötigen Mineraldünger und Pestizide in größerer Dosierung. Da die Ähren schwerer sind, muß das Stroh kurz sein, und man setzt Herbizide ein, um konkurrierende »Unkräuter« auszuschalten, die höher wachsen als die neuen Getreidesorten. Die »Grüne Revolution« brachte Millionen von Bauern höhere Hektarerträge, sie erzeugte gleichzeitig aber auch eine neue Abhängigkeit von Produkten, die eingekauft werden müssen. Jene Bauern, die sich diese Produkte leisten konnten, vergrößerten rasch ihre Gewinne, was sie in die Lage versetzte, Landmaschinen zu kaufen und dadurch ihren Bedarf an Arbeitskräften zu verringern. Es wird allgemein anerkannt, daß die »Grüne Revolution« erheblich zur Arbeitslosigkeit in den ländlichen Regionen beigetragen und überall in der Dritten Welt den Bevölkerungsstrom vom Land in die Großstädte beschleunigt hat.
Die »Grüne Revolution« hat die

sozialen Gegensätze auf dem Lande zweifellos noch beträchtlich verschärft, indem sie für die Großbauern die Voraussetzungen schuf, ihre Betriebe auf Kosten der Kleinbauern und landlosen Arbeiter zu erweitern.
In ihrem Buch über die »Grüne Revolution« zitiert Susan George einen ehemaligen Landwirtschaftsminister der indischen Regierung: »Mr. Jagjivan Ram ... soll nach Presseberichten gesagt haben, in seinem Land seien nicht die zahllosen Kleinbauern, die von ein paar Rupien im Monat erbärmlich leben, die Nutznießer der Revolution, sondern die dünne, privilegierte Schicht der Großgrundbesitzer. Während 22 % der Familien in den Dörfern überhaupt kein Land und 47 % weniger als einen halben Hektar besitzen, sind die 3 oder 4 % Großgrundbesitzer mit politischer Macht und gesellschaftlichem Einfluß in einer Position, sich alle eingeführten Produktionsmittel, technische Unterstützung und Kredite anzueignen, die den Bauern von den Regierungsstellen zur Verfügung gestellt werden.«
Der Ersatz der traditionellen einheimischen Feldfruchtvarietäten durch Hochleistungssorten hat die genetische Vielfalt der wichtigsten Nahrungspflanzen drastisch beschnitten. Wo auch immer die »Grüne Revolution« auf der Erde Fuß gefaßt hat, sind die traditionellen Sorten auf dem Rückzug. Häufig haben aber die traditionellen Varietäten eine größere Wider-

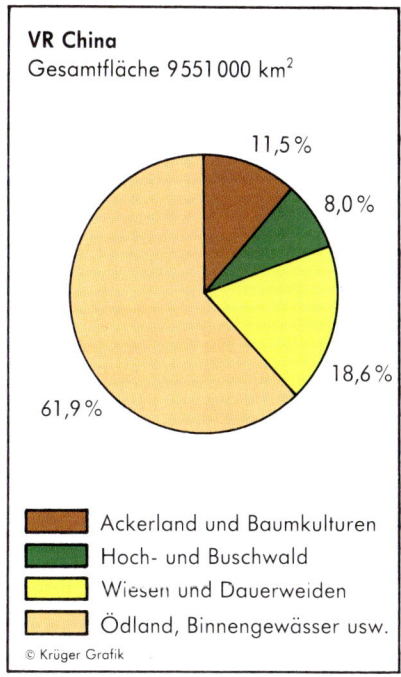

VR China
Gesamtfläche 9 551 000 km²

11,5 %
8,0 %
18,6 %
61,9 %

■ Ackerland und Baumkulturen
■ Hoch- und Buschwald
■ Wiesen und Dauerweiden
■ Ödland, Binnengewässer usw.
© Krüger Grafik

standsfähigkeit gegenüber Krankheiten und sind deshalb für die Züchter unentbehrlich, um hybride Hochleistungssorten züchten zu können. Da sich jedoch die neuen Sorten weiter ausbreiten, geht die genetische Grundlage der wichtigsten Nutzpflanzen mehr und mehr verloren.
»Global 2000«, die von US-Präsident Jimmy Carter in Auftrag gegebene Studie über die Zukunft der Erde, brachte die Sorge über diesen Tatbestand deutlich zum Ausdruck:
»Wenn die gegenwärtige Entwicklung anhält, wird eine wachsende Zahl von Menschen auf die Sorten von vielleicht zwei Dutzend Pflanzen- und Tierarten angewiesen sein. Diese Sorten werden einen hohen Inzuchtgrad haben, und die

Maisanbau in Kenia. In großen Teilen Afrikas hat Mais die führende Rolle in der Lebensmittelversorgung übernommen; traditionelle Pflanzenarten wie Hirse und Jam verlieren zunehmend an Bedeutung.

Pflanzensorten können gegenüber Krankheiten und Schädlingsbefall weniger widerstandsfähig sein und in ausgedehnten, benachbarten Monokulturen angebaut werden. Pflanzen- und Tierseuchen werden wie in der Vergangenheit auftreten, nur daß in Zukunft die Zahl der bedrohten Menschen nicht in die Millionen (wie bei den Hungersnöten nach Kartoffelmißernten in Irland im vorigen Jahrhundert), sondern in die Zehner oder sogar in die Hunderte von Millionen gehen wird.«

Die Resistenz von Insekten, Unkräutern oder krankheitserregenden Pilzen gegenüber Pestiziden wird überall auf der Erde ein wachsendes Problem. 1980 waren bereits mehr als 400 Insekten und Milben gegen ein oder mehrere Insektizide resistent. Unkräuter und Pilze können den Pestiziden ebenfalls immer besser widerstehen, was die immer häufigere und intensivere Anwendung teurer Pestizide zur Folge hat. Die USA zeigen, wie so oft, wohin die Entwicklung geht: Die Baumwollpflanzen in einigen Gebieten der Vereinigten Staaten müssen jetzt innerhalb einer einzigen Vegetationsperiode 30–50mal mit Pestiziden behandelt werden. In einigen Gebieten mußten die Bauern den Baumwollanbau ganz aufgeben, weil sie Krankheiten und Schädlinge nicht mehr auf rentable Weise bekämpfen konnten. Vor ganz ähnlichen Problemen stand man in den Baumwollanbaugebieten in Mexiko, Nicaragua und im Sudan, wo die Resistenz der Schädlinge die Kosten für den Pflanzenschutz in die Höhe treibt und die Baumwollerzeugung damit immer unwirtschaftlicher macht. Resistenzprobleme mit Schadinsekten, die den Reis befallen (vor allem verschiedene Zwergzikaden). werden in weiten Teilen Süd- und Südostasiens akut. Diese Insekten spielten als Schädlinge eine untergeordnete Rolle, bis die Hochleistungsvarietäten der »Grünen Revolution« eingeführt wurden. Da diese Sorten schneller reifen, werden jetzt pro Jahr zwei bis drei Reisernten eingebracht. Die Zwergzikaden haben damit eine ständige Ernährungsgrundlage und sind zu einer hartnäckigen Plage geworden; man braucht immer mehr Insektizidanwendungen, um die Schädlinge unter Kontrolle zu halten. Durch den Einsatz von Insektiziden sind andererseits auch die natürlichen Feinde der Insekten dezimiert worden, wodurch das Problem weiter verschärft wurde.

Untersuchungen durch Wissenschaftler der Bundesforschungsanstalt für Naturschutz und Land-

Unkrauthacken im Maisfeld. Noch immer ist Handarbeit typisch für die Kleinbauern Afrikas, die in erster Linie für die Selbstversorgung ihrer Familien arbeiten. In guten Jahren kann allerdings nicht selten auch ein Teil der Ernte an Subsistenzfrüchten verkauft werden.

schaftsökologie in Bonn-Bad Godesberg haben gezeigt, wie Insektizide mit großer Wirkungsbreite auf den Insektenbestand in einem Feld wirken. Man besprühte ein Bohnenfeld, das leicht von Blattläusen befallen war. Einen Tag später suchten die Wissenschaftler den Boden in bestimmten Teilen des Feldes nach toten Insekten ab. 94 % der gefundenen Insekten waren Nutzinsekten wie Bienen, Marienkäfer und andere Käfer. Keines der nützlichen Insekten überlebte die Insektizidanwendungen, dagegen blieben einige Blattläuse am Leben und begannen auch bald, sich zu vermehren. Vor der Anwendung gab es 18 Blattläuse je Marienkäfer (Marienkäfer fressen ungefähr 30 Blattläuse am Tag). Sechs Wochen später fanden die Wissenschaftler 91 Blattläuse pro Marienkäfer.

Dieses Beispiel macht deutlich, wie Insektizide die natürlichen Feinde der Schadinsekten dezimieren und damit letzten Endes die Vermehrung der Schädlinge fördern. Das ist der Beginn der »Pestizid-Spirale«, die für Millionen Bauern rund um die Erde zur Realität geworden ist: Zuerst vernichten die Insektizide die natürlichen Feinde der Schadinsekten, die sich dadurch schneller vermehren können. Häufigere Pestizidanwendungen verringern zwar die Zahl der Schädlinge, tragen jedoch gleichzeitig dazu bei, die Überlebenschancen jener zu erhöhen, die Abwehrmechanismen gegen das Gift besitzen. Auf diese Weise fördert die Insektizidanwendung direkt die Auslese giftresistenter Insektenrassen und macht es für den Bauern immer schwieriger, seine Nutzpflanzen gegen die schädlichen Insekten zu verteidigen. Folglich werden immer häufigere Anwendungen einer immer größeren Zahl von Insektizi-

den notwendig, und die Gesundheitsrisiken nehmen durch den Kontakt der Bauern mit den Giften ständig zu. Dies hat sich in den Ländern der Dritten Welt zu einem ernsten Problem entwickelt, wo man die Pestizide gewöhnlich mit Rückenspritzen versprüht und sich die Bauern oft keine geeignete Kleidung zum Schutz vor den giftigen Stoffen leisten können. David Bull, Direktor des »Environment Liaison Centers« in Nairobi, hat die »Pestizid-Spirale« 1982 untersucht. Er sammelte Beispiele aus vielen Ländern der Dritten Welt und zeigte damit, daß der spiralenförmig wachsende Verbrauch von Pestiziden nicht die Lösung der Ernährungsprobleme in den Ländern der Dritten Welt bedeutet. Bull unterstreicht den Akkumulations-Charakter des Pestizideinsatzes sowie die wachsenden Risiken für Nahrungsmittelproduzenten und -verbrau-

Integrierter Pflanzenschutz – Voraussetzungen und Vorteile

Das eigentliche Ziel des integrierten Pflanzenschutzes besteht darin, die Zahl der Schädlinge durch biologische Maßnahmen und die ständige Überwachung der Kulturen unter Kontrolle zu halten, um dadurch zu verhindern, daß die von ihnen verursachten Schäden die wirtschaftliche Schadensschwelle übersteigen. Unter der »wirtschaftlichen Schadensschwelle« ist der Punkt zu verstehen, bei dem der von einem Schädling angerichtete Schaden größer ist als die Kosten für seine Bekämpfung. Chemische Mittel werden erst dann eingesetzt, wenn die biologischen Maßnahmen nicht mehr ausreichen, allerdings auch dann nur unter bestimmten Voraussetzungen. Dazu gehören folgende Punkte:

▷ Die Spritzungen werden nicht nach einem bestimmten Kalender, sondern nur im Bedarfsfall durchgeführt, d.h. wenn die Schadensschwelle überschritten wird.

▷ Die Dosierung der Pflanzenschutzmittel sollte knapp bemessen sein und gerade ausreichen, um die Schädlinge zu beseitigen.

▷ Es werden nur solche Pflanzenschutzmittel verwendet, die auf die nützlichen Insekten die geringste Einwirkung haben, Mittel mit großer Wirkungsbreite werden möglichst nicht eingesetzt, außerdem bevorzugt man Präparate mit kurzer Wirkungsdauer.

▷ Der Einsatz von chemischen Mitteln sollte möglichst in der nützlingsarmen Zeit und in eng begrenzten Bezirken erfolgen, um den Bestand der nützlichen Tiere nicht zu gefährden.

Die besten Ergebnisse wurden mit dem integrierten Pflanzenschutz bisher bei mehrjährigen Kulturen (vor allem im Obstbau) erzielt, bei denen der Schädlingsbefall besser abzuschätzen ist als bei Kulturen, bei denen die Nutzpflanzen und mit ihnen die Schädlinge in kurzen Abständen wechseln. In diesen Fällen können die Erzeuger durch Einsparungen bei den chemischen Mitteln zum Teil beträchtlich höhere Reinerlöse erzielen. Der integrierte Pflanzenschutz hat also ökologische und ökonomische Vorteile. Vorteilhaft wirkt sich der sparsamere Einsatz von chemischen Mitteln auch auf den Gehalt an Rückständen in den erzeugten Früchten und im gesamten Ökosystem aus. Außerdem wird dadurch der Gefahr entgegengewirkt, daß die Schädlinge nach wenigen Generationen gegenüber den Pflanzenschutzmitteln resistent sind. Der integrierte Pflanzenschutz setzt allerdings biologisch geschulte Fachkräfte voraus, die die Kulturen ständig überwachen müssen. (19)

cher und beweist schließlich, daß Pestizide, deren Einsatz in Europa und in den USA seit langem verboten ist (die aber trotzdem weiter für den Export produziert werden), in der Dritten Welt noch immer Verwendung finden und als Rückstände in importierten Lebensmitteln wieder in ihre Herkunftsländer zurückkehren.

Bull streitet nicht ab, daß der Einsatz von Pestiziden das Niveau der Nahrungsmittelproduktion in der Dritten Welt erhöht hat, er sieht jedoch auch die sozialen und ökologischen Folgekosten, die daraus entstanden sind, und führt dafür das Beispiel der Naßreiskultur an: In Ländern wie Indonesien, Malaysia, den Philippinen und Bangladesh fingen die Menschen in den überfluteten Reisfeldern seit jeher viele Fische, die zu den wichtigsten Proteinquellen gehörten.

Mittlerweile hat der intensive Einsatz von Pestiziden in den Reiskulturen zu einer drastischen Verringerung der Fischbestände geführt. In einigen Regionen sind Fische, Krebse und Schnecken völlig verschwunden. Allein in Indonesien wurden einst auf Reisfeldern mit einer Gesamtfläche von rund drei Millionen Hektar bis zu 600 000 Tonnen Fisch im Jahr gefangen. Heute gibt es so gut wie keine Fische mehr, wodurch eine große Lücke im Nahrungsangebot entstanden ist.

Der weltweite Jahresverbrauch an Pestiziden entspricht ungefähr einem halben Kilogramm für jeden Menschen auf der Erde, und die Verbrauchszahlen steigen noch immer an. Mehr und mehr Bauern geraten in die »Pestizid-Spirale«. Vergiftungen von Bauernfamilien und Haustieren durch Pestizide erreichen in der Dritten Welt das Ausmaß von Epidemien. Man nimmt an, daß jährlich einige 10 000 Menschen an Pestizidvergiftungen sterben. Hunderttausende werden krank, und häufig wird der wahre Grund ihrer Erkrankung nicht erkannt.

Die fürchterliche Explosion in der Pestizid-Fabrik im indischen Bhopal am 3. Dezember 1984 hat europäischen Presseberichten zufolge etwa 2500 Menschenleben

gefordert, andere Quellen setzen die Zahl der Opfer noch viel höher an. Zehntausende von Menschen werden den Rest ihres Lebens an Folgekrankheiten – Atemnot, Leber- und Nierenschäden sowie Gehirn- und Muskelstörungen – leiden. Ist es nicht höchste Zeit, den Kurs zu ändern und die »Pestizid-Spirale« zu durchbrechen.

Der integrierte Pflanzenschutz wird jetzt weithin als eine vernünftige Alternative zum Pestizid-Einsatz gefordert. Prof. Paul DeBach, ein Insektenkundler, nannte bereits 1974 folgenden Grund dafür: »Der allein auf der Erfahrung beruhende, einseitige Einsatz von Chemikalien, um Schädlinge mit wiederholten kost-

Reisanbau in Thailand. Auch heute noch erfolgt die Pflanzung der Sprößlinge überwiegend mit der Hand. Die überfluteten Reisfelder dienen traditionell auch zur Fischzucht, die aber durch die zunehmende Verwendung von Pestiziden gefährdet ist.

spieligen Schlägen zu unterdrükken... erweist sich mehr und mehr als untauglich. Ein schneller und durchgreifender Wandel ist notwendig, um die Pflanzenschädlinge in einer ökologisch wie ökonomisch befriedigenden Weise unter Kontrolle zu bringen.«

Diese Ansicht findet inzwischen bei den Pflanzenschutzexperten in aller Welt ein positives Echo. Der integrierte Pflanzenschutz nutzt in der ersten Verteidigungslinie biologische Abwehrmaßnahmen gegen Pflanzenschädlinge. Sie werden durch geeignete Fruchtfolgesysteme ergänzt, um die Ausbreitung von Schädlingen zu verhindern. Falls notwendig, setzt man zur Bekämpfung zusätzlich Raubinsekten (sog. Nützlinge) aus. Insektenfressende Vögel werden unterstützt, indem man ihnen geeignete Lebensräume schafft. Hormon- und Lichtfallen werden in den Feldern aufgestellt, um schädliche Insekten anzulocken. Pestizide sind nur das letzte Mittel, wenn alle anderen fehlschlagen sollten. Das Ziel des integrierten Pflanzenschutzes besteht nicht darin, die Schädlinge völlig zu vernichten, weil sich dies ohnehin als praktisch unmöglich erwiesen hat, selbst beim Einsatz der perfektesten Pestizide. Der integrierte Pflanzenschutz bemüht sich, die Zahl der Schädlinge auf einem erträglichen Niveau unter Kontrolle zu halten. Feldversuche mit einer Vielzahl von Nutzpflanzenarten haben gezeigt, daß dieses Ziel zu erreichen

ist. Bauern in der ganzen Welt werden dazu ermuntert, auf der Grundlage ihres traditionellen Erfahrungsschatzes neuere Verfahren des integrierten Pflanzenschutzes zu übernehmen. Praktische Versuche in China, Sri Lanka, Indien und Nicaragua haben bereits ermutigende Resultate geliefert.

Vielen Menschen in der Dritten Welt bleibt nur noch das Betteln, wenn sie kein Land haben, auf dem sie für sich Nahrungsmittel anbauen können. Bittere Not ist für Hunderte Millionen Menschen überall im »Süden« eine tägliche Realität. Bei der Welternährungskonferenz 1974 in Rom, an der Regierungsvertreter aus 150 Staaten teilnahmen, prophezeite der damalige US-Außenminister Henry Kissinger: »In einem Jahrzehnt wird kein Kind mehr hungrig zu Bett gehen, wird sich keine Familie mehr um das Brot für den nächsten Tag sorgen müssen, werden die Zukunft und die Fähigkeiten keines menschlichen Wesens mehr durch Unterernährung verkümmern.« Zehn Jahre später ist die Zahl der hungernden Menschen auf der Erde von 400 Millionen auf schätzungsweise 700 Millionen gestiegen. In einigen Ländern der Dritten Welt, vor allem in Indien und der VR China, hat sich die Ernährungslage verbessert, zum Teil als Ergebnis der »Grünen Revolution«. In

weiten Teilen Afrikas und Südamerikas hat sich die Situation dagegen erheblich verschlechtert, wie zum Beispiel in Äthiopien. Mohamed Amin, ein Journalist aus Kenia, lenkte mit seinem Film für die BBC als einer der ersten die Aufmerksamkeit auf die Hungersnot in Äthiopien. Ende 1984 beschrieb er das Bild, das sich ihm bot, wie folgt: »Ich sah im Dunst des frühen Morgens eine ungeheure Masse von Menschen über den Boden verstreut, die da stöhnten und weinten... es schien, als ob 100 Jumbo-Jets abgestürzt und die Körper der Passagiere zwischen die Wrackteile geschleudert worden wären, die Toten und die Lebenden so durcheinandergewirbelt, daß man sie nicht unterscheiden konnte...«

Die Nahrungsmittelhilfe ist für viele zu spät gekommen; wir werden wahrscheinlich nie erfahren, für wie viele. Im nördlichen Afrika wird die Zukunft vieler Menschen nicht allein vom Ausgang der Kriege bestimmt werden, sondern gleichfalls davon, ob genug Regen fällt und ob die erschöpften Böden noch fähig sind, Ernten hervorzubringen. Die Berge in Äthiopien, wo es vor nur 40 Jahren noch ausgedehnte Wälder gab, sind heute fast baumlos. Der Boden wird daher nicht mehr vor Wolkenbrüchen und Wüstenstürmen geschützt. Die Sonne brennt gnadenlos auf das Land, die Menschen und das Vieh, denn es gibt keine Bäume mehr, die sie mit

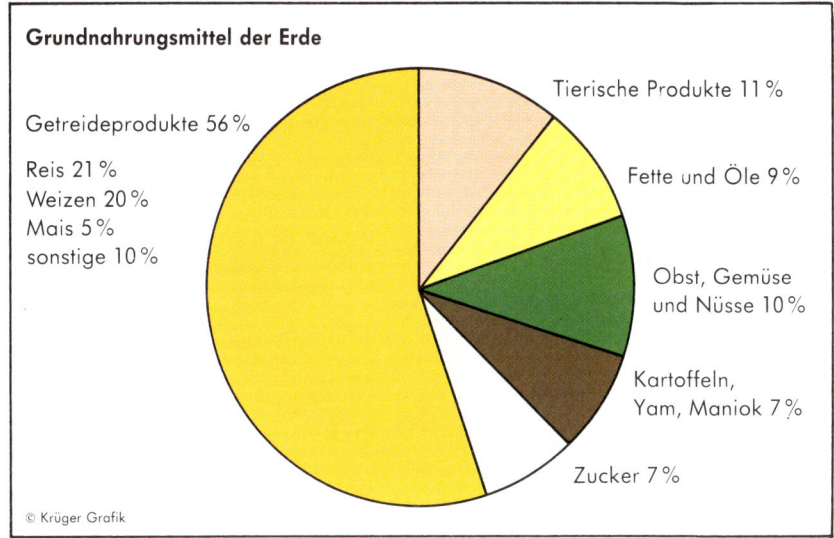

Grundnahrungsmittel der Erde

Tierische Produkte 11 %

Fette und Öle 9 %

Obst, Gemüse und Nüsse 10 %

Kartoffeln, Yam, Maniok 7 %

Zucker 7 %

Getreideprodukte 56 %

Reis 21 %
Weizen 20 %
Mais 5 %
sonstige 10 %

© Krüger Grafik

ihrem Schatten schützen könnten. Wenn es nur möglich wäre, die Baumhaine der Chagga von den Hängen des Kilimandscharo ins äthiopische Hochland zu verpflanzen... Tatsächlich praktizierte man dort früher ähnliche Anbausysteme; die »Agro-Forstwirtschaft«, die neue große Hoffnung der westlichen Entwicklungshilfeorganisationen, hat eine lange Tradition in den tropischen Ländern. Die Oasen in der Sahara, wenigstens jene, die noch nicht ausgetrocknet oder von den Wanderdünen verschüttet worden sind, bezeugen dies: Sie liegen im Schatten des vielschichtigen Blätterdachs der Palmen, Fruchtbäume und niedrigeren Nahrungspflanzen.

Quer durch die Sahelzone, am Südrand der Sahara, suchen Bohrtrupps nach Wasser. Das Wasser, das im Gesteinsuntergrund gefunden und an die Oberfläche ge-

pumpt wird, kann 30 000 Jahre alt sein und damit aus der Zeit vor der Erfindung der Landwirtschaft, der »Agro-Forstwirtschaft« oder der Viehzucht stammen. Niemand möchte sich vorstellen, was mit den restlichen Bäumen und der übrigen Vegetation hier am Rand der Wüste geschieht, wenn durch die Brunnen die Grundwasservorräte erschöpft werden sollten. Klimaforscher sind im allgemeinen vorsichtig mit Niederschlagsprognosen. So auch Dr. Michael Dennett, ein Klimatologe der Universität in Reading, der kürzlich eine Untersuchung über die Niederschlagsschwankungen in Westafrika in den letzten 40 Jahren abgeschlossen hat. Hier einige seiner Ergebnisse: »Der Niederschlag in der Sahelzone war von 1974 bis 1983 etwa 5 % geringer als in der Periode von 1931 bis 1960. Einen Trend zu einem langfristigen Rückgang der Niederschläge kön-

nen wir allerdings nicht sicher nachweisen... Ein Ergebnis war jedoch statistisch signifikant. Wir untersuchten den Niederschlag in der Sahelzone auf der Grundlage der Monatssummen des Niederschlags und stellten dabei fest, daß in den letzten zwanzig Jahren der Niederschlag im regenreichsten Monat August verglichen mit den August-Niederschlägen der Periode 1931 bis 1960 zweifellos rund 10 % geringer war... Der Regen setzt später ein und hört früher auf.«

Eines ist sicher: Der Druck auf die noch verbliebenen Bäume in der Sahelzone ist groß, verzweifelt suchen die Menschen nach Brennholz und Viehfutter. Am südlichen Rand, in Nigeria und an der Elfenbeinküste, erreicht die Entwaldung durch Brennholzeinschlag, durch Erschließung neuen Ackerlandes und durch die Exporte tropischer Harthölzer eine jährliche Rate von 10 %. Die Folgen, die sich daraus für den Rückgang der Luftfeuchtigkeit und den Anstieg der Bodentemperaturen ergeben, kann man sich leicht ausmalen. Das Tempo der Entwaldung ist in den Nachbarländern, beispielsweise in Liberia, Ghana und Sierra Leone, nicht wesentlich langsamer. Wird dies zu Veränderungen in der Niederschlagsverteilung beitragen?

Für ungezählte Millionen Menschen in der Dritten Welt ist der Hunger nicht allein das Ergebnis unangemessener Pflanzenschutzmaßnahmen und des allgemeinen Mangels an Land, fruchtbaren Böden und Wasser, sondern auch die Folge des Baummangels. Die Rodung der Bäume bildet bei der Erschließung neuen Ackerlandes eine Grundvoraussetzung, denn eine Walddecke ist – oder war – der »natürliche Zustand« des größten Teiles der festen Erdoberfläche. Die Rodung von zu vielen Bäumen wird für die Landwirtschaft allerdings zu einem Risiko, weil dadurch die Bodenerosion durch Wasser und Wind unterstützt und außerdem zu einem Klimawechsel beigetragen wird. In den ersten Kapiteln haben wir gesehen, wie dieser Prozeß die Länder im Mittelmeerraum verändert hat. Heute müssen große Teile Afrikas und in zunehmendem Maße Mittel- und Südamerikas unter der rasch fortschreitenden Entwaldung leiden. In Afrika bedecken die Regenwälder in Kamerun und Zaire noch riesige Flächen. Sie schrumpfen jedoch mit einer Rate von schätzungsweise 1,3 Millionen Hektar pro Jahr, ein Vorgang, der sich noch beschleunigen wird, sobald die neuen Straßen, die man gegenwärtig für den Holztransport baut, fertiggestellt sein werden. Afrika und große Teile der übrigen Dritten Welt sind in einer traumatischen Situation gefangen: Man opfert die Wälder, um neues Ackerland zu schaffen. Wertvolle tropische Harthölzer werden geschlagen, um Devisen zu erhalten.

Waldbestände der Erde
(in % der Gesamtfläche des jeweiligen Landes)

Europa	39,0 %	**Asien**	21,8 %
Finnland	67,2 %	Malaysia	67,7 %
Schweden	58,7 %	Japan	66,8 %
Österreich	38,9 %	Thailand	40,7 %
Spanien	30,4 %	Indien	19,9 %
BRD	29,0 %	VR China	16,2 %
Polen	27,6 %	Iran	10,9 %
DDR	27,2 %		
Frankreich	26,6 %	**Amerika**	40,8 %
Schweiz	25,5 %	Kolumbien	67,8 %
Italien	20,9 %	Brasilien	59,7 %
Niederlande	8,4 %	Guatemala	53,3 %
Großbritannien	8,3 %	Mexico	35,2 %
		Kanada	32,7 %
Afrika	21,2 %	USA	31,0 %
Zaire	51,6 %	Argentinien	21,8 %
Nigeria	33,6 %		
Äthiopien	7,3 %	**Australien und Ozeanien**	21,8 %
Südafrika	3,8 %		
Ägypten	0,0 %		

Ein Teil des besten Landes wird für den Anbau von Handelspflanzen genutzt, die nach Europa und in die USA exportiert werden. Die immer weiter wachsenden Städte brauchen billige Nahrungsmittel; dadurch wird dem Boden die Fruchtbarkeit entzogen, die nie wieder zurückkehrt. Auch die Ausfuhr von tropischen Nahrungsmitteln nach Europa und in die USA, dessen Volumen immer noch ansteigt, hat den Export von Pflanzennährstoffen zur Folge. Die sog. Entwicklungshilfe wird ergänzt durch die Ratschläge der Experten, die eine Landwirtschaft europäischen Stils »in offenem Land« unterstützt haben. Sie eignet sich für die tropischen Länder

jedoch nicht. Flächen- und Grabenerosion sind weit verbreitet, nicht nur in Kenia, wie von John Seymour beschrieben, sondern auch in anderen Teilen Afrikas. Unter diesen Bedingungen führt der Bevölkerungsdruck zum Zusammenbruch der Ökosysteme. In Mauretanien, einem westafrikanischen Staat am Rande der Sahara, haben sich mehr als 80 % des Weidelandes, das von den Hirtennomaden genutzt wurde, in Wüste verwandelt. Die Städte sind dort von ausgedehnten Zeltsiedlungen umgeben, die von Menschen bewohnt werden, die ihr Vieh verloren haben und Nahrung suchen. In den westlichen Industrieländern weiß man nur wenig über Maure-

Ernte im Drâa-Tal (Marokko). Am niederschlagsarmen Südabhang des Hohen Atlas ist Landwirtschaft nur begrenzt möglich. Das Drâa-Tal bietet wenigstens noch vereinzelt Gelegenheit zum Getreideanbau, an feuchteren Plätzen ist auch Oasenwirtschaft möglich.

tanien, die Fernsehteams reisen woandershin. Die Mauretanier kennen den Hunger jedoch genauso gut wie die Äthiopier.

Am Stadtrand von Nairobi, der Hauptstadt Kenias, sahen wir, wo Bauern ohne fruchtbares Land und Hirten, die ihre gesamten Herden verloren haben, enden – sofern sie überleben. Wir fuhren in glanzpolierten Autos geradewegs in ein Elendsviertel hinein. Dort hielten wir an, und die Menschen versammelten sich um uns herum, einige mit lächelndem Gesicht und viele mit geballten Fäusten. Ali Twaha, ein Kikuyu, der uns führte, wurde von den jungen Männern beschimpft: Wie könne er es wagen, Weiße mit

ihren Filmkameras und Tonbandgeräten hierher zu bringen. Wären es nicht Leute wie wir, die an dem ganzen Elend Schuld hätten? Auf welcher Seite stünde er eigentlich? Ali hielt tapfer stand, und Russ, unser Kameramann, machte einen Schwenk über das Lager, das an einem Talhang lag: Wohin man auch sah, Hütten aus rostigem Wellblech. Viele Menschen hatten zerlumpte Kleider an, ein paar trugen noch ihre bunten Stammestrachten. Überall waren Kinder; sie lernten schon in frühen Jahren Zorn und Verbitterung.

Nairobi gehört sogar noch zu den vergleichsweise wohlhabenden Städten Afrikas, trotzdem gibt es dort für die früheren Bauern nur

wenige Jobs. Ehemalige Hirten, wie die Borana oder die Massai, werden als Wachleute und Nachtwächter in den Bürogebäuden internationaler Organisationen und der Regierungsstellen bevorzugt. In diesen Gebäuden und ihren Pendants in London, Washington, Paris und Bonn wird über das Schicksal der Menschen in der Dritten Welt entschieden. Großartige Zukunftsvisionen haben sich angesichts der Realitäten in Luft aufgelöst. Die politischen Führer reden nicht mehr davon, ein neues Paradies zu schaffen. Das Ziel realistisch denkender Politiker besteht heute einfach darin, den Menschen zu helfen, in Würde zu überleben.

Agro-Forstwirtschaft am Kilimandscharo (Nord-Tansania). Die Vielschichtigkeit der Chagga-Gärten ist beispielhaft für die zukünftige Landwirtschaft in den Tropen. Regenwald-Bäume wurden zum Schutze des Bodens und der Bananen-, Kaffee- und Gemüsekulturen stehengelassen, so daß man mit Recht von einem »Lebensmitteldschungel« sprechen kann.

Im Sudan werden Datteln, Gemüse, Erdnüsse und Baumwolle für den Export
angebaut. Trotzden ist in trockenen Jahren die Nahrungsmittelversorgung der
einheimischen Bevölkerung keineswegs
gesichert.

Julius Nyerere, 1964–1985 Staats-
präsident von Tansania, antworte-
te auf die Frage, was die größte
Leistung im Laufe seiner Amtszeit
gewesen sei, schlicht: »Daß wir
überlebt haben.«
In der Dritten Welt herrscht große
Verbitterung über die niedrigen
Preise, die reiche Länder für Rohstoffe und Agrarprodukte bezahlen. Ein großer Anteil der Export-
einnahmen muß allein für die
Tilgung der Auslandsschulden auf-
gewendet werden. Viele Länder
verfügen nicht über die Finanzmit-
tel zum Aufbau einer Industrie,
die sie von Importen unabhängig
machen könnte, nicht einmal für
die wichtigsten Maschinen und für
Konsumgüter. Julius Nyerere ver-
deutlichte diese Entwicklung mit
folgendem Beispiel: »1965 konnte
ich durch den Verkauf von 17,25
Tonnen Sisal einen Traktor kaufen; 1974 benötigte ich 57 % mehr.
Heute ist der Sisalpreis weiter
gefallen, während der Preis für
einen Traktor immer noch weiter
steigt.«
Die Vision einer Welt voll von
riesigen grünen Dämmen, Feldern
mit gesunden Pflanzen und Maschinen, die für die Menschen den
Boden bearbeiten, hat sich als
Fata Morgana erwiesen. Das wichtigste Ziel, auf das nun hingearbei-
tet werden muß, ist ein brauchba-
res Anbausystem für die Millionen
Kleinbauern in Afrika. Die dring-
lichste Aufgabe muß darin bestehen, den Boden vor der Zerstörung zu schützen und zu bewahren.

Enarenado-Kulturen auf Lanzarote. Auf
der vor der westafrikanischen Küste
gelegenen Kanareninsel findet sich wegen der geringen Niederschläge (150–
200 mm jährlich) nur spärliche Vegetation. Der Anbau von Wein u. a. Kulturen
ist nur durch zusätzliche Feuchtigkeitsge-
winnung durch Tau (»enarenado«) möglich – eine optimale Form der Bodennutzung unter schwierigen Bedingungen.

DAS NEUE BODENGEFÜHL

Unsere heutige Naturforschung beruht auf der gewonnenen Überzeugung, daß nicht allein zwischen zwei oder drei, sondern zwischen allen Erscheinungen in dem Mineral-, Pflanzen- und Tierreich... ein gesetzlicher Zusammenhang besteht, so daß keine für sich allein sei, sondern immer verkettet mit einer oder mehreren anderen, und sofort alle miteinander verbunden, ohne Anfang und Ende, und daß die Aufeinanderfolge der Erscheinungen, ihr Entstehen und Vergehen wie eine Wellenbewegung in einem Kreislauf sei.

Justus von Liebig

Es ist müßig, die Übel der anorganischen Landwirtschaft zu beklagen: die Abtragung und Verschlechterung des Bodens; die Vergiftung von Nahrungsmitteln und des Grundwassers, die an der steigenden Zahl von Krebserkrankungen zumindest mitschuldig ist; die Erschöpfung der fossilen Energievorräte; die Entwurzelung der ländlichen Gesellschaft und die damit verbundene Überfüllung der Städte bei zunehmender Arbeitslosigkeit; die immer stärkere Abhängigkeit der schwindenden landwirtschaftlichen Betriebe von Chemiekonzernen, Maschinenfabriken und Kreditinstituten, die Zerstörung der freien Natur und des Wildbestandes und vieles mehr – es ist müßig, darüber zu klagen, wenn wir keine praktikable Alternative haben. Um zu sehen, ob es eine solche Alternative gibt, besuchten wir die Farm von Mr. und Mrs. Wookey bei Upavon in Wiltshire.

Nun, es gibt eine solche Alternative tatsächlich. Man zählt heute schon mehr als 500 auf kaufmännischer Grundlage und mit Erfolg arbeitende biologische Farmen allein in England und Wales und weit mehr als die vierfache Zahl in der Bundesrepublik Deutschland, in Österreich und der Schweiz; in allen westeuropäischen Ländern steigt die Zahl der biologischen Landwirte ständig.

Wir fuhren vor das große alte Gutshaus, in dem die Wookeys wohnen, und sahen sofort: Den Leuten geht es nicht schlecht. Stattliche, glänzende Pferde schauten uns über die Halbtüren ihrer Ställe an, und ein ebenso glänzender Landrover stand da und wartete auf seinen Fahrer. Auch im Innern des Hauses war alles sauber und gepflegt. Nach dem Kaffee stieg ich in den Landrover zu Mr. Wookey, der einen Unkrautspaten mitnahm, mit einem langen Stiel und einem kleinen Blatt, womit er Disteln ausgräbt. Wir fuhren aus dem kleinen Dorf hinauf in die Kreidehügel von Wiltshire.

Früher hätte ich bezweifelt, daß auf dünner, leichter Erde über Kreideböden anständiger Weizen wachsen könnte. Natürlich werden seit der chemischen Revolution ganz gute Weizenernten auf allen möglichen Böden erzielt, auch auf Kreide. Man benötigt nur einen Boden, der Weizen überhaupt annimmt; wenn man ihn dann mit allem, was er braucht, »aus dem Sack« versorgt (also mit Kunstdünger »füttert«), dann gibt er ausreichende Ernten her. Auf Mr. Wookeys Farm sah ich jedoch den vortrefflichsten Weizen auf dünnem Kreideboden ganz ohne Kunstdünger, der hier zum Teil schon über ein Jahrzehnt nicht mehr verwendet wird, wachsen. Das Gut ist 670 Hektar groß, und weitere 160 Hektar grobes Weideland, das als Übungsgelände für Panzer herhalten muß, sind vom Kriegsministerium gepachtet. Als sich die Wookeys vor 25 Jahren dem biologischen Landbau zuwandten, stellten sie nicht gleich ihr ganzes Land um. Sie teilten es in eine biologische und eine »kommerzielle« Sektion, damit sie beide Methoden miteinander vergleichen konnten. Als wir 1984 dort filmten, betrug der biologische Anteil bereits 500 Hektar gegenüber nur noch 170 Hektar, die auf die übliche Weise bebaut wurden. 1985 ist auch dem Rest des »kommerziellen« Teils ein Ende gemacht worden, und fortan wird das ganze Gut frei von Chemikalien sein. Den Wookeys wurde der »kommerzielle« Landbau wegen der steigenden Preise für chemische Düngemittel einfach zu teuer. Sie waren schrittweise vorgegangen und hatten seit 1970 jedes Jahr bis zu 50 Hektar auf die biologische Methode umgestellt. Vorher war das Land auf die übliche Weise mit Kunstdünger behandelt worden. Ohne ihn hätte

Herrenhaus in Llangollen (Wales). Trotz vieler Zeugnisse der einstigen Gutsherrlichkeit ist das ländliche Britannien auf dem Rückzug: Jedes Jahr werden rund 4000 kleinere Höfe von größeren Betriebseinheiten übernommen, die Zahl der in der Landwirtschaft Beschäftigten sinkt immer weiter.

es nur eine sehr dürftige Ernte an Sommergerste gegeben. Danach erhielt das Land keine chemischen Dünge- oder giftigen Sprühmittel mehr, und nach drei Jahren wurde es offiziell zum »biologischen Anbaugebiet« deklariert, und seine Erzeugnisse konnten mit dieser Kennzeichnung verkauft werden. Der biologische Fruchtwechsel, der natürlich besonders wichtig ist, wenn das »Kunststück« gelingen soll, gute Ernten zu erzielen, ohne den »Sack« zu Hilfe zu nehmen, war der Gegenstand vieler Experimente auf dieser Farm, doch scheint sich nun folgender Anbauplan als vorteilhaft erwiesen zu haben:

▷ 4 Jahre Mischfutter (Gras, Klee und andere Wiesenkräuter)
▷ 2 Jahre Weizen, Gerste oder Hafer – der letztere mit Rotklee untermischt

▷ 1 Jahr Rotklee
▷ 2 Jahre Weizen, Gerste oder Hafer
▷ 4 Jahre Mischfutter.
Die wichtigste der »weißen« Getreidearten ist der Weizen. Mr. Wookeys Ertrag pro Hektar konnte sich durchaus mit dem messen, den benachbarte, auf herkömmliche Weise bewirtschaftete Farmen erbringen. Wir filmten Ende Juli; ich war erstaunt über die Sauberkeit und Qualität des Weizens und konnte absolut keinen Fehler entdecken. Es waren 170 Hektar damit bestellt, mit neuen Züchtungen, die Namen wie Marie Widgeon, Copain, Avalon und Flanders tragen, und es war eine Freude, das Korn auf diesen sich weit erstreckenden Feldern im Winde wehen zu sehen.
»Wie steht es mit Krankheiten?« fragte ich. Mr. Wookey lachte.

»Ich weiß nicht – und ich gehe auch nicht nachsehen. Wenn ich eine Krankheit entdeckte, wüßte ich gar nicht, was ich machen sollte. Denn ich darf ja nicht sprühen.« Er mahlt den größten Teil des Weizens in der eigenen Mühle und verwertet das Mehl in der eigenen Bäckerei. Das Brot wird als »biologisches Erzeugnis« verkauft.
Während ich dies schreibe, liegt auf meinem Tisch das »Irish Farmers' Journal« vom 23. März 1985. Diese Zeitschrift, nicht anders als 1000 andere überall in der Welt, gibt Landwirten obligatorische Ratschläge, wie sie der jeweilige Monat erfordert. Unter der Überschrift »Wintergetreide« (womit hauptsächlich Weizen gemeint ist) heißt es unter anderem:
»Sofern das Wetter geeignet ist, können Sie in der nächsten Woche

Mit der Pflanzen»schutz«spritze wird ein Acker unkrautfrei gehalten. Großbritannien gehört – gemessen an der Relation von Getreideertrag zur Ackerfläche – neben Japan zu den produktivsten Getreideerzeugern der Welt. Der Preis dieses »Erfolges« ist ein im Vergleich zur Dritten Welt um ein Vielfaches höherer Düngermitteleinsatz mit all seinen verheerenden Folgen für den Boden und die Tier- und Pflanzenwelt.

bei der Frühsaat mit dem routinemäßigen Spritzen gegen Krankheitsbefall beginnen. ›Rhyncho‹ auf neuen Schößlingen sollte ebenfalls behandelt und alles später nachfolgende Getreide gegen ›Augenflecken‹ gespritzt werden. Zur umfassenden Schädlingsbekämpfung sollten Sie Tilt, Radar, Sportak, Bayleton, Corbel, Mistral und Missile einsetzen . . . Zur zusätzlichen Bekämpfung von ›Augenflecken‹ und ›Rhyncho‹ können Sie z. B. MBC, Bavistin, Derosal zusetzen oder die fabrikfertigen Mischungen Tilt MBC, Sportak Alpha, Impact MBC oder Bayleton BM benutzen. Wo MBC

bei intensivem Getreideanbau Windbruch nicht verhindern konnte, kann eine gewisse Resistenz dagegen entstehen. In solchen Fällen ist Sportak Alpha vorzuziehen. Frühweizen, bei dem sich die Halme bereits entwickelt haben, kann zunächst einmal mit Cycocel gespritzt werden, sofern man sich für mehrere Behandlungen entschieden hat.
Spritzen Sie jetzt gegen Unkraut, das überwintert hat . . . Gegen Vogelmiere und Labkraut empfiehlt sich ein Liter CMPP auf einen Morgen als billige und wirksame Möglichkeit. Britlox, Cleval, Starane 2, Ally, Springclene, Seloxo-

ne, Mylone sowie Mischungen aus diesen Mitteln dienen zusammen mit CMPP zur umfassenden Schädlingsbekämpfung.«
Man fragt sich, ob dies die gleiche Welt ist wie die, in der Mr. und Mrs. Wookey ihre Farm bewirtschaften. Wir bestaunten (und filmten) die weiten Felder mit prächtigem Weizen frei von Unkraut und offensichtlich ohne jede Krankheit, und das, ohne auch nur einen Tropfen einer dieser giftigen Mittel mit den merkwürdigen Namen – der größte Teil dieser Felder kennt seit mehr als zehn Jahren keine Chemikalien mehr.

Unterschiede der landwirtschaftlichen Verfahren (Schwerpunkte)

Aufgabe, Fragestellung	Konventioneller Landbau (industrielle Produktion)	Biologischer Landbau
Grundlagen	physikalisch-chemische Labor- und Gewächshausversuche	Überlieferung, Versuche, wissenschaftliche Ansätze
Hauptziele	industrielle Mittel sollen die Naturprozesse ergänzen oder ersetzen	Nahrungsbildung soll durch Förderung der Naturprozesse gesteigert werden
Pflanze und Standort	willkürliche Bestimmung	Rücksichtnahme, Einordnung
Mineralbedarf	Mineraldünger	Verwitterung der Gesteine (z.B. Phosphate) im lebenden Boden
Stickstoffdünger	Industriedünger	Luft-Stickstoff-Bindung durch Bodenbakterien
Wachstum	Wachstumsregler)	Gestaltung und Stauung durch Licht (z.B. Untersaat)
Pflanzenkrankheiten	Pflanzenschutzmittel	natürliche Widerstandskraft der Pflanze (Spritzen mit Naturprodukten)
Schadinsekten	Insektizide verarmen Bodenleben, fördern Resistenz	artenreiche Kleintierfauna begünstigt Gleichgewicht
Ergebnisse	Steigerung der Erträge	Erhöhung der Bodenfruchtbarkeit, der Qualität der Produkte, der Gesundheit der Verbraucher

Könnte es sein, daß die enormen Summen, die von den großen multinationalen Chemiekonzernen für ihre Werbung ausgegeben werden, für den Einfluß, den sie auf landwirtschaftliche Berater, auf Regierungen, die Fachpresse, Radio und Fernsehen ausüben, etwas damit zu tun haben, daß immer mehr Kunstdünger und Pestizide eingesetzt werden, obwohl es ganz offensichtlich auch ohne sie geht? Ich muß hier ein eigenes Erlebnis einflechten, weil ich es für bezeichnend halte. Vor einigen Jahren wurde ich aufgefordert, für ein populäres, monatlich erscheinendes Gartenmagazin eine Serie von Artikeln zu schreiben. Ich sagte zu, vorausgesetzt, ich könne schreiben, was ich wollte. Der Verleger war einverstanden, meine Artikel wurden ein Erfolg und fanden großes Interesse, und ich hatte eine Menge Briefe zu beantworten. Dann kam eines Tages der Verleger zu mir und sagte: »John, ich muß Sie bitten, die Hersteller von Kunstdünger nicht weiter vor den Kopf zu stoßen.«

Ich hatte die chemischen Düngemittel nicht allzu schlecht gemacht, und mein Vertrag wurde um ein Jahr verlängert. Nun fing ich erst richtig an, sie »vor den Kopf zu stoßen«, und schrieb unter anderem: »Sprüht kein Gift auf Nahrungsmittel, die ihr essen wollt, wenn ihr es nicht wirklich müßt! Tut es nicht, bloß weil es euch so gesagt wird!«

Meine Artikel waren weiterhin sehr beliebt, brachten mir viel Post ein und wurden allgemein anerkannt; aber nach verschiedenen weiteren Warnungen, die Sache nicht zu überziehen, sagte mir der Verleger, er könne meinen Vertrag nicht für ein drittes Jahr erneuern. Seine Kunden drohten schon, ihre Anzeigenaufträge zurückzuziehen, wenn diese Artikel nicht eingestellt würden.

Nun kann jeder aus dieser Geschichte den Schluß ziehen, den er mag, doch ich finde es immer wieder verblüffend, daß in fast allen Ländern, die ich kennengelernt habe, orthodoxe Landwirte, Behörden, Agrarwissenschaftler und Berater alles lieber täten als zuzugeben, daß vielleicht auch ein Ackerbau ohne Verwendung von Chemikalien seine Vorzüge haben könnte. Alle möglichen Fachleute, sogar Minister, haben die Farm der Wookeys besucht, ihren Weizen geprüft und Einblick in ihre Bücher genommen; sie haben dieses Beispiel eines erfolgreichen und einträglichen Unternehmens, das keine Chemikalien verwendet, kennengelernt und doch wie der Bauernjunge reagiert, der, als er zum ersten Mal eine Giraffe sah, sagte: »Ich glaube es nicht!« Die konservativen Landwirte wollen ihren eigenen Augen nicht trauen, wenn ihnen eine gute Weizenernte gezeigt wird, die ohne Chemikalien zustande gekommen ist.

Nun stellt sich die Frage, warum die Wookeys und immer mehr Landwirte in allen Weizenanbaugebieten der Welt solch vorzügliches Getreide ganz ohne Chemikalien erzeugen können, während die Leser von »Irish Farmers' Journal« und 1000 ähnlichen Zeitschriften dazu anscheinend nicht in der Lage sind.

Wie schon erwähnt, wird bei dem von den Wookeys betriebenen Fruchtwechsel fünf Jahre Grünfutter (Gras und Klee) und nur vier Jahre Getreide gepflanzt. Die Gegner des biologischen Anbaus werden einwenden, daß man hierbei nur in vier von neun Jahren eine Weizenernte hat – zu wenig für den orthodoxen Landwirt, der nicht einsieht, daß Gras und Klee auch eine »Ernte« ergeben. Er hat sich so an Monokulturen gewöhnt, daß für ihn auf einer Weizenfarm nichts anderes als Weizen wachsen kann und alles weitere für ihn minderwertig, wenn nicht gar wertlos ist. Nach seiner Vorstellung sind Tierhaltung und Ackerbau zwei völlig getrennte Dinge, und er denkt nicht an die Möglichkeit, beides wieder zusammenzubringen.

Die Felder der Wookeys sind in so gutem Zustand, nicht nur, weil Gras und Klee untergepflügt wer-

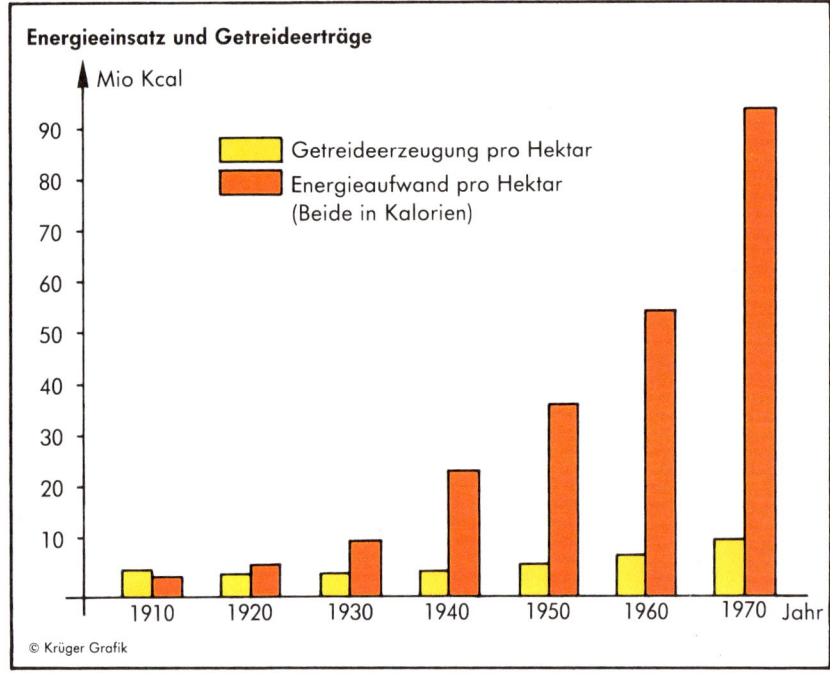

Energieeinsatz und Getreideerträge

Mio Kcal

Getreideerzeugung pro Hektar
Energieaufwand pro Hektar
(Beide in Kalorien)

© Krüger Grafik

den, sondern auch, weil der Hof über einen Viehbestand von 560 Rindern, 1700 Mutterschafen und Lämmern sowie 40 Pferden verfügt.

Wozu Pferde? Die Wookeys glauben an das gute, alte landwirtschaftliche Rezept der gemischten Tierhaltung. Die Tiere der einen Gattung nehmen die Parasiten auf, die bei einer anderen freiwerden, und vernichten sie dadurch. Darüber hinaus kommt außer den großen Mengen von Gras und Klee der ganze Tierdung dem Land zugute, das ohne ein Gramm Kunstdünger reiche Ernten bringt. Was Pflanzenkrankheiten betrifft, so ist Getreide, das auf einem so fruchtbaren, biologisch aktiven Boden wächst, dafür kaum mehr anfällig.

Nun hat Justus von Liebig schon

vor fast 150 Jahren erklärt, man dürfe dem Land nicht lebenswichtige Stoffe entnehmen, ohne sie auch wieder zurückzugeben. Das stimmt natürlich. Man könnte den Fluß der Nährstoffe in der orthodoxen Landwirtschaft als »linear« bezeichnen: Die (chemischen) Nährstoffe stammen aus den Erdölquellen, den Kali- und Phosphatminen, werden den Pflanzen zugeführt, die wiederum (einige auf dem Umweg über Schlachttiere) dem Menschen als Nahrung dienen; und vom Menschen stammende Fäkalien (die so gut wie alle Nährstoffe enthalten) gelangen in die Abwässer und schließlich ins Meer, womit sie unwiderruflich dahin sind. Es handelt sich also um einen gradlinigen Prozeß. In der biologischen Landwirtschaft

Im Lake District. Vor wenig mehr als 1000 Jahren war Großbritannien ein einziges »Meer« von Wald, und noch vor wenigen Jahrhunderten hätte ein Eichhörnchen, ohne den Boden zu berühren, von Lands End im Südwesten bis nach Duncansby Head im Norden wandern können. Heute jedoch zählt England zu den waldärmsten Ländern Europas.

hingegen ist der Fluß der Nährstoffe zyklisch. Sie kommen aus dem Boden und kehren, über Pflanze, Tier und Mensch, in den Boden zurück. Zumindest theoretisch halten die Anhänger der biologischen Landwirtschaft dafür, daß eines Tages alle menschlichen Fäkalien (nach geeigneter Kompostierung) dem Boden zurückgegeben werden müssen. Doch sollten wir uns darüber klar sein, daß dem einige ernsthafte Tabus entgegenstehen, ganz abgesehen davon, daß der menschliche Kot heute mit vielen, aus der Industrie und der nichtbiologischen Landwirtschaft stammenden Giftstoffen durchsetzt ist, so daß es ein nicht geringes Risiko ist, ihn aufs Land zu bringen.

Die Methode der nichtbiologischen Landwirtschaft ist überdies allzu vereinfachend. Sie kann offenbar nicht mit der enormen Vielfalt der miteinander in Wechselwirkung lebenden Arten fertig werden. Es klingt ja so einfach zu sagen: Man untersuche den Boden danach, was ihm am meisten fehlt, Stickstoff, Kalium oder Phosphat, und gebe ihm, was er braucht in löslicher Form, die von den Pflanzenwurzeln bequem aufgenommen wird, und . . . schon hat man die vollkommene Landwirtschaft, und wir alle werden reich, satt und glücklich.

Aber so einfach ist es natürlich nicht. Vor allem verringern sich bei diesem System die organischen Bestandteile des Bodens, weil sie nicht erneuert werden. Die Folge sind Anfälligkeiten und Krankheiten unter den Pflanzen. Die Lösung der Einfältigen lautet: Geben wir das Problem an unseren Bruder Chemikus weiter; und die Chemiker stellen Gifte her, um die Krankheitskeime abzutöten und der Pflanze die Möglichkeit zu geben zu wachsen. Dies vernichtet wiederum die lebenden Organismen des Bodens, so daß er mit der Zeit wieder das wird, was er ursprünglich war: steriler, staubgewordener Fels. Die Erosion setzt ein, und der Boden schwindet nach und nach dahin. Den Beginn dieser Entwicklung sehen wir jetzt in bedenklichem Ausmaß in Westeuropa, und zweifellos werden noch alle möglichen technologischen Kniffe gefunden werden, um diesen Prozeß aufzuhalten. Die Krankheitserreger entwickeln jedoch Widerstandskräfte gegen die Giftstoffe und können infolge der unnatürlichen Lebensumstände von Pflanzen und Tieren härter »zuschlagen«, als je zuvor. Also erfinden die Chemiker noch stärkere Gifte. Aber keine Gattung von Krankheitserregern ist bisher durch Gifte vernichtet worden; sie scheinen unbegrenzte Anpassungskräfte zu besitzen.

Auch sind die Weltvorräte an Erdöl (das benötigt wird, um den Stickstoff der Luft freizusetzen), an Kalium und Phosphat nicht unerschöpflich. Wenn die OPEC-Staaten erkennen, aus welch vergänglicher Ressource sie ihr Nationaleinkommen schöpfen, könnte sich der Preis für Stickstoffdünger in kürzester Zeit vervielfachen. Mit einem Mal wären die biologischen Methoden eines Wookey, die keinen künstlichen Stickstoff brauchen, erheblich wettbewerbsfähiger. Besonders Phosphate bereiten jenen Sorgen, die langfristig denken. Der größte Teil des mineralischen Phosphats unserer Erde ist schon verbraucht und ins Meer geflossen, von wo es niemals zurückkehrt. Haben wir nicht gesehen, wie sich einst die Fruchtbarkeit Italiens und Nordafrikas durch die Kanäle Roms ins Mittelmeer ergossen hat?

Im allgemeinen hat der biologische Landwirt nichts dagegen, daß etwas mineralisches Phosphat oder Kalium auf seine Felder kommt, wenn es nötig ist (und die meisten werden auch Kalk zu

Hilfe nehmen, wenn der Boden sauer ist), aber er will nicht von künstlichem Stickstoff abhängig werden, und das ist der springende Punkt. Die nichtbiologische Landwirtschaft gerät in eine immer größere Abhängigkeit von stets wachsenden Anwendungen von Stickstoff, der aus dem freien Stickstoff in der Luft gewonnen und in Verbindungen umgewandelt wird, die von den Pflanzen aufgenommen werden können.

Sir Kenneth Blaxter, Direktor des »Rowett Pig Research Institute« in Aberdeen, erklärte vor der »Oxford Farming Conference«, es scheine ihm »kein sehr gutes Ergebnis zu sein, wenn man bei einer sechzehnfachen Steigerung der Zugkraft und einer zwanzigfachen Vermehrung der künstlichen Stickstoffzufuhr nur eine Verdoppelung der Produktion erreicht«. (Die Steigerung der Zugkraft, die Sir Kenneth erwähnte, ist u. a. bedingt durch die Härte der Böden, denen es an organischen Nährstoffen fehlt, so daß sie buchstäblich mit roher Gewalt aufgerissen werden müssen.)

Gerald Leach vom »International Institute for Environment and Development« (dem internationalen Institut für Umwelt und Entwicklung) stellte kürzlich in seinem Buch über Energie und Nahrungsproduktion fest, daß in Großbritannien die Landwirtschaft 1300 Megagigajoule (MGJ) pro Jahr für einen Ertrag von nur 261 MGJ benötigt. Dieses Mißverhältnis

mag in einer Zeit billiger Energie annehmbar sein – aber was soll werden, wenn das Öl knapp wird? Ich habe andere Zahlen über das Verhältnis von Energieeinsatz und -ertrag gelesen, die aber annähernd dasselbe aussagen.

Nun wird Stickstoff in natürlichen Böden ständig durch Bakterien aus der Luft gewonnen. In jedem gesunden und biologisch reichen Boden gibt es pro Kubikzentimeter Millionen solcher Bakterien – sie überleben ganz einfach durch ihre Fähigkeit (die keine höhere Lebensform besitzt, außer seit sehr kurzer Zeit der Mensch), den freien atmosphärischen Stickstoff in eine Stickstoffverbindung zu verwandeln, die sie – ebenso wie auch die höheren Lebensformen – verbrauchen können. Ein bekanntes Beispiel dieser Fähigkeit der Bakterien ist der Knotenbazillus, der sich auf den Wurzeln von Leguminosen festsetzt, zu denen Erbsen, Bohnen und Klee gehören. Man kann die kleinen Pickel oder Knötchen auf den Wurzeln gesunder Pflanzen dieser Familie mit bloßem Auge erkennen. Die Knötchen werden von den Pflanzen eigens zu dem Zweck entwickelt, die Bakterien zu beherbergen, die in Symbiose mit ihnen leben: Die Pflanze gibt ihnen Schutz und Nahrung, während die Bakterien die Pflanze mit Stickstoff versorgen.

Wenn man aber dem Boden große Mengen Stickstoff zusetzt, unterdrückt man die stickstofferzeugen-

Drei Beispiele gravierender Erosionsschäden: tiefe Erosionskerben als Folge
der Waldvernichtung auf der Azoreninsel
Porto Santo (oben), Erdpyramiden in
Südtirol – eine reizvolle aber nicht min-
der gravierende Erosionsform (links unten) – und »Raseninselberge« als letzte
Reste einer vom Wind abgetragenen
Bodendecke auf Island (links oben).

den Bakterien. Jeder Landwirt weiß, daß bei einer Mischung von Gras und Klee der hinzugefügte Stickstoff den Graswuchs auf Kosten des Klees fördert. Wenn man noch dazu versäumt, die organischen Stoffe des Bodens zu erneuern, nimmt man den stickstoffbildenden Bakterien einen wesentlichen Teil ihrer Nahrung, und ihre Zahl nimmt ebenfalls ab.

So wird also mit einem enormen Aufwand aus teurem Erdöl Stickstoff gewonnen und aufs Land geschüttet, und das große Heer freiwilliger und dienstbereiter Helfer, das seit eh und je den Boden (und damit auch uns) mit Stickstoff versorgt hat, verliert seine Arbeit. Mir scheint, es gibt eine enge Verbindung zwischen diesem »Arbeitslosenheer« in der Erde und dem Heer von Erwerbslosen vor den Arbeitsämtern Europas und der ganzen Welt. Die Menschen, die für die Tiere auf den Bauernhöfen sorgen, ihnen die Streu bereiten und den kompostierten Dünger auf die Felder schaffen sollten und all die anderen Arbeiten verrichten könnten, die eine gute Landwirtschaft erfordert – sie sind zum Nichtstun in den großen Städten verurteilt und müssen (ohne eigene Schuld) von ihren Mitbürgern unterhalten werden. Denn die biologische Landwirtschaft, darüber besteht kein Zweifel, braucht mehr Arbeitskräfte als die übliche. Ich erinnere mich, was der alte Catt sagte, als ich auf seinem Hof arbeitete:

Die biologisch-dynamische Wirtschaftsweise

Bei den verschiedenen Richtungen des alternativen Landbaus besteht der größte Unterschied zwischen der biologisch-dynamischen Richtung und den anderen. Jene beruht auf einem komplexeren und umfassenderen natur- und geisteswissenschaftlichen Fundament…
Die biologisch-dynamische Wirtschaftsweise wurde 1924 von Dr. Rudolf Steiner in Deutschland begründet. In der Bundesrepublik gibt es zur Zeit ca. 300 solcher Betriebe (Durchschnittsgröße ca. 20 ha), die meisten davon im Süden und Südosten. Eine erhebliche Zuwachsrate ist zu verzeichnen. In der Schweiz gibt es ca. 80, ferner ca. 30–40 Umstellungsbetriebe (0–4 Jahre nach der Umstellung). Typische technische Merkmale sind: betriebseigene Haufenkompostierung aller organischen Abfälle des Hofes, unter Verwendung von sechs selbst hergestellten Pflanzenpräparaten, Verwendung von zwei selbst hergestellten, wachstumsanregenden und stärkenden homöopathischen Spritzpräparaten, genaue Beachtung des Zeitpunktes aller Feld- und Gartenarbeiten gemäß dem Rhythmus kosmischer Konstellationen (Verwissenschaftlichung der alten Bauernregeln), Verwendung nur ungiftiger Hilfsmittel, häufige Kombination der bäuerlichen Arbeit mit fürsorgerischen, philosophischen und kulturellen Tätigkeiten. (20)

»Ackerbau mit Chemie ist Ackerbau für Bequeme!«
Sicher erzielt man mit künstlichem Dünger kurzfristig etwas höhere Erträge als bei der biologischen Anbauweise. Aber eben nur bei kostspieligem Einsatz von Chemikalien, die im Laufe der Jahre nur noch teurer werden können. Dies ist wahrlich keine verantwortliche, auf Dauer tragbare Landwirtschaft.

Die biologische Landwirtschaft fordert kein Zurück zu einer primitiven Form des Ackerbaus, nicht einmal zu der äußerst gesunden und durchdachten Art, auf die Leute wie Mr. Catt wirtschaften. In diesem Jahrhundert wurden schon gewaltige Fortschritte in der Entwicklung neuer Methoden der biologischen Landwirtschaft erzielt. Ihre Erforschung ist von selbstlosen Einzelgängern und tatkräftigen Gruppen betrieben worden, die noch bis vor kurzem ohne jede staatliche Unterstützung gearbeitet haben. Da ich selber eine der herkömmlichen Hochschulen besucht habe, auf denen all unsere orthodoxen Agrarwissenschaftler und Berater ausgebildet werden, verstehe ich die verächtliche und vereinfachende Einstellung der meisten von ihnen zu reformerischen Bestrebungen. In ihrem engen Fachwissen gefangen, sind sie unfähig, die ungeheure Vielfalt der Bodengemeinschaft zu begreifen, die sich über die Erde erstreckt und jedes Lebewesen, ob Pflanze, Tier oder Mensch, gleichermaßen umfaßt. Allerdings beginnt das »Establishment« jetzt die Existenz einer biologischen Bewegung wenigstens zur Kenntnis zu nehmen, und das ist ein Wandel zum Besseren.

Auf der »Oxford Farming Conference«, dem großen Jahrestreffen hochrangiger Agrarexperten, war 1985 auch von biologischer Landwirtschaft die Rede. Sie wurde natürlich, wie nicht anders zu erwarten, kurzerhand verdammt, ohne daß einer dieser Prominenten wirklich wußte, worum es sich handelte. Deutlich wird diese traurige Tatsache u. a. an einem Ausspruch des Geschäftsführers des Verbandes der Chemischen Industrie Großbritanniens: »Wenn man von der zwingenden Notwendigkeit einer Produktion zu niedrigen Kosten ausgeht, dann hat die biologische Landwirtschaft nur begrenzte Anwendungsmöglichkeiten. Es wird immer einige geben, die sich für dumm verkaufen lassen, die meisten jedoch denken anders.«

Kein Geringerer als der Generaldirektor des staatlichen britischen Landwirtschafts-Beratungsdienstes, Prof. Ronald Bell, fügte diesen »glanzvollen« Ausführungen noch folgendes hinzu: »Es hat einige Leute gegeben, die sich zu der Annahme verleiten ließen, eine Landwirtschaft ›von der Hand in den Mund‹ müsse natürlicher und daher besser sein . . . Die Landwirte hingegen wollten erzeugen, was die Verbraucher bevorzugten und zu zahlen bereit waren.«

Bei einer solchen Einstellung und dem offenkundig völligen Mangel an Verständnis für die biologische Landwirtschaft überhaupt ist es auch nicht verwunderlich, daß es

an jeglicher Unterstützung seitens der staatlichen Forschungsinstitute mangelt.

Die biologische Landwirtschaft braucht dringend gründliche und ernsthafte wissenschaftliche Forschung. Die orthodoxe Agrarforschung, abgesehen davon, daß sie weitgehend von der chemischen Industrie finanziert wird, leidet darunter, daß sie reduktionistisch ist: Sie spaltet jedes Problem in Einzelfragen, die sie gesondert betrachtet, ohne ihre Einbindung in ein Ganzes zu berücksichtigen. An meiner Hochschule wußte der Dozent für Botanik nichts von Chemie, der Chemie-Professor hatte keine Ahnung von Botanik und so weiter. Alle abendländischen Wissenschaften haben diese reduktionistische Phase durchlaufen; es gibt jedoch – gottlob – Anzeichen dafür, daß sie sich davon befreien. Mehr und mehr Naturwissenschaftler entdecken, daß die holistische, ganzheitliche Betrachtung der Welt die einzig sinnvolle ist. Und sogar Agrarwissenschaftler (wenn auch bisher nur in Einzelfällen, die sich allerdings zu häufen beginnen) scheinen sich nach und nach diesem Standpunkt zuzuwenden. So wird die als »Integrated Pest Management« (Integrierter Pflanzenschutz) bekannte Methode in den Vereinigten Staaten allmählich salonfähig. Die Agrarwissenschaft

beginnt zu erkennen, daß es nicht genügt, eine besondere Insektenpest einfach mit einem besonderen Gift zu bekämpfen, sondern daß hundert damit zusammenhängende Dinge berücksichtigt werden müssen.

Der Theoretiker der biologischen Landwirtschaft bedenkt und weiß sehr wohl, daß eine umfassende Skala von Fakten und Erscheinungen in Betracht zu ziehen ist, bevor er sich zu irgendwelchen Empfehlungen entschließt. Der orthodoxe Agrarwissenschaftler hingegen wird, um festzustellen, welche Stickstoffanwendungen für Weizen erforderlich sind, ein paar einfache praktische Versuche machen und herausfinden, daß nach soundsoviel Stickstoffeinheiten pro Hektar das Gesetz des sich vermindernden Ertrages wirksam wird, und danach seine Entscheidung treffen: kurzfristige Profite oder langfristige Erträge. Bei den biologischen Agronomen sind tausend andere Erwägungen maßgebend, wozu sogar die Arbeitslosenquote in den Großstädten gehört, die vermutlichen Erdöl- und Erdgasreserven unseres Planeten, der Nährwert der Ernten, die zu erwartenden Wirkungen auf die Bodenabnutzung, Erosion und Pflanzenkrankheiten sowie die gesamte Bodenbiologie – man könnte ein ganzes Buch allein mit den Stichworten füllen.

Die Jahre 1968 und 1969 waren in England ungewöhnlich feucht, und es entstanden überall große Schäden, wenn schwere Maschinen auf Feldern arbeiteten, die über keine organischen Stoffe mehr verfügten. Sogar die Fachpresse (die meist ganz und gar in den Händen der Chemiekonzerne und Maschinenfabrikanten ist) war ernsthaft besorgt. Daher beauftragte der Landwirtschaftsminister den »Agricultural Advisory Council« (einen landwirtschaftlichen Beratungsausschuß), eine Untersuchung durchzuführen. Von überall liefen Berichte ein, und es wurde ein Gutachten verfaßt, das, wie jedermann im voraus geahnt hatte, die bestehende landwirtschaftliche Praxis bestätigte und beschönigte. Schon die ersten Worte der Einleitung sind bezeichnend: »Es wird heute über die Arbeitsweise in unserer Landwirtschaft viel und in ziemlich verschwommenen und verallgemeinernden Formulierungen geschrieben...« Die Kritiker werden also schon im ersten Absatz verächtlich abgetan, und die Lektüre des mehr als 100 Seiten langen Gutachtens gibt einem das euphorische Gefühl, das ganze Problem sei ungeheuer aufgebauscht, der Schaden am Boden nur Einbildung, und alles stehe zum besten mit der vortrefflichsten aller denkbaren Welten. Vielleicht ist es aber auch dem landwirtschaftlichen Beratungsausschuß peinlich, daß zur gleichen Zeit, da er seinen ersten Bericht herausgab, eine andere Institution, der »Soil Survey of England and Wales« (das englisch-walisi-

sche Bodenprüfungsamt) Untersuchungen über Bodenerosionen in ihrem Aufsichtsbereich durchführte. Brian Turvey, unser Filmproduzent, und ich suchten das Büro des »Soil Survey« in Cambridge auf und sprachen mit Mr. Evans, der für die Erosionsforschung zuständig ist.

»Es gibt also in England keine Bodenerosion?« fragte ich ihn ganz direkt.

Er sprang beinahe vom Stuhl. »Keine Bodenerosion? Was sagen Sie da? Hier – schauen Sie sich das an!«

An allen Wänden des Zimmers standen Schränke mit flachen Schubfächern. Mr. Evans kramte in ihnen, durch meine Frage regelrecht angestachelt, und holte Luftaufnahmen heraus. Es waren Ansichten englischer Landschaften, und alle zeigten starke Bodenerosionen. Bald war der ganze Fußboden mit Photos bedeckt.

In East Anglia, erzählte Mr. Evans, gehen auf weiten Flächen im Jahr nicht weniger als 18 Tonnen Mutterboden pro Hektar verloren; in Bedfordshire wurden auf sandigem Lehmboden Verluste zwischen 10 und 45 Tonnen festgestellt; und sogar auf Kreideböden, wo man die Erosion für unerheblich hielt, verschwinden bis zu 24 Tonnen pro Hektar im Jahr. (Zum Vergleich: Der Bodenschwund in Wald- oder Heidegebieten beträgt etwa 0,1 Tonnen pro Hektar! Und die größtmögliche Kapazität des Bodens, sich zu erneuern, wird

mit einer Tonne pro Hektar jährlich ausgewiesen.)

Es überrascht nicht zu hören, daß die Regierung die Gelder für den »Soil Survey« beschneiden will und sogar daran denkt, ihn ganz aufzulösen. Man will offenbar nicht, daß derartige Wahrheiten publik werden.

Der einzige Weg, Erosion und Verschlechterung des Ackerbodens zu verhindern, besteht darin, zu einer ökologisch gesunden, also biologischen Landwirtschaft voranzuschreiten (man kann niemals »zurückgehen«). Und zum Glück wird in der ganzen Welt die relativ kleine Schar der biologischen Landwirte immer größer, und obwohl sie für Forschungszwecke kein anderes Kapital haben als ihr eigenes schwer verdientes Geld, verzeichnen sie bereits einige gute Ergebnisse. Sie lernen, gute und saubere Nahrungsmittel zu erzeugen, frei von Giftstoffen und mit niedrigem Nitrat- und Nitritgehalt; sie lernen ferner, Pflanzen und Tiere unter Bedingungen zu ziehen, die von denen, für die sie geschaffen wurden und für die sie sich entwickelt haben, nicht allzu verschieden sind.

In Zukunft werden wir wieder eine vielfältige und schöne Landschaft haben. Auf jedem Bauernhof werden wir wieder zufriedene Haustiere sehen können; die Tage des aufgeblähten Agrargeschäfts mit den endlosen mit Chemikalien durchsetzten Monokulturen werden vorbei sein, und es wird wie-

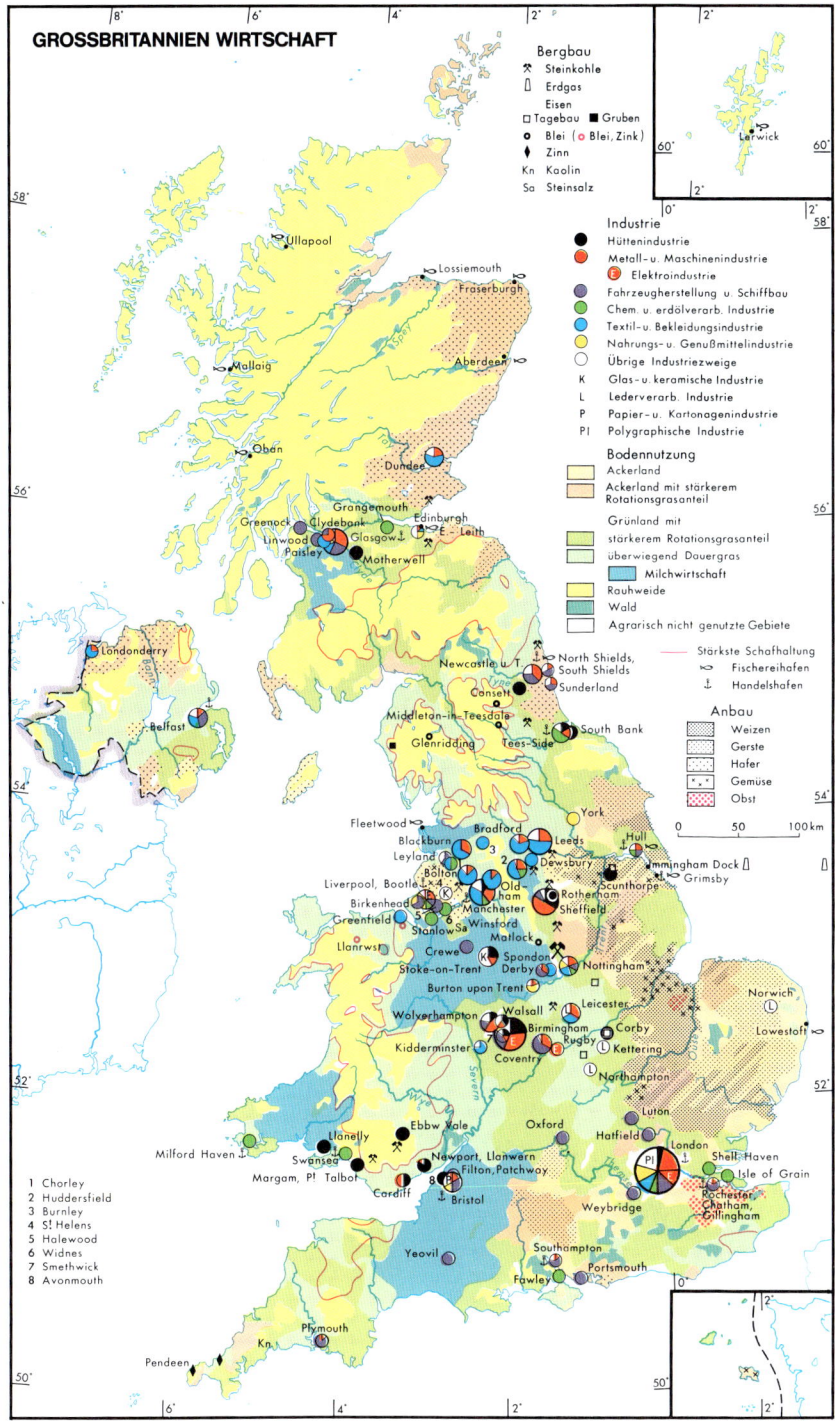

GROSSBRITANNIEN WIRTSCHAFT

Bergbau
- ⚒ Steinkohle
- ⬡ Erdgas
- Eisen
  - ☐ Tagebau   ■ Gruben
  - ● Blei (⊙ Blei, Zink)
  - ♦ Zinn
- Kn Kaolin
- Sa Steinsalz

Industrie
- ● Hüttenindustrie
- ● Metall- u. Maschinenindustrie
- Ⓔ Elektroindustrie
- ● Fahrzeugherstellung u. Schiffbau
- ● Chem. u. erdölverarb. Industrie
- ● Textil- u. Bekleidungsindustrie
- ● Nahrungs- u. Genußmittelindustrie
- ○ Übrige Industriezweige
- K Glas- u. keramische Industrie
- L Lederverarb. Industrie
- P Papier- u. Kartonagenindustrie
- Pl Polygraphische Industrie

Bodennutzung
- Ackerland
- Ackerland mit stärkerem Rotationsgrasanteil
- Grünland mit stärkerem Rotationsgrasanteil
- überwiegend Dauergras
- Milchwirtschaft
- Rauhweide
- Wald
- Agrarisch nicht genutzte Gebiete

Stärkste Schafhaltung
- ⇆ Fischereihafen
- ⚓ Handelshafen

Anbau
- Weizen
- Gerste
- Hafer
- Gemüse
- Obst

0 50 100 km

1 Chorley
2 Huddersfield
3 Burnley
4 St Helens
5 Halewood
6 Widnes
7 Smethwick
8 Avonmouth

der Gehöfte in Familienbesitz geben und eine menschenwürdige Landschaft mit Bäumen, Hecken und Obstgärten; Singvögel und andere Tiere werden zurückkehren, und die Rechte aller Kreaturen dieser Erde wieder anerkannt und geachtet sein. Die Dörfer werden wieder mit Leben erfüllt und nicht mehr bloße Schlafstätten für Stadtpendler sein, sondern von einer jetzt fast ausgestorbenen Spezies bewohnt: von Menschen, die das Land lieben.

Und die Erde, die weltumfassende Nährmutter, der wir alle entstammen und in die wir zurückkehren, wird mit Achtung und Ehrerbietung behandelt werden, und der Boden wird seine Gesundheit und Vollkommenheit wiedererlangen, die ihm von der Natur aus zugedacht ist. Denn alles Leben auf diesem Planeten ist ganz und unmittelbar auf den Boden angewiesen.

Reisernte in Japan. Die Böden in den
gemäßigten Zonen sind oft von großer
natürlicher Fruchtbarkeit, die von den
Bauern durch stetig wachsende Zu-
gaben an Kunstdünger, durch kapital-
intensive Maschinen und andere kostspielige Investitionen aufrechterhalten wird.
Allerdings sind die Erfolgsaussichten der
»industrialisierten« Landwirtschaft auf
lange Sicht eher ungewiß.

DER VERSTÄRKTE MENSCH

Wir wissen, was Millionen von Kilometern von der Erde entfernt draußen im Weltraum passiert, doch was sich wenige Zentimeter unter unseren Füßen abspielt, wissen wir nicht.

Bund für Umwelt und Naturschutz Deutschland (BUND)

Im niederrheinischen Tiefland hat 1984 in der Nähe von Jülich im Revier Hambach der jüngste Braunkohlentagebau Europas die Förderung aufgenommen. Hier gibt es bis zu 100 Meter dicke Braunkohlenflöze, die vor rund 20 Millionen Jahren vermutlich aus üppigen tropischen Wäldern entstanden sind. Da sich die Erdkruste in diesem Gebiet über Jahrtausende hinweg senkte, wurden die Wälder vom Boden buchstäblich verschlungen; jüngere Wälder, die auf den Resten der alten wuchsen, versanken ebenfalls im Untergrund. Schließlich wurde die dicke Schicht aus verwesenden Bäumen und anderen Pflanzen unter Schlamm- und Geröllmassen begraben, die der Rhein zum Teil aus den vergletscherten Alpen Hunderte von Kilometern nach Norden verfrachtet hatte.

Wir filmten in Hambach riesige Schaufelradbagger bei der Arbeit. Um an die Braunkohlenflöze zu kommen, müssen sie erst eine bis zu 300 m dicke Abraumschicht wegschaffen. Das riesige Loch in der Erde (es wird bald eine Fläche von 110 km² umfassen) soll in den nächsten 50 Jahren 2500 Millionen Tonnen Braunkohle liefern. Neben dem Loch schüttet man aus dem Abraummaterial einen Hügel auf, der bald 150 m hoch sein und mit Bäumen und Sträuchern bepflanzt werden wird.

Ein Blick von diesem Hügel läßt die Größenordnung des Projektes ermessen. Das »Jahrhundertloch« ist schon 200 m tief und wird am Ende über 500 m in die Tiefe reichen. Kilometerlange Förderbänder transportieren das Abraummaterial aus dem Loch zur Flanke des neuen Berges. In der Tiefe wird Braunkohle abgebaut und dann zu den nahegelegenen Kraftwerken transportiert, die nahezu ein Viertel der in der Bundesrepublik Deutschland erzeugten Elektrizität liefern.

Das Dorf Niederzier am Rande des Tagebaus wird an eine andere Stelle verlegt. Auf dem rekultivierten Land ehemaliger Tagebaue sollen wieder Bauernhöfe errichtet werden. Der Wald erhält auf den Abraumhügeln, die aus der vorher ebenen Landschaft emporwachsen, ebenfalls wieder einen Platz. In einem halben Jahrhundert werden die Braunkohlevorkommen im Hambacher Revier in Rauch aufgegangen sein. Es gibt in der Nähe weitere Vorkommen, aber sie liegen noch tiefer und sind deshalb noch schwieriger abzubauen.

Innenkippe des Tagebaus Fortuna-Garsdorf im Rheinischen Braunkohlenrevier 1971: Der Tagebau ist ca. 200 m tief und wird von sog. Absetzern wieder verfüllt; auf die Rohkippe wird Lößboden aufgetragen (Luftbildfreigabe-Nr. 18 B 739).

Die Förderung von Braunkohle begann im Rheinland vor rund 200 Jahren. Die Kohle lag gleich unter der Erdoberfläche und konnte mit Hacken und Schaufeln abgebaut werden. Nach 1945 wurden die ersten tiefen Tagebaue angelegt. Nun wurden Radschaufelbagger zum Abbau eingesetzt, sie lösten die kleineren Maschinen ab, die zuvor verwendet worden waren. Heute bedienen in Hambach fünf Männer einen Bagger, der an einem Tag 240 000 m³ Abraum oder Kohle abbauen kann.

Die Bagger sind 96 m hoch und 225 m lang; jeder von ihnen wiegt 13 000 Tonnen; damit sind sie die schwersten Maschinen auf der Erdoberfläche. In der Grube müssen die Pumpen Tag und Nacht laufen, um dem Grundwasser Herr zu werden. In jeder Minute werden 32 000 Liter, in einem Jahr mehr als 300 Millionen Kubikmeter Wasser aus 850 Brunnen gepumpt. Am Ende muß der Grundwasserspiegel um 500 m abgesenkt werden, um die Grube trockenhalten zu können.

Diese Zahlen veranschaulichen die Dimensionen des heutigen Bergbaus, der zu einem unverzichtbaren Bestandteil menschlicher Iden-

Die Innenkippe des Tagebaus Fortuna-Garsdorf 1982: Der Tagebau ist weitergewandert, die ehemaligen Kippflächen tragen seit Jahren Frucht, und die ersten Bauernhöfe werden wieder errichtet (Luftbildfreigabe-Nr. 18 N 648).

tität geworden ist. Ohne die fossilen Brennstoffe wären wir andere Geschöpfe. Mit der Nutzung des Feuers in der Dampfmaschine, der Dampfturbine und im Verbrennungsmotor steht uns eine Antriebskraft zur Verfügung, die die Einwirkungsmöglichkeiten des Menschen auf diesen Planeten entscheidend verändert hat. Ein Mensch mit Hacke und Schaufel ist eine andere Kreatur als einer, der einen Schaufelradbagger bedient. Sie mögen gleich aussehen, wenn sie ohne ihr »Werkzeug«

nebeneinander stehen, aber aus ökologischer Sicht sind sie so verschieden wie eine Maus und ein Dinosaurier.

Jäger und Sammler oder sogar Kleinbauern der Subsistenzwirtschaft sind Menschen, deren Einwirkungen auf unseren Planeten rein biologischer Art sind; sie verzehren nur Pflanzenmaterial und Fleisch, deren chemische Bestandteile wieder in den Boden

zurückgeführt werden. Ihr Stoffwechsel unterscheidet sich kaum von dem der Säugetiere. Selbst die Ritter des Mittelalters waren noch weitgehend »biologische Kreaturen«, obwohl ihr ökologischer Einfluß durch den Bedarf ihrer Tiere an Weideland erheblich vergrößert wurde.

Der »technologische Mensch« kann dagegen nicht mit rein biologischen Begriffen definiert werden. Er verbraucht Kohle, Öl, Uran, Eisen und Aluminium als Teil seines Stoffwechsels. Er »at-

Energieverbrauch pro Kopf 1980* und Kalorienverbrauch für die Ernährung**

Land	kg SKE*	kcal**
Nepal	13	2002
Äthiopien	25	1754
Mali	31	2117
Niger	54	2139
Haiti	88	1882
Vietnam	148	1801
Kenia	208	2032
Philippinen	380	2189
Bolivien	452	2086
Tunesien	652	2674
Türkei	779	2916
Brasilien	1102	2517
Süd-Korea	1563	2785
Griechenland	2605	3441
Italien	3725	3462
Japan	4649	2949
Österreich	5102	3547
Schweiz	5223	3386
Frankreich	5368	3458
BR Deutschland	6053	3362
UdSSR	6422	3443
DDR	7412	3610
USA	11626	3652

* kommerzielle Energie, umgerechnet in Kilogramm Steinkohleeinheiten
** Anzahl der Kilokalorien pro Person und Tag im Durchschnitt mehrerer Jahre. Als notwendiger Bedarf gilt international ein Wert von **2700 kcal**

met« Schwefeldioxid und Stickoxide aus den Schornsteinen seiner Kraftwerke ein und aus. Die Schwermetalle, die am Straßenrand oder im Schlamm am Grund der Flüsse abgelagert werden, gehören zu seinen Ausscheidungen. Der Schaufelradbagger, der sich in die Kohlenflöze des rheinischen Braunkohlenreviers frißt, ist gewissermaßen ein Arm des »verstärkten Menschen«. Das Flugzeug, das ein Weizenfeld in East Anglia überfliegt und dabei Pestizide versprüht, ist Teil seiner öko-logischen Auswirkungen. Die Bohrinsel in der Nordsee oder der Supertanker auf dem Weg vom Persischen Golf nach Rotterdam sind zwei Aspekte der ökologischen Identität des »verstärkten« Menschen.

Der Mensch verzehrt heute nicht nur Nahrungsmittel, er »verzehrt« auch Land: Jedes Gramm Boden, das von einem kahlen Hang gespült wird, gehört zu unserem »Konsum«. Jeder Hektar Wald oder Weideland, der in Wüste verwandelt wird, ist ein integrier-ter Bestandteil des menschlichen Stoffwechsels.

Jeder US-Amerikaner hatte 1980 im statistischen Durchschnitt einen Energieverbrauch von umgerechnet fast 12 000 kg Steinkohleeinheiten (SKE); jeder Einwohner der Bundesrepublik Deutschland rund 6000 kg SKE, ein Kenianer 200 kg und ein Äthiopier nur 25 kg SKE. 1975 verbrauchte ein US-Amerikaner Metalle im Wert von 200 Dollar, ein Westeuropäer 120 Dollar und ein Afrikaner 4 Dollar. In diesen Zahlen spiegeln sich nicht nur der unterschiedliche Lebensstandard, sondern auch verschiedene Größenordnungen der Umweltbelastung. 1982 gab es in der Bundesrepublik Deutschland im statistischen Durchschnitt 385 Autos pro 1000 Einwohner, in der Türkei dagegen nur 15 pro 1000. Wäre in Indien die Zahl der Autos pro Einwohner ebenso groß wie in den USA, gäbe es dort 128 Millionen Autos, 237mal mehr als heute. Würden alle Staaten der Erde das Produktionsniveau der USA oder der Bundesrepublik Deutschland erreichen, wären die globalen ökologischen Folgen verheerend. Ein indischer Bauer erzeugt mit einer Kalorie der für das Anbausystem notwendigen technischen Hilfsenergien 16 Kalorien Nahrungsmittel-Energie, in den USA wird mit einer Kalorie an Hilfsenergien nur eine halbe Kalorie Nahrungsmittel-Energie erzeugt. Die Bürger der USA konsumieren pro Kopf und Jahr nahezu eine

Brandrodung in Afrika. Auf dem schwarzen Kontinent gehört Brandrodung zu den traditionellen Methoden der Landwirtschaft in Waldgebieten. Trotz des wachsenden Bevölkerungswachstums sind die Regenwälder Afrikas im Vergleich zu denen in Asien und Amazonien noch am wenigsten gefährdet, so daß ein relativ großer Teil auch im Jahr 2000 noch intakt sein wird – eine Aussicht, die für die anderen Regenwaldgebiete der Erde illusorisch geworden ist.

Tonne Getreide, die Afrikaner verzehren nur ein Achtel dieser Menge. Jedem Bundesbürger steht für seine Nahrungsmittelversorgung in anderen Ländern genausoviel Anbaufläche zur Verfügung wie im eigenen Land: Maniok wird aus Thailand importiert, Mais aus den USA, Erdnüsse kommen aus der Republik Niger, wo Hungersnöte weit verbreitet sind. Der Großteil dieser Nahrungsmittel wird in Schweineställen und Geflügelfabriken verfüttert. In Afrika ist Mais ein Hauptnahrungsmittel für Menschen, in Europa und den USA wird er fast ausschließlich als Viehfutter verwendet. Bei der Erzeugung von Nahrungsmittel-Energie wird pro erzeugter Kalorie für Fleisch zehnmal so viel Land wie für Getreide (Brot) benötigt.

In den USA verzehrt der Durchschnittsbürger pro Jahr 110 kg Fleisch, ein Bundesdeutscher 90 kg, ein Brite jährlich 75 kg, ein Brasilianer 32 kg (was in etwa dem Weltdurchschnitt entspricht), ein Chinese 21 kg, ein Nigerianer 6 kg und ein Inder 1,1 kg Fleisch. Rund 40 % der Welt-Getreide-Produktion werden als Viehfutter verwendet, in den reicheren Staaten kann dieser Anteil bis zu 75 % ausmachen. Tatsächlich werden in den USA 90 % des Getreides, das im Land verbraucht wird, als Viehfutter eingesetzt.

Man schätzt, daß gegenwärtig auf der ganzen Erde pro Jahr 75 Milliarden Tonnen Mutterboden durch Wasser- und Winderosion verlorengehen. Allein von den Berghängen in Nepal wird Jahr für Jahr eine Viertelmillion Tonnen Boden abgetragen; im Golf von Bengalen entsteht daraus eine neue Insel, die, wenn sie einmal über den Meeresspiegel hinauswächst, eine Fläche von rund fünf Millionen Hektar einnehmen wird.

In den USA sind in den 30er Jahren mit verheerenden Staubstürmen 40 Millionen Hektar Land durch die Winderosion schwer geschädigt worden. Heute ist unter dem Streß der industrialisierten und technisierten Landwirtschaft ein Drittel der weltweiten Landwirtschaftsfläche – rund 50 Millionen Hektar – wegen der Bodenerosion von einem deutlichen Rückgang der langfristigen Ertragsfähigkeit betroffen. Man nimmt an, daß in Äthiopien, dessen Territorium nur etwa ein Sechstel der Fläche der USA ausmacht, genausoviel Bodenkrume verlorengeht wie in den gesamten Vereinigten Staaten. Weltweit gehen jährlich rund 15 Millionen Hektar Ackerland durch Erosion, Desertifikation, Vergiftung oder

Waldzerstörung auf Java (Indonesien). Riesige Regenwaldareale in Südostasien sind bereits der Axt und dem Feuer zum Opfer gefallen. Zurück bleibt eine wüste Einöde, ungeeignet als Lebensraum für Mensch und Tier.

Umwandlung der landwirtschaftlichen Nutzflächen in anderweitig genutzte Flächen verloren. Wenn der gegenwärtige Trend anhält, könnten um das Jahr 2000 bereits 18 % der Ackerfläche der Erde verlorengegangen sein. Bis zum Jahr 2025 könnte sich der Verlust verdoppelt haben.

All diese Zahlen geben einen Eindruck von der immensen Größenordnung der Umweltbelastungen, denen unser Planet heute ausgesetzt ist. Die ökologischen Folgen der Armut und des Überflusses sind eng miteinander verflochten. Reiche und arme Länder fügen dem Wald, dem Acker- und Grünland schweren Schaden zu. Überall in der Dritten Welt wachsen die Großstädte, weil die Bevölkerung allgemein zunimmt und die Existenzgrundlagen für ein Leben auf dem Land schwinden. Es wird angenommen, daß um die Jahrtausendwende etwa die Hälfte

der Einwohner der Dritten Welt in Städten leben wird. Sie werden für die Fruchtbarkeit des Acker- und Weidelandes, das sie ernähren muß, eine enorme Belastung darstellen. Und allzuoft können es sich die armen Länder nicht leisten, die Mineraldünger zu kaufen, die notwendig wären, um die den Böden entzogene Fruchtbarkeit wieder zu ersetzen. Vermutlich werden nur sehr wenige Länder dem chinesischen Beispiel folgen und Abfälle und Abwässer aus den Städten auf die Landwirtschaftsflächen zurückzuführen. Für mehr als die Hälfte der Weltbevölkerung sind Holz und Viehdung die einzigen Brennstoffquellen. Die Lage hat sich durch den rapiden Anstieg der Ölpreise in den 70er Jahren erheblich verschlechtert, da sich viele Millionen Menschen in den armen Ländern kein Kerosin oder Heizöl mehr leisten konnten.

Heute ist die Zerstörung der Wälder der vielleicht beunruhigendste Aspekt der menschlichen Attacke gegen die Erde. Jeden Monat fällt ihr ein Waldgebiet in der Größe von Rheinland-Pfalz zum Opfer. Wo die Wälder nicht unter dem verheerenden Angriff giftiger Gase und saurer Niederschläge zugrunde gehen, werden sie von Äxten, Motorsägen, Planierraupen oder durch Feuer verdrängt. Die traditionellen Waldbauern in der Dritten Welt, die noch die sog. Brandrodungswirtschaft oder den Wanderfeldbau betreiben, sind wegen des Mangels an geeignetem Ackerland gezwungen, ihre Landnutzung zu intensivieren. Überall in den Tropen werden Wälder durch Holzraubbau, Ackerbau, Viehzucht und Bergbau zerstört. Am Ende des 20. Jahrhunderts wird es in Westafrika, Mittelamerika und Asien kaum noch tropische Wälder geben, und die ausgedehnten Regenwälder im Kongo-Bekken von Zaire und im Amazonas-Tiefland Brasiliens werden stark geschrumpft sein.

Die »Verstärkung« des Menschen findet sowohl durch den wachsenden Einsatz der Technik als auch durch das Wachstum der Bevölkerung statt. Es gibt heute fast fünf Milliarden Menschen, und am Ende unseres Jahrhunderts, dem Ende des zweiten Jahrtausends, werden es sechs Milliarden sein. Die Armut in der Dritten Welt ist zum Teil nichts anderes als die Folge rapide wachsender Einwohnerzahlen. Der Zusammenbruch und die Zerstörung des Boden-Ökosystems bilden in vielen Ländern ernste Probleme, häufig sind die gar nicht oder nur unzureichend durchgeführten Landreformen und der damit für große Bevölkerungsschichten verbundene Landmangel die Ursachen. So ist die Armut in ganz Lateinamerika hauptsächlich das Ergebnis der Konzentration riesiger Ländereien (Latifundien) in den Händen einer kleinen Minderheit von Großgrundbesitzern. In Brasilien wurde 1971 unter der Regierung des Präsidenten Garrastazú Médici der Bau der Transamazônica, der Straße durch das Amazonas-Tiefland, in Angriff genommen, um landlosen Bauern aus dem armen Nordosten Brasiliens Acker- und Weideland im

Nährstoffe und Böden

Von zentraler Bedeutung für das Funktionsgefüge tropischer Regenwälder ist der Nährstoffkreislauf innerhalb ihres Ökosystems, wobei ein entscheidender Teil dieses Kreislaufs im Boden und in dessen humoser Auflage liegt. Abgesehen von den rezenten, alluvialen und fruchtbaren, organisch reichen Böden sind die Böden der tropischen Wälder sehr alt und deshalb arm an natürlicher Fruchtbarkeit. Aufgrund der hohen Niederschlagsmengen und ihrer auslaugenden Wirkung ist es für das Wald-Ökosystem »ineffizient«, Nährstoffe im Boden zu belassen. Die Antwort der evolutionären Prozesse auf dieses Problem war deshalb die Ausbildung eines praktisch vor Auswaschung sicheren Systems. Viele Waldbäume haben Pfahlwurzeln, die bis in 30 m Tiefe reichen, während die Seitenwurzeln bis zu 100 m lang sein können. Das Wurzelgeflecht, das dreimal so dicht ist wie das von Bäumen in gemäßigten Breiten und in einigen Fällen bis zu einem Viertel der Biomasse ausmacht, absorbiert die Nährstoffe, die von der auf dem Waldboden verrottenden Vegetation in den Boden gewaschen werden, wobei nicht einmal ein Prozent dieser Nährstoffe dem Kreislauf verlorengeht.

Weil die Nährstoffe des Ökosystems fast gänzlich in der Vegetation enthalten sind, setzen Holzeinschlag und Brandrodung eine Flut von Mineralen in den Boden frei. Nach ein oder zwei Jahren heftiger Regenfälle sind sie schon so tief in den Boden verbracht worden, daß sie außerhalb der Erreichbarkeit von Sekundärvegetation – Gräser, Büsche usw. – liegen, die zumeist nur kurzes Wurzelwerk hat. Ist der Nährstoffkreislauf einmal unterbrochen, geht die Fruchtbarkeit sehr schnell verloren und kann nur durch den vermehrten und zunehmenden Einsatz von Dünger wiederhergestellt bzw. aufrechterhalten werden. Ferner wird der freigelegte Waldboden von der tropischen Sonne zementartig verbacken, was schnellen oberflächlichen Wasserabfluß und als Folge Bodenerosion bedingt. Generell erodiert in einem Tropenwald-Ökosystem selbst auf bewegtem Relief jährlich weit unter einer Tonne pro Hektar, wohingegen dasselbe Areal 20 bis 160 Tonnen einbüßt, wenn der Wald durch dichte Teeplantagen ersetzt wird. 20 bis 200 Tonnen, wenn es zur Anlage von Weideland kommt und 1000 Tonnen und mehr nach seiner Umwandlung in Ackerland. Vermittels ihres »Speichereffekts« tragen die tropischen Wälder auch dazu bei, Erosionsgefahren in weit von ihnen entfernt liegenden Gebieten zu mindern. Ist die Waldbedeckung intakt, fließen die Flüsse ohne große Materialbelastung klar und sauber, und, was wichtiger ist, zeigen das ganze Jahr über eine ausgeglichene Abflußmenge. Wird der Wald abgeholzt, verschlammen die Flüsse, und ihre Wasserführung zeigt empfindliche Spitzen. (21)

Landesinneren zugänglich zu machen. Médici folgte dabei einfach dem Entwicklungsschema, das sich seine europäischen Vorfahren ausgedacht hatten: Die Erschließung neuer Landwirtschaftsflächen setzt die Rodung des Waldes unbedingt voraus. Auf beiden Seiten der neuen Straße wurden Bauern angesiedelt. Sie verbrannten den Wald und setzten Nutzpflanzen in die Asche. Ein oder zwei Jahre gediehen die Nutzpflanzen auch, aber bei den meisten Betrieben brachten sie keine dritte Ernte mehr.

Modernste Planierraupen wurden eingesetzt, um Schneisen für die Straßen in Amazonien in den Regenwald zu schlagen. So entstand ein auf 12000 km Länge projektiertes Straßennetz, obgleich Amazonien mit rund 50000 schiffbaren Kilometern über das ausgedehnteste Wasserstraßennetz der Erde verfügt.

Transamazonica in Brasilien. Die 1970–1974 erbaute, mehr als 5000 km lange Fernstraße verläuft quer durch den Amazonas-Wald. Sie sollte landlosen Bauern Zugang zu neuen Siedlungsgebieten verschaffen und zugleich den Abtransport von Edelholz für den Export erleichtern.

Die Behörden hatten eine entscheidende Tatsache übersehen: Neun Zehntel der Nährstoffe im tropischen Regenwald sind in den Bäumen selbst enthalten, der Boden enthält nur ein Zehntel. Wenn ein Blatt von einem Baum auf den Boden fällt, wird es beinahe sofort zersetzt. Eine dicke Streuschicht häuft sich im Gegensatz zu den Wäldern der gemäßigten Zone nicht an, und es entsteht auch kein humusreicher Bodenhorizont. Die Ansiedlung von Bauern entlang der Transamazônica hat sich daher als Fehlschlag erwiesen, die Straße wurde dennoch tiefer und tiefer in den Amazonas-Urwald hineingetrieben, den größten Wald der Erde, der noch vor wenigen Jahrzehnten eine Fläche von 280 Millionen Hektar einnahm. Die scharfe Spitze der in den Wald eindringenden Zivilisation stellen

Regenwald in Amazonien. Brasilien ist das regenwaldreichste Land der Erde: Auf einem Gebiet so groß wie die Sahara leben nur 5 % der rund 120 Millionen Brasilianer, doch hat die Regierung Anfang der 70er Jahre ein ehrgeiziges, aber höchst zerstörerisches Programm zur Ausbeutung der großen natürlichen Reichtümer begonnen.

Männer mit Motorsägen und Planierraupen dar, die Bäume fällen, die Baumstümpfe beiseiteschieben und den Untergrund planieren. Die Straßen schneiden in schnurgeraden, endlosen Trassen durch den Wald.

Gegen Ende der 70er Jahre fanden »Neubauern« über die Straßen Zugang zu den Wäldern des Amazonas-Tieflandes: multinationale Konzerne, die Rinderzucht betreiben. Sie erhielten Konzessionen für Waldgebiete von der Größe eines Landes wie Luxemburg. Eine Hälfte des zugewiesenen Areals mußte nach den Verordnungen der Regierung als Wald erhalten bleiben, die andere Hälfte konnte in Weideland für Rinder umgewandelt werden.

Bei den Entwaldungsaktionen wurde generalstabsmäßig vorgegangen. Man versprühte zunächst Entlaubungsmittel, erstmals im Vietnam-Krieg getestet, über den Wäldern. Sobald die Bäume genug ausgetrocknet waren, um Feuer zu fangen, wurde eines dieser riesigen Waldstücke mit alten Lastwagenreifen und Öl in Brand gesetzt. In einigen Fällen kamen sogar Napalm-Bomben zum Einsatz. Auf diese Weise entstanden einige der größten Brände, die man jemals auf der Erde gesehen hat; sie waren selbst noch auf Satellitenfotos deutlich zu erkennen. Flugzeuge mußten die riesigen Rauchsäulen, die Tausende von Metern hinaufreichten, um- oder überfliegen.

Der üppige Wald, der unzählige Pflanzen- und Tierarten beherbergte, endete so als Schicht glimmender Aschen mit vernarbten Baumstümpfen, die aus dem Boden ragten. Mit Flugzeugen wurden die Samen afrikanischer Savannengräser auf dem nackten Boden ausgesät. In 45 Tagen können sie einen Meter hoch wachsen und in 90 Tagen zwei Meter hoch. Wenn der Wald versuchte, sich mit den Samen im Boden wieder über die abgebrannte Fläche auszubreiten, wurde das Gras abgebrannt. Dann trieb man Zebu-Rinder auf das neu gewachsene Gras, bis zu einer Kuh pro Hektar. In den Ranchbetrieben selber gibt es wenig Arbeit; ein Mann muß 1000 Rinder beaufsichtigen. Mehr Jobs fallen in den Schlachthöfen an. Man schlachtet die Rinder meist im Alter von vier Jahren. Ihre Kadaver werden in Flugzeuge geladen und auf dem Flug zu einem Tiefkühllagerhaus in Florida oder Frankfurt tiefgefroren. In den Ranchbetrieben am Amazonas sind die Produktionskosten niedriger als in Europa oder Nordamerika, die Konzerne können riesige Gewinne machen, selbst wenn der Boden nur für wenige Jahre Gras – und damit das Vieh – gedeihen läßt.

Feuer in Amazonien. Die Rodung des Waldes erfolgt meist durch Fällen und anschließendes Abbrennen der Bäume. Da der Boden aber schon nach wenigen Jahren für den Ackerbau unbrauchbar wird, wandern die Siedler weiter und zerstören neue Regenwaldgebiete durch Brandrodung. Große Areale werden auch zur Umwandlung in Weideflächen für die Rinderzucht freigegeben.

Daß die Straßen in Amazonien nicht nur ökologisch bedenklich, sondern auch ökonomisch unsinnig sind, zeigt sich vor allem in der Regenzeit: Die Schneisen verwandeln sich in Schlammpisten, in deren Morast die schwerbeladenen Holztransporter steckenbleiben.

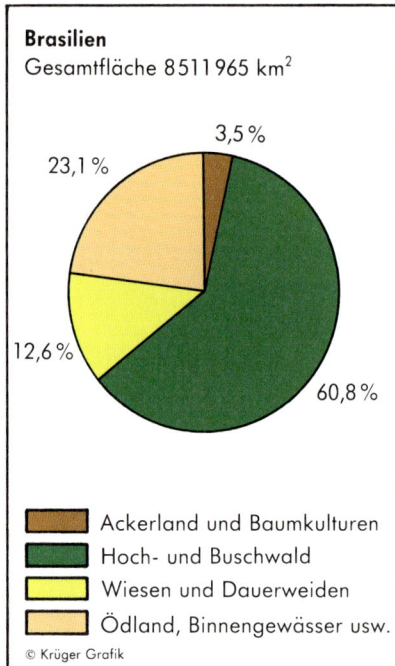

Brasilien
Gesamtfläche 8 511 965 km²

3,5 %
23,1 %
12,6 %
60,8 %

■ Ackerland und Baumkulturen
■ Hoch- und Buschwald
□ Wiesen und Dauerweiden
□ Ödland, Binnengewässer usw.
© Krüger Grafik

Heute unterstützt die brasilianische Regierung keine neuen Viehzuchtunternehmen in Amazonien mehr. Man hat erkannt, daß das Niederbrennen riesiger Waldareale sicher nicht die beste Methode ist, Vorkommen wertvoller Harthölzer zu nutzen. Inzwischen sind auch genügend Straßen durch den Wald geschlagen worden, um den Holzeinschlag zu einem rentablen Unternehmen zu machen. Und: Man hat Amazonien neu entdeckt – als »Ölquelle«.

Brasilien verfügt kaum über eigene Ölvorkommen, und das Land kann es sich nicht leisten, viel teures Öl zu importieren. Immer mehr Autos werden daher mit Alkohol betrieben. Auf mehreren Millionen Hektar fruchtbaren Bodens werden Zuckerrüben an-gebaut, aus denen man Alkohol gewinnt (dieser fruchtbare Boden ist natürlich für landlose Bauern unerreichbar). Jetzt kann der Holzeinschlag in Amazonien gleichzeitig mit den Produktionseinrichtungen für Alkohol-Treibstoff entwickelt werden. Die wertvollen Harthölzer gehen in den Export, aus Weichhölzern wird Holzalkohol destilliert.

Inzwischen kommen auch Bergbau-Unternehmen und damit verbundene Projekte zur Erzeugung elektrischer Energie mit Hilfe von Wasserkraftwerken in Gang. Im Nordosten Brasiliens werden in Kürze einer der größten Stauseen und der größte Eisenerztagebau der Welt in Betrieb genommen. In Guyana liefert das Großkraftwerk am Oberlauf des Mazaruni-Flusses elektrische Energie für den Abbau und die Weiterverarbeitung von Bauxit. Riesige Regenwaldgebiete sind dabei überflutet worden, im steigenden Wasser stehen noch die langsam verfaulenden Bäume.

Die wütende Attacke auf den Wald hat die Indios schockiert. Sie sagen, daß der Wald alles gibt, was der Mensch braucht. Die Siedler dagegen – seien es nun Viehzüchter, Straßenbauer oder Bergbauingenieure –, müssen den Wald beseitigen, um sich ihren Lebensunterhalt zu verdienen. Mehr als 10 000 Jahre leben die Indios schon in den Wäldern am Amazonas – von den Weißen als »Grüne Hölle« gefürchtet –, und ihr Überleben beweist, daß sich die Wälder als Lebensraum für den Menschen eignen.

Die Einstellung des weißen Mannes gegenüber dem Wald als einer »grünen Hölle« hat die Indios zutiefst verletzt. Ihre intimen Kenntnisse der zahllosen Pflanzen- und Tierarten machen sie zu den wahren Experten der Wälder am Amazonas. Auch sie sind Bauern, aber sie schlagen nur kleine Lichtungen in den Regenwald. Sie gewinnen ihre Nahrung in Urwaldgärten, wo sie eine Vielzahl von Pflanzen wie Mais, Bohnen, Maniok, Taro, Tomaten und andere Gemüsepflanzen, die praktisch nur den Indios bekannt sind, ziehen. Wenn die Bodenfruchtbarkeit nach zwei oder drei Jahren erschöpft ist, geben sie die Gärten auf, lassen jedoch Bananenstauden, Avocado- und Mangobäume zurück, die sie abernten, bis der Wald das Land mit höheren Bäumen zurückerobert hat.

Die Waldbewohner haben ein reiches Wissen über die natürliche Umwelt, in der sie leben. Die Wälder des Amazonas gehören zu den artenreichsten Lebensräumen auf unserem Planeten. In den Regenwäldern Brasiliens wurden auf einem einzigen Hektar Wald 235 verschiedene Baumarten gefunden, wie Norman Myers in seinem Buch über die tropischen Regenwälder berichtet, »wohingegen ein Hektar Wald der gemäßigten Breiten normalerweise nicht mehr als zehn Arten aufweist. Hinzu kommt, daß von 100 Baumarten auf einem Hektar typischen amazonischen Urwaldes gut die Hälfte vollkommen verschieden vom Baumbestand eines anderen Hektars sein kann, der nur einen Kilometer entfernt liegt.«

Die Indios sind die Hüter der größten botanischen Schatzkammer der Erde, die viele Pflanzenarten enthält, die von der Wissenschaft noch nicht beschrieben und mit einem Namen versehen worden sind – das heißt: von unserer Wissenschaft.

Die meisten Siedler in Amazonien betrachten alles, was sich über dem Erdboden befindet, als ein Ärgernis, das beseitigt werden muß. Die Schätze, denen sie nachjagen, sind im Erdboden verborgen: Gold, Diamanten und alle Arten von Edelsteinen. Der Traum von einem faustgroßen Goldklumpen oder einem Diamanten von der Größe eines Golfballs spornt Tausende solcher »Schatzsucher« an.

Amazonien ist die letzte große Hürde, die der Mensch in seinem Drang, die Erde zu erobern, überwinden muß. Auch diese herrliche Wildnis soll »gezähmt« werden. Vor mehr als 10 000 Jahren kam der Mensch nackt, nur mit Steinäxten, Pfeil und Bogen sowie Blasrohren in diese Wälder. Heute kommen wir mit Planierraupen, Flugzeugen und schwim-

menden Zellstoffmühlen, in japanischen Werften gebaut und über den Ozean geschleppt, um an den Ufern des Amazonas Anker zu werfen. Wie viele Bäume müssen gefällt werden, um ein solches Unternehmen rentabel zu machen?

In Manaus, der Urwaldstadt, in der die reichen Plantagenbesitzer zur Zeit des Kautschukbooms ein großes Opernhaus errichten ließen, sind die Wissenschaftler des INPA, des Instituts für Amazonien-Forschung, eifrig damit beschäftigt, Pflanzen- und Tierarten zu klassifizieren, die der Wissenschaft bisher unbekannt waren.

Die trügerische Ernte

Heute hängt der überwiegende Teil der Erde völlig von einer Handvoll Arten ab. Von 24 Feldfrüchten wurden 1980 mehr als 2,5 Milliarden Tonnen erzeugt. Die vier Spitzenreiter (Weizen, Reis, Mais und Kartoffeln) haben dabei einen größeren Anteil an der gesamten Weltproduktion als alle anderen 20 Feldfrüchte zusammen.

Die Vielfalt, die der moderne Supermarkt anbietet, ist nur eine scheinbare. Bei genauer Betrachtung erkennt man, daß 95 % der weltweiten Nahrungsbedürfnisse mit nur 30 Pflanzenarten befriedigt werden. Dreiviertel unserer Nahrung gründet sich sogar auf nur acht Feldfrüchte: eine Zahl, die in einem eklatanten Mißverhältnis zu den 80 000 Pflanzen steht, die unser Planet als potentiell eßbare Arten anbietet. (22)

Viele Wissenschaftler setzen sich leidenschaftlich dafür ein, den endgültigen Holocaust des Waldes und seiner Bewohner zu verhindern. Sie wissen, daß ihnen nur noch sehr wenig Zeit bleibt, um zu beweisen, daß es sich lohnt, den Wald zu erhalten, zumindest das, was von ihm übriggeblieben ist.

Die Wissenschaftler des INPA erkennen den entscheidenden Beitrag der Indios zum Verständnis der ökologischen Komplexität des Waldes; die Kenntnisse der Waldindianer beschränken sich nicht nur auf die genießbaren Pflanzen, die in Amazonien wachsen. Sie haben eine Vielzahl von Pflanzenheilmitteln gegen Infektionen, Parasiten, innere Krankheiten, zur Behandlung von Insektenstichen, Schnittwunden und Prellungen entwickelt. Unglücklicherweise besaßen sie keinerlei Mittel zur Behandlung unbekannter Virusinfektionen wie Masern oder Grippe, die vom »weißen Mann« eingeschleppt wurden und sich in vielen Fällen als tödlich erwiesen haben.

Die Indios entwickelten auch aus mehreren Komponenten bestehende Pfeilgifte wie Curare und seine vielen Derivate, die bei der Jagd verwendet werden: Das Gift auf der Pfeilspitze tötet die Tiere, schadet aber nicht den Menschen, die das Fleisch kochen und verzehren. Curare ist in der modernen Medizin zu einem wichtigen »chemischen Werkzeug« geworden und findet bei Operationen am offenen

Trotz ihrer Kenntnis der nur kurzfristigen Bodenfruchtbarkeit versuchen die Siedler überall in den Regenwäldern, das Land zu bebauen, wie diese Maisplantage in Nord-Brasilien zeigt. Ist der Boden ausgelaugt, zieht die Plantage einfach weiter – noch scheint ja der Wald unermeßlich groß.

Herzen allgemeine Anwendung. Zu den Entdeckungen der Indios gehören auch empfängnisverhütende Mittel auf pflanzlicher Grundlage. Einige dieser Mittel werden in Brasilien, Europa und Nordamerika von Biochemikern analysiert. Der in London tätige Ethno-Botaniker und Chemiker Dr. Conrad Gorinski ist davon überzeugt, daß die aus Waldpflanzen gewonnenen empfängnisverhütenden Mittel zur traditionell stabilen Bevölkerungszahl der Indianerstämme beigetragen haben. Die Wissenschaftler konnten auch nachweisen, daß die Gewohnheit der Mütter, ihre Kinder ein paar Jahre lang zu stillen (eine bei vielen Stammesgesellschaften übliche Praxis), einen sehr wichtigen Faktor zur Kontrolle des Bevölkerungswachstums in traditionellen Kulturen darstellte.

Abgesehen von einer kleinen Zahl von Wissenschaftlern – Botanikern, Chemikern, Zoologen und Anthropologen – zeigt die Welt kaum Interesse für »nackte Wilde«. Sie stehen dem »Fortschritt« im Wege; den Straßen, Ranchbetrieben, Plantagen, Stauseen und Bergwerken. Wenn der Wald durch den Straßenbau und die Beseitigung der Bäume geöffnet wird, ist der Kontakt mit den Waldbewohnern unvermeidlich. Allzuoft hat dies zur Dezimierung oder gar Vernichtung von Stämmen geführt. Von 1900 bis 1980 ist die Zahl der Indios in Brasilien von einer Million auf rund 200 000 zurückgegangen. Einige Stämme wurden mit Flugzeugen aus »ihrem Teil« des Waldes in entlegenere Gebiete Amazoniens umgesiedelt. Aber allzuoft haben sie in der neuen, fremden Umgebung Probleme, sich an die unbekannten Bäume und Waldpflanzen zu gewöhnen.

Tropische Regenwaldgebiete (in Millionen km²; nach A. Sommer, 1976)

Region	Gegen- wärtige Gesamt- fläche	Anteil an Land- fläche in %	Anteil an der Ge- samtfläche des tropi- schen Re- genwaldes	Klimax- areal	Rückgang des Klimax- areals in %
Afrika (insgesamt)	1,75	36,2	22,6	3,62	51,6
Ostafrika	0,07	10,6	1,6	0,25	72,0
Zentralafrika	1,49	65,9	16,8	2,69	44,6
Westafrika	0,19	19,1	4,2	0,68	72,0
Lateinamerika (insgesamt)	5,06	51,2	50,2	8,03	37,0
Südamerika	4,72	53,5	46,9	7,50	37,1
Zentralamerika/ Karibik	0,34	31,9	3,3	0,53	35,8
Asien (insgesamt) Pazifik	2,54	37,2	27,2	4,35	41,6
Südostasien	1,87	67,4	18,9	3,02	38,1
Südasien	0,31	24,4	5,3	0,85	63,5
Pazifik	0,36	12,8	3,0	0,48	25,0
Feuchte Tropen (insgesamt)	9,35	42,8	100,0	16,00	41,6

Die tropischen Waldgebiete nehmen in Südamerika, Afrika, Asien und Australien eine Fläche von 900 Millionen Hektar ein; das entspricht 10 % der Landfläche der Erde. Man vermutet, daß sie bis zu Dreiviertel der schätzungsweise zehn Millionen Pflanzen- und Tierarten beherbergen, die auf der Erde existieren. Die Vernichtung der tropischen Regenwälder schreitet mit einem beispiellosen Tempo voran: Nach einem Bericht der Landwirtschafts- und Ernährungsorganisation der UNO (FAO) waren um die Mitte der 70er Jahre bereits 40 % der Wälder verschwunden. Die Akademie der Wissenschaften der USA veröffentlichte 1980 eine Schätzung, nach der die tropischen Regenwälder jährlich auf einer Fläche von 20 Millionen Hektar vernichtet oder degradiert werden. Die Entwaldung ganzer Landstriche hinterläßt gewöhnlich dauerndes Ödland, denn die Bäume können sich auf dem ausgedörrten und nährstoffarmen Boden nicht wieder neu etablieren.

Das vielschichtige Kronendach eines natürlichen Regenwaldes ist einmal als »Wiese auf Stelzen« bezeichnet worden, weil es einer Vielzahl von Affen, Vögeln und natürlich auch Insekten Nahrung bietet. Die Temperaturen am Waldboden sind meist nicht höher als 27° C, da er im Schatten der Bäume liegt und durch verdunstendes Wasser gekühlt wird. Sobald die Bäume beseitigt werden, erhitzt sich der Boden auf 45° C und mehr; der nackte Boden wirft die Sonnenstrahlen in die Atmosphäre zurück. Die weiträumige Entwaldung erhöht die Albedo, den Anteil der Sonnenstrahlung, die von der Erdoberfläche reflektiert wird: Die zugeführte Sonnenenergie wird nicht zum Pflanzenwachstum genutzt, sondern trägt zum Anstieg der Lufttemperaturen bei. Durch die Vernichtung der Wälder werden turbulente Luftströmungen verstärkt und extreme Wetterlagen verursacht. Heftige Regengüsse können nicht mehr vom Wald als einem »lebenden Schwamm« aufgenommen werden. Das Wasser fließt auf dem nackten Boden ab und läßt die Flüsse und Ströme anschwellen. In Manaus sind Überschwemmungen in den letzten Jahren zu einem ernsten Problem geworden. Man nimmt an, daß sie auf die Beseitigung der Walddecke in nahegelegenen Waldgebieten zurückgehen. Die Folgen der Waldzerstörung in den Tropen für das Klima sind besorgniserregend. Wasserverluste des äquatorialen Klimagürtels in großen Dimensionen als Folge der Entwaldung und ein Anstieg der Boden- und Lufttemperaturen wegen der Beseitigung der Pflanzendecke fördern die Desertifikation, die immer schneller fortschreitet. Die sich verschlechternden Bedingungen für die Landwirtschaft am Südrand der Sahara wurden mit der Entwaldung weiter Gebiete Westafrikas in Verbindung gebracht. Nach Ansicht mancher Wissenschaftler könnte die Vernichtung der Wälder in Mittel- und Südamerika zu einem Rückgang der Niederschläge auch in den Südstaaten der USA führen. Die Wälder der Erde absorbieren nicht mehr länger Kohlendioxid, sie setzen es vielmehr frei. Zwei Drittel des Holzes, das jährlich verbraucht wird, werden als Brennholz verbrannt. Man nimmt an, daß dieses Brennholz zusammen mit Waldbränden, wie jenen, die immer wieder in Amazonien auflodern, so viel Kohlendioxid an die Erdatmosphäre abgibt wie sämtliche fossilen Brennstoffe, die auf der Erde verbrannt werden. Im Mauna Loa-Forschungsinstitut auf Hawaii, wo seit 1957 Messungen des Kohlendioxidgehalts der Luft durchgeführt werden, ist ein ständiger Anstieg der Kohlendioxid-Konzentration registriert worden. In den letzten 30 Jahren hat der Kohlendioxidgehalt der Atmosphäre um rund 10 % zugenommen. Ein höherer Kohlendioxidgehalt verringert die Wärmeverluste der Erdatmosphäre durch Ausstrahlung; der ständige Anstieg des Kohlendioxidgehaltes als Folge der Verbrennung von Holz und

Treibhauseffekt von Spurengasen in der Erdatmosphäre

Gas	Heutiger Anteil		Zunahme bis 2020	dT_m (°K)
Kohlendioxid	330	ppm	+ 25 %	+ 0,66
Ozon (in der Stratosphäre)	0,4	ppm	− 20 %	− 0,34
Ozon (in der Troposphäre)	0,03	ppm	+ 10 %	+ 0,17
Wasserdampf (in der Stratosphäre)	ca. 3	ppm	+ 50 %	+ 0,42
Stickoxydul	0,28	ppm	+ 100 %	+ 0,56
Fluorkohlenwasserstoffe	0,0002	ppm	× 10	+ 0,23
Methan	1,6	ppm	+ 50 %	+ 0,12
Kohlenwasserstoffe, Ammoniak und Schwefeldioxid	ca. 0,001	ppm	+ 100 %	+ 0,14

Kohlendioxid ist keinesfalls der einzige gasförmige Bestandteil der Erdatmosphäre, der bei weiterer Zunahme über den »Treibhauseffekt« eine Erwärmung der unteren Luftschichten und damit weitreichende Klimaänderungen verursachen kann. Kaum geringer ist die Gefahr, die vom Stickoxydul (Lachgas), einem Endprodukt der Stickstoffdünger, ausgeht. Methan spielt in diesem Zusammenhang möglicherweise ebenfalls eine verhängnisvolle Rolle; dieses Gas bildet sich zum Beispiel in großen Mengen beim Naßreisanbau oder bei der Brandrodung von Wäldern und beim Abbrennen von ausgedehnten Grasflächen in den tropischen Savannen.

dT_m = Änderung der mittleren globalen Lufttemperatur an der Erdoberfläche bei konstant vorgegebener Bewölkung als Folge der vermuteten Zunahme des jeweiligen Gases bis zum Jahr 2020

fossilen Brennstoffen soll – den Voraussagen nach – irgendwann im nächsten Jahrhundert zum Anstieg der Lufttemperaturen um einige Grad führen. Die Auswirkungen dieses »Treibhaus-Effektes« auf das Klima der Erde könnten verheerend sein. Die Voraussagen reichen von extremer Trockenheit in den Getreidegürteln der USA und der Sowjetunion bis zum stärkeren Abschmelzen der Eismassen an den Polen, dem daraus resultierenden Anstieg des Meeresspiegels und der Gefahr von Überschwemmungen in küstennahen Ebenen wie Bengalen oder den Niederlanden.

Der Mensch hat die Macht erlangt, die Biosphäre anzugreifen und zu zerstören; die Folgen dieses Angriffs sind heute für alle klar zu erkennen. Jeder von uns, der in den Mittelmeerländern gewesen ist, konnte sich mit eigenen Augen von dem Angriff früherer Zivilisationen auf ihre »Gastgeber-Landschaft« überzeugen. Fernsehkameras bringen aus entferntesten Teilen der Erde weiteres Beweismaterial für die verheerenden Folgen unseres Tuns in unsere Wohnzimmer. Es scheint so, als ob wir fortfahren werden, die Lebensquellen dieses Planeten bis zur Neige auszuschöpfen.

Die Überreste tropischer Wälder, die in Form von Braunkohle-, Steinkohle- und Ölvorkommen in der Erdkruste lagern, werden mit fast der gleichen Geschwindigkeit aufgezehrt wie die lebenden Wälder der Tropen. Wir vergeuden den Boden in einem Maße, das seine Fähigkeit, sich zu regenerieren, bei weitem übersteigt. Die verschmutzte Luft, die aus den Schornsteinen unserer Fabriken und den Auspuffrohren unserer Autos stammt, ist die Ursache für eine dramatische Verschlechterung des Zustandes der Wälder in den gemäßigten Zonen der Erde. Wertvolle Pflanzennährstoffe werden nicht wieder in den Boden zurückgeführt, sondern gelangen in die Wasserläufe und sind damit auf immer verloren.

Die »Verstärkung des Menschen« wurde zu einem gewaltigen Preis auf Kosten der Umwelt erkauft. Und trotzdem leiden mehr Menschen unter Hunger und Elend als je zuvor. Wir werden diesen Zustand nur ändern können, wenn wir bereit sind, die Ressourcen unseres Planeten mit allen Menschen, mit zukünftigen Generationen und den anderen

Regenwald am Surinam River. Ohne Zweifel ist Amazonien in biologischer Hinsicht das reichste Gebiet der Erde. Noch haben die Wissenschaftler erst einen Bruchteil der Pflanzen und Tierarten dieser Region registriert, doch ihr Wettlauf gegen die Zerstörungsmaschinerie scheint aussichtslos: In 25 Jahren können die einst riesigen Wälder Amazoniens vollständig abgeholzt sein.

Schaufelradbagger im Einsatz auf der Abbauseite des Braunkohlentagebaus Fortuna-Garsdorf im Rheinischen Braunkohlenrevier.

Lebewesen der Erde gerecht zu teilen. Die reichen Länder dürfen nicht länger so tun, als wäre ein Ausverkauf der globalen Ressourcen im Gange.

Um auf diesem Planeten, dem einzigen, der uns zur Verfügung steht, zu überleben, müssen wir lernen, was wir zu tun haben, um ihn bewohnbar zu erhalten. Ein solches Verständnis entwickelt sich allmählich in den Köpfen vieler Menschen, die der Jagd nach dem materiellen Fortschritt müde geworden sind, jener Jagd, die in den letzten Jahrzehnten unser Handeln bestimmt hat.

Heute können wir die Ausbreitung der Wüsten mit Kameras verfolgen, die in Satelliten die Erde umkreisen. Wir können die Verarmung des Bodenlebens durch das Okular eines Mikroskops untersuchen. Wir können die Ausbeutung der Fischbestände in den Ozeanen mit Hilfe computergesteuerter Scanner belegen. Aber werden wir auch aus den verfügbaren Fakten Schlüsse ziehen?

Ökologie ist die Haushaltslehre unseres Planeten. Wir können es uns nicht leisten, ihre Untersuchungsergebnisse zu ignorieren. Um die ökologischen Auswirkun-

gen moderner, »fortschrittlicher« Gesellschaftssysteme zu verstehen, müssen wir ihren gesamten Stoffwechsel berücksichtigen, der die Brennstoffe mit einschließt, die wir verbrauchen, die Rohstoffe, mit denen wir unsere Maschinen füttern, die Wälder, die wir zerstören, und den Abfall, den wir wegwerfen.

Der »verstärkte Mensch«, nun mit einem riesigen Arsenal von Maschinen ausgerüstet, hat die Macht, das Gesicht der Erde zu verändern. Bis jetzt war es für uns leichter, von üppiger Vegetation bedecktes Land in Ödland zu

Mit der Motorsäge ist auch den größten Bäumen schnell und ohne großen Arbeitsaufwand beizukommen. Selbst kleine Waldbauern sind inzwischen entsprechend ausgerüstet und tragen ihren Teil zur Zerstörung der Wälder bei.

Granit-Steinbruch östlich von Bangalore (Indien). Das monolithische Vorkommen wird durch Lagen aus brennendem Belag (Reisig) oberflächlich gesprengt – alles andere besorgen Hammer und Meißel.

verwandeln als umgekehrt. In unserer Annahme, wir seien die Beherrscher der Natur, gibt es allerdings einen fundamentalen Irrtum. Wir sind ein Teil der Natur; zerstören wir sie, zerstören wir auch unsere eigene Lebensgrundlage. Lange bevor wir die Aufgabe, die Natur zu unterwerfen, vollenden könnten, werden wir das Fundament unserer zukünftigen Existenz zerstört haben. Zuerst erschien der »verstärkte Mensch« zu Pferde, mit eisernen Schwertern und Rüstungen. Dann eroberte er fremde Länder mit Segelschiffen und Kanonen. Heute hat er Panzer und Planierraupen, Atom-U-Boote und Bohrinseln zu seiner Verfügung, um der Umwelt seinen Willen aufzuzwingen. Eine Zeitlang können wir die Umweltkosten unserer industriellen Produktionssysteme ignorieren; doch die Rechnung, die uns einmal präsentiert werden wird, dürfte kaum zu bezahlen sein.

Ökologie ist langfristige Ökonomie. Die Ressourcen der Erde zu erschöpfen ist ein schlechtes Wirtschaften. Nur eine die Natur in ihren vielen verschiedenartigen Formen unterstützende Zivilisation kann auf eine Zukunft hoffen.

Langsam aber stetig wächst die Zahl der ökologisch bewirtschafteten Höfe. Allmählich setzt sich die Erkenntnis durch, daß der Einsatz von immer mehr Bioziden letztlich die Grundlage der bäuerlichen Existenz, den Boden, zerstört, doch fällt der erste Schritt in die richtige, d.h. ökologisch verantwortliche Richtung der Bodenbewirtschaftung oft schwer, da oft hohe Schulden viele Bauern zur Einbringung immer neuer Rekordernten zwingen.

DIE RICHTIGEN SCHRITTE

Ich muß Ihnen sagen, heute macht es uns wieder richtig Spaß, Bauer zu sein…, weil wir das sichere Gefühl haben, daß wir auf einem besseren Weg sind, auf einem Weg mit der Natur, oder wieder auf dem Platz, der für uns als Bauern eigentlich in der Schöpfungs- ordnung vorgesehen ist, nämlich als Bewahrer der Gesundheit des Bodens, der Pflanzen und der Tiere und damit auch der Menschen.

Siegfried Kuhlendahl, Bio-Bauer

Wir haben gesehen, daß die Geschichte des Bodens schon seit alters sehr oft und heute drastischer denn je eine Geschichte der Zerstörung war bzw. ist. Unseren Ahnen könnte man vielleicht zugute halten, daß sie sich über den unsachgemäßen Umgang mit dem Boden meist nicht im klaren waren, weil ihnen im Gegensatz zu einigen Naturvölkern ein ökologisches Bewußtsein fehlte. Heute aber kennen wir die Katastrophe und beginnen, ökologische Gesetzmäßigkeiten zu respektieren.

Eine Rettung des Bodens wird uns nur gelingen, wenn wir unsere Einstellung zur Natur generell ändern. Gerade unsere westliche und christlich geprägte Zivilisation (»Füllet die Erde und machet sie Euch untertan«; 1. Buch Mose, 1,28) führte zu einem Naturmißverständnis mit dem Ziel der Naturbeherrschung. Die

menschliche Selbstachtung steigt dabei um so mehr, je stärker man glaubt, die Natur im Griff zu haben.

Als mein Großvater einst mit dem Kuhgespann frühmorgens um vier zur 10 km entfernten Brauerei fuhr, um Treber (Viehfutter aus Brauereiabfällen) zu holen, hatte er sicher ein weniger ausgeprägtes Gefühl der Naturbeherrschung als ein Bauer heute, der auf seinem 150 PS starken, vollklimatisierten Traktor mit Stereoanlage über den Acker fährt...

Erschreckend und manchmal kaum zu glauben sind die Bilder über Bodenerosion rund um den Globus; doch auch in unseren Breiten ist ähnliches Monat für Monat zu sehen. Hier sind es weniger die Staubwolken am Horizont als vielmehr herabbrausende Schlammsturzbäche auf unseren Feldwegen.

Es macht offensichtlich noch immer nicht jeden betroffen – obwohl es uns alle betrifft –, wenn etwa die Bayerische Landesanstalt für Bodenkunde und Pflanzenschutz über Bodenverluste von bis zu 200 Tonnen pro Jahr und Hektar bei Hopfen und mehr als 50 Tonnen pro Jahr bei umgebrochenem Grünland mit anschließendem Maisanbau berichtet. Beinahe nur kopfschüttelnd ob der Misere in der Landwirtschaft kann man das Sondergutachten »Umweltprobleme in der Landwirtschaft« lesen, das im März 1985 dem auftraggebenden Innenmini-

ster der Bundesrepublik Deutschland vom Sachverständigenrat für Umweltfragen übergeben worden ist.

Richtig erkannt haben die Gutachter, daß der Boden nicht nur der Nahrungsproduktion dient; so heißt es in ihrem Bericht: »Alle Agrarlandschaften, auch die intensiv genutzten Marsch- und Löslandschaften, haben neben der Erzeugung von Nahrungsmitteln noch weitere Aufgaben zu erfüllen wie Klimaverbesserung, Bodenschutz, Grundwasserneubildung, Ermöglichung von Freizeit- und Erholungsaktivitäten, Erfüllung ästhetischer Erwartungen sowie Arten- und Biotopschutz... Diesen umweltpolitisch hochrangigen Aufgaben wird die moderne Landwirtschaft, wie der ökologisch weithin unbefriedigend gewordene Zustand der Agrarlandschaft zeigt, offensichtlich immer weniger gerecht.«

Zur Begründung dieses »unbefriedigend gewordenen Zustands« ist man jedoch schnell mit den ökonomischen Sachzwängen zur Hand. In der Tat gibt es diese Sachzwänge, wobei die Zwänge aber nicht eigentlich »sachlicher Natur« sind, sondern letztlich von Menschen geschaffen werden.

So trifft es die wirtschaftliche Situation der Landwirte ganz direkt, daß der durchschnittliche Anteil der Ausgaben für Nahrungsmittel seit 1950 von 45 % auf ca. 18 % zurückgegangen ist und daß die Lebensmittel zu »Billigma-

Die Unkraut- (oder besser: Beikraut-) Regulierung ist auch im Getreide ohne den Einsatz von Chemie möglich. Vielfach bewährt haben sich z. B. Hackstriegel, die auch in hohen Beständen einem Kamm ähnlich die Beikräuter aus dem Acker holen.

chern im Warenkorb des Verbrauchers« geworden sind. Blieben dem Bauern 1950 noch 75 Pfennige von jeder Mark, die wir für landwirtschaftliche Produkte ausgaben, so schrumpfte dieser Anteil bis 1982 auf 20 Pfennige. Das große Geschäft mit unserer Ernährung machen inzwischen die weiterverarbeitende Industrie und der Handel, der heute allein 60 Pfennige (1950: 15) von jeder Verbrauchermark in seine Kassen lenkt. Diese Entwicklung ging eindeutig zu Lasten der Bauern, und es besteht zu Recht die Forderung, daß wieder mehr *in* der Landwirtschaft als *an* der Landwirtschaft

verdient werden muß. Was denkt wohl der Bauer bei der Diskussion um die 35-Stunden-Woche angesichts der Tatsache, daß er offensichtlich immer mehr und länger arbeitet? 1972/73 kam er auf durchschnittlich 63,4 Wochenarbeitsstunden; 1983 war diese Zahl trotz der weiteren Chemisierung der Landwirtschaft und des technischen Fortschrittes mit 63,7 Wochenstunden sogar noch leicht gestiegen. Wenn wir uns vor Augen halten, daß sich z. B. der Verbraucherpreis für ein Ei über die letzten Jahrzehnte praktisch kaum erhöhte oder die Landwirte heute für

ein Schwein oder einen Doppelzentner Kartoffeln nicht viel mehr bekommen als die Generation zuvor, dann ist leicht einsehbar, daß es vor allem diese »Sachzwänge« sind, welche die ökologische Misere der Landwirtschaft verursachen. Wollte ein Bauer an der allgemeinen Einkommensentwicklung teilhaben, konnte er sich keine Lohnerhöhung erstreiken, sondern seinen Ertrag nur durch immer höhere Produktionsziffern verbessern. Dazu ist aber der Einsatz von immer mehr Chemie und Technik nötig, und immer weniger Landwirte können bei diesem Verdrängungswettbewerb unter dem Motto »Wachse oder weiche« ihren Hof noch halten. Wenn zur Zeit in der Europäischen Gemeinschaft alle zwei Minuten ein landwirtschaftlicher Betrieb aufgeben muß, ist dies nicht nur für die davon unmittelbar

Entwicklung der Landwirtschaft in der Bundesrepublik Deutschland 1966–1983

	1966/67	1972/73	1982/83
Erwerbstätige in der Landwirtschaft (in 1 000)	3585	1924	1371
Zahl der Betriebe (in 1 000)	1186	967	743

betroffenen Menschen verheerend, sondern auch für die Natur; denn mit dem »Bauernsterben« gehen oft Landflucht und die weitere Ausdehnung der industriellen Agrarproduktion einher.

Wir Verbraucher landwirtschaftlicher Produkte sollten uns bei jeder neuen Katastrophe im Zusammenhang mit der Landwirtschaft (*»Vogelsterben durch Endrin«, »Seveso«, »Östrogene im Kalbfleisch«, »3000 Tote in Bhopal«, »Gift in der Muttermilch«* usw.) darüber im klaren sein, daß wir mitverantwortlich sind für diesem Irrweg. So wie für die »Preisstabilität« des Frühstückseies die »denaturierten« Hühner in den Legebatterien der wahre Preis sind, so zahlt der Boden den Preis für die immer noch weitgehend vernachlässigte und mißachtete Rolle der Landwirtschaft in unserer industrialisierten Gesellschaft.

Gegen Ende seines Sondergutachtens würdigt der Sachverständigenrat die Verdienste des biologischen Landbaues mit folgenden Worten: »Es verdient besondere Anerkennung, daß der ›alternative‹ Landbau in der gegenwärtigen Epoche extremer Spezialisierung den vollen Systemcharakter des Landwirtschaftsbetriebes bewußt aufrechterhalten und weiterentwickelt hat und dabei viele wertvolle Erfahrungen der Fruchtfol-

Die Wiederherstellung der Bodengesundheit

Methoden zur Wiederherstellung der Bodengesundheit in der z. Z. bewirtschafteten Krume in Landwirtschaft, Obst-, Wein- und Gartenbau sind seit 60 Jahren bekannt und werden in alternativen Landbauformen angewandt. Gestützt auf jüngste Forschungsergebnisse hat die Stiftung Ökologischer Landbau ein dem natürlichen Ökosystem angepaßtes Verfahren zur Wiedergesundung der heute extrem geschädigten Böden über den gesamten durchwurzelbaren Raum entwickelt und in Beispielsbetrieben angewandt. Seine Weiterentwicklung für die Wiedergesundung der Waldböden dürfte möglich sein. Aufbauzeit in der Landwirtschaft drei bis vier Jahre, für die Waldböden wahrscheinlich länger – alles unter der Voraussetzung, daß die jetzigen Schadstoffgehalte durch strikte und rasche Verhinderung aller Emissionen nicht wesentlich zunehmen. Da aber die Vielzahl fast toter Böden kaum mehr abpuffern kann, Emissionen wegen ihrer weiträumigen Entstehung noch viele Jahre uns erreichen, befindet sich die Wiederherstellung der Bodengesundheit in einem gefährlichen Wettlauf mit der Zeit. Nur wenn sofort und von sehr vielen Land- und Forstwirten gehandelt wird, besteht noch Aussicht auf Erfolg.
Maßnahmen:
Fehlerbeseitigung durch:
Bodenlockerung bis 25/35 cm Tiefe
Wendung höchstens bis 10 cm
Sofortige »Lebendverbauung« des gelockerten Bodens durch vielartige Pflanzengemische (Gründüngung) mit rasch wachsenden Wurzeln
Zuführung von Gesteinsmehlen zur Beschleunigung der bakteriellen Minerallösung
Absicherung der sich dadurch im Boden aufbauenden Lebensgemeinschaft Wurzel-Bodenleben, aus der sich unsere Nutzpflanzen harmonisch ernähren können, durch:
▷ möglichst ständigen Bodenbewuchs (Nutzpflanzen und Gründüngung);
▷ Gareentwicklung in der Oberkrume durch flache Einarbeiten von Stoppelresten, Stallmist, Kompost;
▷ Erhaltung vielartiger Wurzeln in allen Krumenschichten durch artenreiche Durchwurzelung (Gemengeaussaaten, Gründüngungsgemische, Wildkräuter);
▷ Bodenschonung durch vorsichtige Lockerung für die jeweilige Bestellung – keine rasch laufenden, schlagenden oder zermahlenden Werkzeuge;
▷ keine Zerstörung des Bodenlebens durch zu hohe Bodendrucke;
▷ keine Schadstoffe wie Herbizide, Pestizide, Fungizide oder andere lebensfeindliche Chemikalien wie Mineraldünger, Halmverkürzer u. ä.;
▷ schnellste Minderung der Immissionen aus der Luft. (23)

ge- und Humuswirtschaft, die in der modernen Landwirtschaft in den Hintergrund getreten sind, bewahren konnte. Dem ›alternativen‹ Landbau gebührt auch unstreitig das Verdienst, mit der

Natur am wenigsten gewaltsam umzugehen.«
Ohne eine Pro- und Contra-Diskussion über den biologischen Landbau führen zu wollen, sei dennoch folgendes festgestellt:

Blick vom Mönchberg über das Emmental auf die Berner Alpen (Schweiz). Auch wenn größere Untersuchungen über die Produktivität vergleichbarer ökologischer und konventioneller Betriebe noch fehlen, so zeigen doch einige Fallbeispiele, daß ökologisch bewirtschaftete Betriebe nach einer Umstellungszeit von 2–3 Jahren meist wieder das örtliche Ertragsniveau erreichen.

Daß der Verzicht auf jeglichen Einsatz von Agrargiften (das klingt ehrlicher und weniger vernebelt als Pflanzen*schutz*mittel oder »Pestizide«) sowie vielfältigere Fruchtfolgen als Mais in Monokultur im biologischen Landbau möglich sind, gibt dieser naturnahen Wirtschaftsweise die Existenzberechtigung und ein »Natur«-Recht auf weitere und schnelle Ausbreitung. Und daß auf Bio-Höfen auch ohne Chemie und Kunstdünger genug geerntet wird (allerdings nicht die teuer produzierten Überschüsse der Getreideberge und Milchseen), um den dort lebenden und arbeitenden Menschen ein ausreichendes Einkommen zu sichern, ist mittlerweile zigtausendfach bewiesen. Aber alleine und nur mit gutem Willen schaffen es die Bauern nicht, zu einem naturgemäßen Umgang mit dem Boden, den Pflanzen und den Tieren zu gelangen: Sie sind auf einen Partner – uns Verbraucher – angewiesen.

Diese Partnerschaft darf sich nicht ausschließlich auf das Kräftespiel zwischen Angebot (Bauer) und Nachfrage (Konsument) beschränken, sondern muß das Verbindende der gemeinsamen Interessen suchen. Erzeuger und Verbraucher biologischer Produkte einigt eine Zukunftsorientierung, die ökologische Gesetzmäßigkeiten berücksichtigt. Bei der Sorge um unsere Zukunft müssen wir alle zusammen versuchen, im Einklang mit der Natur zu leben, und nach Kräften dazu beitragen, daß nicht nach uns eine neue Sintflut kommt.

Konkret sollte dies heißen, daß wir unsere Ernährung auf vollwertige Kost umstellen und es den Landwirten durch den Kauf biologischer Nahrungsmittel ermöglichen, die Erzeugung dieser Le-

Seit 1960 haben fast 50 % der landwirtschaftlichen Betriebe, vorwiegend Höfe mit Nutzflächen unter zehn Hektar, aufgegeben. Seit etwa zehn Jahren stagniert die Einkommensentwicklung der deutschen Bauern, dabei haben gerade die Großbetriebe überdurchschnittlich hohe Gewinne erzielt, so daß die Lage der kleinen Familienbetriebe immer schwieriger wird.

bensmittel auf biologische Verfahren umzustellen. Sollten von Fall zu Fall höhere Ausgaben für diese Produkte notwendig sein (die Umstellung auf eine getreidereichere und damit insgesamt preisgünstigere und gesündere Ernährung müßte bereits einen Großteil dieser Mehrkosten ausgleichen), dann ist dies sicher immer noch wohlfeiler, als Jahr für Jahr Tonne um Tonne weniger Mutterboden oder zunehmend verseuchte und vergiftete Äcker zu erzeugen. Von den 30000 Tonnen Agrargiftwirkstoffen, die jährlich in der Bundesrepublik Deutschland ab- und eingesetzt werden (das sind rund 50 Gramm Gift pro Kopf der Bevölkerung!), wird ein großer Teil im Obstbau verwandt. Etwa die Hälfte der dort verspritzten Chemikalien dient lediglich der äußeren, also »kosmetischen« Qualität des Obstes. Ein Apfel kann aber noch so makellos ge-

wachst und poliert sein, über seine inneren Qualitäten (Inhaltsstoffe, Rückstände usw.) sagen die Handelsklasse I und das aufgeputzte Äußere absolut nichts aus. So banal es klingt: Über das Schicksal des agrarisch genutzten Bodens entscheiden wir, die Konsumenten, an der Ladentheke bzw. bei der Fahrt mit dem Einkaufswagen. Ein Rundgang durch ein beliebiges Gartencenter zeigt, daß auch den Zierpflanzen- und Hobbygärtnern eine schier unüberschaubare Palette an chemischen Spritzmitteln zur Verfügung steht – und meist noch gewissenloser und unsachkundiger als in der Landwirtschaft angewendet wird. Wenn man sich ferner vor Augen hält, daß im Hobbygartenbereich in der Bundesrepublik Deutschland mehr Kunstdünger als in der gesamten chinesischen Landwirtschaft (die immerhin eine Milliarde Menschen zu ernähren hat) eingesetzt

werden, dann wird deutlich, daß nicht allein die Bauern den Boden zugrunde richten. Was für den Bauern die Maismonokultur ist für Millionen nichtlandwirtschaftlich orientierter Grund- und Bodenbesitzer der wöchentlich geschorene Zierrasen oder die zubetonierte Auffahrt zur Garage. Verantwortung für den Boden beginnt nicht erst ab einem Hektar Land. Sie liegt nicht allein bei denen, die ihn bebauen, sondern auch bei denen, die davon leben. Einem praktischen Engagement für die Rettung des Bodens setzen Phantasie und Tatkraft kaum Grenzen: Man kann sich an einer Einkaufsgemeinschaft für biologische Lebensmittel beteiligen oder mit Gleichgesinnten eine gründen. Gerade in den Städten entstehen zaghaft, aber unübersehbar, Regionalwarenläden; hier finden sich Bauern und Verbraucher zusammen, und durch das Ausschließen

vieler Handels- und Weiterverarbeitungsstufen wird der Anteil an jeder Verbrauchermark für den Bauern wieder größer, was ihm eine ökologischere Bewirtschaftung seines Hofes ermöglicht.
Es liegt in unser aller Verantwortung, die immer folgenreichere Beeinträchtigung unseres Bodens zu verhindern und deutlich zu machen, daß die Geschichte der Menschheit auch eine Geschichte ihres Verhältnisses zum Boden ist. Lernen wir endlich daraus!

Heuernte in Tirol. Der ökologische Landbau will, daß die Bauern wieder ihre Verantwortung als Natur- und Landschaftsschützer wahrnehmen; Voraussetzung dafür ist die Erhaltung der sog. bäuerlichen Landwirtschaft.

Zapfenpodsol. Bei manchen Podsol-böden sind der aschgrau gefärbte Auswaschungshorizont und der darunter anschließende schwarze und rostrote Einwaschungshorizont zapfen- oder keilförmig nach unten ausgebuchtet. Diese Ausbuchtungen entstanden in Zonen bevorzugter Sickerwasserbewegung wie z.B. im Bereich alter Wurzelröhren.

LEXIKON BODENKUND-LICHER BEGRIFFE

Boden ist das mit Wasser, Luft und Lebewesen durchsetz-te, unter dem Einfluß der Umweltfaktoren an der Erd-oberfläche entstandene und eine eigene morphologische Organisation (ein bestimmtes Profil und Gefüge) aufwei-sende Umwandlungsprodukt mineralischer und organi-scher Substanzen, das in der Lage ist, höheren Pflanzen als Standort zu dienen.

A-B-C-Böden, Bezeichnung für die Horizontalabfolge der Böden. Der A-Horizont kennzeichnet den Oberboden, der in der Regel eine Beimengung von organischer Substanz aufweist. Die Auswaschung von organischer oder mineralischer Substanz kann ebenfalls ein Charakteristikum der Oberböden sein. Der darunter folgende B-Horizont (Unterboden) besitzt eine Anreicherung von Ton und/oder Metalloxiden (-hydroxiden) oder organischer Substanz, bedingt durch Neubildung (Verwitterung) und/oder Verlagerungen aus dem Oberboden. Das Ausgangssubstrat bzw. unterlagernde Substrat wird als C-Horizont bezeichnet (schwache oder fehlende Verwitterung).

Abspülung bezeichnet den Abtransport von Bodenmaterial durch Oberflächenabfluß. Dieser setzt ein, sobald die Niederschlagsmenge die Infiltrationskapazität des Bodens übersteigt. Die Transportkraft des Wassers ist u. a. abhängig von Niederschlagsmenge und Intensität, Hangneigung, Bodenbearbeitung, Feldfrucht, Feldgröße, Bodenart, Abflußgeschwindigkeit etc. Typische Kennzeichen der Bodenerosion sind gekappte Bodenprofile in den Oberhangbereichen und kolluvial (Kolluvium = zusammengeschwemmtes Material) überdeckte Profile im Unterhangbereich. Man unterscheidet zwischen linearer und flächenhafter Abspülung (vgl. Bodenerosion).

A-C-Böden sind im allgemeinen gering entwickelte Böden. Unter der organischen Auflage folgt der A_h- oder A_i-Horizont (i = initial), darunter das nur schwach verwitterte Ausgangssubstrat (C_v). Rohböden können sowohl ein Initialstadium der Bodenbildung als auch einen Klimaxboden (z. B. in der Tundra) darstellen. Die Unterscheidung der A-C-Böden erfolgt aufgrund der Ausgangssubstrate nach Silikatgestein, Carbonatgestein etc., ferner nach Humusform, Tongehalt usw. A-C-Böden in Mitteleuropa sind meist gekappte (erodierte) Bodenprofile. Stellen A-C-Böden das Initialstadium der Bodenbildung dar, findet eine Weiterentwicklung zu den A-B-C-Böden statt.

Ackerschätzungsrahmen, eine Bewertung der landwirtschaftlich genutzten bzw. nutzbaren Böden in der Bundesrepublik Deutschland. Die Bodeneigenschaften werden durch die Bodenzahl ausgedrückt. Grundlage der Bewertungen bildet die Reichsbodenschätzung. Zur Klassifikation (vgl. Bodenbewertung) von Standorten werden die Bodenart, das Ausgangssubstrat und die Bodenzustandsstufe herangezogen. Zustandsstufe ist die indirekte Kenngröße für den Verwitterungsgrad des Bodens. Die Zustandsstufe 1 kennzeichnet die fruchtbaren Schwarzerden; Rohböden und die im Zuge fortgeschrittener Bodenentwicklung durch Nährstoffverarmung und Versauerung gekennzeichneten Podsole erhalten jeweils die Zahl 7. Die Skala der Bodenzahl reicht von 1 (extrem schlechter Standort) bis 100 (optimaler Standort unter natürlichen Bedingungen = Schwarzerde).

Agrosole, Böden, die als Ackerland (lat.: *ager* = Acker; *solum* = Boden) genutzt werden bzw. wurden und deren ursprüngliches Profil durch regelmäßiges Pflügen und andere Bodenbearbeitungsmaßnahmen stark verändert worden ist. Sie zeichnen sich durch einen bis zu 40 cm tiefen, lockeren und vergleichsweise nährstoffreichen Oberboden aus, der den Kulturpflanzen einen günstigen Standort bietet; nachteilig ist die verdichtete Pflugsohle, die sich häufig an der Untergrenze des Pflughorizontes bildet.

Alkaliböden, unfruchtbare Salzböden, die sich in den Trockengebieten der Erde unter dem Einfluß salzhaltigen Grund- und Oberflächenwassers bilden und hohe Gehalte an Salzen der Alkali- und Erdalkalimetalle (vor allem Natrium, Kalium, Magnesium und Calcium) oder eine hohe Natrium-Sättigung aufweisen. Bei den Weißalkaliböden entstehen an der Bodenoberfläche weiße Salzkrusten (besonders aus Kochsalz, Glaubersalz, Soda und Gips); die Schwarzalkaliböden enthalten dagegen im Oberboden nur wenig Salz, haben aber einen großen Anteil von Natrium und sind im Unterboden dunkelgrau bis schwarz gefärbt. Alkaliböden eignen sich nur unter günstigen Bedingungen für den Anbau von salzunempfindlichen Pflanzen wie Dattelpalmen oder Baumwolle.

Andosole, tiefgründige, lockere Böden mit einem humusreichen, dunkel gefärbten Oberboden (japan.: *an do* = dunkler Boden). Sie bilden sich vor allem aus lockeren vulkanischen Aschen und kommen daher in erster Linie in jungen Vulkangebieten (z. B. in Mittelamerika, Ostafrika, Indonesien und Japan) vor. Mit ihrem günstigen Gefüge und den großen Nährstoffreserven gehören die Andosole zu den fruchtbarsten Böden der Erde.

Anmoore, Böden, die wie Moore unter dem Einfluß von Grund- und Stauwasser entstehen, im Oberboden jedoch nur 15–30 Gewichtsprozent organische Substanz enthalten. Zu den Anmooren gehören ebenfalls Torfböden, deren Torfschicht weniger als 30 cm dick ist. Anmoore kommen hauptsächlich am Rand von Mooren vor und können nach Entwässerung meist als ertragreiches Acker- und Grünland genutzt werden.

Anreicherungshorizont, Horizonte (Unterboden), die durch eine Anreicherung von Ton oder Metalloxiden (-hydroxiden) *in situ* (lat.: am Ort entstanden) gebildet wurden und/oder eine Anreicherung von Ton, Metalloxiden (-hydroxiden), Humus oder Carbonaten, bedingt durch Auswaschung aus dem Oberboden, erfahren haben. Man unterscheidet die Horizonte nach der angereicherten Substanz und nach dem Bildungsmilieu. Hydromorphe Böden sind durch Stau- und/oder Grundwasser geprägt, hier auch Anreicherung durch lateralen Transport und Ausfällung.

Auenböden oder Schwemmlandböden sind, wie ihr Name verrät, auf den Schwemmsedimenten in Talauen verbreitet. Je nach dem Alter und der Zusammensetzung dieser Schwemmsedimente können ganz unterschiedliche Auenböden entstehen, die in ihren Eigenschaften Braunerden, Schwarzerden, Rankern oder Rendzinen sehr ähnlich sind. In Mitteleuropa kommen Braune Auenböden besonders häufig vor; sie gehen im Küstenbereich in Fluß- und Brackmarschen über. Zu den gemeinsamen Merkmalen aller Auenböden gehören der stark schwankende Grundwasserspiegel und die mehr oder weniger regelmäßige Überflutung bei Hochwasser. Nach Eindeichung und Absenkung des Grundwasserspiegels eignen sich die schwarzerde- und braunerdeähnlichen Auenböden gut als Ackerland.

Auenlehm (Auelehm), feinkörniges Sediment, das ein Fluß bei Hochwasser in der Talaue ablagert. Je nach den Bodenarten im Einzugsgebiet des Flusses wechselt dabei die Körnung von Sand bis Ton, am häufigsten sind in Mitteleuropa lehmige Ablagerungen. Der Auenlehm setzt sich vorwiegend aus dem abgeschwemmten und umgelagerten Oberboden erodierter Böden zusammen und enthält daher im allgemeinen einen mehr oder weniger großen Anteil von Humus. Seine Entstehung steht in engem Zusammenhang mit der Rodung und Besiedlung der ursprünglichen Waldlandschaften.

Austauschkapazität, Bezeichnung für die Fähigkeit des Bodens, Ionen an mineralischen und organischen Substanzen auszutauschen. Der Ionenaustausch findet an den Oberflächen von Ton- und Humuskolloiden sowie an Tonhumuskomplexen statt. Die Austauschkapazität ist abhängig von Art und Menge der Tonminerale und Huminstoffe und ist vor allem für den Nährstoffhaushalt und Schadstofftransport von Bedeutung.

Auswaschungshorizont, an mineralischer oder organischer Substanz verarmter Bodenhorizont. Durch Sickerwässer werden Ton- und Mineralverbindungen sowie Humus in tiefere Bodenpartien transportiert und dort ausgefällt. Der Auswaschungshorizont wird auch als Eluvialhorizont (lat.: *eluere* = auswaschen) bezeichnet. Beispiele für Eluvialhorizonte sind der an Metalloxiden und -hydroxiden sowie Humus verarmte A_e-Horizont des Podsols und der durch eine Tonauswaschung geprägte A_l-Horizont (l = *lessivé;* franz.: ausgewaschen) der Parabraunerden.

Badlands, Name für eine durch zahllose Erosionsrinnen und -schluchten zerschnittene Landschaft, die landwirtschaftlich nicht genutzt werden kann (engl.: *bad lands* = schlechtes, unfruchtbares Land). Badlands sind vor allem in den Trockengebieten der Erde verbreitet und entstehen oft durch starke Bodenerosion als Folge falscher Bodennutzung.

Bauxit, als wichtigster Aluminiumrohstoff ein Beispiel für die Entstehung von Erzlagerstätten durch Verwitterung und Bodenbildung. Bauxite, Gemenge verschiedener Aluminium-, Eisen- und Tonminerale, bilden sich unter subtropisch-tropischem Klima durch intensive chemische Verwitterung aus Kalkstein (wie im namengebenden Les Baux in Südfrankreich) oder aus verschiedenen anderen Gesteinen.

Bearbeitbarkeit von Böden hängt in erster Linie von der Bodenart und von der Bodenfeuchte ab: Tonreiche Böden gelten als »schwere« Böden, die nur bei einem ganz bestimmten Wassergehalt bearbeitet werden sollten, Sandböden sind in dieser Hinsicht »leichte« Böden, schluffige und lehmige Böden nehmen eine Mittelstellung ein.

Bewässerung. Klima, Bodentyp und Pflanzenart bestimmen den Bewässerungsbedarf eines Standortes. Grundlage für die Berechnung des Wasserbedarfs ist die klimatische Wasserbilanz. Von negativer Bilanz wird gesprochen, wenn die Verdunstungsrate die Niederschlagsrate (z.B. bezogen auf einen Monat) überschreitet. Die Bewässerung kann vorgenommen werden, wenn der aktuelle Wassergehalt die nutzbare Feldkapazität um mehr als 50 % unterschreitet (vgl. Bodenwasser). Die Bewässerung sollte jedoch nicht auf eine vollständige Auffüllung der nutzbaren Feldkapazität hinzielen, da hier auch wieder mit verstärkten Wasserverlusten (Verdunstung) zu rechnen ist. Als Bewässerungsmethoden kommen der Flächenüberstau, die Kanalbewässerung, das Rieseln und Beregnen sowie das Tröpfeln (genau dosierte Wasserzugabe für jede Pflanze) zur Anwendung. Die Auswahl des Bewässerungsverfahrens hängt von den Kosten und den klimatischen Gegebenheiten ab (z.B. Salzkrustenbildung in ariden Gebieten durch verstärkte Verdunstung durch überreichliche Bewässerung).

Biologische Verwitterung, mechanische und chemische Umwandlung der Gesteine durch die Lebenstätigkeit von Pflanzen, Tieren und Mikroorganismen, z.B. die Auflockerung des Gesteins durch wachsende Wurzeln und durch wühlende Bodentiere oder die Oberflächenverwitterung von Gesteinen durch Mikroorganismen, die organische Säuren ausscheiden.

Bodenabspülung, die häufigste Form der Bodenerosion, deren Ursachen ebenso bekannt sind wie auch geeignete Maßnahmen zum Schutz des Bodens vor der Abspülung. Trotzdem werden die Erosionsschäden von Jahr zu Jahr größer. Dabei sind vor allem die Böden von der Abspülung betroffen, die als Ackerland genutzt werden. Die Abspülung unter Wald oder auf Grünland ist, um die Größenordnung zu verdeutlichen, einhundertmal schwächer als auf Ackerböden. Im einzelnen hängt die Erosionsgefahr von den angebauten Nutzpflanzen und der Fruchtfolge ab; in Mitteleuropa ist die Bodenabspülung auf Zuckerrübenfeldern erfahrungsgemäß besonders groß. Das Gefälle der Bodenoberfläche spielt bei der Abspülung eine wichtige Rolle, allerdings wird der Einfluß der Hangneigung oft überschätzt; wichtiger als die Neigung des Hanges ist seine Länge, denn je größer ein Hang als Einzugsgebiet ist, um so größer sind – unter sonst gleichen Bedingungen – die Wassermassen, die sich bei der Schneeschmelze oder bei einem

Starkregen am unteren Ende des Hanges ansammeln. Anbauterrassen an erosionsgefährdeten Hängen dienen deshalb in erster Linie dazu, den Hang in viele kleine Einzugsgebiete mit entsprechend kleinerem Abfluß aufzuteilen. Der Boden selbst ist nach der Pflanzendecke der wichtigste Faktor der Bodenabspülung: Er läßt zum einen mehr oder weniger Regen- oder Schmelzwasser im Untergrund versickern und bestimmt damit die Höhe des Oberflächenabflusses, zum andern setzen die Bodenpartikel der Abspülung aber auch einen mehr oder weniger großen Widerstand entgegen. Grundsätzlich ist die Abspülung auf den Böden besonders stark, die nur wenig Wasser versickern lassen; aus diesem Grund hinterläßt oft das Schmelzwasser bei der Schneeschmelze auf dem meist noch gefrorenen, wasserundurchlässigen Boden besonders schwere Erosionsschäden. Unter den Bodenarten sind nicht, wie man vielleicht annehmen könnte, die tonigen Böden am stärksten betroffen, obwohl sie aus den kleinsten Bodenpartikeln bestehen, vielmehr neigen die mittleren Bodenarten, die lehmigen, schluffigen und feinsandigen Böden, außergewöhnlich stark zur Bodenerosion. In Mitteleuropa gehören dazu vor allem die Böden aus Lößlehm.

Bodenarten, Klassifizierungssystem für die Böden der Erde, die von den Bodenkundlern nach zwei verschiedenen Gesichtspunkten eingeordnet werden: zum einen nach ihren vorherrschenden Korngrößen – dann spricht man von Bodenarten, zum anderen nach ihren Horizonten, die gemeinsam ein charakteristisches Bodenprofil bilden und über die Entstehungsweise des Bodens Aufschluß geben – dann spricht man von Bodentypen. Welche Bodenarten und welche Bodentypen in einem bestimmten Gebiet vorkommen, hängt von mehreren Faktoren, in erster Linie aber vom Ausgangsgestein, von der jeweiligen Pflanzendecke und vom herrschenden Klima ab.

Bei der Korngrößenzusammensetzung kann man grob fünf Hauptbodenarten unterscheiden: 1. Skelettböden mit mehr als 75 % Skelettanteil (als Bodenskelett bezeichnet man die Korngrößen mit einem Durchmesser von mehr als 2 mm), unterteilt in Block-, Stein- und Grand-(Kies-, Grus-)böden. 2. Sandböden mit mehr als 50 % Sand (Durchmesser zwischen 2 und 0,063 mm), in Grob-, Mittel- und Feinsandböden sowie nach dem Anteil an Schluff und Ton in lehmige und schluffige Sandböden untergliedert. 3. Lehmböden sind Gemische aus Sand, Schluff und Ton (der Sandanteil liegt meist wenig über 50 %). 4. Schluffböden mit mehr als 50 % Schluff (Durchmesser zwischen 0,063 und 0,002 mm). 5. Tonböden mit mehr als 45 % Ton (Durchmesser unter 0,002 mm). Torfböden enthalten mehr als 30 % organische Substanz, und die Torfschicht ist mindestens 20 cm dick.

Schwere Böden wie Ton oder toniger Lehm haben meist auch andere ungünstige Eigenschaften: Sie neigen zu mangelnder Durchlüftung und stauender Nässe. Die leichten Böden sind dagegen oft trocken und nährstoffarm.

Jeder Klimazone der Erde können ein oder mehrere charakteristische Bodentypen zugeordnet werden. In dem feuchten und wechselfeuchten Klima der Tropen und Subtropen verwesen die pflanzlichen Reste sehr schnell; es entsteht deshalb meist nur wenig Dauerhumus. Hier sind Roterden und Rotlehme weit verbreitet. Die chemische Verwitterung ist in dieser Klimazone gleichfalls sehr intensiv. Alle leicht löslichen Substanzen werden ausgewaschen; die Böden bestehen vorwiegend aus Ton sowie Eisen- und Aluminiumverbindungen. Durch den hohen Eisenanteil sind die tropischen Böden meist leuchtend rot gefärbt.

Für das feuchtgemäßigte Klima Mitteleuropas sind die Braunerden typisch. Ihr namengebender Farbton geht auf den Gehalt an Brauneisen und anderen braun-schwarzen Mineralien zurück. In den Steppen und Prärien der mittleren Breiten nehmen die Schwarzerden große Flächen ein. Sie entstehen unter einem winterkalten, vergleichsweise trockenen Klima, bei dem der Abbau der Pflanzenreste und die Auswaschung der Nährstoffe durch die Kälte und Trockenheit verlangsamt wird. Sie kommen als Relikte einer trockneren Klimaperiode noch in den fruchtbaren Lößbörden Mitteleuropas vor.

Das eigentliche Verbreitungsgebiet der Podsolböden, auch als Bleichsande bekannt, ist der Nadelwaldgürtel der Taiga. Sie zeichnen sich durch einen hellgrauen A-Horizont und einen rostroten oder/und schwarzen B-Horizont aus, der oft durch Eisenminerale steinhart zu Ortstein verkrustet ist. Die Bleichung des Oberbodens wird durch starke organische Säuren verursacht, die sich in der Nadelstreu bilden. Sie waschen die färbenden Bodenbestandteile und die Pflanzennährstoffe bis auf geringe Reste aus dem Oberboden aus. Podsole gehören daher zu den unfruchtbarsten Böden der Erde. Die Podsole in Mitteleuropa haben sich vielfach aus Braunerden entwickelt, seitdem die natürlichen Laubwälder gerodet und durch Nadelholzforste und Heiden ersetzt worden sind.

In den Polargebieten, den Tundren und polaren Kältewüsten kommen neben Grundwasserböden und Mooren Rohböden und die charakteristischen Frostmusterböden vor, bei denen die gröberen und feineren Bodenpartikel nicht gleichmäßig miteinander vermischt sind, sondern nach der Größe sortiert. Die Steine bilden dabei in ebenem Gelände eigenartige Vieleck- und Kreismuster, auf Hängen Streifenformen. Ähnliche Bodentypen wie in den Polargebieten findet man auch in den Hochgebirgen der Erde oberhalb der Waldgrenze.

Die Trockenwüsten schließlich sind das Verbreitungsgebiet der graubraunen, flachgründigen Wüstenböden. Sie weisen an der Oberfläche häufig ein Schuttpflaster (eine Schicht aus Steinen oder Geröllen) auf, das durch Ausspülung oder Auswehung der feineren

---

Muttererde aus Abfall: ORGABO

Die braune Substanz in dem Einweckglas sieht aus wie gute Erde, riecht wie Erde, ist aber ein Gemisch aus zwei Abfallstoffen. Der Darmstädter Umweltschutzkoordinator Dr. Dieter Holtz hat es zusammengeschüttet. Sein Produkt mit dem Namen »ORGABO« – als Abkürzung für »organischer Boden« – könnte in Zukunft Gemeinden und Städten die Sorge nehmen, wohin der Schlamm aus den Kläranlagen soll. Aus den immensen Mengen dieses Rückstands der Abwasserreinigung entsteht zusammen mit Ölschieferschlacke nach der mittlerweile patentierten Darmstädter Erfindung eine nützliche Mixtur, die Pflanzen grünen und blühen läßt.

Besonders der kleinere Bestandteil von »ORGABO« bereitet Kommunalpolitikern nicht nur in Darmstadt oftmals Kopfzerbrechen: In vielen Gemeinden gibt es gar nicht genug Felder in der Umgebung, auf denen die Klärschlämme aus den städtischen Abwasserreinigungsanlagen verteilt werden könnten. Zudem sind viele Bauern gegenüber den vielerorts jahrelang mit reichlich Schwermetallen belasteten, aber auch humusreichen Schlämmen immer noch skeptisch, und die Klärschlammverordnung von 1982 erlaubt, nur begrenzte Mengen innerhalb eines Jahres auf einen Acker zu bringen. Teure Alternative ist deshalb oft, die Klärschlämme nach komplizierter Behandlung auf sowieso knappem Deponieraum zu lagern oder zu verbrennen.

»ORGABO« könnte nicht nur diesem Problem abhelfen, sondern zudem eine Alternative zu knappen Naturstoffen wie Mutterboden oder Torf sein. Das in der Patentschrift »Bodenverbesserer« genannte Mittel entspricht nämlich in seiner Zusammensetzung gutem Humusboden nach Vorbild des Waldes und hat seine Wirkung bereits in zwei Versuchsreihen des Landwirtschaftlichen Untersuchungsamtes in Kassel bewiesen. Dabei zeigte sich, daß die Erträge etwa bei Hafer auf reinem »ORGABO« nicht zu übertreffen sind und auf der Abfallmixtur noch ein Viertel mehr geerntet wird als auf ergiebigem Lehmboden. Auch der Raps gedeiht mit einem Drittel mehr gelben Blüten als sonst auf Sandboden.

Als die Prüfer außerdem herausfanden, daß sich in »ORGABO«-Gewächsen keine giftigen Schwermetalle wie etwa Kadmium, Blei oder Quecksilber anreichern, unternahm Darmstadt eigene Versuche. Auf einer Bodendeponie, die rekultiviert werden soll und früher nur mit großem Aufwand mickrige Bäume auf öder Steppe wachsen ließ, sprießt wieder üppiges Grün, gegen das die städtischen Rasenmäher kaum ankommen. Auch als Baumaterial für Straßenböschungen hat sich das Produkt unerwartet bewährt.

Da bei der synthetischen Erde das Vermögen, Wasser aufzunehmen, höher als bei Torf sei, könnte die Düngeerfindung, so Dr. Holtz, vielleicht gerade in extrem trockenen Regionen hilfreich sein.   (24)

Bodenbestandteile entstanden ist. An feuchteren Stellen in den Wüsten sind Alkali- und Salzböden verbreitet; manchmal ist die Bodenoberfläche von einer Salzkruste überzogen. Wasser steigt aus tieferen Bodenhorizonten kapillar zur Oberfläche auf, wo es verdunstet und die gelösten Salze sich als Kristalle ausscheiden.

Bodenatmung, der Gasaustausch zwischen Boden und Atmosphäre, der zum überwiegenden Teil durch Diffusionsvorgänge stattfindet. Der Partialdruck von Sauerstoff (O_2) und Kohlendioxid (CO_2) der Atmosphäre weicht von dem des Bodens ab. Der O_2-Partialdruck ist in der Atmosphäre größer als im Boden, dadurch findet ein Sauerstofftransport in den Boden statt. Demgegenüber ist der CO_2-Partialdruck im Boden größer, und CO_2 wird in die Atmosphäre abgegeben. Durch die Atmung der Pflanzenwurzeln und der Bodenorganismen wird O_2 verbraucht und CO_2 produziert. Der Anteil von O_2 und CO_2 in der Bodenluft ist abhängig von Bodenfeuchte und -temperatur sowie den Möglichkeiten des Gasaustausches mit der Atmosphäre. Hier spielen insbesondere Wassergehalt, Porengrößenverteilung und die Oberflächenrauhigkeit eine besondere Rolle. Bei den atmosphärischen Parametern gilt dies vor allem für die Windgeschwindigkeit.

Bodenbestandteile werden nach mineralischen und organischen Komponenten unterschieden. Die

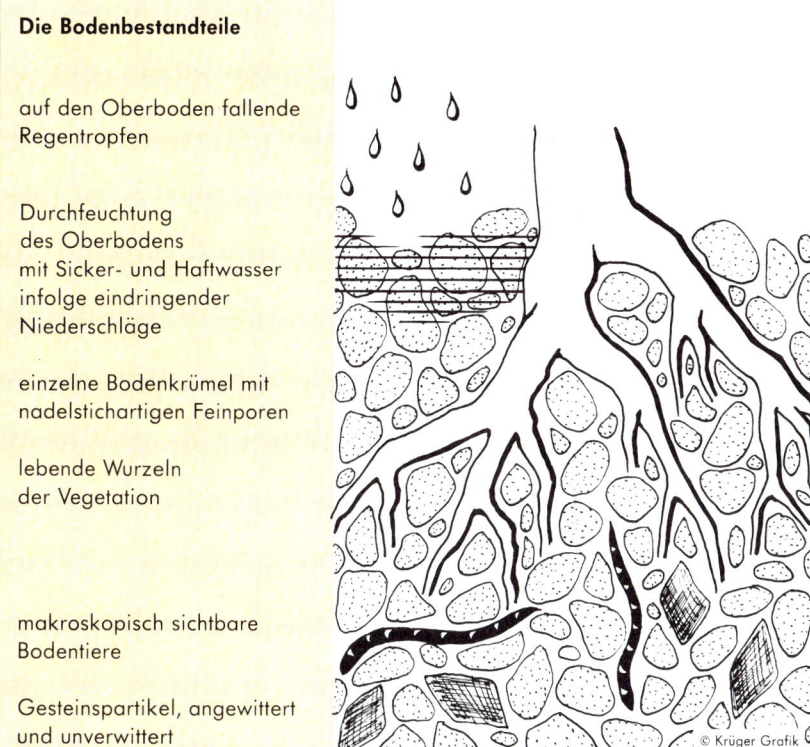

Die Bodenbestandteile

auf den Oberboden fallende Regentropfen

Durchfeuchtung des Oberbodens mit Sicker- und Haftwasser infolge eindringender Niederschläge

einzelne Bodenkrümel mit nadelstichartigen Feinporen

lebende Wurzeln der Vegetation

makroskopisch sichtbare Bodentiere

Gesteinspartikel, angewittert und unverwittert

© Krüger Grafik

mineralischen Bestandteile setzen sich aus den Gesteinen (Mineralgemenge) und den Primärmineralen zusammen. Die im Boden vorliegenden Primärminerale werden in erster Linie durch die Verwitterung des Ausgangssubstrates freigesetzt. Durch fortschreitende Verwitterung kann Mineralum- bzw. -neubildung stattfinden. Je nach dem Ausgangsgestein wird zwischen Sedimentgesteinen, Magmatiten und Metamorphiten unterschieden. Die organischen Bestandteile umfassen die lebende sowie abgestorbene Bodenfauna und -flora, die Pflanzenwurzeln und die auf dem Boden befindlichen abgestorbenen

pflanzlichen und tierischen Produkte. Die gesamte organische Substanz wird als Humus (lat.: feuchte, schwarze Erde) bezeichnet.

Bodenbewertung erfolgt auf der Grundlage des Ackerschätzungsrahmens. Die höchste Bodenzahl (100) haben die Schwarzerden der Hildesheimer Börde erhalten. Diese stellen die Bewertungsgrundlage für alle weiteren Ackerstandorte dar. Je nach Ausgangssubstrat, Verwitterungsgrad und Bodenart werden bei den anderen Böden Abstriche vorgenommen. Bedingt durch künstliche Standortverbesserungen der modernen Landwirtschaft (Düngung, Bewässerung, Dränung) haben die aufgrund natürlicher Gegebenheiten aufgestellten Bewertungen teilweise ihre Aussagekraft verloren.

Bodendichte bezeichnet das Verhältnis der Masse zu einem betrachteten Bodenvolumen. Andere Bezeichnungen sind Raumgewicht oder Volumengewicht, da die Dichte einschließlich der Porenräume bestimmt wird. Die Dichte der Festsubstanz bezeichnet demgegenüber die Dichte der mineralischen und organischen Substanz ohne Porenvolumen. Die Bodendichte hat z. B. Auswirkungen auf die Durchwurzelbarkeit und die Wasserwegsamkeit eines Bodens.

Bodendünger → Bodenverbesserungsmittel

Bodenentstehung. Der Boden ist ein Ausschnitt aus der obersten Erdrinde. Er reicht von der Streu, der Schicht aus abgestorbenen Pflanzenresten, bis zum unveränderten Gestein. In diesem Bereich, in dem sich die feste Erdkruste, die Luft- und die Wasserhülle der Erde durchdringen, verwittern die Gesteine. Sie zerfallen unter dem Einfluß der Witterung in kleinere Bruchstücke und lösen sich in Wasser und organischen Säuren in ihre chemischen Grundbestandteile auf. Aus den Zerfallsprodukten der mechanischen und der chemischen Verwitterung bilden sich neue, für den Boden typische Minerale, wie die Tonminerale oder verschiedene Eisenminerale. Die Böden sind also nicht allein das Ergebnis der Gesteinsverwitterung, die Mineralneubildung spielt bei ihrer Entstehung eine ebenso wichtige Rolle. Zerfall und Neuaufbau stehen sich auch bei den organischen Bestandteilen des Bodens gegenüber: Die Reste von Pflanzen und Tieren werden im Boden durch die Verwesung in ihre chemischen Grundbausteine zersetzt, gleichzeitig entstehen bei der Humusbildung durch komplizierte chemische Vorgänge aber auch neue organische Substanzen, die Huminstoffe. Schließlich gehören zur Entstehung der Böden die Verlagerung und Verteilung der mineralischen und organischen Stoffe in der obersten Zone der Erdrinde, wodurch sich ein von der ursprünglichen Gesteinsstruktur unabhängiges Bodengefüge und eine für den jeweiligen Boden typische Gliederung in sog. Horizonte bildet, die annähernd parallel zur Bodenoberfläche verlaufen.

Das Bodenprofil, ein vertikaler Schnitt durch den Boden, zeigt die verschiedenen Bodenhorizonte. Sie werden mit bestimmten Buchstaben- und Zahlensymbolen gekennzeichnet. Das unverwitterte Ausgangsgestein, der Untergrund, ist der C-Horizont. Darüber liegt der B-Horizont oder Unterboden. Er unterscheidet sich vom Ausgangsgestein durch seine meist braune oder rote, seltener dunkelgraue bis schwarze Farbe, die auf die Ablagerung von Mineral- und Huminstoffen aus dem Sickerwasserstrom zurückgeht. Der B-Horizont ist oft schon dicht durchwurzelt. Unmittelbar an der Erdoberfläche liegt der A-Horizont oder Oberboden. Er ist durch Humus graubraun bis schwarz gefärbt und besteht im allgemeinen überwiegend aus feinkörnigem Bodenmaterial. In diesem Bodenhorizont sind die Verwitterung und die anderen bodenbildenden Prozesse besonders intensiv. In den obersten Zentimetern des Bodenprofils leben auch die meisten Bodenlebewesen, oft in erstaunlich großen Zahlen. So wurde zum Beispiel für die oberen 15 cm eines Ackerbodens mittlerer Qualität in der gemäßigten Klimazone ein Gesamtgewicht an Bodenlebewesen von 25 000 kg/ha ermittelt. Daran waren die Regenwürmer mit einem Gewichtsanteil von 15 % und die mikroskopisch kleinen Bodenpflanzen mit 80 % beteiligt. Ein Gramm des untersuchten Bodens enthielt annähernd 100 Millionen Bakterien. In Grünlandböden, in denen sich die Bodenlebewelt ungestört entwickeln kann, ist die Zahl der Bodenlebewesen oft noch beträchtlich größer.

Bei manchen Böden fehlt der B-Horizont, bei ihnen liegt der A-Horizont direkt auf dem Ausgangsgestein. Andere Böden sind wiederum so stark durch einen bestimmten Faktor geprägt, daß sie sich nicht in das übliche Horizontschema einordnen lassen, beispielsweise die Stauwasserböden oder die Grundwasserböden, deren Horizonte mit einem S bzw. mit einem G gekennzeichnet werden. Der A-Horizont ist jedoch bei nahezu allen Böden entwikkelt; er kann bei sehr jungen Böden 1 cm, bei den Schwarzerden aber auch mehr als 100 cm dick sein. In der Regel sind die Böden mit einem besonders dikken A-Horizont auch besonders ertragreich, denn der im Oberboden reichlich enthaltene Humus speichert die Nährstoffe und verhindert so, daß die lebensnotwendigen Pflanzennährelemente (wie Stickstoff, Phosphor, Kalium und Schwefel) vom Sickerwasser ausgewaschen werden. Eine ähnliche Aufgabe erfüllen die feinkörnigen Tonminerale. Sie werden von den Bodenlebewesen (vor allem Regenwürmern) mit den organischen Bestandteilen vermischt und verklebt.

Bodenerosion, Bodenabtrag durch fließendes Wasser (Bodenabspülung) oder Wind (Bodenverwehung), als natürlicher Vorgang vorwiegend auf Wüsten und Halbwüsten beschränkt, darüber hinaus durch falsche Bodennutzung, Überweidung und Waldvernichtung heute in allen Landschaftszonen und Erdteilen verbreitet. Die Bodenerosion durch Wasser und Wind ist überall wirksam, wo der Mensch die natürliche Pflanzendecke des Bodens ganz oder teilweise beseitigt hat. In der Bundesrepublik Deutschland sind vor allem die fruchtbaren Lößgebiete von der Bodenabspülung bei

Starkregen oder bei der Schneeschmelze betroffen, wo die Erosion schon seit mehreren tausend Jahren wirksam ist und dabei den Boden metertief abgetragen hat. Im Lößgebiet des südwestlichen Harzvorlandes ist z. B. an den Hängen eine im Durchschnitt fast 2,5 m dicke Bodenschicht abgetragen worden, an vielen Stellen hat die Bodenerosion den Boden auch ganz beseitigt. Durchschnittlich wurden in diesem Gebiet auf den Hängen in den letzten Jahrhunderten jährlich 48 Tonnen Boden pro Hektar abgetragen; insgesamt sind nahezu 500 Millionen Kubikmeter Bodenmaterial umgelagert worden. Die Bodenerosion reicht in dieser Region bis in das 5. Jahrtausend v. Chr. zurück, als sich dort zum erstenmal Bauern niederließen. Bis in die römische Kaiserzeit hinein wurde der Boden allerdings nur auf kleinen Flächen umgelagert, anschließend breitete sich sogar der Wald wieder für einige Jahrhunderte auf dem Ackerland aus. Die fränkische Staatskolonisation im frühen Mittelalter ließ die Bodenerosion dann wieder aufleben. Außergewöhnlich stark war sie im späten Mittelalter, im 14. und 15. Jahrhundert. Wie in den heutigen von der Bodenerosion verwüsteten Badlands Amerikas bildeten sich damals in den Feldern über 10 m tiefe Schluchten; ebenso verheerende Folgen hatte die Bodenerosion des 18./19. Jahrhunderts. Heute sind die Schäden durch die

»schleichende Bodenerosion« jedoch kaum geringer, nicht zuletzt weil mit dem abgespülten Bodenmaterial auch viel Mineraldünger in die Gewässer gelangt und diese übermäßig stark mit Nährstoffen belastet.

Bodenfarbe ist oft erstes Kriterium zur Unterscheidung einzelner Bodenhorizonte. Sie ermöglicht Aussagen zur Bodengenese, bedingt durch oft charakteristische Farben für bestimmte Bodenprozesse (Tonverlagerung, Oxidation von Eisen- und Mangan-Verbindungen). Die Kennzeichnung der Bodenfarbe erfolgt nach der MUNSELL-Farbtafel durch die Bestimmung der Farbe (Hue), der Helligkeit (Value) und der Intensität (Chroma). Die Farben werden durch eine Buchstaben- und Zahlenkombination ausgedrückt. Organische Substanzen bedingen dunkelbraune und schwarze Farbtöne, Eisen-Verbindungen gelbliche, braune, rote und schwarze Farbtöne, Mangan braune und schwarze, in reduzierendem Milieu auch blaue und grünliche Farben.

Bodenfauna, die »Tierwelt« des Bodens, die nach der Größe der Organismen in eine Mikrofauna ($< 0,1$ mm), eine Mesofauna ($0,1–1$ mm) und eine Makrofauna (> 1 mm) unterteilt wird. Die Mikrofauna setzt sich aus Protozoen (Einzellern) und den Nematoden (Fadenwürmern) zusammen. Arthropoden (Gliederfüßer) und Enchytraeiden (Borstenwürmer) wer-

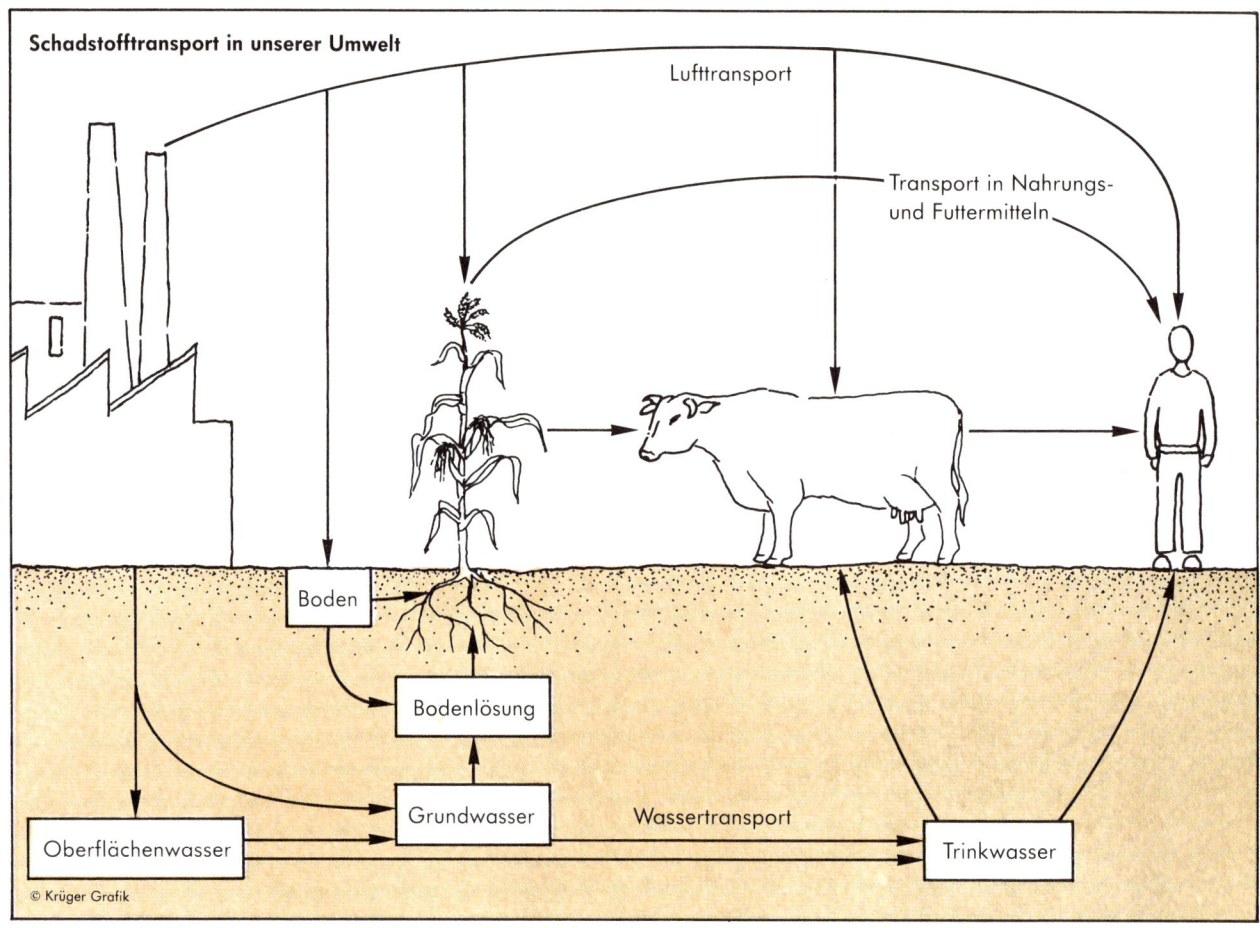

Schadstofftransport in unserer Umwelt

Lufttransport

Transport in Nahrungs- und Futtermitteln

Boden

Bodenlösung

Grundwasser

Wassertransport

Oberflächenwasser

Trinkwasser

© Krüger Grafik

den der Mesofauna zugerechnet. Die Makrofauna wird von Arthropoden, Gastropoden (Schnecken) und den Lumbriciden (Regenwürmern) gebildet. Die Lebensbedingungen der Bodenfauna sind abhängig von Standorteigenschaften wie z. B. Porenvolumen, Luft- und Wasserhaushalt, pH-Wert etc. Die Artenzusammensetzung der Bodenfauna kennzeichnet ihre Lebensbedingungen, ihre Bedeutung liegt in der mechanischen und chemischen Aufbereitung organischer Substanz sowie in der

Durchlüftung und Lockerung des Bodens (Regenwürmer).

Bodenfließen, langsame Verlagerung von Bodenmaterial und lockeren Gesteinen an Hängen, auch als Solifluktion (lat. *solum* = Boden; *fluere* = fließen) bezeichnet. Formen des Bodenfließens (Fließzungen, Fließwülste, Blockströme u. a.) sind besonders häufig im Auftauboden über dem Dauerfrostboden in der polaren Klimazone zu beobachten, kommen aber auch in anderen Klimazonen vor, hauptsächlich bei wasser-

durchtränkten tonigen Böden und Gesteinen.

Bodenflora ist entscheidend für die Lebensgemeinschaft des Edaphons (= Gesamtheit der Bodenorganismen), insbesondere was die Umwandlung und den Abbau organischer Substanz anbelangt. Zur Bodenflora gehören Bakterien, Actinomyceten (Strahlenpilze), Pilze und Algen. Die Bakterien stellen die wichtigste Einzelgruppe der Bodenflora, da sich gerade in dieser Gruppe eine hohe Anzahl von Spezialisten gebildet hat, die die mineralischen und organischen Stoffumsetzungen besorgen (z. B. nitrifizierende Bakterien, Eisenbakterien etc.).

Bodenfruchtbarkeit, die Fähigkeit des Bodens, Frucht zu tragen, d. h. in seiner natürlichen Umgebung Pflanzenerträge hervorzubringen. Sie beruht auf verschiedenen Eigenschaften (u. a. Bodenart, Bodenreaktion, Nährstoff- und Humusgehalt) und wird am Ertrag gemessen. Fruchtbare Böden liefern hohe Erträge bei geringen Ertragsschwankungen.

Bodengare, optimaler Zustand eines Bodens für die Bearbeitung. Besondere Bedeutung hat die Bodengare bei der Bearbeitung stark toniger Substrate (Minutenböden). Die sog. Frostgare stellt in der Regel bei stark bindigen Böden die einzige Möglichkeit dar, zu einem feinaggregierten Saatbett zu kommen. Bei der Frostgare findet durch die Bildung von Eiskristallen und die Entwässerung der sie umgebenden Bereiche eine Stabilisierung und Neubildung von Bodenaggregaten statt. Eine Aggregatneubildung ist in verschiedenen Fällen auch nur durch eine Austrocknung (ohne Frosteinwirkung) möglich. Die Bodengare kennzeichnet somit den Zeitpunkt der optimalen Gefügebildung.

Bodengefüge (auch Bodenstruktur) beschreibt die räumliche Anordnung der festen Bodenteilchen untereinander. Die Genese des Bodengefüges ist abhängig von den bodenbildenden Prozessen,

vom Ausgangssubstrat und vom Wasserhaushalt. Durch die Profildifferenzierungen lassen sich meist horizontspezifische Gefügemerkmale ausgliedern. Neben die Beschreibung der Festsubstanz tritt zusätzlich die Beschreibung des Porenraumes. Man unterscheidet zwischen vier Gefügeformen, dem Elementar- oder Einzelkorngefüge, dem Kohärent- oder Hüllengefüge, dem Aggregat- oder Aufbaugefüge sowie dem Segregat- oder Absonderungsgefüge. Beim Elementargefüge liegen die Bodenpartikel isoliert vor, bei den anderen Gefügeformen ist ein mehr oder weniger starker Zusammenhalt der Primärpartikel gegeben. Für den Zusammenhalt der Bodenpartikel sind die Ton- und Humuskolloide und Metallverbindungen (Kittsubstanz) verantwortlich. Die Agglomerationen weisen je nach ihrer Entstehung und den aktuellen Prozessen eine charakteristische räumliche Form auf, so z. B. Polyeder-, Prismen-, Krümelgefüge.

Bodengesellschaften zeigen die räumliche Anordnung und Verknüpfung unterschiedlicher bzw. gleicher Bodentypen in einem definierten Landschaftsausschnitt. Die Darstellungen können sich auf Flächen oder auf horizontale Schnitte (z. B. Hangsequenzen, sog. Catenen) beziehen. Die Einteilung erfolgt nach Bodeneinheiten, Bodenbezirken, Bodengebieten, Bodenprovinzen, Bodenregionen und Bodenzonen. Grundlage

dieser Gliederung ist die Größe des betrachteten Landschaftsausschnittes. Die Bodeneinheit stellt den räumlich kleinsten Ausschnitt dar, die Bodenzonen entsprechen in etwa den Klima- und Vegetationszonen der Erde. Bodengesellschaften verdeutlichen die Abhängigkeit der Bodentypen vom Klima und der Topographie und erlauben somit indirekt Rückschlüsse auf Ausgangssubstrate, Bodenwasserhaushalt etc. Die flächige Darstellung von Bodengesellschaften erfolgt in den Bodenkarten (meist im Maßstab 1:25 000 bis 1:100 000).

Bodenhorizont, Zone innerhalb eines Bodenprofils, die sich durch gleichartige, charakteristische Merkmale von den an sie angrenzenden Bereichen unterscheidet. Die Ausprägung eines Horizontes wird durch die Bodengenese festgelegt. Die Horizontabfolge kennzeichnet den Bodentyp. Haupthorizonte werden mit großen Buchstaben (z. B. A, B, C, G, S) bezeichnet. Die genauere Horizontbeschreibung erfolgt durch indizierende Kleinbuchstaben (z. B. G_o). Horizonte, die mehrere dominierende Merkmale aufweisen, werden durch Buchstabenkombinationen dargestellt.

Bodenimpfung, Einbringen von bestimmten Mikroorganismen (Bakterien und Pilze) in den Boden, die die abgestorbenen Pflanzenreste abbauen, neue Humusstoffe im Boden bilden, Nährstoffe freisetzen und im Boden binden.

Dazu gehören z. B. die Azotobacter, Bakterien, die Stickstoff im Wurzelraum der Pflanzen ansammeln. Die Bodenimpfung ist vor allem bei stark sauren Gartenböden mit verarmtem Bodenleben zweckmäßig.

Bodenkarte, Darstellung der regionalen Verbreitung von Bodentypen und deren Vergesellschaftung. Bodenkarten dienen u. a. als Planungsgrundlage und erlauben (bei großen Maßstäben und detaillierter Aufnahme) die indirekte Bestimmung praxisrelevanter Parameter wie z. B. Erosionsgefährdung, Grundwasserneubildungsraten, Meliorationsbedürftigkeit. Sie werden im allgemeinen von den Geologischen Landesämtern herausgegeben.

Bodenklassen, Klassifikation in der Bodenmechanik nach bodenphysikalischen Parametern. Die Klassifikation beinhaltet die Korngrößenverteilung <60 mm, die Plastizitätseigenschaften und den Gehalt an organischer Substanz (Einfluß auf Plastizität). Eine Aufsplittung in der Klasse der feinkörnigen Böden erfolgt nach den Plastizitätseigenschaften, in der Gruppe der grob- und mittelkörnigen Böden dagegen nach Korngrößenkennwerten. Diese Bodenklassifizierung berücksichtigt ausschließlich die für Baumaßnahmen relevanten Bodeneigenschaften und ist für eine genetisch oder agrarisch orientierte Bodenansprache ungeeignet.

Bodenklassifikation nach Geofaktoren (Zonalitätengliederung), nach den Merkmalen oder den pedogenetischen Prozessen. Die Zonalitätengliederung unterscheidet nach zonalen Bodentypen (Klima und Vegetation als bestimmende Faktoren), intrazonalen Böden (Abhängigkeit von Relief und Gestein) und azonalen Böden (Rohböden, Kolluvien). Dieser Gliederung bedient sich u. a. das System der Landwirtschafts- und Ernährungsorganisation der UNO (FAO). Zu den Merkmalsklassifikationen gehört die amerikanische »Soil Taxonomy (7th Approximation)«, die eine Klassifikation ausschließlich nach bodeneigenen Charakteristiken vornimmt. Die in der BRD benutzte Klassifikation unterscheidet vier Abteilungen: terrestrische (11 Klassen), hydromorphe (6), subhydrische (Unterwasser-)Böden (4 Typen) und Moore (3). Weitere Untergliederung nach Subtypen, Varietäten, Subvarietäten. Klassifikation basiert auf zonalen, merkmalsspezifischen und genetischen Gesichtspunkten.

Bodenklima wird durch Bodentemperatur, Wasser- und Lufthaushalt bestimmt. Es ist verantwortlich für den Wasserdampftransport im Boden und an die Bodenoberfläche (vgl. Bodenverdunstung). Die Bodentemperatur hat entscheidenden Einfluß auf die Stoff-

Bodenklassen	Eigenschaften	(nach P. Göbel, 1984)
1 Oberboden (Mutterboden)	Oberste Bodenschichten, die neben anorganischen Stoffen (Kies-, Schluff-, Tongemische) Humus und Bodenbakterien enthalten.	
2 Fließende Bodenarten	Bodenarten mit hohem Wassergehalt von breiiger bis fließender Beschaffenheit, die Wasser beim Lösen schwer abgeben. Feinsand, Schluff, Ton, Torf, Faulschlamm.	
3 Leicht lösbare Bodenarten	Nichtbindige bis schwachbindige Sande, Kiese, Sand-Kiesgemische mit Schluff- und Tonbeimengungen, geringer bis mittlerer Steingehalt.	
4 Mittelschwer lösbare Bodenarten	Sand-, Kies-, Schluff-, Tongemische. Bindige Bodenarten von leichter bis mittlerer Plastizität, geringer bis mittlerer Steingehalt.	
5 Schwer lösbare Bodenarten	Nichtbindige bis bindige Bodenarten, mittlerer bis hoher Steingehalt. Steife bis sehr feste plastische Tone.	
6 Leicht lösbarer Fels und vergleichbare Bodenarten	Stark klüftige, brüchige, bröckelige, schiefrige, weiche oder verwitterte Felsarten mit einem inneren Zusammenhalt. Nichtbindige bis bindige, chemisch verfestigte Bodenarten mit hohem Steingehalt.	
7 Schwer lösbarer Fels	Nur wenig klüftige oder verwitterte Felsarten mit hoher Gefügefestigkeit und innerem, mineralisch gebundenem Zusammenhalt.	

umsetzungen im Boden, insbesondere auf die Zersetzungsgeschwindigkeit organischer Substanz und auf die Kalklösung. Der Partialdruck von Gasen der Bodenluft hängt u. a. von der Bodentemperatur und den Feucht- und Trockenphasen des Bodens ab.

Bodenkolloide (lat.: *kolla* = Leim) liegen als mineralische (Ton, Oxide, Hydroxide) und als organische Kolloide vor. Kolloide haben die Eigenschaft der Koagulation (Flockung) und der Peptisation (Suspension). Bodenkolloide sind durch den Sol- (peptisiert) oder Gel-Zustand (geflockt = Zusammenballung der Kolloide) gekennzeichnet, sind in der Regel negativ geladen und übernehmen die Austauscherfunktion. Ferner ermöglichen sie überhaupt erst eine Reihe von bodenbildenden Prozessen wie z. B. die Tonverlagerung.

Bodenkonsistenz, Art des Zusammenhalts von Bodenpartikeln untereinander unter gegebenen aktuellen Bodenfeuchteverhältnissen. Man unterscheidet zwischen fest, plastisch und zähflüssig. Bodenkonsistenz ist ein Maß für den Widerstand, den der Boden einer mechanischen Beanspruchung entgegensetzt (z. B. Abscherung). Die Konsistenzgrenzen werden durch die Ausroll- und Fließgrenze bestimmt. Die Bodenkonsistenz ist in erster Linie abhängig vom Ton-, Humus- und Wassergehalt eines Bodens. Die Bestimmung der Bodenkonsistenz liefert Hin-

weise für Meliorationen, Bodenbearbeitung, Baumaßnahmen etc.

Bodenkorrosion, allmähliche Zerstörung von metallischen und nichtmetallischen Werkstoffen (z. B. bei Rohrleitungen) im Erdboden durch elektrochemische Vorgänge. Starke Korrosionsschäden treten in künstlich aufgeschütteten Böden sowie in Moor-, Marsch- und Auenböden auf, während trockene, humusarme Sandböden und Kalkböden Metalle nur wenig angreifen.

Bodenkriechen, sehr langsame, hangabwärts gerichtete Verlagerung des Bodens (Bodenversatz), ausgelöst durch den Frostwechsel oder – bei tonigen Böden – durch den Wechsel von Quellung und Schrumpfung. Dabei bewegen sich die einzelnen Bodenpartikel in einem zickzack-förmigen Bewegungsablauf in Richtung des Hanggefälles.

Bodenkrume bezeichnet den obersten, humosen Bereich eines Bodens; sie entspricht in etwa der Bezeichnung A_h- bzw. A_p-Horizont. Die Krume ist der Bereich, der bei der Bearbeitung ständige Veränderungen erfährt, so findet durch fortschreitende Bodennutzung eine Degradierung der Krume statt (z. B. verstärkter Humusabbau). In der Bodenkrume ist der überwiegende Teil des Edaphons anzutreffen.

Bodenluft ist auf die wasserfreien Poren beschränkt. Das Luftvolumen ist somit abhängig vom aktuellen Wassergehalt. Sowohl die

absolute Menge als auch die Zusammensetzung der Bodenluft sind jahreszeitlichen Schwankungen ausgesetzt. O_2 und CO_2 zeigen oft typische Ganglinien, bedingt durch wechselnde CO_2-Produktion der Mikroorganismen. Die relative Luftfeuchtigkeit in den Bodenporen liegt in der Regel über 95 % und ist somit in den meisten Fällen größer als in den bodennahen Luftschichten.

Bodenmelioration, Verbesserung des aktuellen Bodenzustands durch spezielle Bearbeitungsmaßnahmen. Zu den Meliorationsmaßnahmen gehören die Bodenlockerung, die Düngung (Meliorationsdüngung) – sofern sie eine Gefügestabilisierung bewirkt – und die Dränung. Die Gefügemelioration hat die Aufgabe, eine ausgewogene Porengrößenverteilung (Schaffung von Grob- und Mittelporen) herzustellen. Die Melioration wird hauptsächlich bei dichten tonigen Substraten angewandt. Die Homogenisierung von Bodenprofilen (Tiefumbruch) und damit die Schaffung gleichmäßiger Körnungsartenverteilungen und die Bereitstellung von Nährstoffen aus dem Untergrund gehören wie die Beseitigung von Pflughorizonten ebenfalls zu den Meliorationsmaßnahmen.

Bodenminerale, die als Primär- und Sekundärpartikel vorliegenden mineralischen Bodenbestandteile. Minerale bestehen aus chemischen Elementen oder Verbindungen chemischer Elemente. Primärminerale liegen in erster Linie in der Korngrößenfraktion Schluff und Sand vor. In der Tonfraktion finden sich meist Um- und Neubildungen primärer Minerale. Die Mineralverteilung in den einzelnen Korngrößenklassen hängt u. a. von deren Verwitterungsstabilität ab. Man unterscheidet die Minerale nach Nichtsilikaten (z. B. Metalloxide und -hydroxide) und Silikaten (Unterteilung nach der Gerüststruktur). Silikate sind die am häufigsten auftretenden mineralischen Bestandteile der Erdkruste. Die Ursache von Mineralneubildungen liegt in der physikalischen (mechanischen) und chemischen Verwitterung der Ausgangsminerale, die Bedeutung der Minerale im Bereich der Nährstofflieferung und des Ionenaustausches.

Bodenmüdigkeit, volkstümliche Bezeichnung für einen deutlichen Ertragsrückgang, der eintritt, wenn Kulturpflanzen ohne Fruchtwechsel zu häufig an einem Standort angebaut werden. Die Bodenmüdigkeit kann auf den Mangel an bestimmten Nährstoffen zurückgehen, der durch den einseitigen Entzug von Nährstoffen bei gehäuftem Anbau einer Kulturpflanze verursacht wird. Eine andere Ursache ist die Anreicherung des Bodens mit besonderen Pflanzensubstanzen oder deren Abbauprodukten, die Keimung und späteres Wachstum der Pflanzen als sog. Hemmstoffe beeinträchtigen.

Bodenporen, geschlossene oder netzartig verknüpfte Hohlräume im Boden. Das Porenvolumen (Hohlraumvolumen) eines Bodens wird nach den unterschiedlichen Porengrößen differenziert. Gesamtporenvolumen sowie die Größe und Gestalt der Poren sind abhängig von Ausgangssubstrat, Bodengenese und der Bodenbearbeitung. Grobporen besitzen einen Durchmesser von mehr als 0,01 mm, Poren zwischen 0,01 und 0,05 mm werden als langsam, solche mit einem Durchmesser über 0,05 mm als schnell dränend bezeichnet. Die Mittelporen (0,002–0,01 mm) besitzen pflanzenverfügbares Haftwasser oder können, wie die Grobporen, mit Luft gefüllt sein. Feinporen (<0,002 mm) enthalten Haftwasser, das nicht mehr pflanzenverfügbar ist (hohe Bindungskräfte zwischen Wassermolekülen und Bodenpartikeln).
Nur in seltenen Fällen sind Feinporen luftgefüllt (nach besonders starker Austrocknung). Die Porengrößen lassen sich auch durch die in ihnen herrschenden Saugspannungen (pF-Wert) charakterisieren.

Bodenprofil, der vertikale, zweidimensionale Schnitt durch eine Abfolge von Bodenhorizonten. Die Beschreibung des Bodenprofils gibt Aufschluß über die einzelnen Horizontmerkmale und deren räumliche Verteilung. Aus der Horizontabfolge wird auf den Bodentyp geschlossen.

Bodenskelett, Bezeichnung für die Korngrößen mit einem Durchmesser von mehr als 2 mm (vgl.

Bodenarten). Je nach der Kornform werden diese groben Bestandteile als Kies (gerundet) oder als Steine (eckig – kantig) ausgewiesen. Skelettanteil und Kornform sind abhängig vom Ablagerungsmilieu des Ausgangssediments. Die Skelettanteile werden entweder nach Volumenprozent oder nach Gewichtsprozent bestimmt. Man unterscheidet sechs Klassen, die vom reinen Skelettboden (75 Vol. %) bis zu einem schwach kiesigen (steinigen) Boden (1 Vol. %) reichen.

Bodentypen   →Bodenarten

Bodenverbesserungsmittel (Bodendünger), natürliche oder künstliche Stoffe, die in den Boden eingearbeitet oder auf der Bodenoberfläche ausgebracht werden, um die Eigenschaften des Bodens nachhaltig zu verbessern. Die wichtigste Aufgabe der Bodenverbesserungsmittel besteht in der Verbesserung des Bodengefüges, daneben sind auch die Erhöhung der Nährstoffspeicherfähigkeit und der Erosionsschutz wichtig. Zu den Bodenverbesserungsmitteln gehören u. a. verschiedene synthetische Produkte (z. B. Styromull und Hygromull), Torf, Lavaschlacke und Ton.

Bodenverdunstung, Wasserdampftransport an der Bodenoberfläche, dem eine größere Bedeutung als dem im Boden zukommt. Die Verdunstung von der Bodenoberfläche (Evaporation) hat ihre Ursachen in der Energiezufuhr durch die Sonneneinstrahlung (Übergang des Wassers in die Dampfphase), im Wasserdampfdruckunterschied zwischen der Bodenluft und der Atmosphäre und in den bodennahen Luftbewegungen. Die Verdunstungsverluste werden durch Wassernachlieferung aus dem Unterboden kompensiert. Bei hohen Verdunstungsraten muß immer mehr Wasser nachgeliefert werden, und die Potentialgradienten steigen. Wird die Nachlieferung durch starke Herabsetzung der Wasserleitfähigkeit unterbrochen, trocknet die oberflächennahe Bodenschicht aus, eine plötzliche Abnahme der Evaporation ist die Folge (besonders bei Sandböden stark ausgeprägt).

Bodenversalzung macht Böden als Acker- und Weideland unbrauchbar. Sie kommt praktisch in allen Trockengebieten der Erde vor, in denen die Felder wegen zu geringer Niederschläge künstlich bewässert werden müssen. Bei unsachgemäßer Bewässerung steigt das Bewässerungswasser in den feinen Haarröhrchen im Boden zur Bodenoberfläche empor, wo das Wasser in der trockenen Luft rasch verdunstet und die im Wasser gelösten Salze sich als Salzkristalle ausscheiden. Auf diese Weise können sich auch in Gebieten mit salzarmem Wasser Salzanreicherungen im Boden und Salzkrusten auf der Bodenoberfläche bilden, durch die der Boden selbst für Pflanzen mit hoher Salzverträglichkeit als Standort unbrauch-

bar wird. Die Gefahr der Bodenversalzung ist um so größer, je höher die Verdunstung und der Salzgehalt im Bewässerungswasser sind.

Daneben spielen aber auch die Bodenart und die Tiefe des Grundwasserspiegels entscheidende Rollen. Je näher der Grundwasserspiegel an der Bodenoberfläche liegt, um so geringer ist der Weg, den das Wasser entgegen der Schwerkraft bis zur Bodenoberfläche zurücklegen muß. Aus diesem Grund sollte der Grundwasserspiegel unter bewässerten Feldern mindestens einen Meter unter der Bodenoberfläche liegen. Bei lehmigen, schluffigen und feinsandigen Böden, in denen das Wasser besonders hoch und rasch aufsteigt, muß dieser Sicherheitsabstand auf zwei bis drei Meter vergrößert werden. Die Entwässerung der Böden ist deshalb in Trockengebieten genauso wichtig wie die Bewässerung, auch wenn dies auf den ersten Blick widersprüchlich erscheint. Außerdem sollte der Boden von Zeit zu Zeit reichlich bewässert werden, um mit dem Sickerwasserstrom im Boden abgelagertes Salz wieder auszuwaschen.

Bodenversauerung, das Absinken des pH-Wertes eines Bodens. Der Ausgangs-pH-Wert wird durch den Anteil der basisch wirkenden Kationen bestimmt. Ursache der Versauerung ist die Produktion von H^+ und Al^{3+}-Ionen. Die H-Ionen entstammen den durch die

Pflanzen produzierten Säuren (z. B. CO_2) in Verbindung mit der Reaktion der Bodenlösung bei fehlendem Pufferungsvermögen oder gehemmtem Gasaustausch. Als Puffersysteme wirken die im Boden vorhandenen Austauscher. Auch die Oxidation von Schwefelverbindungen (z. B. Pyrit) in grundwasserbeeinflußten Böden (durch Belüftung) kann ein starkes Absinken des pH-Wertes zur Folge haben. Durch den Einsatz einiger Dünger (Superphosphat etc.) wird der pH-Wert ebenfalls herabgesetzt. Besondere Bedeutung kommt auch den aus der Atmosphäre stammenden Säuren (vor allem SO_2, CO_2) zu, die entweder mit den Niederschlägen in den Boden gelangen oder als Trockendeposition die Oberfläche erreichen. Bei starker Versauerung ($< pH4$) gelangen vermehrte Al^{3+}-Ionen in die Bodenlösung, die in höheren Konzentrationen schädlich auf die Pflanzen einwirken.

Bodenwasser entstammt den Niederschlägen, der Kondensation von Wasserdampf aus der Atmosphäre sowie dem Grundwasser. Der Wassergehalt eines Bodens ist derjenige, der bei einer Trocknung von 105 °C entfernt werden kann. Unterschieden wird zwischen dem freibeweglichen Sickerwasser und dem Haftwasser. Im Bereich wasserstauender Schichten können sich Grundwasserkörper (ganzjährig vorhanden mit schwankender Grundwasser-Oberfläche) oder das nur zeitweise vorhandene Stauwasser bilden. Wasserverluste treten auf durch in den Untergrund abfließende Sickerwässer, durch die Evaporation sowie durch den Wasserentzug durch Pflanzen.

Brackmarschen, Böden aus Sedimenten, die in der Brackwasserzone der Flußmündungen abgelagert wurden. Sie liegen im Schwankungsbereich des Grundwasserspiegels und zeichnen sich durch einen großen Anteil von Ton aus, vor allem im sog. Knickhorizont, der sehr dicht gelagert ist. Brackmarschen haben als schwere, stark vernäßte Böden ungünstige Eigenschaften und eignen sich meist nur für die Nutzung als Grünland.

Braunerden bilden sich unter warmgemäßigtem, feuchten Klima auf einer Vielzahl von Gesteinen und gelten als die charakteristischen Bodentypen Mitteleuropas. Ihr Kennzeichen ist der in unterschiedlichen Brauntönen (hell- bis dunkelbraun, manchmal auch rotbraun) gefärbte Unterboden, der allmählich in den graubraunen Oberboden übergeht. Je nach dem Ausgangsgestein schwankt die Ertragsfähigkeit der Braunerden beträchtlich: Sie ist am größten bei nährstoffreichen Braunerden aus Basalt, am geringsten bei nährstoffarmen Braunerden aus Quarzsanden und Quarziten.

Bunkerde, bei Hochmooren die oberste, von Wurzeln der heutigen Pflanzendecke durchzogene Torfschicht. Die etwa 50 cm dicke Schicht wird bei bestimmten Verfahren der Moorkultivierung abgetragen und dann mit Sand vermischt wieder auf den abgetorften Flächen ausgebracht.

Catena, ein von den Landschaftsformen abhängiges Verteilungsmuster der Böden, bei dem die verschiedenen Bodentypen in regelmäßiger Abfolge wie die Glieder einer Kette (span.: *catena* = Kette) auf ganz bestimmten Formelementen (auf der Talsohle, den Hängen, den Bergkuppen etc.) vorkommen. Der Begriff wurde bei Bodenkartierungen im tropischen Afrika geprägt, wo in regelmäßigem Wechsel auf den Hängen Rotlehme und in den Ebenen schwarze Vertisole verbreitet sind; entsprechende Verbreitungsmuster findet man aber auch in anderen Klimazonen.

Chemische Verwitterung, Umwandlung der Gesteine, hauptsächlich durch Wasser, Kohlendioxid, Sauerstoff und verschiedene organische Säuren, bei der sich nicht nur das Gefüge, sondern auch die chemische Zusammensetzung des Gesteins ändert. Die chemische Verwitterung umfaßt vor allem Lösungsvorgänge, die in der Regel unter feuchtwarmen Klimabedingungen am schnellsten ablaufen.

Dauerfrostboden, Teil der Erdrinde, dessen Temperatur dauernd (mindestens seit zwei Jahren) unter dem Gefrierpunkt liegt. Im Sommer taut nur eine dünne (im Durchschnitt ca. 0,5–1,5 m dicke) Schicht an der Bodenfläche, der sog. Auftauboden, auf. Die Untergrenze des Dauerfrostbodens oder Permafrosts, der etwa ein Fünftel der Erdoberfläche einnimmt, liegt maximal 1 500 m tief. Der Dauerfrostboden ist teils ein Relikt der Eiszeiten, teils entsteht in sehr kalten Klimazonen (Jahresmittel der Lufttemperaturen unter − 5 bis − 8 °C) aber auch heute noch neuer Dauerfrostboden.

Dränung (Hydromelioration), die Entwässerung eines Standortes. Die Dränung kann in Form von offenen Gräben oder unterirdischen Rohrleitungen erfolgen und soll eine schnelle Entwässerung des Bodens ermöglichen. Voraussetzung für eine erfolgreiche Dränung ist das Vorhandensein eines Grund- oder Stauwasserkörpers sowie eines Vorfluters, in den das Wasser abgeführt werden kann. Als nicht dränwürdig gelten Böden mit sehr geringen Durchlässigkeiten.

Düngung, Zufuhr von Düngemitteln zum Boden und zu den Pflanzen. Die als Acker-, Garten- und Grünland genutzten Böden erleiden Jahr für Jahr beträchtliche Nährstoffverluste, vor allem durch den Entzug von Pflanzensubstanz bei der Ernte, aber auch durch natürliche Vorgänge wie die Auswaschung leicht löslicher Nährstoffe im Sickerwasserstrom. Diese Nährstoffverluste müssen durch Düngung ausgeglichen wer-

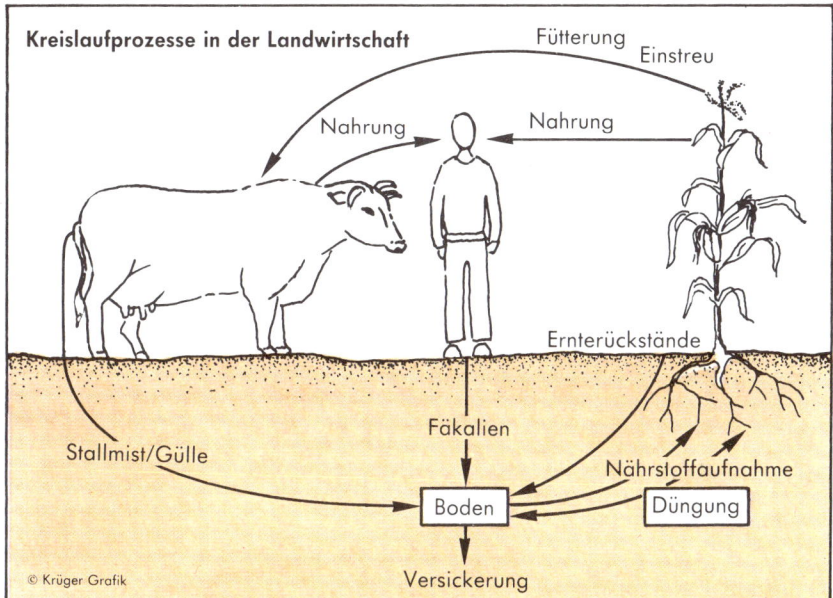

Kreislaufprozesse in der Landwirtschaft

Fütterung · Einstreu

Nahrung · Nahrung

Ernterückstände

Stallmist/Gülle

Fäkalien

Nährstoffaufnahme

Boden · Düngung

Versickerung

© Krüger Grafik

den. Es stellt sich also nicht die grundsätzliche Frage, ob überhaupt gedüngt werden soll, vielmehr muß gefragt werden, welche Nährelemente in welchen Mengen notwendig sind, um die Verluste auszugleichen. Die Ermittlung des exakten Düngerbedarfs ist nicht einfach, was zur Folge hat, daß in der Praxis häufig nach groben Zahlen viel zu viel gedüngt wird. Der übermäßige, unkontrollierte Einsatz von Düngemitteln – seien es nun Mineraldünger oder organische Dünger – verursacht nicht nur Umweltschäden und unnötige Kosten, sondern ist nachweislich in vielen Fällen für die schlechtere Qualität und geringeren Erträge bei den Nutzpflanzen verantwortlich. Dafür einige Beispiele: bei übermäßiger Stickstoffdüngung werden die Pflanzen stärker von Mehltau befallen und Getreide

wird anfälliger gegen Sturmschäden. Einseitige Düngung mit Stickstoffdüngern verringert gleichfalls die Widerstandskraft der Kartoffel gegenüber Krankheitserregern und verschlechtert die Qualität der Zuckerrübe. Ungünstige Auswirkungen hat auch eine Überversorgung mit Kalium und Phosphor, beispielsweise auf die Gehalte der Pflanzen an hochwertigem Eiweiß, Vitaminen und Mineralstoffen. Manchmal führt eine Überdüngung mit einem bestimmten Nährelement zu Mangelerscheinungen bei anderen, beispielsweise bei Kalium und Magnesium oder bei Calcium und Eisen, Mangan und Bor. Durch die Düngung kann es zu einer deutlichen Bodenversauerung mit unerwünschten Folgen für den Nährstoffhaushalt und andere Bodeneigenschaften kommen. In

jüngster Zeit stagnieren z. B. die Erträge bei Feldfrüchten, weil immer größere Mengen an Dünger notwendig sind, um das Ertragsniveau zu halten.

Durchwurzelbarkeit gibt an, bis zu welcher Tiefe Pflanzenwurzeln bei gegebenen Bodenverhältnissen tatsächlich eindringen können. Begrenzend wirken neben festem Gestein vor allem dichte Schichten oder Horizonte. Bereits ab 0,4 mm Porendurchmesser ist das Wachstum der Hauptwurzeln gehemmt, ab 0,14 mm kommt es zum Erliegen. Außerdem können aber auch Sauerstoffarmut und schroffe Wechsel bodenchemischer Eigenschaften (z. B. Versalzung) die Durchwurzelbarkeit einschränken. Die Bodenkartierung ver-

Tiefe der für die Pflanzenversorgung wichtigen Wurzelzone	
Erdbeere Salat Spinat	20–30 cm
Zwiebel	20–40 cm
Bohne Gurke Kohl Tomate	30–50 cm
Erbse Möhre Kartoffel	40–60 cm
Spargel Obstbaum	50–70 cm
Weinrebe	60–80 cm

© Krüger Grafik

wendet folgende Einteilung: bis 0,15 m sehr flach, bis 0,3 m flach, bis 0,6 m mittel, bis 1 m tief, über 1 m sehr tiefgründig.

Edaphon, von R. H. Francé (1874–1943) nach *edaphos* (griech.: Erdboden) für die Gesamtheit der Bodenorganismen geprägter Begriff. Das Gewicht beträgt je nach Lebensbedingungen bis zu 10 % der organischen Trockenmasse, davon entfallen auf Bakterien und Actinomyceten 30–45 %, auf Pilze und Algen 30–40 % und auf die Bodenfauna 10–40 %. Die Bedeutung des Edaphon liegt im Abbau und Umsatz der organischen Substanz, der Vermischung und chemischen Verbindung organischer und mineralischer Substanz (Ton-Humus-Komplexe), in der Bodenlockerung (besonders durch Regenwürmer) und Aggregatbildung (Krümelgefüge).

Einheitserden, Erdgemische mit standardisierter Zusammensetzung, die vor allem im Gartenbau verwendet werden. Sie bestehen etwa zu gleichen Teilen aus Torf und kalkfreiem Ton. Diesem Gemisch wird je nach Zweck ein mehr oder weniger großer Anteil von mineralischen Düngemitteln zugesetzt. Die Torfkultursubstrate (TKS) bestehen dagegen ausschließlich aus Torf mit Zusätzen von Kalk und Mineralsalzen.

Eschböden (Plaggenböden), in Nordwestdeutschland verbreitete Kulturböden, deren gesamtes Profil durch menschliche Eingriffe neu aufgebaut wurde. Sie kommen hier in den Eschfluren (den in Ortsnähe gelegenen und vorwiegend für den Anbau von Getreide genutzten Teilen der Feldflur) vor und zeichnen sich durch einen mehr als 60–80 cm dicken humusreichen Oberboden aus. Die Eschböden sind das Ergebnis der über Jahrhunderte hinweg betriebenen Düngung mit Plaggen (Gras- und Heidesoden) oder sandiger Erde. Dabei wurden die Plaggen oder die sandige Erde als Einstreu in die Viehställe gebracht und dann mit den Nährstoffen aus dem Kot und Harn der Tiere angereichert (z. T. auch nach Kompostierung) als organischer Dünger auf den Äckern verteilt.

Fahlerden, Variante der lessivierten Böden (franz.: *lessivé* = ausgewaschen), in denen Tonpartikel vom Sickerwasser aus dem Oberboden in den Unterboden verlagert werden. Bei Fahlerden ist die Tonverlagerung und die damit verbundene Tonanreicherung und Verdichtung des Unterbodens schon weit fortgeschritten. Ihr Oberboden hat eine fahlgraue bis hellgelbgraue Farbe und eignet sich wegen seiner starken Versauerung, der Nährstoffarmut und der Staunässe, die oft über dem tonreichen Unterboden auftritt, nur schlecht als Standort für Kulturpflanzen. Fahlerden kommen in Mitteleuropa u. a. auf älterem Löß und kalkhaltigen Sandsteinen vor.

Feinboden, im Gegensatz zum Bodenskelett (Grobboden) alle Anteile des Mineralbodens mit Korndurchmessern < 2 mm (Korngrößenklassen Ton, Schluff, Sand). Bodenchemische und bodenphysikalische Kennwerte werden überwiegend nur am Feinbodenanteil einer Bodenprobe ermittelt oder auf diesen bezogen (z. B. Porenvolumen, Wassergehalt, Austauschkapazität).

Feinkies → Grand

Feldkapazität, der Wassergehalt eines natürlich gelagerten Bodens, der sich an seinem Standort zwei bis drei Tage nach voller Wassersättigung gegen die Schwerkraft einstellt. Böden im humiden Klima erreichen Feldkapazität spätestens gegen Ende des Winters. Sie ist u. a. abhängig von Bodenart, Bodengefüge und Gehalt an organischer Substanz. Da sie vom Grundwasserstand abhängt, ist sie nicht als konstante Größe anzusehen.

Flockung, Überführung in Gelzustand (Koagulation) dispergierter Bodenteilchen durch chemische Änderungen oder Austrocknung. Beteiligt sind vor allem Tonminerale, Oxide, Hydroxide, Huminstoffe. Durch Zufuhr von Wasser oder entsprechender Ionen können Bodenkolloide erneut dispergieren (Peptisation). Oxide und Hydroxide flocken auch irreversibel aus. Flockung der Bodenkolloide ist Voraussetzung für die Bildung stabiler Aggregate und ist an bestimmte Pufferbereiche gebunden (Ca-, Al-Puffer). Peptisation führt zu Tonmobilisierung (z. B. Bt-Horizonte) und verstärkter Verschlämmungsneigung.

Flottsand (Flottlehm), in Norddeutschland weit verbreitetes, vom Wind abgelagertes Sediment, das nach der Korngrößenzusammensetzung und dem Nährstoffgehalt zwischen dem Flugsand und dem Löß steht. Es wird daher auch als Sandlöß bezeichnet. Die Flottsanddecken sind im allgemeinen nur 0,5–1 m dick, enthalten keinen Kalk und gehen am Rand des Tieflandes allmählich in Löß über.

Flußmarschen, Böden aus Flußsedimenten, die am Unterlauf der Flüsse in der Süßwasser-Gezeitenzone abgelagert wurden. Sie gehen flußaufwärts in Auenböden über. Flußmarschen sind tonreich, werden durch hochstehendes Grundwasser (z. T. auch Stauwasser) beeinflußt und nehmen nach der Bodenfruchtbarkeit einen Mittelplatz zwischen den günstigen Seemarschen und den ungünstigen Brackmarschen ein. An den Talrändern sind die Flußmarschen häufig vermoort.

Frostmusterböden, bodenartige Formen in den Polargebieten und Hochgebirgen, die sich durch eine Trennung der Korngrößen in Feinboden und gröberes Bodenmaterial auszeichnen. Die grobkörnigen Bodenbestandteile bilden dabei regelmäßige Strukturen (Strukturböden): auf ebenem Gelände Ringe, Polygone und Netze,

am Hang Stufen und Streifen. Diese Strukturen entstehen unter dem Einfluß des Bodenfrostes durch verschiedene ineinandergreifende Vorgänge (Solifluktion, Ausfrieren von Steinen, Ausspülung etc.).

Gärtnerische Erden, natürliche Erden, die – neben den künstlich hergestellten Einheitserden – im Gartenbau teils als Substrate für den Anbau von Zierpflanzen verwendet, teils als Bodenverbesserungsmittel den Gartenböden beigemischt werden. Dazu gehören z. B. Lehmerden (zur Verbesserung von sandigen Bodenarten) oder Heideerden (für den Anbau von Rhododendren und anderen säureliebenden Heidekrautgewächsen).

Gebirgsböden werden geprägt durch die großen Hangneigungen und die damit verbundenen intensiven Abtragungsvorgänge, die meist hohen Niederschläge und niedrigen Temperaturen. Dabei sind die Böden im allgemeinen (wie die Pflanzengesellschaften) stockwerkartig in bestimmten Höhenstufen verbreitet. Zu den häufigsten Gebirgsböden gehören Rohböden, Ranker und Rendzinen, in höheren Lagen auch Frostmusterböden und Skelettböden vom Typ der alpinen Hamada (s. dort).

Wegen der bei niedrigen Temperaturen gehemmten Zersetzung der organischen Substanz sind auch Moore und Böden mit dicken

Humusauflagen in den höheren Gebirgen weit verbreitet.

Geschiebemergel, unter dem Gletschereis abgelagertes Gestein, das aus einer sandig-schluffigen bis lehmigen, meist kalkhaltigen Grundmasse mit regellos eingelagerten größeren Steinen und Blökken (den Geschieben) besteht. Ältere Geschiebemergel sind im allgemeinen durch Entkalkung und andere Verwitterungsprozesse zu Geschiebelehm umgewandelt. Geschiebemergel und -lehme bilden im eiszeitlichen Vereisungsgebiet Mitteleuropas wichtige Ausgangsgesteine der Bodenbildung.

Gleye, Grundwasserböden, die überall vorkommen, wo der Grundwasserspiegel im Mittel weniger als 80 cm unter der Bodenoberfläche liegt, also vorwiegend in Tälern und Niederungen, aber auch in feuchten Hangmulden. Gleye weisen unter dem humosen A-Horizont zwei charakteristische Horizonte auf: einen meist braunen Horizont, der durch ausgeschiedene Eisen- und Manganminerale rostrot und schwarz gefleckt ist (dieser Horizont liegt im Schwankungsbereich des Grundwasserspiegels), und einen darunter anschließenden grauen, graugrünen oder blauschwarzen Horizont (der ständig im Bereich des Grundwassers liegt). Gleye sind weit verbreitet und bilden sich auf ganz unterschiedlichen Ausgangsgesteinen; je nach ihrer Bodenart, dem chemischen Charakter des

Grundwassers und der Lage des Grundwasserspiegels schwankt die Ertragsfähigkeit der Gleye in weiten Grenzen. Nach Absenkung des Grundwasserspiegels eignen sich Gleye auch als Ackerland, sonst nur als Grünland oder als Waldfläche für nässeverträgliche Gehölze.

Grand, gerundete Gesteinsbruchstücke mit einem Durchmesser von 2–6 mm, auch als Feinkies bezeichnet.

Gründigkeit bezeichnet die Mächtigkeit der Lockermaterialdecke über dem anstehenden festen Gestein. Befinden sich oberhalb des anstehenden Gesteins verfestigte Bänke oder Horizonte, die durch normale Meliorationsgeräte nicht zu beseitigen sind, dann bestimmt deren Obergrenze die Gründigkeit. Die für die Bodenkartierung geltenden Gründigkeitsklassen entsprechen denen der Durchwurzelbarkeit.

Grenzertragsböden (Grenzböden, Grenzertragsflächen), Landflächen, die unter den gegenwärtigen Verhältnissen wegen zu geringer Bodenqualität, zu großer Hangneigungen oder eines ungünstigen Klimas landwirtschaftlich, z. T. auch forstwirtschaftlich kaum noch rentabel genutzt werden können.

Grundwasser, das die Boden- und Gesteinshohlräume zusammenhängend ausfüllende und der Schwerkraft unterliegende Wasser. Es wird über Versickerung (Niederschlag) und lateralen Zuzug (Flüsse und Seen) gespeist. Grundwasserleitende Schichten heißen Aquifere. Sie sind durch undurchlässige Grundwasserstauer nach unten begrenzt. Die Grundwasserhöhe wird in Brunnen als Grundwasserspiegel gemessen. Im Gestein geht die Grundwasseroberfläche mit diffusem Kapillarsaum in die Zone des ungesättigten Bodenwassers über. Hochstehendes Grundwasser führt zur Bildung typischer Grundwasserböden.

Grus, eckig-kantige Gesteinsbruchstücke mit einem Durchmesser von 2–6 mm, die bei der mechanischen Verwitterung (vor allem körniger Gesteine wie Granit) entstehen.

Hamada (Hammada), Bezeichnung für eine unfruchtbare Wüstenlandschaft (arab.: *hamada* = die Unfruchtbare), bei der die Bodenoberfläche von scharfkantigem Gesteinsschutt bedeckt ist. Hamada-Böden sind sehr flachgründig und haben an der Oberfläche ein Schuttpflaster oder eine Steinsohle, die durch die Ausspülung oder Auswehung der feinkörnigeren Bodenbestandteile aus dem Bodenskelett entsteht. Ähnliche Rohböden kommen als polare oder alpine Hamada auch in den polaren Kältewüsten und in den Hochgebirgen der Erde vor.

Hochmoore, Moorböden aus einer mindestens 30 cm dicken Schicht von Hochmoortorf, der vorwiegend aus den zersetzten Resten von Torfmoosen besteht und sehr sauer und nährstoffarm ist. Hochmoore bilden sich unter feuchtkühlem Klima unmittelbar auf dem Mineralboden (»wurzelechte Hochmoore«) oder über Niedermooren. Sie sind in Mitteleuropa weit verbreitet (vor allem in Norddeutschland), heute allerdings zum größten Teil (zu mehr als 70 %) durch Kultivierungsmaßnahmen stark verändert.

Hortisole, Gartenböden (lat.: *hortus* = Garten; *solum* = Boden) mit einem bis ca. 80 cm dicken, humusreichen Oberboden, die in jahrzehnte- bis jahrhundertelanger Nutzung als Gartenland durch starke Düngung mit Humusdüngern (Stallmist, Fäkalien, Kompost usw.), tiefgründige Bodenbearbeitung und sorgfältige Bodenpflege aus verschiedenen natürlichen Bodentypen entstanden sind. Hortisole kommen in Mitteleuropa vor allem in den traditionellen Gartenbaugebieten, in den Gärten im Kern mittelalterlicher Städte und in alten Klostergärten vor. Sie haben nahezu optimale Eigenschaften.

Huminstoffe, heterogene Stoffgruppe aus dunklen organischen Kolloiden, die Wasser und Ionen reversibel anlagern können (Austauscher). Das Sorptionsvermögen ist noch größer als das der Tonminerale. Sie sind daher als Nährstoffspeicher im Boden sehr bedeutsam. Chemisch bestehen sie aus zyklischen Kohlenstoffverbindungen; ihre Entstehung ist weitgehend ungeklärt. Sie haben meist sauren Charakter und sind gegen mikrobiellen Abbau resistent. Nach Polymerisationsgrad, Löslichkeit und Farbe unterscheidet man Fulvosäuren (gelbbraun, wasserlöslich), Huminsäuren (dunkelbraun, in Natronlauge löslich), Humine (schwarz, unlöslich, hochpolymer).

Humus, Gesamtheit der abgestorbenen organischen Bodensubstanz (im Gegensatz zum Edaphon). Humusabbau durch Edaphon und Humusneubildung stehen in einem standortspezifischen Gleichgewicht. Steigt der Humusabbau durch ackerbauliche Nutzung zu stark, wächst die Erosionsgefahr durch Wasser und Wind. Böden mit Luftmangel (Gleye, Pseudogleye, Pelosole) sind humusreicher als gut durchlüftete Böden. Humusanreicherung erfolgt auf Standorten mit Hemmung der mikrobiellen Abbautätigkeit. Sie kann durch Feuchteüberschuß (Feuchtschwarzerden), Trockenheit und Luftüberschuß (Steppenschwarzerden) oder Bodenversauerung (Heide, Hochgebirge) entstehen.

Humusbildung, Abbau der toten organischen Substanz im Boden durch das Edaphon. Die Humusbildung überführt vor allem die leicht zersetzbaren Anteile in anorganische Verbindungen (Mineralisierung), andere Anteile werden in hochpolymere, relativ abbauresistente Huminstoffe überführt (Humifizierung). Für das Edaphon ungünstige Lebensbedingungen (Wassermangel, Wasserüberschuß, Luftmangel, niedrige Temperaturen, niedrige pH-Werte, schwer abbaubare Substanzen) führen zur Abbauverzögerung und Anreicherung potentiell umsetzbarer, nicht oder wenig humifizierter Substanzen (Rohhumus, Zersetzung stark gehemmt).

Humusformen, Ausprägung und Verteilung des Humus im Boden. Die Ausbildung erfolgt nur unter ungestörter Vegetation. Man unterscheidet zwei Horizonte: den O-Horizont (Auflagehumus, keine Mineralbodenanteile) und den Ah-Horizont (Mineralboden mit Humus vermischt). Die Einteilung erfolgt nach hydrologischen Bedingungen: subhydrische (unter Wasser: Dy, Gyttja, Sapropel), semiterrestrische (Stauwasser: Torfe, Anmoor) und terrestrische Humusformen (Mull, Moder, Rohhumus).

Kalkkrusten, durch Kalkausscheidungen steinhart verfestigte Bodenhorizonte an der Bodenoberfläche oder in tieferen Teilen des Profils. Kalkkrusten können auf verschiedene Weisen entstehen: in Trockengebieten durch aufsteigendes, kalkhaltiges Grund- und Bodenwasser, aus dem sich bei Verdunstung der Kalk an der Bodenoberfläche ausscheidet, durch Auswaschung von Kalk im Oberboden durch den abwärts gerichteten Sickerwasserstrom und krustenförmige Ausscheidung im Unterboden sowie durch die Ausscheidung von Kalk im Schwankungsbereich des Grundwasserspiegels (Wiesenkalk). Der lockere Oberboden über den Kalkkrusten im Unterboden wird durch die Bodenerosion häufig abgetragen, und die Kalkkrusten bilden daher die heutige Bodenoberfläche.

Kalkung, Düngemaßnahme zum Erhalt optimaler Bodeneigenschaften auf landwirtschaftlichen Böden. Ziel ist die Einhaltung günstiger Lebensbedingungen für das Edaphon sowie in Abhängigkeit von der Bodenart eines für die Aggregatstabilität günstigen pH-Bereiches. Zu hohe Kalkzugaben wirken sich (insbesondere auf Sandböden) schädlich aus. Sie haben vermehrten Humusabbau durch zu starke Aktivierung des Bodenlebens und beschleunigte Nährstoffauswaschung durch verstärkten Kationenaustausch (Verdrängung durch Calcium-Ionen) zur Folge. Als Maßnahme gegen zunehmende Versauerung wird auch auf Waldböden eine Meliorationskalkung durchgeführt.

Kaolinit, sekundäres Tonmineral, entsteht als Mineralneubildung aus Feldspatverwitterung in tropischen und subtropischen Böden. Seine Kristallstruktur ist zweischichtig und Sorption nur an den Außenflächen möglich. Kaolinit wird vor allem für die Porzellanherstellung verwendet.

Kapillarhub, Höhe, um welche Wasser durch Kapillarkräfte über

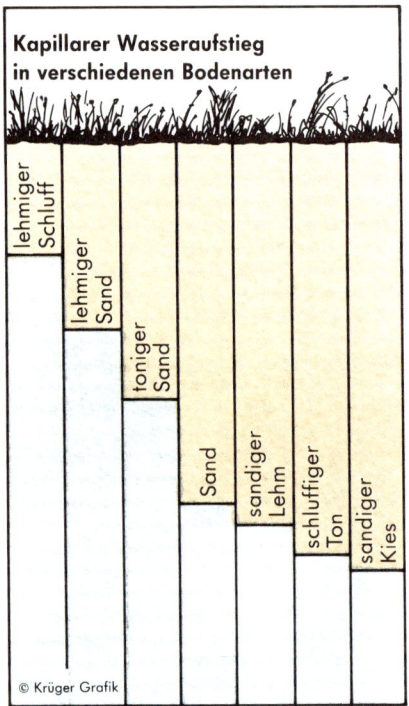

Kapillarer Wasseraufstieg in verschiedenen Bodenarten

lehmiger Schluff

lehmiger Sand

toniger Sand

Sand

sandiger Lehm

schluffiger Ton

sandiger Kies

© Krüger Grafik

die Grundwasseroberfläche senkrecht nach oben gehoben wird. Oberhalb des freien Grundwassers bildet sich so ein mit (allerdings gespanntem) Wasser gesättigter Kapillarraum aus, dessen Obergrenze (geschlossener Kapillarsaum) von den größten Poren des Substrates und damit wesentlich von Bodenart, Gefüge und Lagerungsdichte bestimmt wird. Für Grobsand gelten Werte um 0,1 m, Schluffe erreichen 0,7 m, die Werte für Tone und Lehme liegen dazwischen. Die für die Pflanzenversorgung wichtige kapillare Wassernachlieferung errreicht auch in Schluffböden (Mittelporen, 50–100 my) maximale Werte.

Kies, Korngrößenklasse des Grobbodens (Bodenskelett) mit Korngrößen von 2–63 mm. Als Kies (Gerölle) werden Formen bezeichnet, die durch fluvialen oder marinen Transport gerundet sind. Im Gegensatz dazu stehen Geschiebe (Transport durch Gletscher), Grus und Schutt: alles nicht kantengerundetes Material. Eine weitere Unterteilung der Korngrößenklasse erfolgt in Feinkies (2–6,3 mm), Mittelkies (6,3–20 mm), Grobkies (20–63 mm) oder entsprechend in Feingrus, Mittelgrus, Grobgrus.

Kolluvium, zusammengeschwemmtes oder -gewehtes Bodenmaterial (lat.: *colluvio* = Zusammengeschwemmtes), das an anderen Stellen von der Bodenerosion abgetragen wurde. Von fließendem Wasser abgelagertes Kolluvium ist in Mitteleuropa auf und unterhalb von beackerten Hängen (vor allem in Lößgebieten) weit verbreitet, angewehtes Kolluvium dagegen seltener. Als gesonderte Bodentypen werden kolluviale Böden erst dann in Bodenkarten dargestellt, wenn die Ablagerung mehr als 40 cm dick ist. Kolluvium hat wegen seines hohen Humus- und Nährstoffgehaltes meist günstige Eigenschaften.

Konkretionen, unregelmäßig geformte (oft kugelige oder linsenförmige) Mineralaggregate im Boden oder Gestein (lat.: *concrescere* = zusammenwachsen), die bei Böden meist aus Eisen- und Manganmineralen oder Kalk bestehen. Sie erreichen bei Böden im allgemeinen Reiskorn- bis Erbsengröße und entstehen durch die Ausscheidung von gelösten Stoffen, die mit dem Bodenwasser im Boden zirkulieren.

Korngrößen, Korndurchmesser der Bodenpartikel, von deren Verteilung die physikalischen Eigenschaften der Böden stark abhängen. Die große Spanne der Korngrößen ($< 0,00002$ mm$–> 200$ mm) erfordert eine logarithmische Klassenteilung. Hauptklassen des Feinbodens sind Ton (0–0,002 mm), Schluff (0,002–0,063 mm) und Sand (0,063–2,0 mm), Hauptklassen des Grobbodens Kies (2,0–63 mm), Steine (63–200 mm) und Blöcke (> 200 mm).

Krume → Bodenkrume

Kryoturbation, frostbedingte Materialverlagerung im Boden, die teils zu einer intensiven Durchmischung des Bodens (griech.: *kryos* = Eis; lat.: *turbare* = aufwühlen, wirbeln), teils aber auch zu einer Trennung des Bodenmaterials nach Korngrößen und damit zu Frostmusterböden oder Strukturböden führt. Böden, deren Horizonte durch die Kryoturbation stark verfaltet, durchknetet und zerrissen sind, werden als Würge-, Taschen-, Girlanden- und Tropfenböden bezeichnet.

Kultosole, im weiteren Sinne alle Böden, die durch die menschliche Tätigkeit stark verändert worden sind (lat.: *cultura* = Bearbeitung; *solum* = Boden); im engeren Sinne durch Aufschüttung und Planierung von Lockermaterial völlig neu geschaffene Böden, z. B. solche auf rekultivierten Braunkohle-Tagebauen oder Schutthalden, auf Straßenböschungen oder aufgeschüttetem Baugelände.

Laterite, schwärzlich-rote Böden der tropischen Klimazonen mit mehrere Meter dicken Oberflächenkrusten aus Eisen- und Aluminiummineralen. Die eisen- und aluminiumreichen Horizonte der Laterite (lat.: *later* = Ziegelstein) bilden sich vermutlich unter Stau- und Grundwassereinfluß; die tiefgreifende Verfestigung dieser Horizonte ist dann die Folge der Austrocknung nach der Vernichtung der natürlichen Pflanzendecke und der Erosion des lockeren Oberbodens.

Lateritisierung, im engeren Sinne die von der Oberfläche ausgehende Verhärtung eisen- und aluminiumreicher tropischer Böden zu Lateritpanzern, im weiteren Sinne ein Komplex von Verwitterungs- und Bodenbildungsprozessen, die – verbunden mit der starken Auswaschung von Kieselsäure und leicht löslichen Mineralen sowie der Anreicherung von Eisen- und Aluminiummineralen – zu lateritischen Böden führen. Bei bestimmten Ausgangsgesteinen können sich durch die Lateritisierung wertvolle Eisenerz- und Bauxitlagerstätten bilden.

Latosole, umfangreiche Gruppe subtropisch-tropischer Böden, die unter feuchtwarmem Klima durch

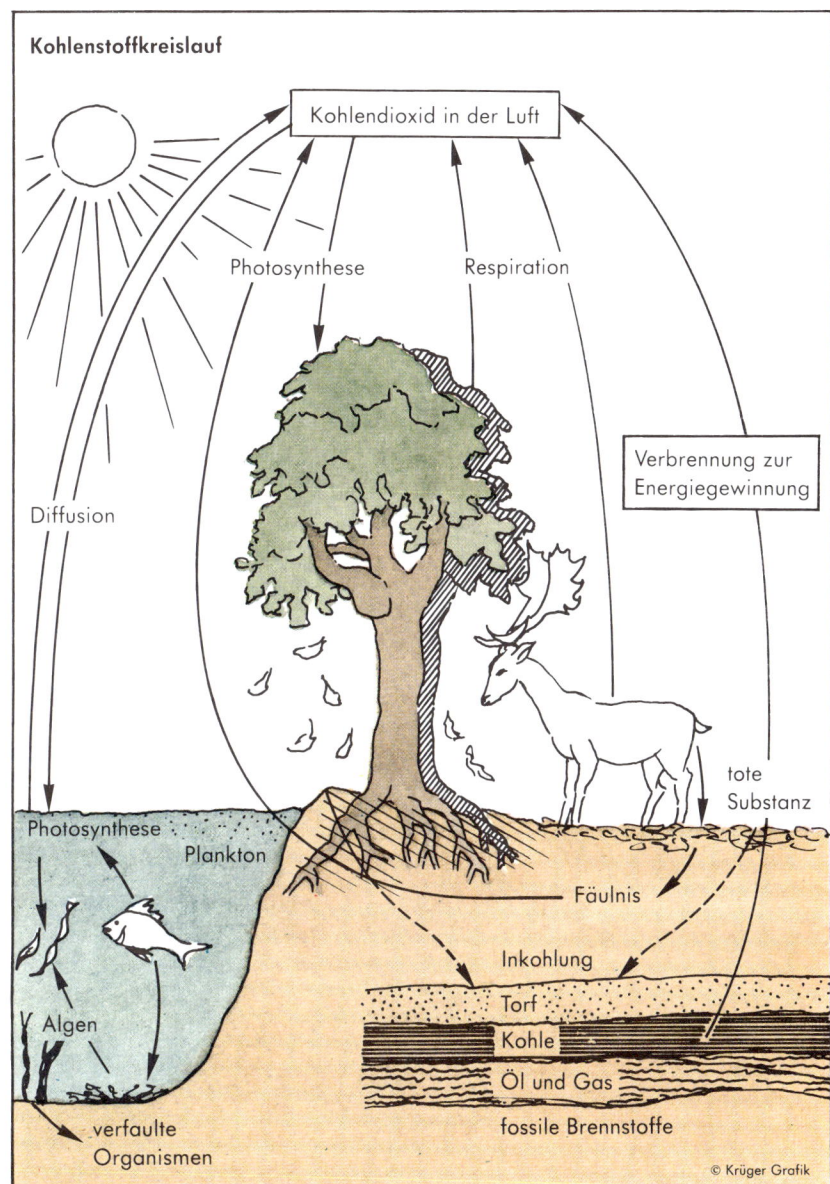

Lateritisierungsvorgänge geprägt wurden. Sie zeichnen sich im Gegensatz zu den Plastosolen durch ihr erdig-körniges, nichtplastisches Gefüge aus. Nach der Farbe werden rote Latosole (Roterden) und gelbe Latosole (Gelberden) unterschieden. Latosole sind meist sehr tiefgründig und haben einen günstigen Luft- und Wasserhaushalt, verfügen andererseits aber nur über geringe Nährstoffreserven, verhärten leicht und sind stark sauer.

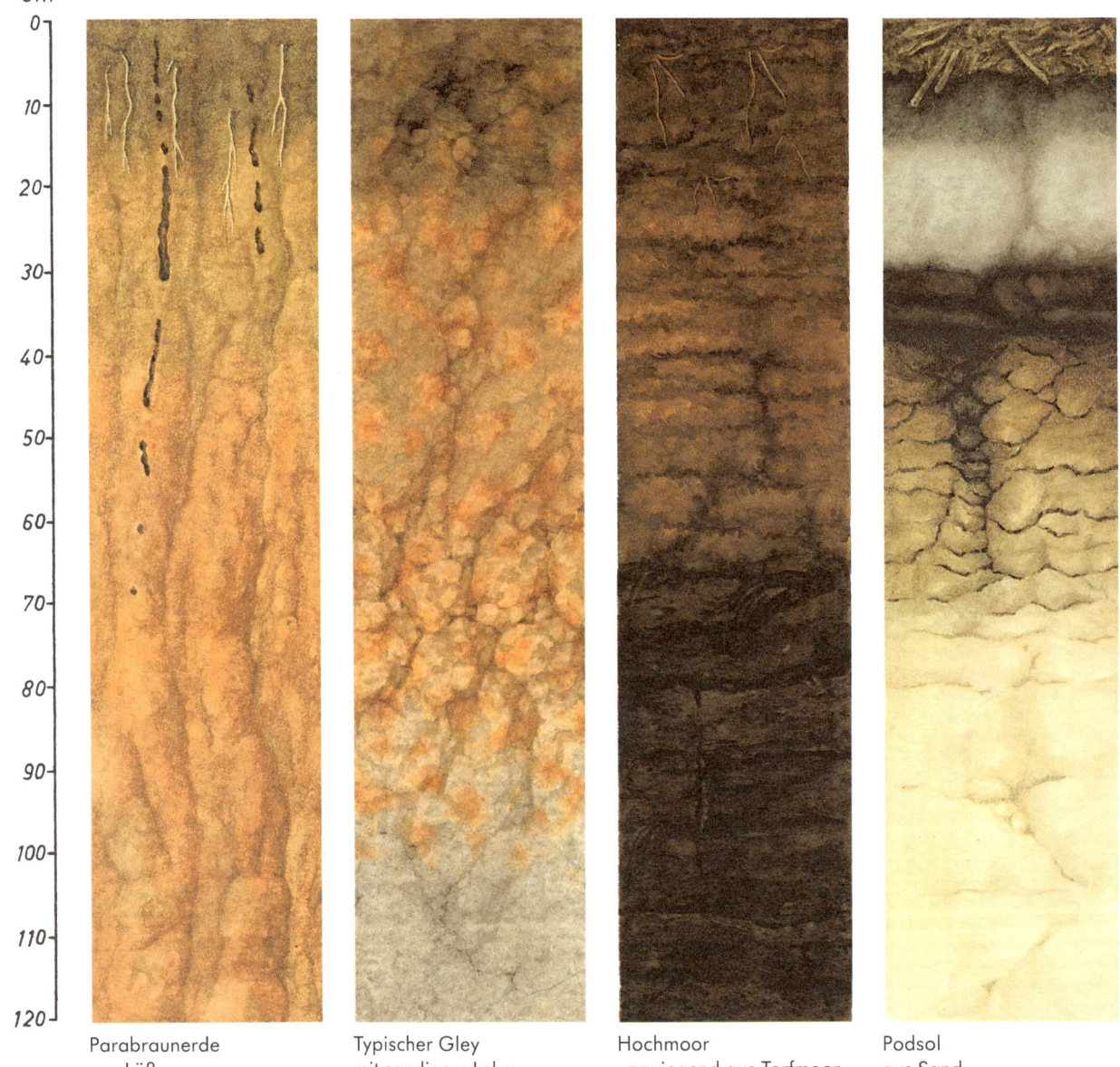

Wichtige Bodentypen Mitteleuropas
Nach E. Mückenhausen; gemalt von C. Krahberg und B. Schwartz

cm

0
10
20
30
40
50
60
70
80
90
100
110
120

Parabraunerde
aus Löß

Typischer Gley
mit sandigem Lehm

Hochmoor
vorwiegend aus Torfmoor
und Wollgras

Podsol
aus Sand

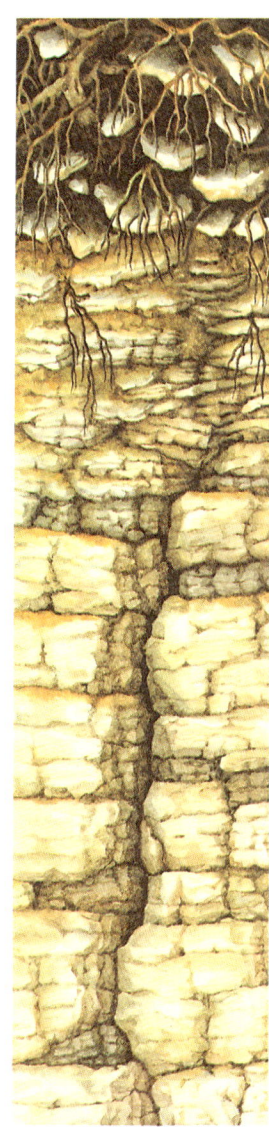

cm
-0
-10
-20
-30
-40
-50
-60
-70
-80
-90
-100
-110
-120

Pseudogley
aus Würm-Geschiebe-
mergel

Ranker
aus Schiefer und
Grauwache

Rendzina
aus Kalkstein

Schwarzerde
aus Löß

(25)

Lehm, Korngrößengemisch, aus traditionellen Gründen sowohl Schluff-Ton-Gemische mit geringem Sandanteil (z. B. Löß-Lehm) als auch echte Dreikorn-Gemische mit Sand, Schluff und Ton.

Lessivierung, Abwärtsverlagerung von Tonpartikeln (Tonmineralen, anderen Mineralen und Humusteilchen) in den gröberen Poren des Bodens, in Spalten und Wurzelgängen durch den Sickerwasserstrom (franz.: *lessiver* = auswaschen, auslaugen). Durch die Lessivierung oder Tonverlagerung verarmt der Oberboden an Ton, während dem Unterboden laufend Ton zugeführt wird. Bei der Bildung der Parabraunerden und Fahlerden spielt die Lessivierung eine entscheidende Rolle.

Letten, wenig verfestigte, bunte Schiefertone des Jungpaläozoikums und Mesozoikums (z. B. Bunte Letten des Oberen Zechstein, Lettenkeuper). Im Gegensatz zu echten Schiefern quellen Letten im Wasser. Beim Austrocknen zerfallen sie blättrig. Der typische Boden auf verwitterten Letten ist der stark quellende und schrumpfende Pelosol, der infolge erschwerter Durchwurzelbarkeit und ungünstigen Wasserhaltes meist nur als Grünland oder forstlich genutzt wird.

Löß, Schluff-Sediment (Ton bis Feinsand, überwiegend Grobschluff) mit Kalkgehalten von 8–20 %, das vor allem während der trockenen Hocheiszeit im eisfreien Periglazialraum als Windsediment in den Beckenlandschaften (Börden, Gäulandschaften Baden-Württembergs), aber auch im Mittelgebirge abgelagert wurde. Böden auf Löß, in den kontinentaleren Bereichen Schwarzerden, in den humideren Parabraunerden, weisen einen ausgeglichenen Wasserhaushalt und eine gute Nährstoffversorgung auf. Im Ackerschätzungsrahmen (s. dort) erreichen Lößböden die höchsten Bodenzahlen.

Luftkapazität, der Luftgehalt (Vol. %) des Bodens bei Feldkapazität (entspricht damit etwa dem Porenvolumen aller Poren größer 10 my Durchmesser). Die Luftkapazität gilt als Maß für die Durchlüftung eines Bodens. Bei Luftkapazitäten unter 10 % wird die Wurzelatmung beeinträchtigt. Das tatsächliche (aktuelle) Luftvolumen eines Bodens hängt vom Wassergehalt ab und kann zwischen 0 und 100 % des Gesamtporenvolumens schwanken.

Marschen, flache Landschaften an der Meeresküste und an den Mündungstrichtern der Flüsse, die unter dem Einfluß von Ebbe und Flut durch Aufschüttung entstanden sind. Als Marschen werden auch die Böden dieser Küstenlandschaften bezeichnet. Sie haben sich auf den meist feinsandigtonigen Ablagerungen gebildet und sind eng mit den Grundwasserböden und Auenböden verwandt. Die Marschen werden im allgemeinen nach den Entstehungsgebieten in Seemarschen, Brackmarschen und Flußmarschen gegliedert.

Mechanische (physikalische) Verwitterung, mechanischer Zerfall der Gesteine in kleinere Bruchstücke ohne chemische Veränderung der Minerale. Die mechanische Verwitterung ist eine wichtige Voraussetzung für die weitergehende Umwandlung der Gesteine durch chemische Vorgänge. Sie beruht vor allem auf dem kurzfristigen Wechsel zwischen Erhitzen und Abkühlen des Gesteins (Temperaturverwitterung), der Ausdehnung des Wassers beim Gefrieren (Frostsprengung) und den Kräften, die beim Wachstum von Salzkristallen und bei der Wasseraufnahme von Salzen (Salzsprengung) wirksam werden.

Mineralboden, aus anorganischem Substrat (Festgestein oder Lockersediment) hervorgegangener Boden. Fast alle Böden sind Mineralböden, der Begriff wird daher nur selten verwendet.

Mineralneubildung. Physikalische und chemische Verwitterung baut Minerale im Boden ab, je nach Intensität und Dauer unter Beibehaltung der Mineralstrukturen oder durch Zersetzung in kolloide und ionare Endprodukte. Sowohl die Zwischenprodukte als auch die erneute Synthese der Endprodukte können Mineralneubildungen liefern. Wichtig für die Bodenbildung ist vor allem die Umwandlung von Glimmern (Schichtsilikate) in Tonminerale, bei intensiver

Verwitterung allerdings auch die Neusynthese von Tonmineralen aus abgebauten Feldspäten. Auch die Oxide und Hydroxide im Boden sind pedogene Mineralneubildungen.

Minutenböden (Stundenböden), volkstümliche Bezeichnung für schwere lehmige bis tonige Bodenarten, die nur in einer kurzen Zeitspanne bei einem ganz bestimmten Wassergehalt bearbeitet werden können: Sie sind im feuchten Zustand weich und schmierig, nach Austrocknung dagegen steinhart.

Moder, typische Humusform von Sandböden, besseren Grünlandböden und kultivierten Mooren. Moder entsteht in der Regel unter Waldvegetation in bzw. auf sauren Böden mit geringer biologischer Aktivität. Er ist verhältnismäßig nährstoffarm, hat ein locker-krümeliges Gefüge und den charakteristischen Geruch nach Kartoffelkeller.

Molkenböden, stark ausgeprägte Stauwasserböden (Stagnogleye), deren Oberboden grau bis schmutzig-weiß (wie Molke) gefärbt ist. Sie sind in Mitteleuropa u. a. auf den Sandsteinhochflächen im Nordschwarzwald und Solling oder auf wasserstauenden Lehmen im Rheinischen Schiefergebirge verbreitet.

Moore, Böden aus Torf, bei denen die Torfschicht mindestens 30 cm (im entwässerten Zustand: 20 cm) dick ist. Bei dünneren Torfschichten werden die Böden zu den Anmooren oder Moorerden gezählt. Moore entstehen unter nassen Bedingungen, bei denen die Zersetzung des organischen Materials durch Sauerstoffmangel gehemmt ist. Man unterscheidet drei Gruppen von Mooren: Niedermoore, Hochmoore und Übergangsmoore, die zwischen den Hoch- und den Niedermooren stehen. Natürliche Moorböden nehmen in Mitteleuropa nur noch vergleichsweise kleine Flächen ein, meist sind die Moore durch Entwässerung und Kultivierung vom Menschen stark verändert worden.

Moorkulturen, Verfahren zur Erschließung der Moore als Landwirtschaftsflächen. Man unterscheidet drei Moorkulturtypen: Schwarzkulturen, bei denen das gewachsene Moorprofil nach vorheriger Entwässerung und Zufuhr fehlender Nährstoffe direkt genutzt wird; Sanddeckkulturen, die auf der Überschüttung der Mooroberfläche mit einer 15–30 cm dicken Sandschicht zur Verbesserung des Wasser- und Wärmehaushaltes beruhen; Sandmischkulturen, bei denen man eine Sandschicht auf den Moorboden aufträgt und in ihn einarbeitet bzw. durch tiefgründiges Pflügen Sand aus dem Untergrund mit dem Torf vermischt.

Mull, nährstoffreiche Humusform, bei der bräunlich-grauer bis schwarzer Humus feinverteilt mit den mineralischen Bodenbestandteilen vermischt ist. Mull hat einen hohen Stickstoffanteil und zeichnet sich durch seinen typischen frischen Erdgeruch aus. Er entsteht in Böden mit günstigen physikalischen Eigenschaften und relativ hohen Nährstoffgehalten durch die Tätigkeit von Regenwürmern und anderen Bodentieren. Mull ist die Humusform nährstoffreicher Wald- und Steppenböden und liegt auch in vielen Wiesen- und Ackerböden vor.

Mutterboden (auch Acker- oder Bodenkrume), die durch regelmäßige Bodenbearbeitung gelockerte, humose oberste Bodenschicht (meist 0,1–0,2 m mächtig).

Nährstoffkreislauf (Nährstoffentzug), Aufbereitung und Wiederverwendung bereits benutzter Rohstoffe. Dieses »Recycling« wird von der Natur perfekt beherrscht. Ein kompliziertes Netzwerk von Kreisläufen sorgt in der natürlichen Umwelt beispielsweise dafür, daß lebensnotwendige Pflanzennährstoffe wie Stickstoff, Schwefel oder Kohlenstoff immer wieder aufbereitet und ohne größere Verluste zum Aufbau neuer Pflanzensubstanz bereitgestellt werden. Ohne diesen Nährstoffkreislauf würden selbst Böden mit großen Nährstoffreserven innerhalb kurzer Zeit ihre natürliche Fruchtbarkeit verlieren. Langfristig gesehen treten allerdings auch unter natürlichen Verhältnissen Nährstoffverluste auf, zum Beispiel durch Auswaschung, Auswehung oder Festlegung in Mineralen, die durch die Nachlieferung neuer Nährstoffe nur zum Teil ausgeglichen werden können. Innerhalb kurzer Zeit macht sich dagegen bei landwirtschaftlich genutzten Böden der Nährstoffentzug durch die Ernten bemerkbar. Eine Ernte kann dem Boden beträchtliche Nährstoffmengen entziehen; besonders große Verluste treten bei den Hauptnährelementen wie Stickstoff und Kalium ein, aber auch die verhältnismäßig geringen Mengen von Spurennährelementen, die dem Boden durch die Ernten entzogen werden, lassen sich durch die natürliche Nährstoffnachlieferung meist nicht ausgleichen.

Niedermoore, Torfböden mit einer mehr als 30 cm dicken Schicht aus Niedermoortorf, der im allgemeinen nährstoffreich ist und vorwiegend aus zersetzten Resten von Schilf, Seggen, Rohrkolben und Binsen besteht. Niedermoore oder Flachmoore haben im Gegensatz zu den Hochmooren eine nahezu ebene Oberfläche (daher der Name) und bilden sich im Grundwasserbereich aus verlandenden Seen oder nach Grundwasseranstieg in Senken. Annähernd 95 % der Niedermoore in der Bundesrepublik Deutschland sind kultiviert und werden landwirtschaftlich genutzt.

Oberboden, A-Horizont des Bodenprofils. Mineralischer Horizont mit eingemischter organischer Substanz (Huminstoffe) und/oder

Verarmung an mineralischer Substanz (Tonauswaschung, Eisenauswaschung).

Orterde/Ortstein, Anreicherungshorizont von Podsolen, in dem die Sandkörner durch Eisenminerale und organische Substanz verklebt und verfestigt sind. Je nach dem Grad der Verhärtung spricht man von Orterde oder Ortstein. Er ist bei den sandigen Böden Nordwestdeutschlands durchschnittlich 10–20 cm dick und reicht oft im Bereich ehemaliger Wurzelröhren zapfenförmig nach unten. Ortsteinhorizonte, die nahe an der Bodenoberfläche liegen, wirken sich ungünstig auf das Pflanzenwachstum aus. Wenn die lockere Bodenschicht über dem Ortstein weniger als 50 cm dick ist, sollte er durch Tiefpflügen aufgebrochen werden.

Paläoböden, alte Böden (griech.: *palaiós*), die sich in früheren Epochen der Erdgeschichte unter anderen Bedingungen gebildet haben und bis heute mehr oder weniger unverändert erhalten geblieben sind. Dazu gehören u. a. die fossilen Böden in den Lößablagerungen, die durch neue Sedimente überdeckt und in ihrer Entwicklung unterbrochen wurden (meist Parabraunerden, Pseudogleye und Braunerden) und die Reliktböden, die sich heute noch an der Erdoberfläche befinden und allmählich umgeformt werden (in Mitteleuropa z. B. die Roterden und Laterite im Vogelsberg).

Parabraunerden, mit den Braunerden verwandte und häufig zusammen mit Braunerden vorkommende Bodentypen (griech.: *para* = daneben, zusammen), die in Mitteleuropa (hauptsächlich in den Löß- und Sandlößgebieten) weit verbreitet sind. Sie gehören zur Gruppe der lessivierten Böden (franz.: *lessivé* = ausgewaschen, ausgelaugt), deren Profil durch die Tonverlagerung (Lessivierung) geprägt wird: Aus dem fahlbraunen, nur in der Nähe der Bodenoberfläche humushaltigen Oberboden wäscht das Sickerwasser feine Tonpartikel aus und lagert sie im tiefbraunen Unterboden wieder ab, der auf diese Weise immer tonreicher wird. Parabraunerden sind tiefgründig, haben einen großen Nährstoffvorrat und eignen sich daher ausgezeichnet als Ackerland. Ihr schluffiger Oberboden neigt allerdings zu Verschlämmung und wird durch Abspülung leicht abgetragen; Parabraunerden sind deshalb oft nur noch als »geköpfte« (erodierte) Böden erhalten.

Pararendzinen, die neben den Rendzinen häufigsten Böden auf kalkigen Gesteinen. Unmittelbar unter dem graubraunen bis dunkelgrau gefärbten, humushaltigen und im Durchschnitt 10–20 cm dicken A-Horizont liegt das meist gelbliche oder ockerbraune Ausgangsgestein. Pararendzinen bilden sich im Gegensatz zu den Rendzinen auf Gesteinen mit einem mittleren Kalkgehalt, haupt-

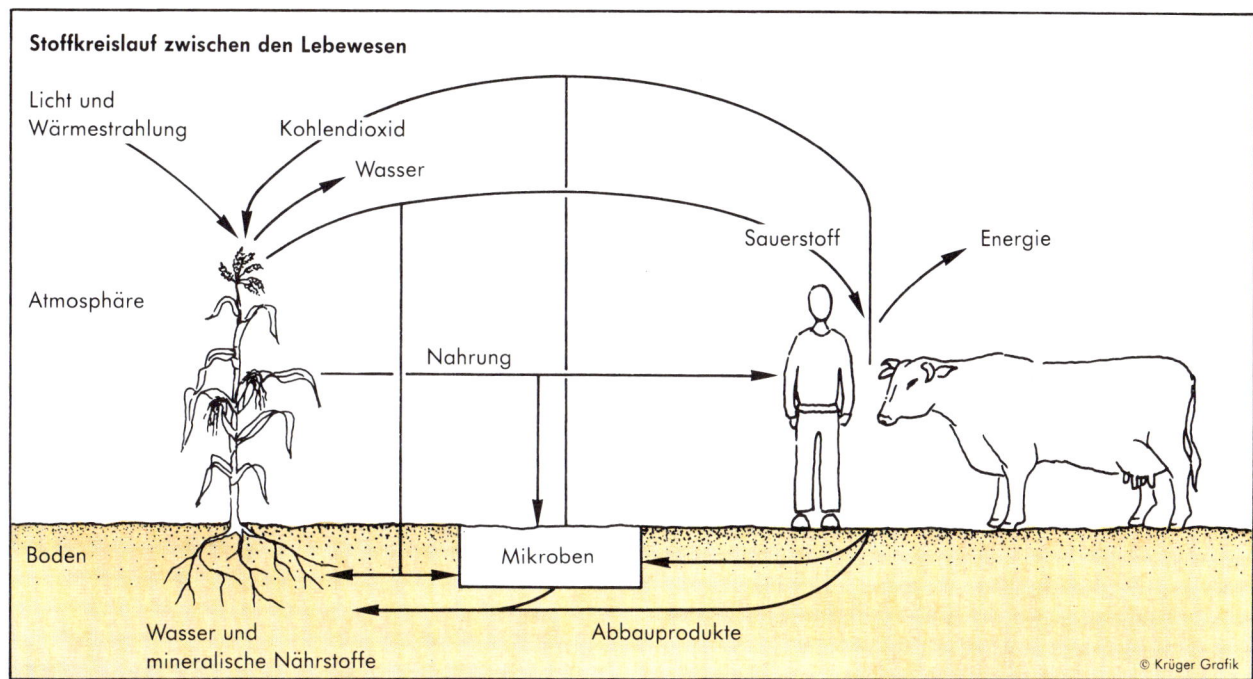

Stoffkreislauf zwischen den Lebewesen

Licht und
Wärmestrahlung

Kohlendioxid

Wasser

Sauerstoff

Energie

Atmosphäre

Nahrung

Boden

Mikroben

Wasser und
mineralische Nährstoffe

Abbauprodukte

© Krüger Grafik

sächlich auf Löß, Geschiebemergel und Mergel (z. B. in Rheinhessen und am Kaiserstuhl). Sie gehören zu den Böden mit mittlerer bis hoher Ertragsfähigkeit, sind aber sehr anfällig gegenüber der Abspülung und deshalb auf weiten Flächen schon bis auf den Untergrund abgetragen worden.

Pedologie, naturwissenschaftliche Disziplin, die auf die Erforschung des Bodens zielt. Die Bodeninventur befaßt sich mit der Bestandsaufnahme der Eigenschaften von Böden; die Bodengenetik untersucht Entstehung und Entwicklung von Böden; die Bodensystematik erstellt Systeme zur Bodenklassifikation; die regionale Verbreitung von Böden und ihre Ursache wird durch die Bodengeographie untersucht; die Bodenökologie er-

forscht Standortseigenschaften und die Dynamik der Stoffumsätze von Böden; die Angewandte Bodenkunde schließlich hat sich die optimale Nutzung des Bodens als Produktionsbasis agrarischer und forstlicher Kulturpflanzen zum Ziel gesetzt.

Pedosphäre, in Analogie zu den Begriffen Atmosphäre, Biosphäre, Hydrosphäre und Lithosphäre eingeführter Begriff zur Kennzeichnung des Bodens als Grenzphänomen der Erdoberfläche. Die Pedosphäre umfaßt die oberste belebte Verwitterungsrinde der Erdoberfläche. Sie ist gegen die anderen Sphären nicht exakt abgrenzbar. Ihre Existenz im Durchdringungsbereich mit allen übrigen Sphären gehört zu ihren hervortretenden Eigenschaften.

Pelosole, Tonböden (griech.: *pelos* = Ton; lat.: *solum* = Boden), die sich vor allem aus Tonsteinen, Tonschiefern und Mergeln bilden und aus den Bodenarten lehmiger Ton und Ton bestehen. Sie kommen hauptsächlich in den Mittelgebirgen über entsprechenden Gesteinen vor. Die nur in den obersten Zentimetern des Bodenprofils durch Humus dunkelgrau gefärbten, schweren Böden sind trotz großer Nährstoffreserven wegen ihres ungünstigen Luft- und Wasserhaushaltes zu den Böden mit geringer bis mittlerer Ertragsfähigkeit zu rechnen.

Pflanzennährelemente, für Pflanzen unentbehrliche, lebensnotwendige chemische Elemente, die sie als Hauptnährelemente in größeren und als Spurennährelemente

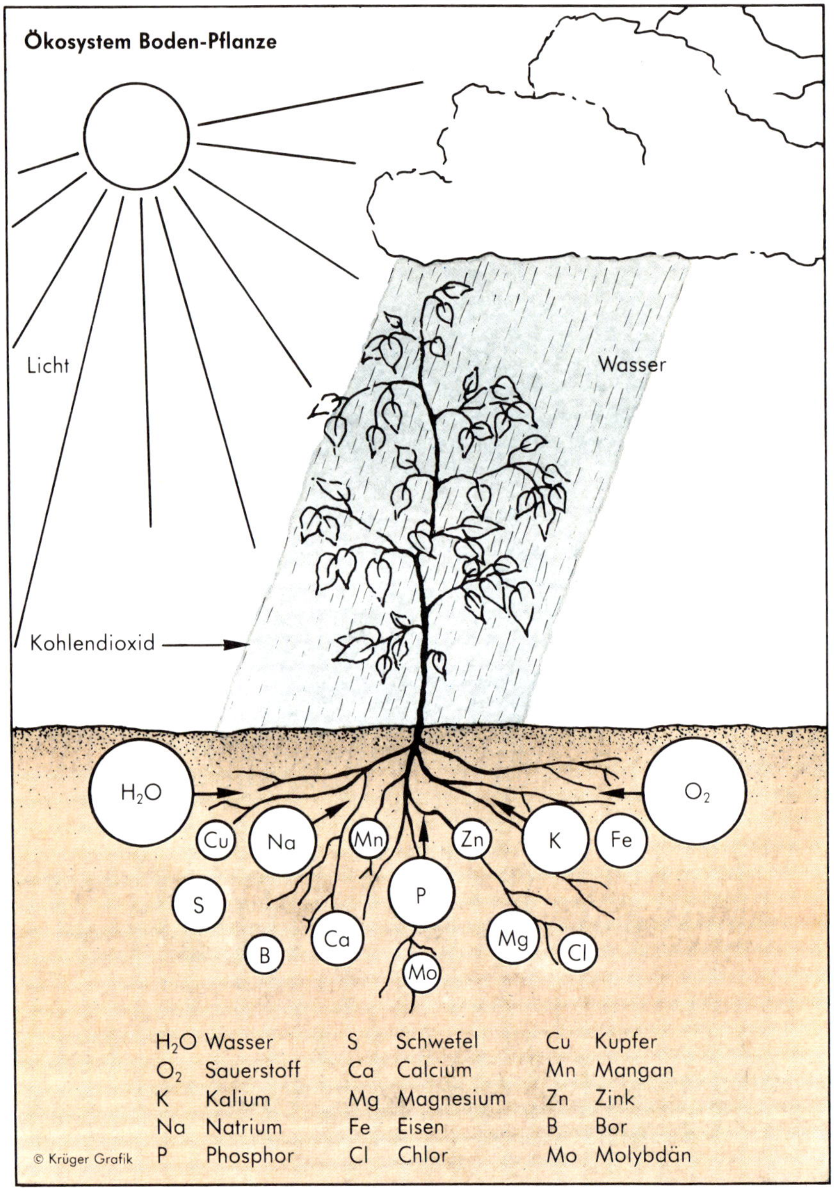

Ökosystem Boden-Pflanze

Licht

Wasser

Kohlendioxid

H_2O — O_2

Cu — Na — Mn — Zn — K — Fe

S — P

B — Ca — Mg — Cl

Mo

H_2O	Wasser	S	Schwefel	Cu	Kupfer
O_2	Sauerstoff	Ca	Calcium	Mn	Mangan
K	Kalium	Mg	Magnesium	Zn	Zink
Na	Natrium	Fe	Eisen	B	Bor
P	Phosphor	Cl	Chlor	Mo	Molybdän

© Krüger Grafik

pH-Wert, Maß für die Konzentration der Wasserstoffionen in einer Lösung (= negativer dekadischer Logarithmus der Wasserstoffionenkonzentration). Böden mit pH-Werten über 7 werden als alkalisch eingestuft, unter 7 als sauer. Der pH-Wert mitteleuropäischer Ackerböden liegt meist im Bereich von 5–6,5 (schwach bis mäßig sauer). Waldböden, deren pH-Wert nicht durch Kalkung ständig korrigiert wird, weisen heute z. T. wesentlich tiefere Werte auf (pH 4: stark sauer). Die normale Bodenentwicklung führt zu einer Zunahme der Bodenacidität (Versauerung) durch Verluste an austauschbaren Kationen. Dieser Prozeß wird durch Puffersysteme verlangsamt.

Plaggenböden → Eschböden
Plastosole, Böden der subtropischen und tropischen Klimazonen, die plastisch verformbar sind (griech.: *plastós* = geformt), ein »lehmiges« Gefüge und einen hohen Anteil von Kaolinit und verwandten Tonmineralen haben. Sie werden nach der Farbe in Rotlehme, Braunlehme und Graulehme eingeteilt, sind stark sauer und haben im Gegensatz zu Latosolen und Lateriten keinen überdurchschnittlich hohen Gehalt an Eisen- und Aluminiummineralen.

Podsole, unfruchtbare Böden, die sich besonders bei kühlfeuchtem Klima aus Quarzsanden unter Nadelwald- und Zwergstrauchvegetation bilden. Wegen ihres holzaschefarbenen Auswaschungshori-

in kleineren Mengen benötigen. Die meisten Nährelemente (außer Kohlen-, Sauer- und Wasserstoff) stammen aus den festen Bodenbestandteilen. Als Hauptnährelemente gelten Stickstoff, Phosphor, Schwefel, Kalium, Calcium und

Magnesium, zu den wichtigsten Spurennährelementen gehören Bor, Chlor, Eisen, Kupfer, Mangan, Molybdän und Zink. Der Bedarf an Hauptnährelementen ist etwa 1000mal größer als der an Spurennährelementen.

zontes werden sie von den russischen Bauern Podsole (= Böden unter Asche) genannt. Über dem hellgrauen, manchmal leicht violettstichigen Auswaschungshorizont liegt ein schwarzgrau gefärbter Humushorizont, im Wald darüber noch eine mehrere Zentimeter dicke Humusschicht. Der Anreicherungshorizont im Unterboden ist im oberen Teil durch Humus braunschwarz, im unteren Teil durch Eisenminerale rostbraun gefärbt. Podsole kommen in Mitteleuropa hauptsächlich im norddeutschen Tiefland auf sandigen Ablagerungen sowie in den höheren Gebirgen auf Sandsteinen, Quarziten und Graniten vor. Sie sind die unfruchtbarsten Böden Mitteleuropas, lassen sich jedoch verhältnismäßig schnell verbessern.

Podsolierung, Bodenbildungsvorgang, der nicht nur in Podsolen, sondern auch in anderen Bodentypen (z. B. Braunerden und Rankern) wirksam sein kann. Er umfaßt im wesentlichen die Zerstörung der Tonminerale, die Verlagerung von Eisen- und Aluminiumverbindungen sowie organischer Substanz aus den oberen Horizonten und eine Anreicherung dieser Stoffe im Unterboden. Die Auswaschung des Oberbodens geht auf eine starke Versauerung und kräftige Wasserbewegung in den wasserdurchlässigen Bodenarten zurück.

Pseudogleye, Stauwasserböden, die in manchen Eigenschaften den Gleyen ähnlich sind, in anderen jedoch deutlich von den Grundwasserböden abweichen. Äußerlich unterscheiden sich die Pseudogleye (griech.: *pseúdos* = falsch) durch ihr Bodenprofil von den Gleyen: bei ihnen ist der Oberboden unter dem Humushorizont hellgrau gefärbt, während der Unterboden einen rostbraunen Grundton mit fahlgrauen Flecken und Streifen aufweist; bei den Gleyen ist die Horizontfolge umgekehrt. Pseudogleye entstehen in und über wasserstauenden Schichten, vor allem über tonigem Material. Sie kommen in ebenem Gelände, wo die Wasserbewegung im Boden nur langsam ist, besonders häufig vor. Bei stärkerer Staunässe nimmt die Bodenfruchtbarkeit erheblich ab; Pseudogleye eignen sich dann nur noch für die Nutzung als Grünland.

Pseudovergleyung, Folge des schroffen Wechsels zwischen starker Durchnässung und Austrocknung. Stauwasserböden (Pseudogleye) sind also im Gegensatz zu den Gleyen nicht ständig wassergesättigt, was sich auf die Richtung und Reichweite der Stoffverlagerungen auswirkt. Bei Pseudogleyen kommt es nur zu einer kleinräumigen Umlagerung der Nährstoffe, nicht zu einer Anreicherung der durchwurzelten Zone mit Nährstoffen wie in den Grundwasserböden.

Pufferung, Eigenschaft eines chemischen Systems, trotz Zufuhr von H^+ – oder OH-Ionen den pH-Wert konstant zu halten. Im Boden werden drei Puffersysteme wirksam: Das Calcium-Puffersystem im pH-Bereich 8,0–6,8 ist an die Existenz freien Kalkes (nicht sorbierter Ca-Ionen) gebunden; das Austauscher-Puffersystem im pH-Bereich 6,8–4,5 wirkt durch den Austausch von Alkali- und Erdalkali- gegen H-Ionen; das Aluminium-Puffersystem im pH-Bereich unter 4,5 beruht auf der Aluminium-Freisetzung durch Tonmineralzerstörung. Wegen der Giftigkeit von Aluminium ist dieser Puffer auf Mineralböden zu vermeiden.

Råmark, arktische und alpine Rohböden (schwed.: *råmark* = Rohboden), die sehr flachgründig und steinig sind und vor allem bei lockeren Ausgangsgesteinen deutliche Spuren frostbedingter Materialverlagerung zeigen (vgl. Kryoturbation).

Ranker, A-C-Böden aus kalk- und tonarmen Gesteinen. Ihr durchschnittlich 10–20 cm dicker Humushorizont liegt unmittelbar auf dem schwach verwitterten Gestein. Auf festen Gesteinsarten enthält der dunkelgrau gefärbte Oberboden meist viele Steine. Ranker kommen in Mitteleuropa unter natürlichen Bedingungen hauptsächlich auf steilen Hängen im Gebirge vor; durch die Bodenerosion auf beackerten Hängen haben sich aber auch viele früher tiefgründige Böden wieder in flachgründige Ranker verwandelt.

Bei feinmaterialreichen Bodenarten (lockerer sandiger oder lehmiger Untergrund) erreichen Ranker eine mittlere Ertragsfähigkeit.

Regosole, Bezeichnung für flachgründige A-C-Böden aus kalkarmen oder kalkfreien Lockergesteinen in den angelsächsischen Ländern. Regosole bilden nur dünne Decken (griech.: *rhegos* = Decke) über dem Ausgangsgestein.

Reichsbodenschätzung → Ackerschätzungsrahmen

Rekultivierung, Maßnahmen zur Wiederherstellung ackerbaulich oder forstlich nutzbaren Bodens oder generell eines naturähnlichen Zustandes nach Landschaftszerstörungen durch Abbau von Bodenschätzen oder andere Maßnahmen. Dabei müssen Oberboden und Unterboden der Abtragsfläche getrennt abgehoben und gelagert werden, damit sie bei der Rekultivierung in gleicher Reihenfolge wieder aufgebracht werden können. Seit 1972 werden alle oberflächennahen Abgrabungen in der BRD durch das Bodenabbaugesetz geregelt.

Rendzinen, A-C-Böden auf calciumreichen Gesteinen (wie Kalkstein, Dolomit, Gips), die einen größeren Tonanteil und meist viele Steine enthalten. Ihr 10–20 cm dicker, braunschwarzer bis schwarzer Oberboden liegt unmittelbar auf dem festen Gestein. Rendzinen eignen sich wegen ihrer Flachgründigkeit und den geringen Bodenwasserreserven nur schlecht

als Ackerland. Sie sind in Mitteleuropa u. a. in der Schwäbischen Alb und im Weserbergland weit verbreitet.

Rigosole, Böden, deren natürliches Profil durch das Rigolen (tiefgründiges Umgraben; franz.: *rigole* = Graben oder Furche) vollkommen umgestaltet wurde. Beim Rigolen werden die unteren gegen die oberen Bodenhorizonte durch Umgraben oder Pflügen umgeschichtet, um die Auswaschung von Feinboden, Humus und Nährstoffen zu verhindern. Vor allem die Böden in Weinbaugebieten wurden früher in Handarbeit rigolt und weisen daher einen 50–80 cm dicken Rigolhorizont auf.

Rohböden, gering entwickelte Böden, die in Gebieten mit gehemmter Bodenentwicklung, auf frischen Sedimenten oder an Standorten mit starker Abtragung (steilen Hängen) vorkommen. Sie sind Anfangsstadien der Bodenentwicklung und zeichnen sich durch ihren nur wenige Zentimeter dicken, lückenhaften Humushorizont aus.

Rohhumus, stark saure, nährstoffarme Humusform, die sich in bzw. auf Böden mit geringer biologischer Aktivität bildet. Die schwach zersetzten Pflanzenreste sind dabei nur zu einem kleinen Teil in den Boden eingearbeitet und liegen als mehrere Zentimeter dicker, meist durch feines Pilzgeflecht verklebter Auflagehumus auf dem Mineralboden. Rohhu-

mus ist die Humusform unfruchtbarer Böden (wie Podsole, nährstoffarme Braunerden oder alpine Ranker).

Salzböden, im weiteren Sinne Bezeichnung für die Alkaliböden, im engeren Sinne die Weißalkaliböden oder Solontschake. Salzböden entstehen in den Trockengebieten der Erde auf natürliche Weise in Senken durch kapillaren Aufstieg von salzhaltigem Grundwasser oder durch unsachgemäße Bewässerung. Sie enthalten im Oberboden, z. T. auch auf der Bodenoberfläche, Anreicherungen von leicht löslichen Salzen (Kochsalz, Glaubersalz, Soda und andere). Auf diesen Böden gedeihen nur salzunempfindliche Pflanzen, häufig sind Salzböden völlig unbewachsen.

Sand, Bodenart der Korngrößenklasse 0,063–2 mm. Als Sediment mariner und äolischer Herkunft vor allem in Küstenbereichen verbreitet. Im pleistozänen Flachland sind Sande als eiszeitliche Ablagerung (Schmelzwassersande, Sander) weit verbreitet. Sandböden besitzen eine geringe Feldkapazität (hoher Grobporenanteil) und aufgrund des geringen oder fehlenden Tongehaltes geringe Sorptionsfähigkeit (Nährstoffversorgung). Daher ist die Erhaltung der vorhandenen Humussubstanz durch geeignete pH-Wert-Einstellung (5,5–4) für die Nutzung äußerst wichtig.

Sandlöß → Flottsand

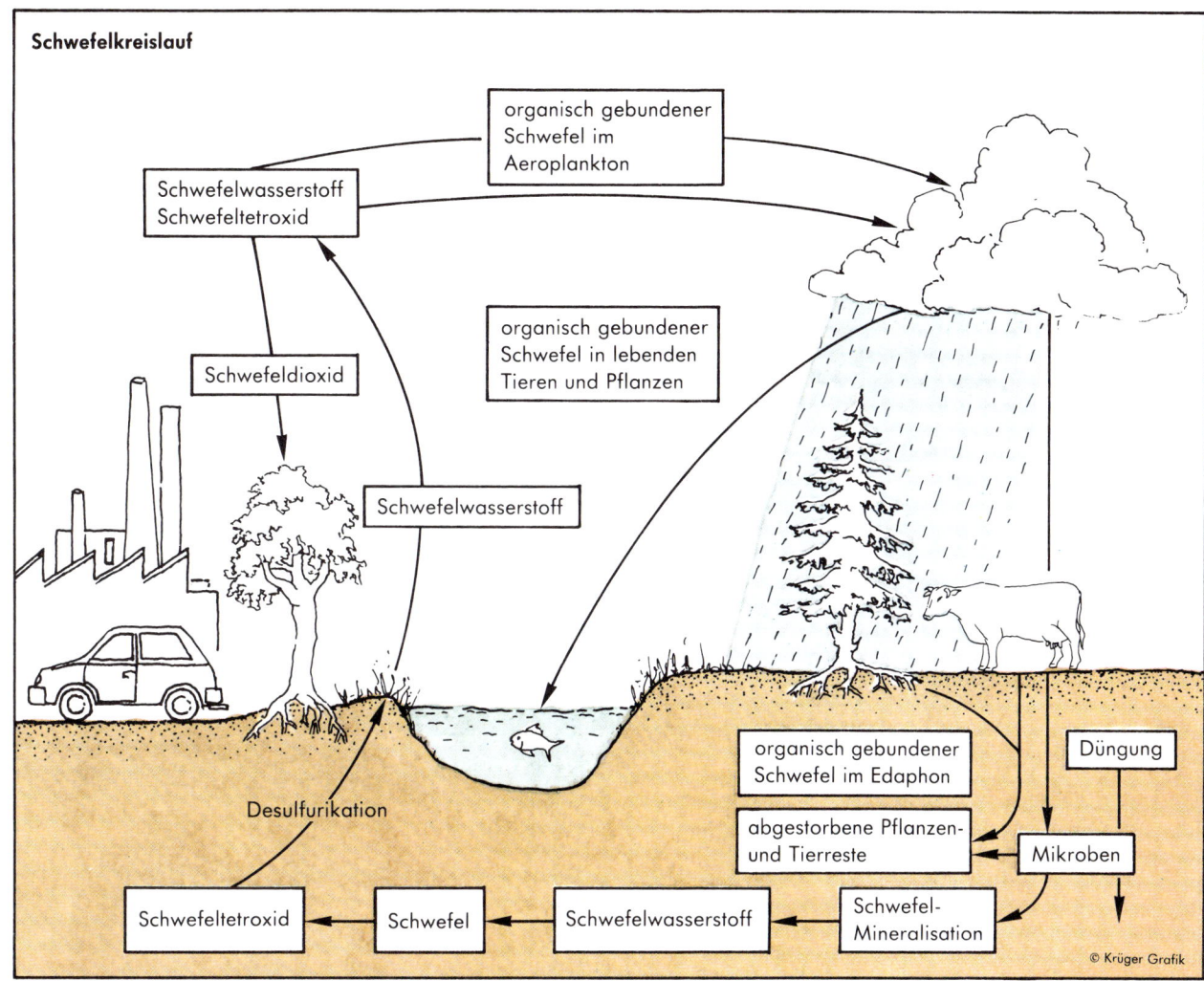

Schwefelkreislauf

organisch gebundener Schwefel im Aeroplankton

Schwefelwasserstoff Schwefeltetroxid

organisch gebundener Schwefel in lebenden Tieren und Pflanzen

Schwefeldioxid

Schwefelwasserstoff

Desulfurikation

organisch gebundener Schwefel im Edaphon

Düngung

abgestorbene Pflanzen- und Tierreste

Mikroben

Schwefeltetroxid

Schwefel

Schwefelwasserstoff

Schwefel-Mineralisation

© Krüger Grafik

Schlick, im Küstenbereich abgelagertes, je nach Einzugsbereich marines, brackiges oder brackigfluviatiles Sediment. Die Korngrößen umfassen Feinsand, Schluff und Ton in wechselnden Anteilen, hinzu kommen Kalk, Salze und stets auch organische Substanz. Marschenböden sind in Schlick entwickelt.

Schwarzerden oder Tschernoseme (russ. = Schwarzerden) bestehen aus einem humusreichen Bodenhorizont, der durchschnittlich 50–80 cm dick ist und im feuchten Zustand eine dunkelgraue bis schwarze Farbe hat (daher ihr Name). Unmittelbar unter dem Humushorizont beginnt das meist gelbliche Ausgangsgestein (Löß, Geschiebemergel und andere kalkhaltige Lockergesteine). Schwarzerden gehören zu den fruchtbarsten Böden der Erde. Sie kommen hauptsächlich in den Steppen vor, in Mitteleuropa sind sie als Reliktböden in den niederschlagsärmsten Gebieten verbreitet (z. B. niederösterreichisches Weinviertel).

Seemarschen, Marschböden aus kalkreichem Schlick und Sand, der am Rand des Wattenmeeres abgelagert wurde. Seemarschen liegen im Schwankungsbereich des Grundwasserspiegels und enthalten zunächst noch Salz, das meist im Laufe weniger Jahre ausgewaschen wird. Die tiefgründigen, kalkhaltigen Seemarschen erreichen nahezu die natürliche Fruchtbarkeit der Schwarzerden; bei älteren Marschen, die schon stärker ausgelaugt, verdichtet und versauert sind, nimmt die Ertragsfähigkeit jedoch rasch ab.

Stagnogleye, wissenschaftlicher Name der unter Stauwassereinfluß (lat.: *stagnare* = stauen) entstandenen Molkenböden. Bei Stagnogleyen dauert die alljährliche Vernässungsperiode sehr lange; sie leiten zu den echten Gleyen über.

Stauwasser, entsteht, wenn Verdichtungshorizonte im Boden vor allem in Hangfußlagen zu einem zeitweiligen Wasserstau führen, indem sie die Versickerung der Niederschläge verzögern. Die wasserleitenden Stauwasser-Horizonte weisen häufig aber nur geringe Feldkapazität auf und trocknen nach der Stauphase sehr schnell aus. Naßphasen in der Vegetationszeit schlagen daher oft plötzlich in Trockenphasen um. Der sich unter Stauwasser entwickelnde Boden ist der Pseudogley.

Steine, Korngrößenklasse des Grobbodens mit Korndurchmessern > 200 mm.

Steinpflaster, flächenhafte Anreicherung von Steinen, entstanden durch Ausblasung oder Ausspülung des ehemals vorhandenen Feinmaterials (Sand, Schluff). Steinpflaster finden sich häufig in pleistozänen Ablagerungen und

zeigen ehemalige Oberflächen an. Die Steine des Steinpflasters weisen meist Windschliff auf.

Steppenböden, charakteristische Böden der Steppenzone, in der es durch die sommerliche Trockenheit und winterliche Kälte zu einem langsamen Abbau der Pflanzenreste und damit zu einer Anreicherung nährstoffreicher Humusformen im Bodenprofil kommt. Im Kerngebiet der Steppen bilden sich Schwarzerden (Tschernoseme), die in den feuchteren Randgebieten in Parabraunerden und braune Prärieböden (Bruniseme), in den trockeneren Randgebieten in kastanienfarbene und Alkaliböden übergehen.

Streu, Pflanzenreste (Blätter, Nadeln, Zweige, verdorrte Gräser und Kräuter, Ernterückstände), die vor allem im Herbst auf die Bodenoberfläche fallen und einen mehr oder weniger dicken Streuhorizont (oder O_l-Horizont) bilden. Unter Wald beträgt die jährliche Zufuhr von (wasserfreier) Pflanzensubstanz etwa 2 000–5 000 kg/ha. Die Streu wurde früher vielfach als Bodenbelag in Viehställen und als organisches Düngemittel verwendet.

Stundenböden → Minutenböden

Syroseme, Rohböden der gemäßigten Klimazonen, deren Eigenschaften vom Ausgangsgestein bestimmt werden und die deshalb auch nach dem Ausgangsgestein unterteilt werden. Syroseme kommen nur an steilen Hängen mit starker Abtragung und an Stand-

orten vor, die ständig mit frischen Sedimenten (z. B. Flugsand oder Geröll) überschüttet werden.

Taschenböden (auch Würgeböden), Böden mit taschen- oder girlandenförmig verfalteten und gestauchten Horizonten. Sie entstehen durch die Kryoturbation und andere frostbedingte Vorgänge, vor allem im Auftauboden über Dauerfrostboden. Taschenböden bilden sich gegenwärtig in den polaren Gebieten und Hochgebirgen, sind aber als Reliktböden und fossile Böden auch in der gemäßigten Klimazone (z. B. in Mitteleuropa) weit verbreitet.

Terrae calcis, Sammelbegriff für tonreiche Böden aus Kalkstein und anderen calciumreichen Gesteinen (lat.: *terra* = Erdboden; *calx* = Kalkstein), in Mitteleuropa überwiegend als Reliktböden erhalten. Man unterscheidet zwei Haupttypen: die rotbraune Terra rossa (Kalkstein-Rotlehm; italien.: rote Erde) und die ocker- bis dunkelbraune Terra fusca (Kalkstein-Braunlehm; italien.: braune Erde). Beide Bodentypen sind durch ihren hohen Tongehalt schwer zu bearbeiten, oftmals stark verdichtet und mäßig bis stark sauer. Kalkstein-Braunlehme werden in Mitteleuropa wegen ihrer ungünstigen Eigenschaften meist als Wald- und Grünland genutzt.

Thermokarst (Kryokarst), Bezeichnung für karstähnliche Oberflächenformen in Dauerfrostgebie-

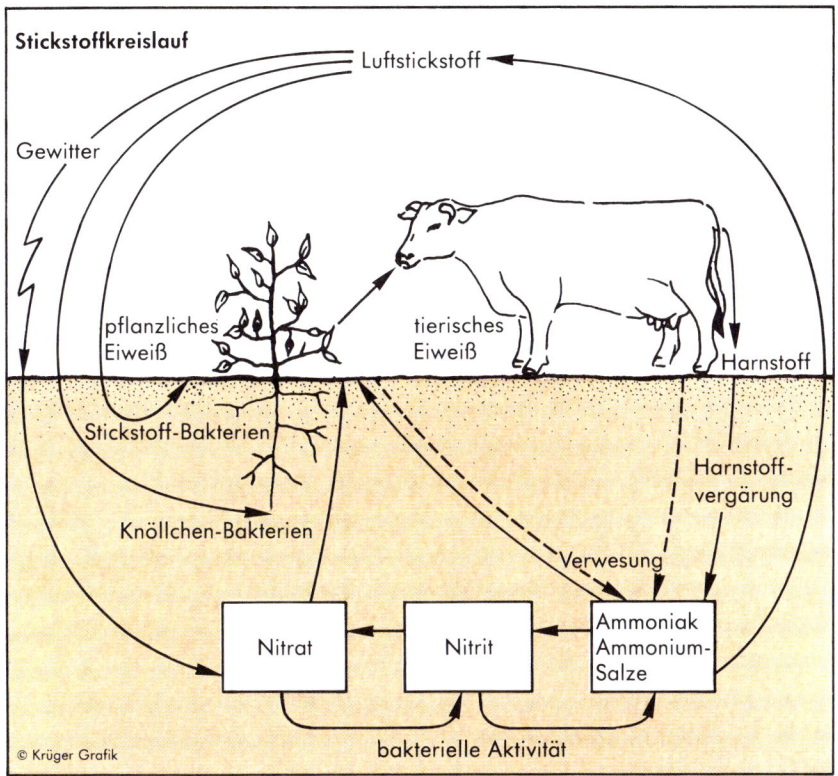

Stickstoffkreislauf

Luftstickstoff

Gewitter

pflanzliches Eiweiß

tierisches Eiweiß

Harnstoff

Stickstoff-Bakterien

Knöllchen-Bakterien

Harnstoff-vergärung

Verwesung

Nitrat

Nitrit

Ammoniak Ammonium-Salze

bakterielle Aktivität

© Krüger Grafik

ten, die durch Abschmelzen von Bodeneis beim Abbau des Dauerfrostbodens und nachfolgendem Einsacken der Bodenoberfläche entstehen. Thermokarstformen sind in Alaska, Kanada und Sibirien – vor allem in schluffigen Bodenarten – weit verbreitet. Häufig geht der Thermokarst auf menschliche Eingriffe in den Naturhaushalt (Bau von Straßen, Gebäuden, Pipelines, Flugplätzen; Zerstörung der Pflanzendecke) zurück.

Ton, in der Bodenkunde Bezeichnung für die Korngrößengruppe, die mineralische Bodenpartikel mit einem Durchmesser kleiner als 0,002 mm umfaßt. Zu dieser Korngrößengruppe gehören vor allem die Tonminerale. Ton im geologischen Sinne ist ein Schichtgestein, das zu mehr als 70 % aus Tonpartikeln besteht.

Tonminerale, blättchenförmige Minerale, die sich durch eine Schichtenstruktur (Zweischicht- bis Vierschicht-Tonminerale) auszeichnen und überwiegend aus Silizium, Sauerstoff, Aluminium und Wasserstoff bestehen. Sie sind plastisch und haben die Fähigkeit der reversiblen (umkehrbaren) An- und Einlagerung von Wassermolekülen an die Außenflächen und in die Zwischenschichträume. Darauf beruht die große Bedeutung der Tonminerale für den

Wasser- und Nährstoffhaushalt der Böden.

Tonverlagerung, abwärts gerichtete Verlagerung von feinkörnigen Bodenpartikeln durch den Sickerwasserstrom im Boden (vgl. Lessivierung). Die Tonverlagerung prägt in erster Linie das Profil der Parabraunerden und Fahlerden. Sie ist in mäßig sauren Böden am stärksten.

Torf, im Wasser aus Resten von Schilf, Seggen, Binsen, Wollgras, Torfmoosen und anderen Pflanzen entstandene Humusform, die mehr als 30 % organische Substanz enthält. Nach der Zusammensetzung werden u. a. Hochmoortorf, Niedermoortorf und Bruchwaldtorf unterschieden. Hochmoortorf wird in den stärker zersetzten Schwarztorf und den schwach zersetzten Weißtorf gegliedert. Torf kann in großen Mengen Wasser (mit den darin gelösten Pflanzennährstoffen) speichern.

Totwasser, Wasser im Boden, das in den feinsten Bodenporen mit größerer Wasserspannung (Kraft) festgehalten wird, als sie die Pflanzenwurzeln im Durchschnitt entwickeln können. Als Grenzwert gilt die Wasserspannung beim permanenten Welkepunkt. Das Totwasser ist der für die Pflanzen nicht verfügbare Wasservorrat des Bodens. Sein Anteil steigt in der Regel mit dem Tongehalt der Böden.

Tundrenböden, typische Böden der Tundrenlandschaften in den Polarregionen der Erde. Dazu gehören neben den weitverbreiteten Mooren vor allem Grundwasserböden (Tundra-Gleye) und sehr flachgründige Podsole (Nanopodsole = »Zwergenpodsole«). An der polaren Grenze der Tundra gehen diese Böden in arktische Rohböden, in Frostmusterböden und in die polare Hamada über.

Unterboden, B-Horizont des Bodenprofils, der gegenüber dem Ausgangssediment meist eine deutlich veränderte Farbe und Struktur durch aus dem Oberboden eingelagerte Substanzen oder durch Mineralneubildung *in situ* (lat.: am Ort entstanden) aufweist.

Verbraunung, Prozeß der Verwitterung und Mineralneubildung im Bodenprofil. Verbraunung findet sowohl im A- als auch im B-Horizont statt, ist aber nur in diesem optisch erkennbar (im A-Horizont farblich überdeckt durch Humus). Die Braunfärbung entsteht durch Verwitterung eisenhaltiger Minerale (Biotit, Olivin, Augit, Hornblende) und Bildung brauner Eisen-Oxide. Diese umhüllen die Mineralkörner des Bodens. Mit der Verbraunung eng verbunden ist die Verlehmung, d. h. die Neubildung von Tonmineralen.

Vergleyung, Bodenbildung unter Einfluß des Grundwassers. Gleye bilden sich in Ebenen, Senken und Tälern mit durchgehend vorhandenem hohen Grundwasserspiegel (höher als 0,8 m). Die Trennung des Oxidations- und des Reduktionshorizontes ist bedingt durch den Wechsel des Redox-Potentials über (höher) und im Grundwasser (niedriger).

Versalzung → Bodenversalzung

Verschlämmung, Anreicherung von feinkörnigen Bodenteilchen im Unterboden durch die Tonverlagerung. Dabei werden die wasserführenden Bodenporen verstopft und der Boden verdichtet, was häufig Staunässe zur Folge hat. Als Verschlämmung wird aber auch die Zerstörung des Bodengefüges im Oberboden durch Witterungseinflüsse (Regen, Frost, Trockenheit) bezeichnet. Vor allem schluffreiche Böden neigen zur Verschlämmung. Wirksame Maßnahmen gegen die Verschlämmung sind der Schutz der Bodenoberfläche durch eine geschlossene Pflanzendecke oder eine Schicht aus Pflanzenresten (Mulchschicht), die regelmäßige Kalkung des Bodens und die Zufuhr von hochwertigem organischen Dünger.

Vertisole, dunkle, tiefgründige, tonreiche Böden, die vorwiegend aus calciumreichen Gesteinen entstehen und hauptsächlich in den subtropischen und tropischen Klimazonen verbreitet sind. Ein charakteristisches Merkmal dieser Böden ist die ständige Durchmischung des Oberbodens durch Quellungs- und Schrumpfungserscheinungen (lat.: *vertere* = drehen, wenden). Sie werden auch als Tropische Schwarzerden bezeich-

net. Vertisole sind am besten als Weideland, bei stärkerer Durchfeuchtung aber auch für den Anbau von Tabak, Baumwolle, Hirse und anderen Kulturpflanzen geeignet.

Verwehung, Bodenerosion durch den Wind, auch als Auswehung oder Deflation (lat.: *deflare* = ausblasen) bezeichnet. Sie ist vor allem auf ebenen, vegetationsfreien Flächen in den Trockengebieten der Erde wirksam. Von der Auswehung werden in erster Linie sandige und schluffige sowie sehr humusreiche Böden (entwässerte Moore) betroffen. In Mitteleuropa sind z. B. die sandigen Böden im norddeutschen Tiefland für die Verwehung anfällig.

Verwesung, Zersetzung der Pflanzenstreu und anderer abgestorbener organischer Substanz durch Bodenorganismen bis zu den mineralischen Endprodukten Ammoniak, Kohlendioxid und Wasser (Mineralisierung). Die Endprodukte der Verwesung sind wiederum als Nährstoffe verwertbar. Verwesungsprozesse laufen bei mittlerer Feuchte, hohen Temperaturen und guter Durchlüftung besonders schnell ab.

Verwitterung, Umwandlung und Zerstörung von Mineralen und Gesteinen an oder in der Nähe der Erdoberfläche durch physikalische, chemische und biologische Prozesse. Nach den wirkenden Kräften unterscheidet man die physikalische oder mechanische Verwitterung, die chemische und

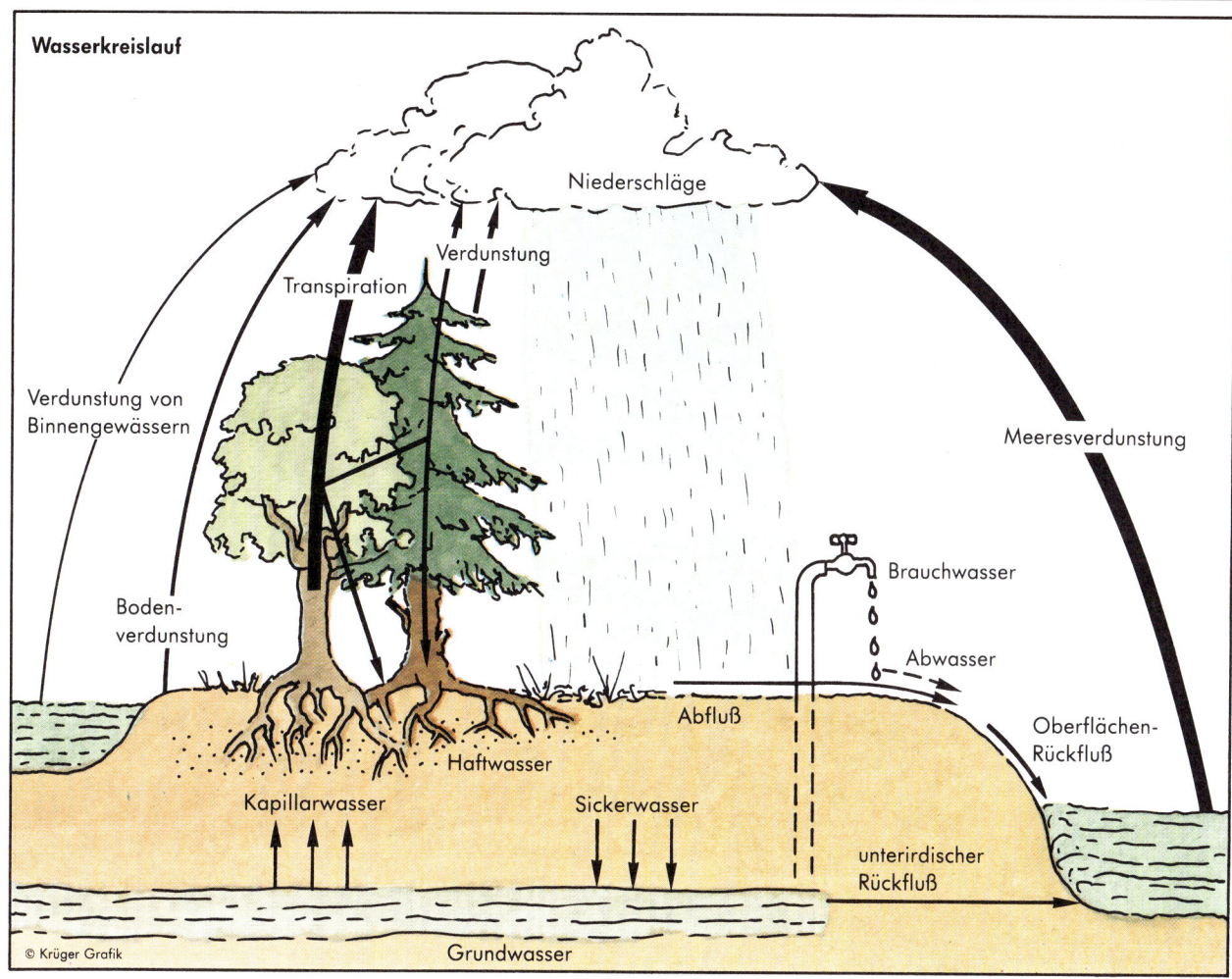

Wasserkreislauf

Niederschläge

Verdunstung

Transpiration

Verdunstung von
Binnengewässern

Meeresverdunstung

Boden-
verdunstung

Brauchwasser

Abwasser

Abfluß

Oberflächen-
Rückfluß

Haftwasser

Kapillarwasser

Sickerwasser

unterirdischer
Rückfluß

© Krüger Grafik

Grundwasser

die biologische Verwitterung, nach der Lage der Verwitterungszone die Oberflächenverwitterung und die Tiefenverwitterung. Die verschiedenen Verwitterungsarten laufen meist eng miteinander verknüpft ab.

Volumengewicht → Bodendichte

Wasserkreislauf. Die Niederschläge auf dem Gebiet der Bundesrepublik Deutschland (durchschnittlich 825 Liter pro Quadratmeter und Jahr) werden zu 41 % aus der Meeresverdunstung und zu 59 % aus der Verdunstung von Landflächen gespeist. Die Festlandsverdunstung setzt sich aus der Verdunstung von Wasserflächen und vom Boden, vom Kronenauffang und der Transpiration der Pflanzendecke (75 % der Gesamtverdunstung) zusammen. Der oberirdische Rückfluß und das zum Grundwasser durchgesickerte Wasser geben dem Meer zurück, was als Wasserdampf landeinwärts verfrachtet worden ist. In den ober- und unterirdischen Abfluß ist der Brauchwasserkreislauf eingeschaltet, der etwa 7 % der jährlichen Niederschlagsmenge verwertet.

Welkepunkt, der Wassergehalt von Böden, bei dem die meisten Pflanzen, ausgenommen typische Trocken- und Salzpflanzen, verwelken und sich auch in wasserdampfgesättigter Luft nicht wieder erholen. Dies tritt ein, wenn der Vorrat an pflanzenverfügbarem Bodenwasser erschöpft ist und das in den feinsten Bodenporen festgehaltene Totwasser von den Pflanzenwurzeln nicht mehr aufgenommen werden kann.

Würgeböden → Taschenböden

Wüstenlack, glänzende, meist braunschwarze lackartige Mineralkruste auf Steinen oder Felsflächen in Wüsten. Sie besteht aus einer 1–2 mm dünnen Rinde aus Mangan-, Kieselsäure- oder Eisenmineralen, die sich dort aus kapillar aufsteigenden Lösungen an der Gesteinsoberfläche ausgeschieden haben. Wüstenlack geht auf die Befeuchtung der Gesteine durch Tau (seltener: Regen) und die in Hitzewüsten außerordentlich starke Verdunstung zurück.

Yerma, Sammelbegriff für verschiedene Rohböden der Wüsten (span.: *yermo* = Wüste). Sie sind meist graubraun (seltener: rötlich) gefärbt und enthalten nur sehr wenig Humus. Da ihre Eigenschaften weitgehend vom Ausgangsgestein bestimmt werden, bezeichnet man sie nach dem Gestein bzw. nach der vorherrschenden Bodenart und dem Auftreten von Krusten an der Bodenoberfläche (Staub-, Basalt-, Kalkkrusten-Yerma etc.).

Zeigerpflanzen, Pflanzen, die auf bestimmte chemische und/oder physikalische Eigenschaften der Böden reagieren und deren Auftreten an einem Standort einen ersten Hinweis auf Bodeneigenschaften wie Wasserhaushalt, Bodenreaktion oder Stickstoffgehalt gibt. So zeigt z. B. der Huflattich feuchte bis nasse Böden, der Klatschmohn schwach saure und der Rauhe Löwenzahn stickstoffarme Böden an.

Peter Göbel,
Udo Sabelberg,
Ulrich Scholles

LITERATUR

Geologie/Bodenkunde

Ahn, P. M.: West African Soils. 3. Ed., Vol. I. London 1970.

Arbeitsgemeinschaft für Umweltfragen e. V. (Hg.): Umweltschutz, Landwirtschaft, Boden. Aktuell: Umwelt Forum '84. Bonn 1985.

BASF AG (Hg.): Unser Boden. 70 Jahre Agrarforschung der BASF Aktiengesellschaft. Köln 1985.

Baumgartner, A.; Reichel, E.: Die Weltwasserbilanz. Niederschlag, Verdunstung und Abfluß über Land und Meer sowie auf der Erde im Jahresdurchschnitt. München, Wien 1975.

Beck, T.: Mikrobiologie des Bodens. München 1968.

Benade, W.: Mikrobiologie der Moore. Linz 1954.

Bender, F. (Hg.): Angewandte Geowissenschaften, Band 1. (u. a.: Strukturgeologie, Gefügekunde, Bodenkunde, Wirtschaftsgeologie) Stuttgart 1981.

Bleich, K. E.: Erosion von Böden infolge von Bodennutzung. Daten Dokumentation Umweltschutz. Umwelttagung, Heft 22. Hohenstein 1981.

Bockelmann, H. von: Der Boden lebt. Essen 1983.

Bölsche, J. (Hg.): Was die Erde befällt... Nach den Wäldern sterben die Böden. Hamburg 1984.

Bork, H. R.; Ricken, W.: Bodenerosion. Holozäne und pleistozäne Bodenentwicklung. Osterode 1983.

Brinkmann, R.: Abriß der Geologie. 2 Bde. Stuttgart 1984.

Bundesinnenministerium (Hg.): Programm zum Schutz des Bodens und der Landschaft. Bonn 1985.

Bund für Umwelt und Naturschutz Deutschland (BUND): Wir leben von dreißig Zentimetern. Ein Bodenschutzprogramm des BUND. Bonn 1983.

Carter, V. G.; Dale, T.: Topsoil and Civilisation. Norman 1974.

Clark, S. P.: Die Struktur der Erde. Stuttgart 1977.

Darwin, Ch.: The formation of vegetable mould through the action of earthworms, with observations on their habits. London 1881.

FAO/UNESCO: Soil Map of Europe i. S. 1:1 Mio. Paris o. J.

FAO/UNESCO: Soil Map of the World i. S. 1:5 Mio., Sheets North and South America and Africa. Paris 1971/72.

Fiedler, H. J.; Hunger, W.: Geologische Grundlagen der Bodenkunde und Standortslehre. Dresden 1970.

Fauth, H.; Hindel, R.; Siewers, U.; Zinner, J. u. a.: Geochemischer Atlas der Bundesrepublik Deutschland. Stuttgart 1985.

Francé, R.: Das Leben im Boden. Das Edaphon. München 1975.

Franz, H.: Feldbodenkunde. Wien, München 1960.

Ganssen, R.; Hädrich, F. (Hg.): Atlas zur Bodenkunde. Mannheim 1965.

Ganssen, R.; Gračanin, Z.: Bodengeographie mit besonderer Berücksichtigung der Böden Mitteleuropas. Stuttgart 1972.

Gerken, B.: Moore und Sümpfe. Bedrohte Reste der Urlandschaft. Freiburg 1983.

Giesecke, F.: Geschichtlicher Überblick über die Entwicklung der Bodenkunde bis zur Wende des 20. Jahrhunderts. Berlin 1929.

Giradet, H. (Hg.): Land for the people. London o. J.

Göbel, P.: Alles über Gartenböden. Theorie – Bearbeitung – Pflege. Stuttgart 1984.

Göttlich, K.: Moor- und Torfkunde. Stuttgart 1976.

Gottlieb-Duttweiler-Institut (Hg.): Stirbt der Boden? – Die schleichende Vergiftung unserer Lebensgrundlage. Rüschlikon 1985.

Graff, O.: Unsere Regenwürmer – Lexikon für Freunde der Bodenbiologie. Hannover 1983.

Haarmann, K.: Feuchtgebiete internationaler Bedeutung und Europareservate in der Bundesrepublik Deutschland (Jordsandbuch 3). Otterndorf 1984.

Harrassowitz, H.: Böden der tropischen Region. Handbuch der Bodenlehre. Band III. Berlin 1930.

Hartge, K. H.: Einführung in die Bodenphysik. Stuttgart 1978.

Hendl, M.; Jäger, E. J.; Marcinek, J.: Allgemeine Klima-, Hydro- und Vegetationsgeographie. Gotha, Leipzig 1978.

Heydemann, B.: Wattenmeer – Bedeutung, Gefährdung, Schutz. Bonn 1981.

Hunt, C. B.: Geology of Soils. San Francisco 1972.

Hurle, K.: Untersuchungen zum Abbau von Herbiziden in Böden. Hamburg 1982.

Jenny, H.: The Soil Ressource. Origin and Behavior. Berlin, New York 1983.

Keller, R.: Gewässer und Wasserhaushalt des Festlandes. Berlin 1961.

Kromarek, Pascale: Vergleichende Aspekte der Bodenpolitik in Europa. Bonn 1984.

Kubiena, W. L.: Bestimmungsbuch und Systematik der Böden Europas. Stuttgart 1953.

ders.: Entwicklungslehre des Bodens. Wien 1984.

Laatsch, W.: Dynamik der deutschen Acker- und Waldböden. Dresden, Leipzig 1938.

Lee, K. E.; Wood, T. G.: Termites and Soil. London 1971.

Lummis, Eric: Issues on Soil and Ground Protection: a United Kingdom Perspective. London 1984.

Mayer, P.; Seufert, M. (Hg.): Rettet den Boden. Wie die neue Umweltkatastrophe noch zu verhindern ist. Hamburg 1985.

Mirenowicz, Ph.: Les aspects européens de la politique des sols. Paris 1984.

Mückenhausen, E.: Die Bodenkunde und ihre geologischen, geomorphologischen, mineralogischen und petrologischen Grundlagen. Frankfurt/M. [3]1982.

Mückenhausen, E.; in Zusammenarbeit mit der Kommission für Bodensystematik der Deutschen Bodenkundlichen Gesellschaft: Entstehung, Eigenschaften und Systematik der Böden der Bundesrepublik Deutschland. Frankfurt/M. 1977.

Němeček, J.: Überblick über die neuesten Systeme der Bodenklassifikation. Prag 1973.

Ottow, J. C. G. u. a.: Boden in Gefahr. In: Bild der Wissenschaft 22 (1985) 3, S. 38–75.

Richter; Sperling (Hg.): Bodenerosion in Mitteleuropa. Darmstadt 1976.

Rid, H.: Das Buch vom Boden. Stuttgart 1984.

Scheffer, F.; Ulrich, B.: Humus. Stuttgart 1960.

Scheffer, F.; Schachtschabel, P.: Lehrbuch der Bodenkunde. Stuttgart [10]1979.

Schröder, Ch.: Boden- und Grundwasserbelastungen in der Bundesrepublik Deutschland. Bonn 1984.

Schroeder, D.: Bodenkunde in Stichworten. Kiel 1978.

Schwarzbach, M.: Das Klima der Vorzeit. Stuttgart [3]1974.

Schwoerbel, J.: Einführung in die Limnologie. Stuttgart 1971.

Semmel, A.: Grundzüge der Bodengeographie. Stuttgart 1983.

Späth, H.-J.: Geologisches Praktikum. Paderborn 1976.

SPD-Bundestagsfraktion unter Leitung von F. Duve (Hg.): Konzept zur Verbesserung der Bodenschutzpolitik. Bonn 1984.

Stiegnitz, M. (Hg.): Schutz des Umweltmediums Boden. Tagung vom 10. bis 12. 2. 1984. Loccumer Protokolle 2/84. Rehburg-Loccum 2 1984.

Topp, W.: Biologie der Bodenorganismen. Heidelberg 1981.

Trolldenier, G.: Bodenbiologie. Stuttgart 1971.

Uhlmann, D.: Hydrobiologie. Stuttgart 1975.

Voisin, A.: Über die Verbindung der Gesundheit des modernen Menschen mit der Gesundheit des Bodens. Köln 1962.

Wagner, G.: Einführung in die Erd- und Landschaftsgeschichte. Öhringen 1960.

Wirtschafts- und Agrargeschichte

Abel, W.: Geschichte der deutschen Landwirtschaft vom frühen Mittelalter bis zum 19. Jh. Hamburg [3]1978.

ders.: Agrarkrisen und Agrarkonjunktur. Eine Geschichte der Land- und Ernährungswirtschaft Mitteleuropas seit dem hohen Mittelalter. Hamburg 1978.

Alföldy, G.: Römische Sozialgeschichte. Wiesbaden [3]1984.

Born, M.: Die Entwicklung der deutschen Agrarlandschaft. Siedlungsgang, Siedlungsformen und Feldsysteme. Darmstadt 1974.

Chrisholm, M.: Rural Settlement and Land Use. London 1968.

Duby, G.: Krieger und Bauern. Die Entwicklung von Wirtschaft und Gesellschaft im frühen Mittelalter. Frankfurt/M. 1981.

Eggebrecht, A. u. a.: Geschichte der Arbeit. Vom alten Ägypten bis zur Gegenwart. Köln 1980.

Finley, M. I.: Die antike Wirtschaft. München [2]1980.

Franz, G. (Hg.): Deutsche Agrargeschichte. 6 Bde. Stuttgart 1969–84.

Frayn, J. M.: Subsistence Farming in Roman Italy. London 1979.

Galeano, E.: Die offenen Adern Lateinamerikas. Die Geschichte eines Kontinents von der Entdeckung bis zur Gegenwart. Wuppertal 1983.

Giedion, S.: Die Herrschaft der Mechanisierung. Ein Beitrag zur anonymen Geschichte. Frankfurt/M. 1982.

Grigg, D. B.: The Agricultural System of the World. An Evolutionary approach. Cambridge 1974.

Gschnitzer, F.: Griechische Sozialgeschichte. Von der mykenischen bis zum Ausgang der klassischen Zeit. Wiesbaden 1981.

Hesse, G.: Die Entstehung industrialisierter Volkswirtschaften. Tübingen 1982.

Kahl, H.: Grundeigentümer, Bauern und Landarbeiter in Südeuropa. Vergleichende Studie zur Entwicklung landwirtschaftlicher Produktionsverhältnisse in Spanien, Portugal und Italien vom Mittelalter bis in die Gegenwart. Frankfurt/M. 1983.

Kellenbenz, H.: Deutsche Wirtschaftsgeschichte. Bd. 1. Von den Anfängen bis zum Ende des 18. Jahrhunderts. München 1977.

Kippenberg, H. G. (Hg.): Seminar: Die Entstehung der antiken Klassengesellschaft. Frankfurt/M. 1977.

Mabey, R.: The Common Ground. London 1980.

Pekáry, Th.: Die Wirtschaft der griechisch-römischen Antike. München [2]1979.

Rösener, W.: Bauern im Mittelalter. München 1985.

Schneider, H. (Hg.): Zur Sozial- und Wirtschaftsgeschichte der späten römischen Republik. Darmstadt 1976.

Strahm, R.: Überentwicklung und Unterentwicklung. Stichwörter zur Entwicklungspolitik. Gelnhausen 1980.

Walters, A. Harry: Ecology, Food and Civilization. An ecological history of human society. London 1973.

Weber, M.: Agrarverhältnisse im Altertum. In: Gesammelte Aufsätze zur Sozial- und Wirtschaftsgeschichte, S. 1–288. Tübingen 1924.

Landwirtschaft/Tierhaltung

Agrarbuch 1985 – Verzeichnis lieferbarer Bücher und Zeitschriften. Münster-Hiltrup 1985.

Andrae, B.: Agrargeographie. Berlin, New York 1977.

ders.: Agrarregionen unter Standortstress. Produktionsverfahren der Bodennutzung in Marginalzonen des Weltagrarraumes. Stuttgart 1978.

Arbeitskreis Umwelt der GRÜNEN im Bundestag (Hg.): Pestizide, Ex- und Importfolgen des Pestizidexports in Länder der Dritten Welt. Köln 1985.

Bach, G. (Hg.): Umweltschutz im Agrarbereich. Schriftenreihe für Agrarpolitik und Agrarsoziologie. Band XXXIV. Graz 1983.

Bechmann/Ehling/Hirn/von Kügelgen: Literaturdokumentation ökologischer Landbau – Ökologische Landwirtschaft und Grundlagen konventioneller Bewirtschaftungsweisen, Auswirkungen der landwirtschaftlichen Nutzungen, Bibliographie, Kurzdokumentation. Freiburg 1984.

Bierter, W.; Komecke, E. von: Zur Problematik des Stickstoffdüngers in der Landwirtschaft. Öko-Bericht 11, Öko-Institut, Freiburg 1982.

Blanckenburg, P. von; Cremer, H. D. (Hg.): Handbuch der Landwirtschaft und Ernährung in den Entwicklungsländern. Stuttgart 1971.

Bokermann, R.: Zur Ökonomik landwirtschaftlicher Bodenverbesserungen. Frankfurt/M. 1983.

Bosse, P. et al.: Welternährung. Entwicklungspolitische Korrespondenz. Hamburg 1981.

Brüchner, H.: Tropische Nutzpflanzen. Ursprung, Evolution und Domestikation. Berlin, Heidelberg, New York 1977.

Brun, R. (Hg.): Landbau heute – Nahrung mit Gift. Frankfurt/M. 1981.

Büchel, K. H.: Pflanzenschutz und Schädlingsbekämpfung. Stuttgart 1977.

BUND/Arbeitskreis Ökologischer Landbau; Stiftung Ökologischer Landbau (Hg.): Ökologie und Landwirtschaft. – Ökologische Landwirtschaft. Eine Lösung für die Zukunft? Kronshagen 1984.

Bundestagsdrucksache 10/1207 vom 29. 3. 1984: Ökologischer Landbau und die Zukunft der Landwirtschaft in der Bundesrepublik Deutschland. Große Anfrage der Abgeordneten Frau Dr. Vollmer und der Fraktion DIE GRÜNEN. Bonn 1984.

Bundestagsdrucksache 10/2042 vom 26. 9. 1984: Antwort der Bundesregierung auf die zahlreichen Fragen der obigen großen Anfrage. Bonn 1984.

Bund Naturschutz in Bayern (Hg.): Ökologischer Garten. Frankfurt/M. 1981.

Collins, J.; Moore-Lappé, F.: Vom Mythos des Hungers. Frankfurt/M. 1982.

DeBach, P.: Biological Control by Natural Enemies. Cambridge 1974.

Deutsche Forschungsgemeinschaft: Verhalten und Nebenwirkungen von Herbiziden im Boden und in Kulturpflanzen. 1979.

Deutsche Landwirtschaftsgesellschaft (Hg.): Bodenfruchtbarkeit in Gefahr? Neuzeitliche Bodennutzung und nachhaltige Ertragsfähigkeit. Frankfurt/M. 1984.

Deutsche Landwirtschaftsgesellschaft (Hg.): Boden schützen – eine Daueraufgabe der Landwirtschaft. Frankfurt/M. 1984.

Deutsche Landwirtschaftsgesellschaft (Hg.): Landbewirtschaftung und Ökologie. Zwingen ökologische Ziele zu grundlegenden Änderungen der Bewirtschaftung von Acker – Grünland – Wald? Frankfurt/M. 1981.

Diercks, R.: Alternativen im Landbau. Stuttgart 1983.

Ekholm, E. P.: Losing Ground: environmental stress and world food prospects. New York 1976.

Ellenberg, H.: Unkrautgemeinschaften als Zeiger für Klima und Boden. Stuttgart 1950.

Elsenhans, H. (Hg.): Agrarreform in der Dritten Welt. Frankfurt/M. 1979.

Elwert, G.; Fett, R.: Afrika zwischen Subsistenzökonomie und Imperialismus. Frankfurt/M. 1981.

Evenari, M.: Ökologisch-landwirtschaftliche Forschungen im Negev. Analyse eines Wüsten-Ökosystems. Darmstadt 1982.

Fernandes, E.; Oktingati, A.; Maghembe, J.: The Chagga Homegardens: A Multistoried agroforestry system on Mount Kilimanjaro. Nairobi o. J.

Fietkau, H.-J. u. a.: Umweltinformation in der Landwirtschaft. Frankfurt/M., New York 1982.

Franz, J. M.; Krieg, A.: Biologische Schädlingsbekämpfung. Berlin, Hamburg 1976.

Die GRÜNEN im Bundestag/AK Umwelt (Hg.): Pestizide Ex & Import. Folgen des Pestizidexports in Länder der Dritten Welt. Köln 1985.

Grzimek, B.: Die Massentierhaltung. Hg. vom Verein gegen tierquälerische Massentierhaltung. Heikendorf bei Kiel o. J.

Hagersfors, A.-M.; Michélsen, T.: Giftexport. Pharma und Pestizide für die Dritte Welt. Reinbek 1984.

IFOAM (International Federation of Organic Agriculture Movements) (Hg.): ifoam-Sonderausgaben zur Theorie und Praxis des Öko-Anbaus. Stiftung Ökologischer Anbau, Eisenbahnstraße 28–30, 6750 Kaiserslautern.
  1: Mansholt-Interview zur Agrarpolitik. [3]1981.
  2: Preuschen: Die Kontrolle der Bodenfruchtbarkeit – Eine Anleitung zur Spatendiagnose. [2]1983.
  3: Krieter: Bodenerosion in rheinhessischen Weinbergen.
  4: Grosch; Lunzer; Vogtmann: Ökologischer Landbau: Daten – Fakten – Zusammenhänge 1983/84.
  5: Sommer: Moderne Tierhaltung und Gesundheit. 1982.
  6: Adressenliste zum Öko-Anbau.
  7: Literaturliste.
  8–13: Preuschen: Hefte zur Umstellung auf ökologischen Landbau. 1982–1985.
  14: Bierter; Kameke: Zur Problematik der Stickstoffdüngung in der Landwirtschaft. [2]1982.
  15: IFOAM: Aufgaben und Ziele der International Federation of Organic Agriculture Movements. 1983.
  16: IFOAM-Erzeugungsrichtlinien für den biologischen Landbau und internationalen Handel. 1982/83.
  17: Rahmenrichtlinien für den ökologischen Landbau in der Bundesrepublik Deutschland. 1984.
Kickuth, R. (Hg.): Die ökologische Landwirtschaft. Karlsruhe 1982.
Klapp, E.: Lehrbuch des Acker- und Pflanzenbaus. Berlin, Hamburg 1967.
Kloke, A.: Immissionsbelastete landwirtschaftliche Standorte. Hannover 1980.
Koepf, Herbert H. u. a.: Biologische Landwirtschaft. Eine Einführung in die biologisch-dynamische Wirtschaftsweise. Stuttgart 1974.
Krauth, W.; Lünzer, I.: Ökologischer Landbau und Welthunger. Reinbek 1982.
Kuhnen, F.: Man and land. An introduction into the problems of agrarian reforms. Saarbrücken 1982.
Kutschera, L.: Wurzelatlas mitteleuropäischer Ackerunkräuter und Kulturpflanzen. Frankfurt/M. 1960.
Liebig, J. von: Die Chemie in ihrer Anwendung auf Agricultur und Physiologie. Braunschweig 1965.
Linser, H. (Hg.): Handbuch der Pflanzenernährung und Düngung. Wien, New York 1966.
Mansholt, S.: The common Agriculture policy. Some new thinking. Stowmarket: Soil Association pamphlet 1979.
Meydell, H. J. von u. a.: Agroforstliche Landnutzung im Einzugsbereich zentraler Orte im Sahel. Fallbeispiel Nord-Senegal. München 1983.

Mooney, P. R.: Saat-Multis und Welthunger. Wie die Konzerne die Nahrungsschätze plündern. Reinbek 1981.
Müller-Elze, R.; Bach, W.: Gesunder Landbau – gesunde Ernährung. Frankfurt/M. 1985.
Österreichische Hochschülerschaft an der Universität für Bodenkultur (Hg.): Ökologische Landwirtschaft. Boku-Blätter. Wien 1984.
Planck, U.; Ziche, J.: Land- und Agrarsoziologie. Eine Einführung in die Soziologie des ländlichen Siedlungsraums und des Agrarbereichs. Stuttgart 1979.
Preuschen, G. u. a.: Ökologischer Landbau – eine europäische Aufgabe. Karlsruhe 1980.
ders. u. a.: Gesunder Boden = leistungsstarker Betrieb. Graz 1978.
ders.: Bodengesundung – ein Beitrag der Stiftung ökologischer Landbau zum Bodenschutzprogramm der Bundesregierung. In: ifoam Nr. 51, 1984.
Rottach, P. (Hg.): Ökologischer Landbau in den Tropen. Ecofarming in Theorie und Praxis. Karlsruhe 1984.
Priebe, H.: Die Subventionierte Unvernunft. Landwirtschaft und Naturhaushalt. München 1985.
Sachverständigenrat für Umweltfragen (SVR): Umweltprobleme der Landwirtschaft. Sondergutachten März 1985. Stuttgart, Mainz 1985.
Salzwedel, J.: Umweltprobleme in der Landwirtschaft. (Sondergutachten für das Bundeslandwirtschaftsministerium) Bonn 1985.
Sauerlandt, W.; Tietjes, J.: Humuswirtschaft des Ackerbaus. Frankfurt/M. 1969.
Schröder, D.: Unser täglich Brot. Die moderne Agrarproduktion in der Diskussion. Hamburg 1984.
Seifert, A.: Gärtnern, Ackern – ohne Gift. München 1975.
Staub, H. A.: Alternative Landwirtschaft. Der ökologische Weg aus der Sackgasse. Frankfurt/M. 1980.
Stiftung Ökologischer Landbau (Hg.): Der ökologische Landbau – eine Realität. Selbstdarstellung und Richtigstellung. Karlsruhe [2]1982.
Vogtmann, H. (Hg.): Ökologischer Landbau. Landwirtschaft mit Zukunft. Stuttgart 1985.
Weber, H.-Ch.: Geschützte Pflanzen. Stuttgart und Zürich 1982.
Wistinghausen, E. von: Düngung und biologisch-dynamische Präparate. Darmstadt 1984.

Waldsterben/Saurer Regen

Arbeitskreis chemische Industrie: Das Waldsterben; Ursachen, Folgen, Gegenmaßnahmen. Köln 1983.
Bölsche, J. (Hg.): Das gelbe Gift. Todesursache: Saurer Regen. Hamburg 1984.
Bosch, C.: Die sterbenden Wälder. München 1983.

Bundeslandwirtschaftsministerium (Hg.): Waldschadenserhebung 1984. Bonn 1984.
Caufield, C.: Tropical Forests. London 1980.
Caufield, C.: In the Rainforest. London 1985.
Cousteau, J.-Y. und die Mitarbeiter der Cousteau-Society (Hg.): Cousteau-Umweltlesebuch 2: Saurer Regen und andere Katastrophen. Stuttgart 1983.
Dost, B.: Die Erben des Übels. Kranke Umwelt, kranke Kinder. München 1983.
Dudley, N.; Barret, M.; Baldoack, D.: The acid rain controversy. London 1985.
Edlin, H.; Nimmo, M.: BLV Bildatlas der Bäume. Merkmale und Biologie, Nutzung und Verwendung, Ökologie des Waldes. München o. J.
Grießhammer, R.: Letzte Chance für den Wald? Freiburg 1983.
Hatzfeld, H. Graf (Hg.): Der Wald stirbt! Forstliche Konsequenzen. Karlsruhe 1984.
ders.: Stirbt der Wald? Energiepolitische Voraussetzungen und Konsequenzen. Karlsruhe 1982.
Lange, V.; Wingert, E.: Und vor uns sterben die Wälder. Robin Wood. Reinbek 1984.
Leibundgut, H.: Wirkungen des Waldes auf die Umwelt des Menschen. Stuttgart 1975.
Mayer, P.: Vor dem Menschen stirbt der Wald. Erosion bedroht den Menschen mit Hungersnot und Klimakatastrophen. In: GEO (1982) 9, S. 6–34.
Meister, Georg u. a.: Die Lage des Waldes. Ein Atlas der Bundesrepublik – Daten, Analysen, Konsequenzen. Hamburg 1984.
Mitscherlich, G.: Wald, Wachstum und Umwelt. Frankfurt/M. 1971.
Myers, N.: The Primary Source. Tropical forests and our future. New York, London 1984.
Öko-Institut (Hg.): Saurer Regen – Ursachen, Wirkungen, Gegenstrategien. Fellbach 1982.
Pollanschütz, J.: Schadstoffbelastung des Waldes – Forstliche Konsequenzen. Hamburg, Berlin 1983.
Sachverständigenrat für Umweltfragen (SVR): Waldschäden und Luftverunreinigungen. Sondergutachten März 1983. Stuttgart, Mainz 1983.
Reichelt, G.; Kollert, R.: Waldsterben und Radioaktivität. Karlsruhe 1985.
Schütt, P. (Hg.): Der Wald stirbt an Streß. München 1984.
ders. u. a.: So stirbt der Wald. Schadbilder und Krankheitsverlauf. München, Wien, Zürich 1983.
Schwedisches Landwirtschaftsministerium (Hg.): Die Versauerung. Eine grenzenlose Bedrohung der Umwelt. Stockholm 1983.
Sioli, H.: Amazonien. Grundlagen der Ökologie des größten tropischen Waldlandes. Stuttgart 1983.
Smith, W.-H.: Air Pollution and Forests. Interactions between Air Contaminants and Forest Ecosystems. New York, Heidelberg, Berlin 1981.

Stern, H. u. a.: Rettet den Wald. München 1983.

Wilde, S. A.: Forest Soils. New York 1958.

Zundel, R.; Hoffmann, D.: Wald und Wasser. Schriftenreihe der Vereinigung Deutscher Gewässerschutz Nr. 23. 1969.

Landschaftsökologie/Stadt und Land

Achleitner, F.: Die Ware Landschaft. Salzburg 1977.

Andritzky, M.; Spitzer, K. (Hg.): Grün in der Stadt. von oben – von selbst – für alle – von allen. Hamburg 1981.

Arbeitsgemeinschaft Deutscher Beauftragter für Naturschutz und Landschaftspflege (ABN): Jahrbuch für Naturschutz und Landschaftspflege. Greven, verschiedene Jahrgänge.

Baden-Württembergisches Ministerium für Ernährung, Landwirtschaft und Forsten: Ökologie und Flurbereinigung. Stuttgart 1981.

Barner, J.: Rekultivierung zerstörter Landschaften. Ökologie, Meliorationswesen und Aufbautechnik. Stuttgart 1978.

Bayerisches Ministerium für Ernährung, Landwirtschaft und Forsten: Biotopschutz in der Flurbereinigung. München 1982.

Blab, J.: Grundlagen des Biotopschutzes für Tiere. Greven 1984.

Bookchin, M.: The Limits of the City. New York, London 1974.

Bundesminister für Ernährung, Landwirtschaft und Forsten (Hg.): Flurbereinigung – Naturschutz und Landschaftspflege. Münster-Hiltrup 1980.

Deutscher Alpenverein (Hg.): Katastrophenkarten. 1985.

Grzimek, B.; Weinzierl, H. (Hg.): Die grüne Stadt. Naturschutz in der Großstadt. München 1980.

Klemp, H.: Mehr Natur in Dorf und Stadt. Kronshagen 1981.

Leser, H.: Landschaftsökologie. Stuttgart 1976.

Öko-Institut (Hg.): Landschaftsplanung – belastete Landschaft, verdrängte Natur. Fellbach 1980.

Piepmeier, R.: Das Ende der ästhetischen Kategorie »Landschaft«. Münster 1980.

Schemel, H. J.; Danz, W.: Die Umweltverträglichkeitsprüfung: Ein neuer Ansatz zur Einbeziehung ökologischer Aspekte bei raumrelevanten Vorhaben. Berichte zur Raumforschung und Raumplanung 6/76. München 1976.

Sedlmayer, H.: Stadt ohne Landschaft. Salzburg 1970.

Tischler, W.: Biologie der Kulturlandschaft. Stuttgart, New York 1979.

Vester, F.: Ballungsgebiete in der Krise. München 1983.

Zimmerli, E.: Freilandlabor Natur. Zürich 1980. (WWF)

Ökologie allgemein

Bechmann, A.; Michelsen, G.: Global Future – Es ist Zeit zum Handeln. Freiburg 1981.

Bechmann, A.: Leben wollen. Anleitungen für eine neue Umweltpolitik. Köln 1984.

Beck-Texte im dtv: Naturschutzrecht. München 1982.

Berichte an den Club of Rome: Der Weg ins 21. Jahrhundert. Alternative Strategien für die Industriegesellschaft. München 1983.

Blab, J. u. a. (Hg.): Rote Liste der gefährdeten Tiere und Pflanzen in der Bundesrepublik Deutschland. Greven 1984.

Blüchel, K.: Der Untergang der Tiere. Reinbek 1979.

Bölsche, J. (Hg.): Die deutsche Landschaft stirbt. Reinbek 1983.

Brandt, W. (Hg.): Hilfe in der Weltkrise. Der 2. Bericht in der Nord-Süd-Kommission. Reinbek 1983.

Brunowsky, R.-D.; Wicke, L.: Der Öko-Plan. Durch Umweltschutz zum neuen Wirtschaftswunder. München 1984.

Buchwald, K.; Engelhardt, W.: Handbuch für Planung, Gestaltung und Schutz der Umwelt. 4 Bde. München 1978.

Carson, R.: Der stumme Frühling. München 1972.

Eckardt, E.; Knauer, S.: Kein schöner Land. Ein deutscher Umweltatlas. München 1981.

Ehrlich, P.; Ehrlich, A.: Der lautlose Tod. Das Aussterben der Pflanzen und Tiere. Frankfurt/M. 1983.

Frey, B. S.: Umweltökonomie. Göttingen 1972.

Griefhahn, M. (Hg.): Greenpeace. Wir kämpfen für eine Umwelt, in der wir leben können. Reinbek 1983.

Gruhl, H.: Ein Planet wird geplündert. Frankfurt/M. 1978.

Grzimeks Tierleben. Sonderband »Ökologie«. Unsere Umwelt als Lebensraum. München 1973.

Hodgate, M. W. u. a.: Umwelt – weltweit. Bericht des Umweltprogramms der Vereinten Nationen (UNEP) 1972–1982. Berlin 1983.

Huxley, A.: Unser grünes Erbe. Die Bedeutung der Pflanzen für das Leben auf der Erde. München 1985.

Jain, S. K.; Mehra, K. L.: Conservation of Tropical Plant Resources. Botanical Survey of India. P. O. Botanic Gardens. Howrah, India 1984.

IUCN: World Conservation Strategy: Living Resource Conservation for Sustainable Development. Prepared by IUCN with UNEP, WWF, FAO and UNESCO. Gland 1980.

Kapfelsperger, E.; Pollmer, U.: Iß und stirb. Chemie in unserer Nahrung. Köln 1982.

Katalyse-Umweltgruppe Köln: Chemie in Lebensmitteln. Köln 1982.

dies.: Umwelt-Lexikon. Köln 1985.

Koch, Egmont; Vahrenholt, F.: Die Lage der Nation. Umwelt-Atlas der Bundesrepublik –

Daten, Analysen, Konsequenzen. Hamburg 1985.

Kunz, Günter (Hg.): Die ökologische Wende. Industrie und Ökologie – Feinde für immer? München 1983.

Larcher, W.: Ökologie der Pflanzen. Stuttgart 1973.

Leier, A.: Holt die Schmetterlinge zurück! Umweltschutz beginnt im Alltag – was wir tun können. München 1984.

Michelsen, G.; Öko-Institut, Freiburg: Der Fischer-Öko-Almanach '84/'85. Daten, Fakten, Trends der Umweltdiskussion. Frankfurt/M. 1984.

Moll, W. L. H.: Taschenbuch für den Umweltschutz. Band III: Ökologische Informationen. München ²1982.

Myers, N. (Hg.): GAIA – Der Öko-Atlas unserer Erde. Frankfurt/M. 1985.

ders.: Die sinkende Arche. Bedrohte Natur, gefährdete Arten. Braunschweig 1985.

Odum, E. P.; Overbeck, J.; Overbeck, E.: Grundlagen der Ökologie in 2 Bänden. Stuttgart, New York 1980.

Olschowy, G. (Hg.): Natur- und Umweltschutz in der Bundesrepublik Deutschland. 3 Bde. Hamburg, Berlin 1981.

Osche, G.: Ökologie. Freiburg 1973.

Passmore, J.: Man's responsibility for nature. London 1974.

Prescott-Allen, R.: What's Wildlife? Economic contributions of wild plants and animals to developing countries. London 1982.

Preuschen, G.: Die Wiederbelebung zerstörter Ökosysteme. 1984.

Remmert, H.: Ökologie. Ein Lehrbuch. Berlin 1980.

Schille, P.; Silvester, H. W.: Bedrohte Paradiese. Hamburg 1982.

Schramm, E. (Hg.): Ökologie-Lesebuch. Ausgewählte Texte zur Entwicklung ökologischen Denkens. Vom Beginn der Neuzeit bis zum »Club of Rome« (1971). Frankfurt/M. 1984.

Schreiber, R. L. (Hg.): Arche Noah 2000. Frankfurt/M., Stuttgart 1980.

Seymour, J.: Und dachten, sie wären die Herren. Der Mensch und die Einheit der Natur. München 1983.

Sielmann, H.: Das Wild unserer Wälder und Felder. Hamburg, Berlin 1981.

Stern, H. u. a.: Rettet die Wildtiere. Stuttgart 1980.

Strohm, H.: Politische Ökologie. Arbeitsmaterialien und Lernmodelle für Unterricht und Aktion. Hamburg 1979.

Treuenfels, C.-A. von: Abenteuer Naturschutz in Deutschland. Hamburg 1984.

Umweltbundesamt (Hg.): Daten zur Umwelt 1984. Berlin 1984.

US Council of Environmental Quality and Department of State: Global 2000. Der Bericht an den Präsidenten. Frankfurt/M. 1980.

Vester, F.: Das Überleben. Frankfurt/M. 1975.

Vester, F.: Unsere Welt – ein vernetztes System. München 1983.

Weinzierl, H.: Projekt Biber. Wiedereinbürgerung von Tieren. Stuttgart 1973.

Weischet, W.: Die ökologische Benachteiligung der Tropen. Stuttgart 1980.

Zeitschriften/Periodika

Bundesrepublik Deutschland

»abq-aktuell«
Arbeitsgemeinschaft
Bodenfruchtbarkeit und
Qualitätserzeugung (abq)
Postfach 11 12
7900 Ulm

»Cohrs Gartenblätter: Beiträge für einen naturgemäßen Pflanzenbau«
Ernst-Otto Cohrs
Postfach 1165
2720 Rotenburg/Wümme

»ANOG-Information«
ANOG/AG für naturnahen
Obst-, Gemüse- und
Feldfruchtanbau
Anton-Reuter-Straße 18
5400 Koblenz

»Bauernblatt«
AK junger Landwirte
Hofäckerweg 1
7407 Rottenburg-Ergenzingen

»Bio-Garten«
pala-Verlag
Schloßgraben 21
6117 Schaafheim

»Bioland«
Fördergemeinschaft organisch-
biologischer Land- und
Garenbau e. V./Bioland
Postfach 1107
7326 Heiningen

»Bio-Nachrichten«
für biologischen Anbau
und gesunde Ernährung
Biokreis Ostbayern e. V.
Kleiner Exerzierplatz 9
8390 Passau

»Boden und Gesundheit«
Gesellschaft für Boden
und Gesundheit
Postfach 19
7183 Langenburg/Württ.

»Demeter Blätter«
Demeter-Bund e. V.
Wellingstraße 24
7000 Stuttgart-Sillenbuch

»Durchblick, Zur Gegenwart der Zukunft«
Magazin für Bewußtseinswandel
und Praktisches Tun
Seyfferstraße 46
7000 Stuttgart 1

»Erde und Kosmos«
H. Finsterlin
7869 Holzinshaus (Schönau)

»Gartenland«
Biopraxis für Garten, Haus
und Hof
Eugen Ulmer Verlag
Postfach 700561
7000 Stuttgart 70

»Garten organisch – organischer Landbau«
G. E. Siebeneicher
Postfach 3645
7900 Ulm

»Gartenrundbrief«
Vereinigung der Arbeitsgemeinschaft
für Biologisch-Dynamische
Wirtschaftsweise Baden-Württemberg und
Pfalz
Mathystraße 34
7530 Pforzheim

»Grüne Informationen«
Voltastraße 35
3000 Hannover 1

»ifoam«
Zeitschrift für Ökologische
Landwirtschaft;
ifoam-Sonderdrucke
Stiftung Ökologischer Landbau
Eisenbahnstraße 28–30
6750 Kaiserslautern
IFOAM International Federation
of Organic Agriculture Movements
(Internationale Föderation
ökologischer Landbaubewegungen)

»Kraut & Rüben«
Das Magazin für biologisches
Gärtnern und naturgemäßes Leben
BLV-Verlagsgesellschaft mbH
Postfach 400320
8000 München 40

»Landschaft und Stadt«
Ulmer Verlag
Gerokstraße 19
7000 Stuttgart

»Lebendige Erde«
inkl. »Gartenrundbrief«
Anbaurichtlinien
Forschungsring für biologisch-
dynamische Wirtschaftsweise e. V.
Baumschulenweg 11
6100 Darmstadt

»Mahlzeit!«
Verbraucherzeitschrift für Umwelt,
Landbau und Ernährung
Grünes Netz e. G.
Veronikastraße 6
4300 Essen

»Mitteilungen«
Arbeitsgemeinschaft für
naturgemäßen Land-, Obst-
und Gartenbau e. V.
Binzburgstraße 40
7601 Schutterwald

»Natur«
Das Umweltmagazin
Isartorplatz 5
8000 München 2

»Naturgemäßer Land- und Gartenbau + Lebensschutz aktiv«
Waerland Verlag
Postfach 2530
6800 Mannheim 1

»Naturland-Information«
Anbaurichtlinien
Verband für naturgemäßen
Landbau e. V. (NATURLAND)
Kleinhaderner Weg 1
8032 Gräfelfing

»Natur und Landschaft«
Kohlhammer-Verlag
Hessbrühlstraße 69
7000 Stuttgart

»Natur und Umwelt«
BUND
Postfach 120536
5300 Bonn 1

»Die Neue Gesellschaft«
Godesberger Allee 143
5300 Bonn 2

»Ökologische Aspekte«
Dokumentation umweltpolitischer
Materialien
Domesbergerstraße 5
6761 Steinbach

»Öko-Mitteilungen«
Öko-Institut
Hindenburgstraße 20
7800 Freiburg

»öko päd«
Zeitschrift für Ökologie und Pädagogik
Am Thasberg 30
6149 Rimbach 3

»Ökoring«
Versuchs- und Beratungsring
ökologischer Landbau
Niedersachsen e. V.
Walsroder Straße 12
3032 Fallingbostel

ÖKO-TEST
Magazin für Alltagsökologie
Schwanthaler Straße 59
6000 Frankfurt/M. 70

»Umwelt«
Bundesministerium des Innern (Hrsg.)
Graurheindorfer Str. 198
Ref. Z II 2
5300 Bonn

»Umweltbrief, Didaktische Handreichungen zum Thema Umwelt«
Braunschweiger Verlagsanstalt
Postfach 4544
3300 Braunschweig

»Umweltmagazin«
Zeitschrift des Bundesverbandes
Bürgerinitiative
Umweltschutz e. V.

Paul-Lincke-Ufer 44 a
1000 Berlin 36
»Wechselwirkung«
Zeitschrift für Technik,
Naturwissenschaft, Gesellschaft
Hauptstraße 31
1000 Berlin 62
»Winke« (Hinweise für den Gärtner)
Abtei Fulda
Nonnengasse 16
6400 Fulda
Zeitschrift für Umweltpolitik
Dt. Fachverlag
Schumannstraße 27
6000 Frankfurt/M.

Österreich

»Besser Leben«
Johann-Strauß-Straße 1
A-2485 Wampersdorf
»Der bäuerliche Pionier«
eigene Erzeugungsrichtlinien
Fördergemeinschaft für
gesundes Bauerntum
Nöbauerstraße 22
A-4060 Leonding
»Die Bergbauern – Alternativen für Bergbauern«
Spittelberggasse 24
A-1070 Wien
»Die Umwelt«
Verlag Gerhard Baumgartner
Universitätstraße 11/1 a
A-1010 Wien
»Landwirtschaft und Leben«
Lehrbriefe (Merkblätter) zum
ökologischen Landbau
Ing. Josef Willi
Fernschule der Landwirtschaft
Brixner Straße 1
A-6020 Innsbruck
»Mitteilungsblatt«
Verband organisch-biologisch

wirtschaftender Bauern
Österreichs c/o Walter Eiböck
Sonnberg 8
A-5771 Leogang
»Rundschreiben«
Österreich. Demeterbund,
Vereinigung für biologisch-
dynamische Nahrungsmittelqualität
Salierigasse 38
A-1180 Wien
»Umwelt-Schutz-Städtereinigung«
Bohmann Verlag AG
Canovagasse 5
A-1010 Wien

Schweiz

»AGE-Bulletin«
Aktion gesünder essen
Postfach
CH-8037 Zürich
»Beiträge der biologisch-dynamischen Wirt-
schaftsweise«
W. Bachofner
CH-9467 Frümsen
»Bio Germinal«
Progana, Association des
producteurs professionnels
CH-1751 Middes
»Der biologische Land- und Gartenbau«
Schweiz. Gesellschaft für
Biologischen Landbau (SGBL)
CH-8320 Fehraltdorf
»Der Jungbauer«
Organisch-Biologischer
Landbau (Müller)
(Bauern-Heimat-Schule)
Möschberg
CH-3506 Großhöchstetten
»Umweltschutz/Gesundheitstechnik«
BAG Brunner Verlag AG
Stauffacherstraße 5
CH-8036 Zürich

»Zum Beispiel« und »Mitteilungen der Schweiz.
Stiftung...«
Schweiz. Stiftung und
Forschungsinstitut für
Biologischen Landbau
Postfach
CH-4104 Oberwil/BL

ADRESSEN

Bundesministerien

Der Bundesminister des Innern
Graurheindorfer Str. 198
5300 Bonn 1
☎ 0228/681-1
Der Bundesminister für Ernährung, Landwirtschaft und Forsten
Rochusstr. 1
5300 Bonn-Duisdorf
☎ 0228/751

Landesministerien

Niedersächsisches Ministerium für Ernährung,
Landwirtschaft und Forsten
Calenberger Str. 2
3000 Hannover
☎ 0511/1201
Ministerium für Ernährung, Landwirtschaft und
Forsten
Roßstr. 135
4000 Düsseldorf 30
☎ 0211/45631
Ministerium für Soziales, Gesundheit und Umwelt
Bauhofstr. 4
6500 Mainz
☎ 06131/161
Ministerium für Umwelt, Raumordnung und
Bauwesen
Hardenbergstr. 8
6600 Saarbrücken
☎ 0681/5011
Ministerium für Ernährung, Landwirtschaft und
Forsten
Düsternbrooker Weg 104–108
2300 Kiel
☎ 0431/5961
Hessisches Ministerium für Landesentwicklung,
Umwelt, Landwirtschaft und Forsten
Hölderlinstr. 1–3
6200 Wiesbaden
☎ 06121/8171

Der Senator für Gesundheit und Umweltschutz
Bahnhofsplatz 29
2800 Bremen 1
☎ 0421/3611
Behörde für Bezirksangelegenheiten, Naturschutz
und Umweltgestaltung
Adenauerallee 3–6
2000 Hamburg 1
☎ 040/248251
Ministerium für Ernährung, Landwirtschaft, Umwelt und Forsten
Marienstr. 41
7000 Stuttgart 1
☎ 0711/66761
Bayerisches Staatsministerium für Landesentwicklung und Umweltfragen
Rosenkavalierplatz 2
8000 München 81
☎ 089/92141
Der Senator für Stadtentwicklung und Umweltschutz
Otto-Suhr-Allee 18–20
1000 Berlin 10
☎ 030/867-1

Bundesanstalten, -institute, -ämter

Biologische Bundesanstalt für Land- und Forstwirtschaft
Königin-Luise-Str. 19
1000 Berlin
☎ 030/83041
Biologische Bundesanstalt für Land- und Forstwirtschaft
Messeweg 11/12
3300 Braunschweig
☎ 0531/3991
Bundesamt für Ernährung und Forstwirtschaft
Adickesallee 40
6000 Frankfurt/M. 1
☎ 069/15640
Bundesanstalt für Geowissenschaften und
Rohstoffe
Stilleweg 2
3000 Hannover 51
☎ 0511/643-0
Bundesanstalt für Gewässerkunde
Kaiserin-Augusta-Anlage 15–17
5400 Koblenz
☎ 0261/12671
Bundesanstalt für Landes- und Raumforschung
Am Michaelshof 8
5300 Bonn 1
☎ 0228/8261
Bundesforschungsanstalt für Ernährung
Engesserstr. 20
7500 Karlsruhe
☎ 0721/60114-60116
Bundesforschungsanstalt für Forst- und Holzwirtschaft
Leuschnerstr. 91
2050 Hamburg 80
☎ 040/73962-1

Bundesforschungsanstalt für gartenbauliche
Pflanzenzüchtung
Bornkampsweg 31
2070 Ahrensburg
☎ 04102/51121
Bundesforschungsanstalt für Getreide- und
Kartoffelverarbeitung
Schuetzenberg 12
4930 Detmold 1
☎ 05231/23451
Bundesforschungsanstalt für Landwirtschaft
Braunschweig-Völkenrode
Bundesallee 50
3300 Braunschweig
☎ 0531/5961
Bundesforschungsanstalt für Naturschutz- und
Landschaftsökologie
Konstantinstr. 110
5300 Bonn 2
☎ 0228/330041-44
Umweltbundesamt
Bismarckplatz 1
1000 Berlin 33
☎ 030/8903-250

Landesanstalten, -institute, -ämter

Baden-Württemberg

Chemische Landesuntersuchungsanstalt
Postfach
7480 Sigmaringen
☎ 07571/1011
Forstliche Versuchs- und Forschungsanstalt
Baden-Württemberg
Sternwaldstr. 16
7800 Freiburg
☎ 0761/70527 oder 70520
Landesanstalt für Landwirtschaftliche Chemie
der Universität Hohenheim
Bodenabteilung
Emil-Wolff-Str. 14
7000 Stuttgart
☎ 0711/4501-2672
Landesanstalt für Pflanzenschutz
Reinsbergstr. 107
7000 Stuttgart 1
☎ 0711/66762573
Landesanstalt für Umweltschutz
Griesbachstr. 3
7500 Karlsruhe 21
☎ 0721/59861

Bayern

Bayerisches Landesamt für Umweltschutz
Rosenkavalierplatz 3
8000 München 81
☎ 089/92141

Bayerische Landesanstalt für Bodenkultur und
Pflanzenbau Freising-München
Menzinger Str. 54
8000 München 19
☎ 089/17991
Forstliche Forschungsanstalt München
Amalienstr. 52
8000 München 40
☎ 089/21800
Landwirtschaftliches Untersuchungsamt
Luxburgstr. 3
8700 Würzburg
☎ 0931/71325

Berlin

Berliner Forsten/Landesforstamt
Wannseebadweg
1000 Berlin 38
☎ 030/8031066
Pflanzenschutzamt Berlin
Altkircherstr. 1–3
1000 Berlin 30
☎ 030/8313082

Bremen

Niedersächsisches Landesamt für Bodenfor-
schung/Außeninstitut
Friedrich-Mißler-Str. 46–48
2800 Bremen 1
☎ 0421/236902
Pflanzenschutzamt
Bahnhofsplatz 29
2800 Bremen
☎ 0421/3612575
Staatliche Chemische Untersuchungsanstalt
St.-Juergen-Str.
2800 Bremen
☎ 0421/44921

Hamburg

Institut für Angewandte Botanik
Marseiller Str. 7
2000 Hamburg 36
☎ 040/41231

Hessen

Hessische Forsteinrichtungsanstalt
Moltkestr. 10
6300 Gießen 11
☎ 0641/36026
Hessische Forstliche Versuchsanstalt
Prof.-Oelkers-Str. 6
3510 Hannoversch Münden
☎ 05541/1032

Hessische Landwirtschaftliche Versuchsanstalt/
Untersuchungsamt
Am Versuchsfeld 13
3500 Kassel-Harleshausen
☎ 0561/88141
Hessisches Landesamt für Bodenforschung
Leberberg 9
6200 Wiesbaden
☎ 06121/5371
Hessische Landesanstalt für Umwelt
Postfach 3209
6200 Wiesbaden
☎ 06121/4911

Niedersachsen

Institut für Bodenökologie
Dr. Hubert Mayer-Spasche
Am Teeberg 5
3111 Bohlsen
☎ 05808/608 + 628
Landwirtschaftliche Untersuchungs- und
Forschungsanstalt
Finkenborner Weg 1 a
3250 Hameln 1
☎ 0561/88141
Niedersächsisches Forstplanungsamt
Forstweg 1 A
3340 Wolfenbüttel
☎ 05331/7981
Niedersächsisches Landesamt für Bodenforschung
Stillestr. 2
3000 Hannover
☎ 0511/64681

Nordrhein-Westfalen

Chemisches Landesuntersuchungsamt
Sperlichstr. 19
4400 Münster
☎ 0251/79058
Forschungsstelle für Jagdkunde und Wildscha-
densverhütung des Landes Nordrhein-Westfalen
Forsthaus Hardt
5300 Bonn 3
☎ 0228/482115
Landesanstalt für Immissionsschutz
Wallneyerstr. 6
4300 Essen
☎ 0201/79951
Landesanstalt für Ökologie, Landschaftsentwicklung und Forstplanung
Wenberg str. 127/129
4000 Düsseldorf 1
☎ 0211/313024
Landwirtschaftliche Untersuchungs- und
Forschungsanstalt Rheinland
Weberstr. 59–61
5300 Bonn
☎ 0228/210021

Rheinland-Pfalz

Landesamt für Umweltschutz
Amtsgerichtsplatz 1
6504 Oppenheim
☎ 06133/2012
Landwirtschaftliche Untersuchungs- und
Forschungsanstalt
Obere Langgasse 40
6720 Speyer
☎ 06232/76026

Saarland

Landesamt für Umweltschutz, Naturschutz und
Wasserwirtschaft
Hellwigstr. 14
6600 Saarbrücken
☎ 0681/6041

Schleswig-Holstein

Landesamt für Naturschutz und Landschaftspflege
Saarbrückenstr. 38
2300 Kiel 1
☎ 0431/66098
Landesamt für Wasserhaushalt und Küsten
Saarbrückenstr. 38
2300 Kiel 1
☎ 0431/66099
Landwirtschaftliche Untersuchungs- und
Forschungsanstalt
Gutenbergstr. 75–77
2300 Kiel
☎ 0431/15087
Pflanzenschutzamt des Landes Schleswig-Holstein
Westring 383
2300 Kiel
☎ 0431/562015-6
Untersuchungsstelle für Umwelttoxikologie
Fleckenstr.
2300 Kiel
☎ 0431/5972921

Arbeitsgemeinschaften/Kommissionen

Arbeitsgemeinschaft beruflicher und ehrenamt-
licher Naturschutz e. V. (ABN)
Konstantinstr. 110
5300 Bonn 2
☎ 0228/3000041-44
Arbeitsgemeinschaft Deutscher Waldbesitzer-
verbände e. V.
Monheimer Str. 5
5300 Bonn 3
☎ 0228/482912
Arbeitsgemeinschaft für Landschaftsentwicklung
Godesberger Allee 142–148
5300 Bonn 2
☎ 0228/81002-39

Arbeitsgemeinschaft für Umweltfragen e. V.
Matthias-Grünewald-Str. 1–3
5300 Bonn 2
☎ 0228/375005

Bayerisches Staatsministerium für Landesentwicklung und Umweltfragen
Rosenkavalierplatz 2
8000 München 2
☎ 089/284371

Länderarbeitsgemeinschaft für Naturschutz,
Landschaftspflege und Erholung (LANA)
Ministerium für Soziales, Gesundheit und
Umwelt
Bahnhofstr. 4
6500 Mainz
☎ 06131/161

Länderausschuß für Immissionsschutz (LAI)
Ministerium für Arbeit, Gesundheit und
Soziales
Horionplatz 1
4000 Düsseldorf 1
☎ 0211/83703

Verbände

Bundesverband Bürgerinitiativen Umweltschutz
e. V. (BBU)
Friedrich-Ebert-Allee 120
5300 Bonn 1
☎ 0228/233099

Bund für Umwelt und Naturschutz Deutschland
e. V. (BUND)
Postfach 120536
In der Raste 2
5300 Bonn 1
☎ 0228/230001

Landesverbände des BUND:

Bund für Umwelt und Naturschutz Deutschland –
Landesverband Baden-Württemberg e. V.
Erbprinzenstr. 18
7800 Freiburg
☎ 0761/35254

Bund Naturschutz in Bayern e. V.
Schönfeldstr. 8
8000 München 22
☎ 089/288300 oder 089/284371

Bund Naturschutz in Bayern e. V.
Geschäftsstelle Nordbayern
Bauernfeindstr. 23
8500 Nürnberg
☎ 0911/868011

Bund Naturschutz in Bayern e. V.
Geschäftsstelle Südbayern
Theresienstr. 21
8000 München 2
☎ 089/396089

Bund für Umwelt und Naturschutz Deutschland
e. V.
Landesverband Berlin
Theodor-Heuss-Platz 7
1000 Berlin 19
☎ 030/3015644

Bund für Umwelt und Naturschutz Deutschland
e. V.
Landesverband Bremen
Ostertorwallstr. 67
2800 Bremen 1
☎ 0421/323606

Bund für Umwelt und Naturschutz Deutschland
e. V.
Landesverband Hamburg
Lange Reihe 29
2000 Hamburg 1
☎ 040/244411

Bund für Umwelt und Naturschutz Deutschland
e. V.
Landesverband Hessen
Gemündener Str. 34
6000 Frankfurt 70
☎ 069/681078

Bund für Umwelt und Naturschutz Deutschland
e. V.
Landesverband Niedersachsen
Fundstr. 1 B
3000 Hannover 1
☎ 0511/341636

Bund für Umwelt und Naturschutz Deutschland
e. V.
Landesverband Nordrhein-Westfalen
Graf-Adolf-Str. 7–9
4030 Ratingen
☎ 02102/22081

Bund für Umwelt und Naturschutz Deutschland
e. V.
Landesverband Rheinland-Pfalz
Friedrich-Ebert-Str. 10
6522 Osthofen
☎ 06242/4646

Bund für Umwelt und Naturschutz Deutschland
e. V.
Landesverband Saarland
Futterstr. 14
6600 Saarbrücken 3
☎ 0681/33957

Bund für Umwelt und Naturschutz Deutschland
e. V.
Landesverband Schleswig-Holstein
Lerchenstr. 22
2300 Kiel
☎ 0431/673031-34

Bundesverband Deutscher Gartenfreunde e. V.
Bundesgeschäftsstelle
Siegfried-Leopold-Str. 6
5300 Bonn 3
☎ 0228/461830

Bund Deutscher Landschaftsarchitekten e. V.
(BDLA)
Bundesgeschäftsstelle
Colmantstr. 32
5300 Bonn 1
☎ 0228/655488

Deutscher Forstwirtschaftsrat e. V.
Geschäftsstelle
Münstereifeler Str. 19
Postfach 1229
5308 Rheinbach
☎ 02226/2350

Deutsche Gesellschaft für Agrar- und Umweltpolitik e. V.
Geschäftsstelle
Kennedyallee 62–70
5300 Bonn 2
☎ 0228/378030

Deutsche Gesellschaft für Technische Zusammenarbeit (GTZ)
Dag-Hammarskjöld-Weg 1
6236 Eschborn 1
☎ 06196/401-1

Deutsche Landwirtschaftsgesellschaft e. V.
(DLG)
Rüsterstr. 13
(DLG-Haus)
6000 Frankfurt 1
☎ 069/7168-0

Forschungsinstitute

Alpeninstitut GmbH
Gesellschaft für Umweltforschung und Ent-
wicklungsplanung
Schieggstr. 21
8000 München 71
☎ 089/7913233

Arbeitsgruppe Umwelt, Gesellschaft, Energie
(AUGE)
Universität Essen
Universitätsstr. 12
4300 Essen 1
☎ 0201/1833473

Bodenuntersuchungsinstitut Koldingen
Hollanderei 22
3017 Pattensen 1
☎ 05102/2066

Europäisches Institut für Umweltpolitik
(Dokumentationsservice Luftreinhaltung)
Aloys-Schulte-Str. 6
5300 Bonn 1
☎ 0228/213810

Forschungsgesellschaft Landschaftsentwicklung,
Landschaftsbau e. V. (FLL)
5300 Bonn 1
☎ 0228/655488

Institut für Angewandte Bodenbiologie GmbH
Fischers Allee 75
2000 Hamburg 50
☎ 040/3902213

Institut für Bodenkunde und Walderernährung der
Universität Göttingen
Büsgenweg 2
3400 Göttingen
☎ 0551/391

Institut für Europäische Umweltpolitik
Europäische Kulturstiftung
Aloys-Schulte-Str. 6
5300 Bonn 1
☎ 0228/213810

Institut für Landschaftspflege und Naturschutz der
Universität Hannover
Herrenhäuser Str. 2
3000 Hannover
☎ 0511/762-1

Lehrstuhl für Landschaftsökologie der Technischen Universität München
Weihenstephan
8050 Freising 12
☎ 08161/711

Institut für Landschafts- und Freiraumplanung
Sekr. FR 2-6
Franklinstr. 28/29
1000 Berlin 10
☎ 030/31473281

Institut für Mikroökologie
Dr. Volker Rusch
Am Kornmarkt 34
6348 Herborn/Dill
☎ 02772/41033

Institut für Waldbau der Universität Göttingen
Büsgenweg 1
3400 Göttingen-Weende
☎ 0551/3936552

Institut für Wasser-, Boden- und Lufthygiene
Corrensplatz 1
1000 Berlin 33
☎ 030/83081

Internationales Institut für Umwelt und Gesellschaft (IIUG)
Wissenschaftszentrum Berlin
Potsdamer Str. 58
1000 Berlin 30
☎ 030/261071

Labor für Bodenuntersuchungen und Spuren-
metall-Analytik
Dr. Balzer
Oberer Ellenberg 5
3551 Amönau/Marburg-Biedenkopf
☎ 06423/7483

Limnologisches Institut
Universität Konstanz
Postfach 5560
7750 Konstanz
☎ 07531/883530

**Arbeitsgemeinschaft ökologischer Forschungs-
institute (AGÖF)**

Geschäftsstelle: IBEK
Bismarckstr. 33
7500 Karlsruhe
☎ 0721/22065

Mitglieder:

Arbeitskreis Natur und Gesellschaft e. V.
Leoberner Str.
Wohnheim Mensa 4–7
2800 Bremen 33
☎ 0421/219364

Bremer Umweltinstitut für die Analyse und
Bewertung von Schadstoffen e. V.
Colmarer Str. 22 A
2800 Bremen
☎ 0421/349 8511 oder 0421/2182372

ebök
Büro für Energieberatung und ökologische
Konzepte
Dorfackerstr. 12
7400 Tübingen
☎ 07071/82529

GÖK
Gruppe Ökologie
Institut für ökologische Forschung und Bildung
e. V.
Immengarten 31
3000 Hannover 1
☎ 0511/6963130

IFUA
Institut für Umweltanalyse e. V.
Eckendorfer Str. 10
4800 Bielefeld
☎ 0521/321241

Institut für angewandte Biologie
Freiburg a. d. Elbe
Grüner Weg 4
2161 Oederquart-Bruch
☎ 04779/644

Institut für angewandte Ökologie e. V.
(Öko-Institut)
Hindenburgstr. 20
7800 Freiburg
☎ 0761/36439

Institut für ökologische Chemie e. V.
Sitz: Hilbinger Str. 2
8500 Nürnberg 50
Geschäftsstelle: Königstr. 125
8510 Fürth
☎ 0911/745051

Institut für ökologische Forschung und Bildung
e. V.
Kettelerstr. 15
4400 Münster
☎ 0251/26091

Katalyse Umweltgruppe Köln e. V.
Friesenstr. 84
5000 Köln 1
☎ 0221/122166

Öko-Projekt
Verein für sanfte Technik und biologischen Anbau e. V.
Jülicher Str. 22
5000 Köln 1
☎ 0221/237199

OEKOTOP
Gesellschaft für angepaßte Technologie in ländlichen Entwicklungsgebieten mbH
Paul-Lincke-Ufer 41
1000 Berlin 36
☎ 030/6125020 oder 6125029

Ökozentrum
Zentrum für angepaßte Technologie und
Sozialökologie
Schwendistr. 12
CH-4438 Langenbruck
☎ 004162/601460

stadt & land
Gesellschaft für raumpolitische Forschung, Planung und Beratung
Hebbelstr. 15
2300 Kiel
☎ 0431/554059

SYNOPSIS
Institut de Recherche Alternative
Route d'Olmet
F-34600 Lodeve
☎ 003367/440410

UWI
Umweltwissenschaftliches Institut
Hauptmannsreute 45
7000 Stuttgart 1
☎ 0711/293874

Verein zur Förderung der Ökologie im Bildungs-
bereich e. V.
c/o Michael Lohmann
Uphoven 10
4405 Nottuln
☎ 02502/6642

**Umweltverbände, -arbeitsgemeinschaften,
-stiftungen**

Akademie für Naturschutz und Landschaftspflege
(ANL)
Postfach 1261
8229 Laufen/Salzach
☎ 08682/7097-7098

Akademie für Umwelt- und Lebensschutz
Collegium Humanum
4973 Vlotho/Weser
☎ 05733/2680

Aktionszentrum Umweltschutz Berlin e. V.
Theodor-Heuss-Platz 7
1000 Berlin 19
☎ 030/3015644

Arbeitsgemeinschaft für Alltagsökologie (AGA)
Norrenbergstr. 132
5600 Wuppertal 2
☎ 0202/620446

Arbeitsgemeinschaft für Umweltfragen (AGU)
e. V.
Matthias-Grünewald-Str. 1–3
5300 Bonn 2
☎ 0228/375005

Arbeitsgruppe Landwirtschaft und Dritte Welt
(AGL3W)
Nernstweg 32–34
2000 Hamburg 50
☎ 040/393156
Arbeitskreis Umwelt
DIE GRÜNEN, Bundeshaus
5300 Bonn 1
☎ 0228/169251
Bundesverband Bürgerinitiativen Umweltschutz
e. V. (BBU)
Friedrich-Ebert-Allee 120
5300 Bonn 1
☎ 0228/233099

Arbeitskreise im BBU

AK Bodenschutz im BBU
Helmut Ulmen
Bramwaldweg 20
1000 Berlin 20
AK Chemie im BBU
Thomas Weidenbach
c/o Kölner Volksblatt
Palmstr. 17
5000 Köln 1
AK Luft/Saurer Regen im BBU
Peter Schott
Reichenberger Str. 47
1000 Berlin 36
AK Mensch und Tier im BBU
Hermann Benz
Mühlweg 97
7730 Villingen-Schwenningen
AK Wasser im BBU
Nik Geiler
Bahnhofstr. 7
6521 Dorn-Dürkheim
AK Wohnen und Umwelt im BBU
Thomas Ködelpeter
Kellerstr. 45
8000 München 80

Bundesverband für Umwelt- und Lebensschutz
Weiherallee 29
6229 Schlangenbad 5
☎ 06129/8747
Bund für Umweltschutz
Pfleghofstr. 5
7400 Tübingen
☎ 07071/51011
Deutscher Bund für Lebensschutz
Weiherallee 29
6229 Schlangenbad 5
☎ 06129/8117
Deutsche Gesellschaft für Gartenkunst und Landschaftspflege e. V. (DGGL)
(i. DNR)
Markgrafenstr. 14
7500 Karlsruhe 1
☎ 0721/1332950

Deutsche Gesellschaft für Umweltschutz e. V.
(DGU)
Hebbelstr. 17
5655 Solingen
☎ 02122/818345
Deutscher Alpenverein
Referat für Natur- und Umweltschutz
Praterinsel
8000 München 22
☎ 089/293086
Deutscher Naturschutzring e. V. (DNR)
Kalkuhlstr. 24
5300 Bonn 3
☎ 0228/441505
(Naturnotruf: ☎ 0228/4422777)
Deutsche Umwelt-Aktion e. V.
Heinrich-Heine-Allee 23
4000 Düsseldorf 1
☎ 0211/131322
Deutsche Umwelthilfe e. V.
Schloßstr. 15
7763 Öhningen
☎ 07735/584
Deutsche Umweltstiftung
Schlachthofstr. 6
6728 Germersheim
☎ 07274/4767
Energie- und Umweltzentrum am Deister e. V.
Am Elmchenbruch
3257 Springe/Eldagsen
☎ 05044/380
Freunde der Erde (Friends of the Earth)
Witzlebenstr. 32
1000 Berlin 19
Gemeinnütziger Grünflächenverein
»Pro Grün« e. V.
In der Markt 99
4630 Bochum-Wattenscheid
☎ 02327/73171
GEO Gesellschaft für experimentelle und angewandte Ökologie e. V.
Schwaighofstr. 6
7800 Freiburg
Gesellschaft für Natur- und Umweltschutz e. V.
Engeltalstr. 2
5300 Bonn 1
☎ 0228/634055
Gesellschaft für Ökologie e. V. (GfÖ)
Untere Klarspüle 2
3400 Göttingen
☎ 0551/395701
Greenpeace e. V.
Hohe Brücke 1
2000 Hamburg 11
☎ 040/373344 oder 373359

Initiativgruppen gegen das Waldsterben

Aktionsgemeinschaft Umweltschutz e. V.
Lauteschlägerstr. 24
6100 Darmstadt
☎ 06151/715214

Arbeitskreis Waldsterben
Freiburger Forststudenten
c/o Cornelia Zeller
Merzhausener Str. 10
7800 Freiburg i. Br.
☎ 0761/407320
Bürgerinitiative Energieplanung und Umweltschutz
c/o Thomas Schwilling
Babelsberger Str.
1000 Berlin 31
☎ 030/8546971
Bürgerinitiative
»Entschwefelt Sandreuth jetzt«
c/o Prof. Wolf Broda
Reindelstr. 6
8500 Nürnberg
☎ 0911/466676
Bürgerinitiative Umweltschutz
Mainz-Wiesbaden e. V.
c/o Detlef Oertel u. Gerhard Weick
Albinistr. 11
6500 Mainz
☎ 06131/234176
Freudenstädter Aktionseinheit gegen das Waldsterben
c/o Olfert Dorka
Tannenstr. 20
7290 Freudenstadt
☎ 07441/4337
Robin Wood
Gewaltfreie Aktionsgemeinschaft für Natur und
Umwelt e. V.
Postfach 102122
2800 Bremen 1
☎ 0421/78680
Waldhilfe e. V.
Silberblattstr. 2
8000 München 70
☎ 089/7143980
Institut für Landschaftsökonomie
Prof. Dr. K.-H. Hübler
Franklinstr. 28–30
1000 Berlin 10
☎ 033/3147324
Naturschutzzentrum Hessen
Friedenstr. 28
6330 Wetzlar
☎ 06441/24076
Ökomedia Institut e. V.
Schillerstr. 52
7800 Freiburg i. Br.
☎ 0761/702768
Schutzgemeinschaft Deutscher Wald (SDW)
Bund zur Förderung der Landespflege
Bundesverband e. V.
Meckenheimer Allee 79
5300 Bonn 1
☎ 0228/658462
Stiftung zum Schutze gefährdeter Pflanzen
Kalkuhlstr. 24
5300 Bonn 3
☎ 0228/440909

Verband Deutscher Naturparks e. V.
Ballindamm 2–3
2000 Hamburg 1
☎ 040/338421

Verein für Agrarwirtschaft e. V.
Georg-Vogel-Str. 6
8530 Neustadt/Aisch

Verein zur Förderung der Forschung und Ausbildung auf dem Gebiet der Pflanzenzucht e. V.
7970 Leutkirch 3
☎ 07567/564

Umweltstiftung WWF-Deutschland
Stiftung für die Gestaltung der natürlichen Umwelt
Sophienstr. 44
6000 Frankfurt/M.
☎ 069/770677

Ökologischer Landbau

(Beratung, Bodenuntersuchungen)

Bundesrepublik Deutschland

Abtei Fulda
Nonnengasse 16
6400 Fulda
☎ 0661/72661

Arbeitsgemeinschaft naturgemäße Waldwirtschaft
Erdmannshäuserstr. 126
2831 Schwaförden
☎ 04277/215

Agrar-sozialhygienische Entwicklungsgesellschaft
ASE Neuland
2361 Geschendorf
☎ 04553/890

ANOG/Arbeitsgemeinschaft für naturnahen Obst-, Gemüse- und Feldfruchtanbau
Anton-Reuter-Str. 18
5400 Koblenz
☎ 06747/6668

Arbeitsgemeinschaft Bodenfruchtbarkeit und Qualitätserzeugung (abq)
Postfach 1112
7900 Ulm
☎ 0731/66340

Arbeitsgemeinschaft für Biologisch-Dynamische Wirtschaftsweise Baden-Württemberg und Pfalz e. V.
Mathystr. 34
7530 Pforzheim

Arbeitsgemeinschaft für naturgemäßen Land-, Obst- und Gartenbau e. V.
Binzburgstr. 40
7601 Schutterwald

Arbeitskreis für biologischen Landbau
Hauptstr. 29
8079 Enkering

Arbeitskreis biologisch-ökologischer Pflanzenbau
Ernst-Otto Cohrs
2720 Rotenburg/Wümme
☎ 04261/3106

Arbeitskreis für Ernährungsforschung
Zwerweg 19
7263 Bad Liebenzell

Arbeitskreis junger Landwirte
Hofäckerweg 1
7407 Rottenburg-Ergenzingen

Arbeitskreis naturgemäßer Landbau
E. Siefert
Holzbergstr. 7
3410 Imbshausen-Hortheim
☎ 05553/2376

Bäuerliche Gesellschaft Nordwestdeutschland
Hof Dannwisch
2203 Horst/Holstein
☎ 04126/1456

Dr. F. M. Balzer (Bodenuntersuchungen)
Oberer Ellenberg 5
3551 Amönau
☎ 06423/7483

Bauernschule Hohenlohe
7184 Weckelweiler
bei Kirchberg/Jagst
☎ 07954/226

Bio + Gartenmarkt Keller
Konradstr. 17
7800 Freiburg i. Br.

Biokreis Ostbayern e. V.
Kleiner Exerzierplatz 9
8390 Passau
☎ 0851/59431

Demeter-Bund e. V.
Wellingstr. 24
7000 Stuttgart-Sillenbuch
☎ 0711/478427

Deutsche Gesellschaft für biologische Veterinärmedizin e. V.
Nordring 9
4750 Unna/Westfalen

Fördergemeinschaft organisch-biologischer Land- und Gartenbau e. V./Bioland
Postfach 1107
7326 Heiningen
☎ 07161/42292

Fördergemeinschaft für Umweltpflege durch Biologisch-dynamischen Landbau e. V.
Lärchenstr. 15
7405 Bettenhausen
☎ 07157/62503

Förderverband zur Nutzbarmachung von Wurmkulturen
Kapellenstr. 25
6200 Wiesbaden
☎ 06121/520785

Forschungsring für biologisch-dynamische Wirtschaftsweise e. V.
Baumschulenweg 11
6100 Darmstadt
☎ 06155/2673-4

Forschungsstelle für biologisch-dynamische Gemüse-Samenerzeugung
Hanna Becker
2971 Emden 1

Gemeinnützige Landbau-Forschungsgesellschaft
Dr. N. Remer, Baukhof
2124 Amelinghausen

Gesellschaft für Boden und Gesundheit
Postfach 19
7183 Langenburg/Württ.

Gesellschaft zur Erhaltung alter und gefährdeter Haustierrassen
c/o Lehrstuhl für Tierzucht
8050 Freising-Weihenstephan

Grünes Netz e. G.
Veronikastr. 6
4300 Essen

Initiativkreis biologische Landwirtschaft
c/o Roland von Schmeling
Am Steinsgraben 15
3400 Göttingen
☎ 0551/44137

Institut für biologisch-dynamische Forschung e. V.
Brandschneise 5
6100 Darmstadt
☎ 06155/2672

Institut für Mikroökologie
Am Kornmarkt 34
6348 Herborn/Dillkreis

Lehrstuhl für Methoden des alternativen Landbaus
Nordbahnhofstr. 1a
3430 Witzenhausen
☎ 05552/503565

Pfälzischer Arbeitskreis für naturgemäße Wirtschaftsweise
Im Schreck 12
6702 Bad Dürkheim
☎ 06322/4923

Qualitäts-Institut des NATURKOST e. V.
Friedrichstr. 2
6233 Kelkheim
☎ 06195/74074

Schulungszentrum für naturgemäßen Land- und Gartenbau
Poppenbüttler Hauptstr. 46
2000 Hamburg
☎ 040/6020733

Stiftung Ökologischer Landbau
IFOAM/International Federation of Organic Agriculture Movements (Internationale Föderation ökologischer Landbaubewegungen)
Eisenbahnstr. 28–30
6750 Kaiserslautern
☎ 0631/64265

Maria Thun, Saatzeit-Kalender und Forschung
Postfach 1446
3560 Biedenkopf/Lahn

Verband für naturgemäßen Landbau e. V. (NATURLAND)
Kleinhaderner Weg 1
8032 Gräfelfing
☎ 089/8543234

Verein Biologische Bodenpflege
Gebrüder-Woge-Str. 13
3222 Alfeld
☎ 05181/1352

Verein zur Förderung der anaeroben Vergärung
e. V.
Schneiderberg 7
3000 Hannover

Verein zur Förderung der Forschung und Ausbildung auf dem Gebiet der Pflanzenzucht e. V.
Hof Grub
8091 Gars

Versuchs- und Beratungsring ökologischer Landbau Niedersachsen e. V.
Walsroder Str. 12
3032 Fallingbostel
☎ 05162/1764

Ernst Weichel, Landwirt
Bahnhofstr. 1
7326 Heiningen
☎ 07161/42292

Österreich

Akademieinstitut für vergleichende Verhaltensforschung
Dr. Graefe (biologische Weinbauversuche)
Bergstr. 10
A-7082 Donnerskirchen

BVA für alpenländische Landwirtschaft Gumpenstein
Ing. Helmut Bartussek
A-8952 Irdning

Dachverband für ökologische Lebenssicherung
und zukunftsorientierte Umwelt
Gartenstr. 20
A-8051 Graz

»Die Bergbauern«
Spittelberggasse 24
A-1070 Wien

Fernschule der Landwirtschaft
Brixnerstr. 1
A-6021 Innsbruck

Fördergemeinschaft für gesundes Bauerntum
Nöbauerstr. 22
A-4060 Leonding

Gesellschaft »Grünes Forum«
Technikerstr. 13
A-6020 Innsbruck

Institut für Umweltwissenschaft
Doz. Dr. Bernd Lötsch
Stiege 14
Messepalast
A-1070 Wien

Ludwig-Boltzmann-Forschungsstelle für biologischen Landbau
Rinnböckstr. 15
A-1110 Wien

Landwirtschaftliche chemische Bundesanstalt
Dipl.-Ing. Gerhard Plakolm
Wieningerstr. 8
A-4025 Linz

ÖBIOGEN
c/o Johann Gehringer
A-2042 Guntersdorf 52

Österreichischer Demeterbund
Vereinigung für biologisch-dynamische Nahrungsmittelqualität
Salierigasse 38
A-1180 Wien

Verband organisch-biologisch wirtschaftender
Bauern Österreichs
c/o Walter Eiböck
Sonnberg 8
A-5771 Leogang

Schweiz

Agrecol Development Information (ADI),
IFOAM-Arbeitsgemeinschaft für standortgerechten Landbau in der Dritten Welt
c/o Ökozentrum
CH-4438 Langenbruck

Anbau- und Verwertungsgenossenschaft (AVG)
CH-3185 Galmitz

Arbeitsgruppe Biogarten
Sekretariat
CH-3436 Zollbrück

Auskunftsstelle für Biologisch-Dynamische Wirtschaftsweise
Goetheanum
CH-4143 Dornach

Biofarm-Genossenschaft
Postfach
CH-4936 Kleindietwil

Fachgruppe biologisch-dynamische Berglandwirtschaft
c/o Arbeitsgemeinschaft für angewandte Sozialökonomie
Im Boge 10
CH-8332 Russikon

Forschungsinstitut für biologischen Landbau
Postfach
CH-4104 Oberwil

Genossenschaft zur Unterstützung des biologisch-
dynamischen Landbaus
CH-5224 Gallenkirch

Gottlieb-Duttweiler-Institut
Stiftung »Im Grüene«
CH-8803 Rüschlikon

Informationsstelle für ökologischen Landbau
Mittlere Haltenstr. 1
CH-3652 Heiligenschwendi

Organisch Biologischer Landbau (Müller)
(Bauern-Heimat-Schule)
Möschberg
CH-3506 Großhöchstetten

Produzentenverein für biologisch-dynamische
Landwirtschaftsmethode
Bruderholzhof
CH-4104 Oberwil

Produzentenverein für biologisch-dynamische
Wirtschaftsweise
La Branche
CH-1099 Mollie-Margot

Progana, Association des producteurs professionels
CH-1751 Middes

Schweizerische Gesellschaft für Biologischen
Landbau (SGBL)
CH-8320 Fehraltdorf

Schweizerische Gesellschaft für Umweltschutz
(SGU)
Merkurstr. 45
CH-8032 Zürich

Schweizerischer Verband zur Förderung der biologisch-dynamischen Wirtschaftsweise
Kilchbergstr. 132
CH-8038 Zürich

Vereinigung Schweizerischer Biologischer Landbau Organisationen (VSBLO)
Bernhardsberg
CH-4104 Oberwil

TEXT- UND BILDQUELLEN

Texte

(1) Walter Manshard: Afrika – südlich der Sahara (Fischer Länderkunde Bd. 5). Frankfurt/Main ⁷1981, S. 147/148. Abdruck mit freundlicher Genehmigung der Fischer Taschenbuch Verlag GmbH, Frankfurt/Main.

(2) Pierre Bertaux: Afrika – Von der Vorgeschichte bis zu den Staaten der Gegenwart (Fischer Weltgeschichte Bd. 32). Frankfurt/Main ⁷1983, S. 28/29. Abdruck mit freundlicher Genehmigung der Fischer Taschenbuch Verlag GmbH, Frankfurt/Main.

(3)/(4) Géza Alföldy: Römische Sozialgeschichte. 3., völlig überarbeitete Auflage. Wiesbaden 1984, S. 87/88, 123/124. Abdruck mit freundlicher Genehmigung der Franz Steiner Verlag GmbH, Wiesbaden.

(5) Walter Sperling/Adolf Karger (Hg.): Europa (Fischer Länderkunde Bd. 8). Frankfurt/Main ⁴1984, S. 306/307. Abdruck mit freundlicher Genehmigung der Fischer Taschenbuch Verlag GmbH, Frankfurt/Main.

(6)/(7) Hermann Kellenbenz: Deutsche Wirtschaftsgeschichte. Bd. 1: Von den Anfängen bis zum Ende des 18. Jahrhunderts. München 1977, S. 62, 100/101. Abdruck mit freundlicher Genehmigung des Verlags C. H. Beck, München.

(8)/(9) Kurt Kluxen: Geschichte Englands. Von den Anfängen bis zur Gegenwart. Stuttgart ⁴1984, S. 406/407, 478. Abdruck mit freundlicher Genehmigung des Alfred Kröner Verlags, Stuttgart.

(10) Walter L. H. Moll: Taschenbuch für Umweltschutz. Bd. 3: Ökologische Informationen (Uni Taschenbücher Bd. 901). München ²1982, S. 40. Abdruck mit freundlicher Genehmigung des Ernst Reinhardt Verlags, München, Basel.

(11) Holger Strohm: Politische Ökologie. Arbeitsmaterialien und Lernmodelle für Unterricht und Aktion. Reinbek 1982, S. 255/256. Abdruck mit freundlicher Genehmigung der Rowohlt Taschenbuch Verlag GmbH, Reinbek.

(12) Norman Myers (Hg.): GAIA – Der Öko-Atlas unserer Erde. Frankfurt/Main 1985, S. 40. Abdruck mit freundlicher Genehmigung der Fischer Taschenbuch Verlag GmbH, Frankfurt/Main.

(13) Walter Manshard (s. Quelle 1), S. 225/226.

(14) Walter Manshard (s. Quelle 1), S. 157/158.

(15) Ralf-Dieter Brunowsky/Lutz Wicke: Der Öko-Plan. Durch Umweltschutz zum neuen Wirtschaftswunder. München 1984, S. 14. Abdruck mit freundlicher Genehmigung der R. Piper Verlag GmbH, München.

(16) Peter Göbel, Wolfenbüttel.

(17) Wolfgang Schaumann: Gesichtspunkte zur landwirtschaftlichen Tierhaltung. In: Ökologischer Landbau. Landwirtschaft mit Zukunft. Hg. von Hartmut Vogtmann. Stuttgart 1985, S. 68. Abdruck mit freundlicher Genehmigung der pro natur verlag GmbH, Stuttgart.

(18) Walter Sperling/Adolf Karger (s. Quelle 5), S. 105–107.

(19) Peter Göbel, Wolfenbüttel.

(20) Hans A. Staub: Alternative Landwirtschaft. Der ökologische Weg aus der Sackgasse. Frankfurt/Main ³1982, S. 35. Abdruck mit freundlicher Genehmigung der Fischer Taschenbuch Verlag GmbH, Frankfurt/Main.

(21) GAIA – Der Öko-Atlas unserer Erde (s. Quelle 12), S. 145.

(22) Norman Myers: Die sinkende Arche. Bedrohte Natur – gefährdete Arten. Braunschweig 1985, S. 114/115. Abdruck mit freundlicher Genehmigung der Georg Westermann Verlag GmbH, Braunschweig.

(23) Prof. Gerhardt Preuschen: Bodengesundung. Ein Beitrag der Stiftung Ökologischer Landbau zum Bodenschutzprogramm der Bundesregierung. In: ifoam. Zeitschrift für ökologische Landwirtschaft 51 (1984), S. 20/21. Abdruck mit freundlicher Genehmigung des Autors.

(24) Susanne Krause, Deutsche Presseagentur (dpa).

(25) Prof. Eduard Mückenhausen, Bonn. Abdruck mit freundlicher Genehmigung des Ferdinand Enke Verlags, Stuttgart.

Abbildungen

Amt der Salzburger Landesregierung, Salzburg (119); Archiv Fachgebiet Alternativer Landbau, Witzenhausen (222a, 222b); Bildarchiv Paturi, Rodenbach (17a, 17b, 18b, 23, 27a, 27b, 29a, 29b, 29c, 33, 35, 39a, 39b, 46a, 46b, 47a, 47b, 58, 61, 64, 84, 151a, 151b, 277a); Bildarchiv Preußischer Kulturbesitz, Berlin/W. (65a, 112, 113, 117); Bönecke/Grunwald, Essen (81, 278/79, 284); British Tourist Authority (BTA), London (13, 125, 128, 129, 130, 133, 247); Carolino Augusteum, Salzburg (121a, 121b); Alain Compost, WWF Photographic Library (265); Deutsche Wein-Information, Mainz (148); dpa Frankfurt/M. (122/23, Foto: Andreas Kuther); Raphaela Drexhage, Münster/Westf. (6/7, 28, 42, 59, 85); Carmen Durrant, Frankfurt/M. (251); Mark Edwards/Earthscan (36, 50/51, 243); Prof. Heinz Eggers, Mainz (18a, 21a, 158/59, 167a, 167b); Harald R. Fabian, Hamburg (131a); Eric Fernandes, Nairobi (183, 186, 226/27, 229, 230, 231, 235); Freudenstädter Aktionseinheit gegen das Waldsterben/Walter Trefz (136/37, 193, 194, 195b, 199c, 200, 209); Friends of the Earth, London (131b, 134, 135); Bernward Geier, Witzenhausen (248); Uli Gildemeier, Frankfurt/M. (139a, 139b, 139c); Herbert Girardet, Tintern/Wales (69b, 70, 99a, 154, 155, 179, 184, 185, 234, 242, 264); Peter Göbel, Wolfenbüttel (21b, 195a, 195c, 196, 204, 286/87, 244/45, 253a, 253c, 258/59, 286/87); Conrad Gorinski, London (267a, 267b, 268, 272); Manfred Grätz, Köln (78); Griechische Zentrale für Fremdenverkehr, Frankfurt/M. (65b, 67a, 69a); Harenberg Kommunikation, Dortmund (118); Gerold Jung, Ottobrunn (22a, 22b, 56/57, 79, 102, 106/07, 143a, 143b, 237, 241, 275); Wolf Kugler, Frankfurt/M. (94/95, 99b, 103a, 105); Prof. Henno Martin, Göttingen (10/11, 14, 15, 16, 19, 41, 53, 55a, 55b, 55c); Christian Mehr, Rüfenacht/Schweiz (190/91, 199a, 199b, 208); Prof. Dieter Metzler, Münster/Westf. (24/25, 49, 60, 63, 67b, 82a, 82b, 83, 93, 176/77); Österreichische Fremdenverkehrswerbung (ÖFVW), Frankfurt/M. (207, 213, 285, Foto: Markowitsch); Rheinische Braunkohlenwerke AG, Köln (261, 262, 276); Udo Sabelberg, Braunschweig (43, 253b); Marcos Santilly/Earthscan (269a, 269b, 277b); Schweizerische Verkehrszentrale (SVZ), Frankfurt/M. (213, 283); Staatliches Italienisches Fremdenverkehrsamt (ENIT), Frankfurt/M. (88, 89, 91, 97a, 97b, 103b); United States Department of Agriculture (USDA), Washington, D.C. (161a, 161b, 162, 170a, 170b, 175a, 175b, 210/11, 219, 221, 223); Prof. Hartmut Vogtmann, Witzenhausen (145, 147, 169, 218a, 218b, 281); Kornelia Vogt-Praclik, Wolfenbüttel (205); M. Waßmer/H. Endres, Heidelberg (72/73, 75a, 75b).

Grafiken

Krüger Grafik Christa Pulcher/Dorothee Palm

Karten

Bibliographisches Institut, Mannheim (44, 45, 71, 77, 104, 109, 149, 172, 189, 197, 214, 215, 257).

DANKSAGUNG

Fern vom Garten Eden« ist die komprimierte Beschreibung der Erkundungen und Erfahrungen, die wir während unserer fünfjährigen Arbeit an der Fernsehserie gemacht haben. Wir haben uns entschlossen, unsere Gedanken getrennt zu Papier zu bringen, in aufeinanderfolgenden Kapiteln. Auf diese Weise kann jeder von uns die Verantwortung für seine eigenen Ideen und die Auswahl der Fakten übernehmen, die wir in gemeinsamer Suche nach Wahrheit hier vorgetragen haben.

Bei unserer Arbeit an »Fern vom Garten Eden« haben wir die Werke vieler Autoren zu Rate gezogen (weiterführende Literatur und Adressen sind in Auswahl beigegeben), und viele haben uns dabei geholfen, den Film zu drehen und den Aussagen dieses Buches Substanz zu geben. Ihnen allen möchten wir herzlich danken, insbesondere Willem Beets, Wendell Berry, Dr. Hans Bibelriether, Ian Bodenham, Martin Boehme, Prof. Engelhard Boehncke, Ekkehard Boesche, Dr. Hannes Bressler, Olferd Dorka, Lord und Lady Digby, Dr. Bob Evans, Eric Fernandez, B. Forster, Bernward Geier, Nikolaus Geiler, Gudrun Güntheroth, Dr. S. Heilenz, Dr. David Hodges, Richard Hogg, Wes Jackson, Chantal Jourdan, Dr. Otto Kamm, Prof. Dr. Jürgen Kranz, Vassilis Kalis, Janet Lamb, Prof. Konrad Mengel, Bruno Modugno, Prof. Eduard Mückenhausen, Franz Obrubanski, Alfred Payrleitner, Dr. John Picket, Prof. Gerhard Preuschen, Neil Sampson, Dr. Kurt Schefzik, Prof. Peter Schütt, Dr. Pius Stadelmann, Sue und Zikos Tassios, Alfred Winter, Lawrence Woodward, Barrey Wookey.

Unseren besonderen Dank an die Regierungen von Kenia und Tansania, an das Nationalmuseum in Athen, an OXFAM, Greenpeace und das Liebig-Museum in Gießen.

Ganz herzlichen Dank auch an den Produktionsleiter der Fernsehserie, Brian Turvey, und an die British Broadcasting Corporation, London.

John Seymour/Herbert Girardet im Juli 1985